COLLECTION

Adolphe DEWISMES

A SAINT-OMER

ÉMAUX, IVOIRES, MONNAIES, MÉDAILLES,

CURIOSITÉS DIVERSES

ET LIVRES

CATALOGUE

DESCRIPTIF & RAISONNÉ

DES

ÉMAUX, IVOIRES, MONNAIES, MÉDAILLES CURIOSITÉS DIVERSES ET LIVRES

composant la collection de feu M. Ad. DEWISMES

ET DONT LA VENTE AURA LIEU

les LUNDI 22 MARS 1875 et JOURS SUIVANTS, en la salle de ventes, place Saint-Jean, à Saint-Omer, par le ministère de Me REVILLION, commissaire-priseur, avec le concours de M. VAN PETEGHEM, expert.

SAINT-OMER

IMPRIMERIE FLEURY-LEMAIRE, RUE DE WISSOCQ

1875

CONDITIONS :

La vente sera faite **au comptant,** 10 pour 100, en sus du prix d'adjudication.

Aucune réclamation ne sera admise après l'adjudication.

Avis. — Les vacations commenceront rigoureusement à l'heure indiquée.

M. VAN PETEGHEM, expert, quai des Grands Augustins, 41, à Paris, et M. TUMEREL, libraire, rue du Commandant, à Saint-Omer, se chargent des commissions aux conditions d'usage.

Le catalogue se trouve :

à Saint-Omer : chez Me Revillion, commissaire-priseur, place Saint-Jean, de 9 heures à midi et de 2 à 5 heures du soir, tous les jours, sauf le dimanche.

» chez M. Tumerel, libraire, rue du Commandant ;

à Paris : chez M. C. Van Peteghem, éditeur, quai des Grands Augustins, 41, membre de la Société française de numismatique, et de la Société royale de numismatique belge.

ORDRE DE LA VENTE :

1re Vacation : lundi 22 mars, à 2 heures après-midi :
monnaies et médailles, n° 1 au n° 660ter
1231 — 1593
2701 — 2779

2me Vacation : mardi 23 mars, à 2 heures après-midi :
monnaies et médailles n° 1594 au n° 2420.

3me Vacation : mercredi 24 mars, à 2 heures après-midi :
monnaies et médailles, n° 661 au n° 1230
2420a — 2420h
2421 — 2700
2780 — 3003
et le médaillier en palissandre.

NOTA : Toutes les pièces portant des numéros BIS dans les séries de Flandre et d'Artois seront distraites de ces séries et vendues à la fin de la vacation du mercredi 24 mars, en totalité ou par parties.

4me Vacation : jeudi 25 mars, à 2 heures après-midi :
émaux, ivoires, tableaux et curiosisés diverses n° 1 au n° 106.

NOTA : La vacation commencera par le lot indiqué à la suite du n° 106. Le n° 94 sera vendu à la fin de la vacation.

5ᵉ Vacation : vendredi 26 mars, à 10 heures du matin : livres, nº 1 au nº 101.

6ᵉ Vacation : vendredi 26 mars, à 3 heures après-midi : livres, nº 102 au nº 212, et la bibliothèque en bois peint.

Avis important. — Les vacations commenceront à l'heure indiquée. La salle de ventes sera ouverte dix minutes auparavant.

Les objets vendus chaque jour, seront exposés le matin, de 9 heures à midi ; les lundi, mardi, mercredi et jeudi.

Les livres, seuls, seront exposés tous les matins des 22, 23, 24 et 25 mars. Les amateurs sont très instamment priés de les remettre à leur place respective, après les avoir déplacés.

Ordre et disposition des vacations pour les Monnaies et Médailles :

1re VACATION.

DE	A	DE	A	DE	A	DE	A
1	129	340	349	533	537	1231	1233
130	132	350	358	538	542	1234	1240
133	137	359	366	543	545	1241	1244
138	141	367		546	551	1245	1249
142	151	368		552	554	1250	1255
152	154	369	374	555	558	1256	1260
155	161	375	380	559	562	1261	1262
162	167	381	389	563	567	1263	1269
168	173	390	396	568	572	1270	1274
174	177	397	406	573	577	1275	1281
178	189	407	409	578	588	1282	1287
190	192	410	414	589	593	1288	1289
193	196	415	418	594	601	1290	1292
197	204	419	424	602	609	1293	
205	211	425	429	610	612	1294	
212	220	430	434	613	614	1295	
221	225	435	439	615	620	1296	1297
226	237	440	447	621	627	1298	1301
238	252	448	455	628	629	1302	
253	256	456	460	630	632	1303	1306
257	267	461	471	633	640	1307	1310
268	270	472	474	641	642	1311	1312
271	277	475	485	643	644	1313	1315
278	285	486	492	645	646	1316	1320
286	290	493	499	647	648	1321	1323
291	297	500	513	649	650	1324	1345
298	317	514	518	651	653	1346	1356
318	325	519	523	654	660	1357	
326	333	524	529			1358	1367
334	339	530	532			1368	1370

— VIII —

DE	A	DE	A	DE	A	DE	A
1371		1443	1454	1510	1514		
1372	1378	1455	1462	1515	1527	2701	2711
1379		1463	1469	1528	1533	2712	2722
1380	1384	1470	1478	1534	1546	2723	2731
1385	1390	1479	1485	1547	1548	2732	2741
1391		1486	1488	1549	1555	2742	2747
1392	1400	1489	1491	1556	1564	2748	2752
1401		1492	1495	1565	1571	2753	2760
1402	1409	1496	1501	1572	1582	2761	2779
1410	1418	1502	1508	1583	1587		
1419	1442	1509		1588	1593		

2me VACATION.

DE	A	DE	A	DE	A	DE	A
1594	1599	1694	1700	1791		1863	1869
1600	1602	1701	1710	1792		1870	1871
1603	1606	1711	1714	1793	1795	1872	1881
1607	1610	1715		1796	1798	1882	1884
1611		1716	1719	1799	1800	1885	1888
1612		1720	1722	1801	1802	1889	1890
1613		1723		1803		1891	1903
1614	1627	1724		1804		1904	1910
1628		1725	1727	1805	1806	1911	1913
1629	1632	1728	1731	1807		1914	1915
1633		1732	1737	1808	1810	1916	1921
1634	1636	1738	1741	1811	1817	1922	1930
1637	1650	1742	1743	1818	1819	1931	1939
1651	1653	1744		1820	1821	1940	1942
1654	1660	1745	1746	1822	1823	1943	1957
1661	1672	1747	1749	1824		1958	1965
1673		1750	1753	1825	1826	1966	1973
1674		1754	1758	1827		1974	1978
1675		1759	1760	1828	1830	1979	1984
1676		1761	1762	1831	1844	1985	
1677		1763	1772	1845	1850	1986	1987
1678	1679	1773	1778	1851	1852	1988	1994
1680	1681	1779	1788	1853	1855	1995	
1682	1693	1789	1790	1856	1862	1996	2000

— IX —

DE	A	DE	A	DE	A	DE	A
2001	2016	2091	2092	2201	2207	2305	2306
2017	2018	2093	2097	2208	2213	2307	2310
1019	2020	2098	2099	2214	2219	2311	2316
2021	2023	2100	2105	2220	2228	2317	2329
2024	2026	2106	2113	2229	2238	2330	2333
2027	2037	2114	2121	2239	2242	2334	2337
2038	2044	2122	2123	2243	2245	2338	2341
2045	2047	2124		2246	2251	2342	2354
2048	2049	2125	2137	2252	2256	2355	2357
2050	2054	2138	2141	2257	2258	2358	2361
2055	2058	2142	2147	2259	2262	2362	2377
2059	2067	2148	2153	2263	2279	2378	2387
2068	2069	2154	2160	2280		2388	2392
2070		2161	2166	2281	2283	2393	
2071	2077	2167	2182	2284	2286	2394	2398
2078	2083	2183	2191	2287	2290	2399	2403
2084		2192	2199	2291	2296	2404	2409
2085	2090	2200		2297	2304	2410	2420

3me VACATION.

DE	A	DE	A	DE	A	DE	A
661	663	742	746	816	819	936	945
664	668	747	755	820	825	946	963
669	672	756	759	826	835	964	977
673	677	760	761	836	839	978	996
678	681	762	763	840	845	997	1014
682	685	764	765	846	849	1015	1026
686	690	766	769	850	858	1027	1044
691	692	770	771	859	860	1045	1053
693	700	772	774	861	868	1054	1081
701	708	775	778	869	872	1082	1093
709	716	779	785	873	876	1094	1105
717	718	786	788	877	899	1106	1107
719	722	789	794	890	898	1108	1112
723	725	795	797	899	908	1113	1120
726	728	798	804	909	918	1121	1129
729	733	805	812	919	932	1130	1138
734	744	813	815	933	935	1139	1150

— X —

DE	A	DE	A	DE	A	DE	A
1151	1167	2556	2563	2795	2802	2858	
1168	1197	2564	2580	2803	2804	2859	2685
1198	1203	2581	2591	2805	2806	2866	2687
1204	1229 [1]	2592	2597	2807		2869	2870
1230		2598	2602	2808		2871	2878
		2603	2610	2809		2879	2886
2420 a	2420 h	2611	2615	2810		2887	2895
		2616	2622	2811	2813	2896	2907
2421	2428	2623	2629	2814	2816	2908	2921
2429	2438	2630	2643	2817	2819	2922	2933
2439	2445	2644	2650	2820	2829	2934	2938
2446	2457	2651	2655	2830		2939	2956
2458	2469	2656	2660	2831		2957	2965
2470	2474	2661	2672	2832		2966	2973
2475	2479	2673	2680	2833	2834	2974	2980
2480	2490	2681	2689	2835	2836	2981	2992
2491	2494	2690	2691	2837	2839	2993	2997
2495	2502	2692	2698	2840		2998	3003
2503	2510	2699	2700	2841	2844		
2511	2517			2845	2847		
2518	2523	2780	2781	2848			
2524	2539	2782	2787	2849	2850		
2540	2550	2788	2790	2851	2853		
2551	2555	2791	2794	2854	2857		

[1] Avec ce lot seront vendus les six paquets cotés de A à G, de pièces en double.

Ce n'est pas à nous qu'il convient de faire l'éloge de ce catalogue dont la rédaction est due à l'unique obligeance de M. Louis Deschamps de Pas.

Il ne nous convient pas davantage de faire l'éloge des diverses richesses qui s'y trouvent décrites, et nous aurions tout lieu de craindre l'application du mot d'Appelle, si nous pensions autrement.

Du reste, et le catalogue et les richesses qui le composent, se recommandent assez par eux-mêmes pour qu'il soit inutile d'insister à cet égard.

Qu'il nous soit permis seulement d'appeler l'attention des amateurs sur les livres de M. Ad. Dewismes. Il va s'en dire que la numismatique s'y trouve largement représentée ; mais indépendamment de ce genre de livres, il est dans d'autres séries, des livres qui méritent d'être particulièrement signalés ; notamment : dans les belles-lettres, le n° 113, Anacréon ; dans l'histoire, le n° 134, Figures de l'histoire de France, par Moreau le jeune ; il nous serait facile d'en citer d'autres encore, si nous ne voulions laisser aux amateurs le plaisir de faire eux-mêmes, quelques trouvailles.

Pour faciliter la recherche des ouvrages de numismatique ; nous avons réuni par ordre alphabétique, à la fin du volume, le nom des divers auteurs compris au catalogue.

Ch. REVILLION.

NOTE SUR LE CABINET D'AD. DEWISMES

La collection dont nous offrons le catalogue au public, est une des plus complètes, au point de vue de la numismatique de Flandre et d'Artois, qui ait jamais été exposée en vente publique. Son possesseur, Ad. Dewismes avait mis tous ses soins à la former. Il ne négligeait aucune occasion de l'améliorer ; rarement il revenait des nombreux voyages qu'il faisait dans ce but sans rapporter quelque rareté, ou de meilleurs exemplaires des pièces qu'il possédait déjà. Connaissant depuis longtemps son riche médaillier, qu'il avait obligeamment mis à notre disposition, pour nos études sur la numismatique des comtes de Flandre, nous avons considéré comme un devoir de rédiger le catalogue de sa collection, et de la faire connaître au monde savant. A cet effet, nous avons cru convenable de ne point nous borner à une simple nomenclature des pièces, mais d'en faire une description assez détaillée pour que la lecture puisse donner une idée suffisante des diverses monnaies dont se composait ce riche cabinet. Nous avons eu soin, d'ailleurs, de renvoyer aux ouvrages connus pour une bonne partie des pièces des séries principales, la Flandre et l'Artois. Ad. Dewismes avait au reste décrit ce qui concerne cette dernière province dans son *catalogue raisonné des monnaies d'Artois*, ouvrage estimé et entre les mains de tous les numismatistes. Il préparait pour la Flandre un travail analogue, que la mort vint interrompre lorsque la composition des planches était arrivée seulement à la période de la maison de Bourgogne. Nous avons pensé qu'il serait intéressant, pour les amateurs, d'avoir ces planches jointes au présent catalogue. L'on pourra ainsi se convaincre que, depuis la publication de l'ouvrage de Gaillard, Ad. Dewismes était parvenu à augmenter la série de Flandre d'un nombre de pièces encore assez important.

De même que tous les collectionneurs, Dewismes avait commencé par réunir des médailles romaines, et des monnaies françaises ; mais, contrairement à ce qui arrive chez beaucoup d'amateurs, il ne songea jamais à s'en défaire ; il conserva au contraire ce qu'il avait, se bornant à l'améliorer, en substituant de bons exemplaires, à ceux de médiocre conservation qu'il avait dans le principe. C'est ainsi que la série Romaine, peu nombreuse il est vrai, bien que n'offrant pas ce que l'on appelle des raretés, est remarquable par la beauté des exemplaires qu'elle contient. Sur les six cents et quelques numéros dont cette série se compose, il y a à peine une cinquantaine de pièces médiocres, et encore sont-elles des règnes dont on a grand'peine à se procurer même des pièces passables.

La série des monnaies françaises donne lieu aux mêmes observations. Elles ne contient guère de pièces rares. Celles qui portent des noms de localités d'Artois ou de Flandre ont été jointes aux séries concernant ces provinces, nous n'avons donc plus parmi les pièces françaises que des monnaies relativement communes. Nous citerons cependant le n° 663 que nous avons attribué hypothétiquement à un fils de Clovis, et qui appartient certainement à un prince du nom de *Theodoricus* ou *Theodebertus* ; le n° 670, qui avec son grand monogramme, nous paraît une pièce très curieuse ; la pièce d'or de Louis le Débonnaire, n° 682 ; le n° 723 qui est de Robert Ier. Dans la troisième race, nous ne voyons guère à mentionner que le piéfort du quart d'écu de Louis XIII, n° 869. Nous appellerons aussi l'attention des amateurs de monnaies locales, sur les pièces de l'atelier de Lille, qui sont nombreuses à partir du règne de Louis XIV. Au reste, l'ensemble de cette série est vraiment assez remarquable, par le bon choix et la bonne conservation des pièces qui la composent.

Nous n'insisterons pas sur la série relative à la province d'Artois. En ce qui concerne les monnaies, tout a été décrit par Dewismes lui-même dans son catalogue raisonné des monnaies d'Artois, auquel nous renvoyons. Mais nous appellerons l'attention sur les monnaies de Boulogne, n°s 1565 à 1571, et le noble d'or d'Henri VI, frappé pour Calais, n° 1557, qui ne se trouvent pas comprises dans la publication précitée, parce qu'elles sortaient de son cadre, strictement renfermé dans les limites de la province d'Artois.

A la collection d'Artois, il faut joindre celle de Flandre. C'est à ces deux suites que Dewismes avait fini par consacrer tous ses soins, et qu'il augmentait sans cesse. La dernière surtout, qui laissait toujours place à quelques *desiderata*, semblait devoir lui procurer encore longtemps la plus grande jouissance réservée à un collectionneur, celle de combler une lacune. Cette jouissance lui était encore arrivée tout récemment, peu de temps avant sa mort, car nous avons trouvé, non encore classée, la pièce de Jeanne de Flandre, n° 1724, qu'il avait acquise depuis qu'il avait entrepris le catalogue illustré de sa collection flamande, puisqu'elle n'est point reproduite sur ses planches.

Nombreuses seraient les pièces à citer dans la série qui nous occupe. Nous nous bornerons seulement à attirer l'attention des amateurs sur les magnifiques piéforts de Louis de Mâle, n°s 1804, 1807, 1810 ; le demi ange d'or n° 1824, et le quart de Noble n° 1827 de Philippe le Hardi ; le Heaume d'or n° 1852 de Jean sans peur ; la belle suite des monnaies de la minorité de Philippe le Beau, parmi lesquelles on remarque le grand réal d'or d'Autriche, n° 1985, et les gros de Gand et de l'Écluse, n°s 2068-2070 ; puis enfin, à une époque un peu plus récente, la série presque complète des monnaies relatives aux troubles de Flandre sous Philippe II, d'Espagne, parmi lesquelles un écu très-rare, du duc d'Alençon. n° 2243.

Aux monnaies dont nous venons de parler, Dewismes avait joint une série de jetons, méreaux et médailles religieuses concernant les mêmes pays, et qui, à peu d'exceptions près, n'offrent rien de très-remarquable. Il en est autrement des médailles proprement dites. On y trouve plusieurs de ces belles pièces des 16e et 17e siècles coulées et ciselées, qui font l'ornement des cabinets d'amateurs. Parmi celles concernant l'Artois, nous citerons les médailles d'Antoine Perrenot, évêque d'Arras, de Maximilien Morillon, prévôt d'Aire, de plusieurs membres de la famille de Croy seigneurs de Renty et de Seninghem. La description que nous donnons de ces pièces dans le catalogue, renseignera suffisamment, du moins nous l'espérons, les amateurs. Citons enfin une suite assez nombreuse, quoique non complète, de médailles de Napoléon Ier, toutes remarquables par la gravure et la composition de leurssujets, qui font un contraste frappant, au désavantage de la majeure partie des médailles de notre époque, où l'on se borne à rappeler, par une simple inscription, l'évènement dont on veut perpétuer le souvenir.

Avant de terminer, il nous reste à dire quelques mots des objets d'art compris dans la première partie du catalogue. Depuis quelques années, le nombre des *desiderata* de son cabinet de numismatique diminuant grâces à ses recherches incessantes, Ad. Dewismes, en véritable collectionneur, se mit à réunir des objets d'art de diverses espèces, mais surtout des émaux et des ivoires. A la vente Soltykoff, il se rendait acquéreur de deux diptyques en ivoire, (n⁰ˢ 32 et 33 du présent catalogue.) Depuis, il acheta d'autres bas-reliefs, et des statuettes généralement d'un bon style. Mais l'objet le plus curieux suivant nous est le sceptre que nous avons décrit sous le n° 37. Citons aussi le Christ, n° 30, qui nous paraît avoir une grande valeur. Quant aux émaux, ils sont presque tous beaux et intacts, beaucoup portent la signature des Laudin, et des Nouaillier, et méritent l'attention des amateurs. Nous terminerons cette énumération par l'indication du magnifique Bahut ou *scriban*, n° 94, en écaille avec cuivres dorés, qui a le grand mérite à nos yeux d'être intact, et de n'avoir pas été restauré.

Tel est sommairement l'ensemble des collections délaissées par Dewismes, exposées aujourd'hui en vente publique, et dont les amateurs pourront apprécier la richesse. Malgré tout le soin que nous avons mis à faire le catalogue, il est évident que des erreurs ont pu s'introduire et nous échapper. Nous espérons que le public nous les pardonnera et qu'il ne verra que l'intention sans s'arrêter au fait auquel il pourra d'ailleurs facilement suppléer.

L. DESCHAMPS DE PAS.

ÉMAUX, IVOIRES, TABLEAUX

ET CURIOSITÉS

1° ÉMAUX

1. **Émail** peint du xvie siècle, représentant l'entrée triomphante de N. S. Jésus-Christ à Jérusalem. Les chairs sont à peine colorées en rose, elles ont une teinte blanche.—Hauteur 0,180. Largeur 0,140.

2. **Émail** de la même époque, représentant le Christ conduit chez Caïphe. — Mêmes dimensions.

3. **Grand émail** octogone également du xvie siècle, représentant le Calvaire, le Christ en croix entre les deux larrons. Aux pieds du Christ est étendue la sainte Vierge soutenue par saint Jean. Une autre femme, probablement la Madeleine, caractérisée

    par son vase de parfums, complète le groupe. — Hauteur 0,270. Largeur 0,215.

4. **St. Jean-Baptiste**, émail de la fin du XVIᵉ siècle, beaucoup mieux fait que les précédents, les chairs sont plus modelées. Le saint tient sur le bras droit un agneau, et de la main gauche une longue croix avec une banderole où est écrit : *ecce agnus dei*. Il est accompagné de l'inscription : S. IOANNES BAPTISTA. Le tout dans un ovale accompagné aux angles de la plaque de fleurons en relief. — Hauteur 0,122. Largeur 0,090.

5. **Le Christ** mis en croix. Outre les bourreaux qui sont en devoir de l'attacher, on remarque à droite la sainte Vierge et une autre sainte femme. La première est occupée à poser un linge autour des reins du Christ. Email quadrangulaire, XVIᵉ siècle environ. — Hauteur 0,170. Largeur 0,132.

6. **Petit émail** ovale représentant la résurrection de Lazare. Il est remarquable par la coloration qui est très vive, même pour la figure et les mains; d'ailleurs assez incorrect de dessin. — Grand diamètre 0,098 ; petit diamètre 0,082.

7. **La sainte Vierge** à mi-corps, dans un ovale accompagné de fleurs en relief aux angles de la plaque. Au-dessous, l'inscription : MATER.DEI. Cet émail qui se ressent encore un peu de l'imperfection des précédents est signé par derrière : *Laudin, émailleur à Limoges*. — Hauteur 0,100. Largeur 0,080.

8. **Jeune homme** nimbé à genoux devant un autel sur lequel est posé le St-Sacrement. Il est revêtu d'une cuirasse et d'un manteau. Le tout est compris dans un ovale, accompagné d'ornements en

relief dans les angles de la plaque. — Hauteur 0,102. Largeur 0,085 environ.

9. **Saint Pierre** à mi-corps, la tête entourée d'un nimbe rayonnant. Il est dans un ovale qu'accompagnent des fleurons en relief dans les angles de la plaque. L'émail est signé par derrière : *N. Laudin*. La lettre L et N sont liées. — Hauteur 0,108. Largeur 0,090.

10. **Sainte Scholastique** désignée par l'inscription : +s+scholastica. Elle est en costume de religieuse plus qu'à mi-corps, la tête entourée du nimbe, les mains étendues. Sa crosse est posée auprès d'elle sur une table où se trouve un crucifix. Dans l'angle de gauche, le Saint-Esprit sous la forme d'une colombe, entouré de rayons, — Hauteur 0,127. Largeur 0,090.

11. **Saint Jean-Baptiste** dans la même pose que celui du n° 4. Il est représenté plus qu'à mi-corps, dans un ovale qu'accompagnent des ornements en relief dans les angles de la plaque. Au-dessous l'inscription : + s + iohannes +. Cet émail est signé par derrière : *Laudin, au faubourg de Manigne à Limoges : I. L.* — Hauteur 0,133. Largeur 0,101.

12. **Sainte** en costume de religieuse, à genoux, les mains jointes, devant un autel sur lequel sont un ostensoir (?) et deux cierges. Derrière elle, un nuage et une draperie. Dans le haut, une gloire. Le tout est compris dans un ovale qu'accompagnent, dans les angles de la plaque, des ornements en relief. L'émail a subi dans les angles, diverses restaurations, qui n'atteignent pas la figure ; mais dans

l'angle supérieur de droite, le restaurateur maladroit n'a pas compris ce que devait être l'objet existant entre les deux chandeliers, et il a figuré un cierge d'une forme imparfaitement définie, plus haut que les autres. Signé par derrière : *J. Laudin à Limauge.* Hauteur 0,116. Largeur 0,084.

13. **Grand émail** presque circulaire représentant la sainte Vierge tenant sur ses genoux l'enfant Jésus, presque nu, qui présente à sa mère une fleur. L'encadrement est formé par une bordure de rinceaux en relief du meilleur goût. L'émail est signé par derrière : *N. Laudin, émailleur près les iesuites à Limoges.* — Grand diamètre 0,182. Petit diamètre 0,170.

14. **Émail** rectangulaire représentant sainte Victoire, la tête entourée d'un nimbe rayonnant, et tenant une palme de la main droite. A ses pieds, à gauche, une fiole contenant une liqueur rouge. Au bas, l'inscription : s. victoire. Signé par derrière : *N. Laudin, émailleur près les iesuites à Limoges.* — Hauteur 0,128. Largeur 0,102.

15. **La sainte Vierge,** à mi-corps, posée sur un nuage. Elle a les yeux levés au ciel, et porte sur sa poitrine, au-dessus de ses mains croisées, un Saint-Esprit sous forme de colombe, entouré de rayons. Cette figure est comprise dans un ovale qu'accompagnent dans les angles de la plaque des rinceaux en relief. L'émail est signé par derrière : *N. Laudin. émailleur au faubour boucherie à Limoges.* — Hauteur 0,128. Largeur 0,104.

16. **Saint Louis,** roi de France, portant un sceptre de la main droite et la couronne d'épines dans la main

gauche. Il est revêtu du manteau fleurdelisé avec collet d'hermines et a sur la tête une couronne fermée. La figure, à mi-corps, est dans un ovale accompagné de rinceaux en relief dans les angles de la plaque. Au bas l'inscription : SAINT LOUIS. Cet émail a une légère restauration dans la partie supérieure, mais elle n'atteint pas la figure. — Hauteur 0,110. Largeur 0,089.

17. **Sainte Catherine** à genoux. Devant elle est la roue, instrument de son supplice. La figure est comprise dans un ovale qu'accompagnent des rinceaux en relief dans les angles. Au bas l'inscription : +S+CATHARINA+. L'émail est signé par derrière : *Laudin au fauxbourg de Manigne à Limoges. J. L.* — Hauteur 0,147. Largeur 0,112.

18. **Saint Benoît** à mi-corps, en costume religieux, tenant la crosse de la main droite ; la figure est dans un encadrement ovale qu'accompagnent des fleurons en or au trait dans les angles de la plaque. Au bas l'inscription : .S.BENEDICTVS. Sur la même ligne on lit le monogramme : .J.L. L'émail porte par derrière la signature : *Laudin .I.L.*— Hauteur 0,088. Largeur 0,068.

19. **Sainte Scholastique** en costume de religieuse, entourant la crosse de son bras gauche, la main droite sur la poitrine. A sa droite est un ange qui pose la main droite sur le bras de la sainte. Encadrement octogone, accompagné de fleurons au trait et en or dans les angles. Au bas l'inscription : S . SCHOLASTICA. Sur la même ligne, dans le coin, le monogramme : J.L. — Hauteur 0,088. Largeur 0,069.

20. **Sainte Marguerite,** presque en pied, tenant de la main gauche une croix et une palme, et ayant la main droite levée. Derrière elle le dragon qui forme son attribut. Sur le côté droit de la sainte, dans l'intérieur de l'ovale d'encadrement, on lit : MARGVERITE . HAVSSIRE . REL . VRSVLINE. L'encadrement est aussi accompagné dans les angles de rinceaux en relief. Au bas l'inscription : SAINTE MARGVERITE. L'émail est signé ainsi par derrière : *B*^{te}. *Novailher emailleur à Limoges.* — Hauteur 0,140. Largeur 0,113.

21. **Saint François d'Assise,** portant les stigmates aux mains et aux pieds, est à genoux au pied d'un autel sur lequel sont une tête de mort et un crucifix. Son livre est tombé à terre et une gloire sortant d'un nuage entoure sa tête. Le fond est occupé par un paysage. Cet émail est ovale, et la composition est entourée d'un large ruban portant des rinceaux en relief. Signé par derrière : *Bap*^{te} *Nouailher à Limoges.* — Grand diamètre 0,150. Petit diamètre 0,130.

22. **Grand émail** ovale représentant l'Adoration des Rois Mages. Le sujet est entouré d'un large ruban avec rinceaux en relief. L'émail est signé par derrière : *Bap*^{te}. *Nouailher à Limoges.* — Grand diamètre 0,174. Petit diamètre 0,140.

23. **Grand émail** ovale représentant le baptême de N. S. Jésus-Christ. Le sujet est entouré, comme le précédent, d'un large ruban avec rinceaux en relief. L'émail porte par derrière la signature : *Bap*^{te}. *Nouailher à Limoges.* — Grand diamètre 0,190. Petit diamètre 0,166.

24. **Saint Guillaume,** duc d'Aquitaine, en costume d'ermite, tenant un long bâton de la main droite et un livre de la main gauche. Le saint a une longue barbe blanche, est coiffé d'un casque et porte autour du cou et de la ceinture une chaîne d'or. A ses pieds, à droite et à gauche, une couronne de duc et une couronne de comte. Légende : s. gvillelmvs.dvx. Le tout est dans un ovale accompagné de fleurons en relief dans les angles de la plaque. L'émail est signé par derrière : *Pierre Nouaher, émailleur à Limoges.* Il a subi quelques légères restaurations qui n'atteignent pas la figure. — Hauteur 0,140. Largueur 0,112.

24 bis. **Sainte Catherine** en riche costume, la tête entourée de rayons, portant une palme de la main droite, et la main gauche appuyée sur une épée. A ses pieds, à droite, une roue, à gauche des livres. Un portique se voit dans le fond. La sainte est dans un ovale qu'accompagnent des rinceaux en relief dans les angles de la plaque. Légende au bas : p. n. sancta catharin..... L'émail qui a subi quelques détériorations et restaurations surtout aux angles est signé par derrière : *Pierre Noualher Esmailleur à Limoges.* — Hauteur 0,140. Largeur 0,118.

25. **Saint Ignace de Loyola,** à mi-corps, la tête entouré du nimbe rayonnant, revêtu d'une chasuble et tenant dans ses deux mains un livre ouvert où on lit : ad majorem dei gloriam. A sa gauche, contre le cadre, une gloire contenant le monogramme i h s surmonté d'une croix. Encadrement octogone avec des fleurons en relief aux angles. Légende au bas : s^r ignativs . de . loiola. Email

signé par derrière : *P. Noualher.* — Hauteur 0,095. Largeur 0,075.

26. **Sainte Elisabeth** en costume royal revêtue du manteau avec chaperon d'hermine. Elle tient de la main droite un sceptre et un livre sur lequel sont posées deux couronnes ; de la main gauche elle fait l'aumône à deux pauvres qui sont à sa droite. La figure un peu plus qu'à mi-corps est dans un encadrement octogone avec rinceaux en relief aux angles de la plaque. Légende au bas : SAINTE . ELISABETH. L'émail est un peu fendu et abimé à droite. — Hauteur 0,100. Largeur 0,082.

27. **Sainte Barbe**, portant une palme de la main droite, et une épée dans l'autre main. A sa gauche une tour. Encadrement ovale, accompagné de fleurons en relief. Légende au bas : SAINTE . BARBE. Cet émail qui, d'après son faire et son coloris, doit être de B^te Nouailher, n'est cependant pas signé, il porte seulement au dos l'inscription : *A Mademoiselle Barbe Vesiesre.* Il y a quelques légères restaurations dans les fleurons du haut. — Hauteur 0,130. Largeur 0,105.

28. **La sainte Vierge,** à mi-corps de face, les mains croisées sur la poitrine, la tête entourée du nimbe rayonnant. Encadrement ovale avec fleurons en relief dans les angles. Légende au bas : MATER . AMABILIS. Email signé par derrière : *Nouailher émailleur à Limoges.* — Hauteur 0,090. Largeur 0,074.

29. **Coupe** en émail de 0,142 de diamètre et de 0,040 de profondeur, accompagnée de deux anses. A l'intérieur, le fond est une peinture représentant la

Sainte Famille, et un ange à genoux présentant une fleur à l'enfant Jésus. Le tour est décoré des figures suivantes séparées par une espèce d'ornement en forme de pilastre : 1º Saint Mathieu avec l'ange vis-à-vis sa tête : s. MATHAEVS ; 2º Saint Jean-Baptiste avec la croix et l'agneau : s. IEAN ; 3º Saint Marc avec le lion : s. MARCVS ; 4º Saint Luc avec le bœuf : s. LVCA ; 5º La Madeleine portant un vase : MAGDELAIN ; 6º Saint Jean portant un calice, l'aigle derrière lui : s. IOANNES. Toutes ces figures sont à mi-corps. L'extérieur de la coupe est orné sur le pourtour de six médaillons, représentant, alternativement, un paysage et un panier de fruits. Le fond porte, entouré d'une couronne de feuillages, une figure de femme à mi-corps, ayant sur la tête une couronne royale, et dans sa main gauche un poignard tourné contre sa poitrine. Elle est accompagnée de l'inscription : ARRIE.

30. **Coupe** en émail de 0,130 de diamètre et de 0,035 environ de profondeur. Elle est décorée à l'intérieur, au fond, de la scène représentant N. S. Jésus-Christ assis auprès d'un puits, s'adressant à la Samaritaine qui porte un seau avec lequel elle était venue pour puiser de l'eau ; le tour de la coupe est orné d'une série de six têtes d'anges au milieu de fleurs. L'extérieur a sur le pourtour six corbeilles de fruits. Le fond porte un médaillon représentant la Madeleine à mi-corps, ayant devant elle un vase posé sur une table. Elle est accompagnée de la légende : s. MAGDELAINE. Cette coupe a été fortement endommagée et restaurée sur une partie de son pourtour.

31. **Très bel émail** représentant l'Adoration des Mages. Mais ici, contrairement au n° 22, les trois rois sont seuls sans leur suite et leurs bagages. L'étoile miraculeuse brille dans le haut du tableau. Cette peinture n'est pas signée, et a été attribuée par Dewismes à *Jean Raymond, mort en 1603.* La plaque est rectangulaire, aux angles légèrement coupés. Hauteur 0,180. Largeur 0,134.

31 bis. **Sainte** en costume de religieuse à genoux devant un prie-dieu où se trouve un livre ouvert et un crucifix. Contre le prie-dieu, une tête de mort. La tête de la sainte est entourée d'une couronne d'épines, elle a les stigmates, et porte un cœur enflammé dans la main droite contre sa poitrine. Bien que la légende au bas porte : MAGDELEINE . DE . PAZIS, c'est évidemment une sainte Thérèse. Encadrement rectangulaire dont les angles son coupés, et en ces endroits sont des fleurons en relief. Email fendu, détérioré et restauré aux angles. — Hauteur 0,145. Largeur 0,108.

2° IVOIRES

32. **Diptyque** du XIV° siècle. Chacune des deux feuilles est divisée en trois registres, représentant plusieurs scènes de la vie de N. S. et de la sainte Vierge, qui se suivent en allant de gauche à droite et de bas en haut, savoir :

1er registre, feuillet de gauche : L'Annonciation ; la Visitation ; l'Ange annonçant à saint Joseph qu'il doit conserver Marie pour son épouse et ne pas la renvoyer.

Id. feuille de droite : L'Adoration des bergers et des rois Mages, dans une même scène. La présentation au temple ou la circoncision.

2ᵉ registre, feuillet de gauche : Jésus au milieu des docteurs et retrouvé par sa mère ; les noces de Cana.

Id. feuillet de droite : La Cène ; le Christ en croix accosté de sa mère et de saint Jean.

3ᵉ registre, feuillet de gauche : La Résurrection, le Christ sortant du tombeau, accosté de deux anges ; l'Ascension.

Id. feuillet de droite : La Descente du Saint-Esprit, le jour de la Pentecôte ; le couronnement de la sainte Vierge.

Toutes les scènes se suivent sans aucune séparation. Cet ivoire qui a 0,24 en hauteur et dont les deux feuillets réunis offrent une largeur de 0,26 est d'une conservation parfaite, et provient de la *collection Soltykoff, n° 240 du catalogue.*

33. **Diptyque** du xivᵉ siècle, un peu plus récent que le précédent. Les feuillets sont également partagés en trois registres, et représentent des scènes de la vie de N. S. Jésus-Christ, se suivant de gauche à droite et de bas en haut. Chaque registre ne contient qu'une seule scène, qui est surmontée d'une série de quatre arcatures du xivᵉ siècle.

Voici l'ordre de ces scènes :

1ᵉʳ registre, feuillet de gauche : L'Annonciation.

Id. feuillet de droite : La Crèche.

2ᵉ registre, feuillet de gauche : L'Adoration des rois Mages.

Id. feuillet de droite : L'entrée triomphante de N. S. à Jérusalem.

3ᵉ registre, feuillet de gauche : La Cène.

Id.. feuillet de droite : La scène du Calvaire, à la mort du Christ.

Cet ivoire de 0,17 de hauteur et dont les feuillets réunis offrent une largeur de 0,14, est en parfaite conservation. Il provient de la *collection Soltykoff, n° 241 du catalogue.*

34. **Tableau** en ivoire de la même époque que le n° 32, partagé en deux registres dans la hauteur. Le registre inférieur représente la flagellation, et une scène de la passion au moment où un soldat présente au Christ l'éponge imbibée de vinaigre. Le registre supérieur, représente la mise au tombeau et le Christ descendant aux enfers. Les reliefs sont fortement accusés, les figures sont presque en ronde bosse. L'ivoire est dans un encadrement formé d'enroulements en papier doré au milieu desquels se trouvent trois reliques et dans le haut une petite miniature de saint Joseph, très médiocre. Sa hauteur est de 0,165 et sa largeur 0,118. Il provient probablement de l'abbaye de Saint-Bertin, et a été acheté en août 1858 à une vente faite après le décès d'un ancien moine de cette abbaye.

35. **Le Père Éternel** dans sa gloire tenant sur ses genoux le corps de son fils mort. Sa main droite est levée comme pour bénir à la manière latine. Au-dessus de son épaule, le Saint-Esprit. Excellent travail, très bien fait et bien étudié, qui doit être du xvıᵉ ou du commencement du xvıɪᵉ siècle. La plaque originale qui est de forme allongée, arrondie par le haut et par le bas, a en hauteur 0,175 et en largeur 0,080.

36. **L'Adoration des Bergers,** travail du XVIe siècle, presque en ronde bosse. La scène représente l'intérieur d'une étable ; l'âne mange au ratelier et le bœuf est couché au pied du berceau où se trouve le divin enfant nouveau-né. La sainte Vierge agenouillée lève le linge pour faire adorer son fils aux trois bergers dont deux sont à genoux et l'autre debout. Derrière la Vierge, saint Joseph également à genoux tient une lanterne. Hauteur 0,170. Largeur 0,130.

37. **Sceptre** en ivoire de 0,82 de hauteur. Voici ce qu'en dit H. de Laplane, dans sa notice intitulée : *Un cabinet d'amateur à Saint-Omer :* « Ce sceptre « annonce une époque fort ancienne. Au-dessus « de la poignée est reproduit, en demi-ronde « bosse, un char de style romain conduit par la « Victoire, et traîné par six chevaux admirable- « ment groupés. Sur le contour sont appliqués « différents écussons ; le tout est surmonté d'une « couronne royale. Cet objet, aussi élégant que « peu connu, outre son caractère d'antiquité et sa « valeur artistique, présente une particularité his- « torique qui en augmente encore l'intérêt ; à la « suite d'une transformation qu'il a subie, pour « un usage plus moderne, on y voit le chiffre et « les armes héraldiques d'un puissant prince d'Al- « lemagne que l'on croit être Frédéric II. »

Quelques détails sont à ajouter pour compléter cette description. C'est à environ 0,58 de son extrémité inférieure que se trouve la partie qui a subi une transformation. Un cylindre de 0,075 a été ajouté et on y a gravé au trait, un écusson compliqué ne comprenant pas moins de trente-six quartiers, et trois écussons en surtout, celui du centre étant à l'aigle éployé couronné d'une couronne fermée. Ce grand écusson est surmonté d'un heaume de face couronné d'une couronne fermée et accompagné de lambrequins. Sur la face postérieure de cette partie est gravé F II avec la couronne impériale.

Quant aux écussons faisant partie du corps primitif du sceptre, ils sont au nombre de quatre, de forme ovale dont deux échancrés sur les côtés. En voici la description : 1° Aigle éployé, la tête ornée de la couronne impériale, un sceptre dans la patte droite et un globe dans la patte gauche ; 2° Un lion passant, et un griffon passant ; 3° Sur la face opposée : un lion debout tenant une flèche dans sa patte, sa tête surmontée d'une couronne impériale ; 4° Un chien (?) couronné passant, et un aigle éployé couronné.

Ce sceptre qui mériterait une étude spéciale et approfondie nous parait, mais sans preuves certaines, avoir appartenu primitivement à un électeur de l'empire d'Allemagne.

38. **Christ** de 0,43 de hauteur. La tête penchée sur l'épaule gauche, contrairement à la tradition est pleine d'expression, elle porte une chevelure abondante et la couronne d'épines. Un linge très ample entoure les reins. Les deux pieds sont réunis par un seul clou. Cet ouvrage est très bien fait, il est attribué, par H. de Laplane, au célèbre sculpteur Duquénoy.

39. **Coffret italien.** Le tour est orné d'une série de scènes à deux personnages ; aux angles se trouvant quatre vertus (?) ou des femmes portant un bouclier. Ce coffret a été arrangé à une époque

très récente, et forme un charmant petit meuble. Longueur 0,20. Largeur 0,12. Hauteur, environ 0,15.

40. **Christ à la colonne.** Hauteur 0,30 compris le socle. Travail très bien fait. xviie siècle.

41. **Enfant Jésus** presque nu, tenant dans ses mains la couronne d'épines, et posant son pied gauche sur une tête de mort. Travail du xviiie siècle. — Hauteur 0,16.

42. **Vierge couronnée** portant dans ses bras l'enfant Jésus complètement nu, dont la main droite est levée pour bénir, et qui entoure de son bras gauche le col de sa mère. Cette vierge est posée sur un demi-globe étoilé. Travail soigné, les vêtements sont surtout bien traités. — Hauteur 0,180. Le piédestal, également en ivoire et rond, a environ 0,105 de hauteur.

43. **Vierge** tenant devant elle l'enfant Jésus les bras étendus et les jambes repliées. Très bon travail, traité avec beaucoup de soin et même un peu d'afféterie. Il doit être du xviiie siècle. — Hauteur 0,30.

44. **Vierge** richement habillée, la tête nue, les mains jointes, les pieds sur le croissant, posée sur un socle ovale décoré de feuilles d'acanthe. Travail assez médiocre. Les plis des vêtements sont raides. — Hauteur 0,28 y compris le socle qui a 0,06.

45. **Vierge** presque identique mais plus petite, puisqu'elle n'a que 0,195. Les dentelles du bord des vêtements et les cheveux sont dorés.

46. **Vierge** semblable aux deux précédentes, de 0,19 de hauteur. Dans celle-ci le socle étant plus élevé, la statue proprement dite est plus petite.

47. **Petit tableau** de 0,13 de hauteur sur 0,085 de largeur représentant le Christ en croix entre les deux larrons. A ses pieds la Madeleine, la sainte Vierge et saint Jean. A sa droite soldat à cheval tenant une lance. Travail très soigné. Certaines parties sont en ronde bosse.

48. 49. 50. 51. **Les quatre Évangélistes** caractérisés par leurs attributs et désignés par leur nom gravé sur la plinthe du bas. Les têtes sont assez bien faites et les vêtements bien traités. Mais les mains sont énormes et les attributs grossiers. — Hauteur de chacun 0,19 environ, y compris la plinthe qui a 0,02.

52. **Érigone.** Petit médaillon ovale très bien traité. — Hauteur 0,062. Largeur 0,048.

3° CURIOSITÉS, TABLEAUX ET MINIATURES

53. **Christ** en métal. Les reins sont ceints d'une espèce de jupon tombant jusqu'aux genoux. La croix est en filigrane d'argent. La partie verticale et les bras en sont cylindriques. Au pied du Christ est la Vierge à genoux. En dessous l'inscription suivante dans un cartouche : + *Est atocado a sv origin*[1]. C'est évidemment la reproduction d'un ouvrage espagnol. Dans les angles de la croix sont des rayons dorés. — Hauteur 0,21.

54. 55. **Deux flacons** en métal revêtus du haut en bas de filigranes d'argent et d'ornements en argent doré. — Hauteur 0,29.

56. **Imitation** en petit d'un **beffroi,** en filigrane d'argent tout à jour. La plate-forme se trouve à 0,095 de hauteur; il y a aux angles quatre soldats. Dans le compartiment de dessus, qu'ouvre une petite porte donnant sur la plate-forme, est une petite clochette. Le sommet de ce petit monument porte un pavillon hors de proportions avec les autres dimensions et une représentation de Ganymède enlevé par Jupiter changé en aigle. Cet objet, curieux en lui-même, paraît être de l'époque de la Renaissance, et un travail flamand. — Hauteur totale 0,32.

57. **Petite nef** avec son mat, sa voile et ses cordages, montée par cinq soldats dans des postures différentes. Elle est exhaussée sur un pied élégant en argent repoussé, et doré en partie, ainsi que le reste de l'objet. — Hauteur du pied 0,11. Hauteur totale 0,38.

58. **Tête de mort** en ivoire.

59. **Ecce Homo,** en bronze fondu et ciselé. Le Christ revêtu du manteau, la couronne d'épines en tête et les mains liées est au milieu de quatre personnages. Au-dessus, gravé : ECCE . HOMO. — Hauteur environ 0,120 sur 0,098 de largeur. Travail très soigné.

60. **Personnage** tenant de la main droite un enfant presque nu portant un panier de raisins. (Saint Joseph et l'enfant Jésus ?). Les vêtements sont bien

traités, avec ampleur. La tête du principal personnage (saint Joseph ?) est trop petite relativement à la grandeur du corps. — Groupe en buis qui paraît du xviie siècle. — Hauteur 0,25.

61. **Grande plaque** en cuivre repoussé et doré représentant le Christ en croix entre les deux larrons. La Madeleine embrasse la croix du Sauveur. En avant à gauche la sainte Vierge, saint Jean et une sainte femme. A droite et à gauche deux groupes de soldats armés. Dans le fond on apperçoit la ville de Jérusalem et des montagnes derrière lesquelles le soleil va se cacher. Travail très bien soigné du xvie siècle. — Hauteur 0,32. Largeur 0,23.

62. **Judith** venant de couper la tête d'Holopherne et la remettant à sa vieille servante. Médaillon en argent repoussé et ciselé dans une guirlande de feuillages, dont le nœud, dans le bas, est formé par un mascaron. — Diamètre 0,13.

63. **Charmant petit groupe chinois** en ivoire sculpté et peint. Il se compose de deux personnages, et il est appliqué sur un fond de velours rouge.

64. **Reliquaire ovale** représentant d'un côté, en miniature saint François de Sales. L'encadrement contient plusieurs reliques. Au revers est la représentation de la sainte Vierge tenant sur ses genoux l'enfant Jésus qui bénit de la main droite; miniature sur parchemin. Monture du reliquaire en cuivre. — Grand diamètre 0,098. Petit diamètre, 0,084.

65. **Petit émail** du xviiie siècle, avec une monture en filigrane d'argent. Le tout est appliqué sur un fond de velours bleu.

66. **Plaque d'argent** repoussé et doré, représentant l'Adoration des Bergers. Dans le fond on apperçoit un ange dans les airs et un berger conduisant des moutons. La scène principale se compose, indépendamment de l'enfant Jésus couché, de quatre personnages, la Vierge, saint Joseph et deux bergers. Tous sont à genoux. L'âne est à gauche et le bœuf s'apperçoit à droite. Cet ouvrage est signé au bas : G. LIEVX (?). — Hauteur 0,116. Largeur 0,080.

67. **Grégoire XIII** assis dans un fauteuil à haut dossier. Il porte la barette et le camail rouges et un rochet blanc. Peinture sur cuivre. Hauteur 0,116. Largeur 0,170.

68. **Le jeune Tobie** tenant un poisson, et conduit par un ange. Miniature qui paraît être sur ivoire. — Hauteur 0,142. Largeur 0,108.

69. **Vierge noire**, à mi-corps portant l'enfant Jésus sur son bras gauche. Peinture sur fond doré. La plaque de cuivre sur laquelle elle est figurée, est également peinte au revers et l'on y voit la Madeleine au pied du Christ expirant sur la croix. — Hauteur 0,098. Largeur 0,063.

70. **Apollon** au milieu des Muses. Tableau sur cuivre de 0,48 de hauteur sur 0,39 de largeur. — Ecole française.

71. **Musicien** jouant de la guitarre, au milieu de femmes qui l'écoutent. Tableau sur bois de 0,32 de hauteur sur 0,24 de largeur. — Ecole française.

72. **Scène villageoise.** Un groupe d'hommes assis à l'extérieur d'une maison, à droite une femme donnant des soins de propreté à un enfant. Peinture sur cuivre de 0,60 de largeur sur 0,39 de hauteur. Ecole flamande, genre Teniers.

73. **La naissance de N. S.** La Vierge enveloppe l'enfant dans un linge ; à gauche, derrière elle, saint Joseph tenant à la main un *rat* allumé. A droite on apperçoit le bœuf et l'âne. Peinture sur cuivre. — Hauteur 0,165. Largeur 0,135.

74. **La Vierge** tenant dans ses bras l'enfant Jésus qui s'appuie sur son épaule. Peinture sur cuivre, ovale de 0,095 de hauteur sur 0,080 de largeur.

75. **N. D. Auxiliatrice.** La Vierge tenant l'enfant Jésus dans ses bras. Devant elle, au bas du tableau trois personnages nus, dont on ne voit que le haut du corps, les mains jointes, l'attitude suppliante et triste. Petite peinture très fine sur bois. — Hauteur 0,060. Largeur 0,045.

76. **Marine** signée : *Roopemboom 1843*. Tableau sur bois. Largeur 0,39. Hauteur 0,19.

77. **Marine** signée : *Louis Verboukhoven*. Peinture sur carton. Largeur 0,123. Hauteur 0,350.— Non encadrée.

78 et 79. **Deux peintures** sur bois représentant des groupes de moutons. Largeur 0,45. Hauteur 0,35. — Non encadrées.

80. **Aquarelle** signée : *L. Schepens*, représentant une campagne traversée par une rivière. — Largeur 0,32. Hauteur 0,24.

81. **Saint Pierre**, miniature sur parchemin, de 0,14 de hauteur, sur 0,12 de largeur.

82. **Miniature** sur parchemin. Le sujet est complexe. Au milieu en avant, N. S. enfant ayant le cœur enflammé sur la poitrine ; derrière lui, la sainte Vierge ayant au-dessus de sa tête la divine colombe. A sa droite, saint Joseph, et à gauche saint Mathieu, derrière lequel on voit une autre tête qui pourrait bien être celle de saint Jean l'Evangéliste. Au pieds de N.S., saint Jean-Baptiste et un ange en adoration. L'encadrement, en feuilles frisées, laisse voir au milieu de la hauteur les lettres, H. D... Deux légendes sont écrites au haut et au bas de la miniature. La première est ainsi conçue : JESV. MITIS . ET . HVMILIS . CORDE . FAC.COR . NOSTRVM . SECVNDVM . COR . TVM. La seconde est : HVMILIS . ET . SANCTA . JESV . IN . TERRIS . FAMILIA . ORA . P . N. Cette peinture d'une époque assez récente a été faite pour une famille dont on voit au bas les armoiries qui sont : mi-partie d'argent, au chevron de gueules, accompagné de trois têtes arrachées d'aigle, de sable, deux en chef et une en pointe : et d'argent au deux lions de sable armés et lampassés de gueules, se regardant, un croissant d'azur entre deux, en chef. L'écusson est timbré d'une couronne de marquis, et a pour supports deux griffons.

83. **Portrait** de femme encadré, miniature de l'époque de l'Empire.

84. **Portrait** de femme dans une boîte ronde, miniature de l'époque du Directoire.

85 et 86. **Deux portraits** d'hommes. Miniatures

ovales du commencement de la Restauration. L'une d'elles est signée : *Menghini. f.*

87 et 88. **Deux panneaux** peints représentant des groupes d'enfants buvant et jouant. — Largeur 0,325. Hauteur 0,215.

89. **Petit tableau** en cuivre représentant la Vierge, le fond est émaillé. D'origine russe.

90 et 91. **Deux gravures,** avant la lettre, d'après des tableaux de Van der Meulen, représentant des chocs de cavalerie. — Largeur 0,750. Hauteur 0,580.

92. **Petite gravure** à la manière noire et coloriée, réunissant dans le même cadre les portraits de Voltaire, Francklin et J.-J. Rousseau avec cette inscription : *le flambeau de l'humanité.* — Dans un cadre rond.

93. **Gravure** oblongue, représentant une suite de cinq médaillons. Au centre, la Liberté, puis de chaque côté, à droite, une Renommée, à gauche, un Génie portant des chaînes brisées. Aux deux extrémités, les médaillons comprennent les figures de Céphale et Procris.

94. **Bahut** ou **Scriban,** de l'époque de Louis XIII. Nous ne pouvons mieux faire que de transcrire ce qu'en dit H. de Laplane, dans sa brochure intitulée, *Un cabinet d'amateur à Saint-Omer.*

« Ce meuble, remarquable par le style et la composition, est l'un des plus beaux que nous connaissions en ce genre. Il mesure $1^m,90$ de hauteur, sur $1^m,50$ de largeur. Il est en écaille, mêlée d'ébène, avec incrustations en ivoire et ornements en cuivre doré. Il est complet, parfaitement conservé, c'est-à-dire avec son pied et son couronnement ; de plus, il n'a été l'objet d'aucune réparation, comme on en rencontre assez souvent aux meubles de cette époque. »

95. **Cruche** en grès flamand avec ornemends en relief.

96. **Grand verre** en cristal de Bohême, avec ornements dorés en relief et fleurs peintes.

97 et 98. **Deux haches** celtiques en silex à moitié polies.

99. **Moitié de hache** celtique en jaspe vert.

100. **Deux petites lampes** sépulcrales romaines.

101. **Petit sceau** en forme de cachet : s·IEHAN DE S. OMER. Epée en pal accostée d'une étoile et d'un croissant.

102. **Autre sceau** en forme de cachet : s . IEHAN . CHEVALIER. Ecusson portant au centre une quintefeuille, en chef deux étoiles, et en pointe, un croissant.

103. **Scel** ogival : + S·GIRES PALEITE . S . DE BREBIERK ::

104. **Bague** en or, qui parait moderne, portant gravé sur le chaton, un signe comme on en voit souvent sur les sceaux professionnels au moyen-âge.

105. **Agathe** onyx à deux teintes, ovale, sur laquelle est finement gravé un sacrifice antique, à plusieurs personnages.

106. **Cristal** taillé de forme rectangulaire sur lequel est gravée la Louve allaitant Romulus et Rémus.

107. **Plusieurs coquillages** et **minéraux** qui pourront être vendus séparément au gré des amateurs.

MONNAIES ET MÉDAILLES

MONNAIES ROMAINES

La presque totalité des pièces de cette série sont de bonne conservation ; il s'en trouve à peine une vingtaine qui laissent à désirer sous ce rapport.

CONSULAIRES

1. **Aburia.** — Tête casquée de Pallas à droite ; derrière GEM. — ℞ M.'AB. ROMA. Le soleil dans un quadrige. AR.

2. **Acilia.** — Tête de femme à droite : SALVTIS. — ℞ AVL. ACILIVS. III. VIR. VALET. Figure de la santé debout appuyée sur une colonne. AR.

3. **Aelia.** — Tête casquée de Pallas à droite. — ℞ P. PAETVS. ROMA. Les dioscures.

4. **Aemilia.** — Tête nue de Vénus à droite : ROMA.— ℞ M. AEMILI. LEP. Statue équestre. AR.

5. **Aemilia.** — Tête de femme voilée : CONCORDIA PAVL-LVS LEPIDVS. — ℞ TER PAVLLVS. Trophée que montre un personnage en toge, et que regarde un autre personnage accompagné de deux enfants. AR.

6. — Arétas à genoux tenant un chameau par la bride et présentant une branche d'olivier. SCAVR AED. CVR EX. S.C. REX. ARETAS. — ℞ R. HVPSAE. AED. CVR. C. HVPSAE. COS. PRE. INEN. CAPTV. Jupiter dans un quadrige à g. AR.

7. **Antistia.** — Tête de Pallas casquée : C. ANTESTI. — ℞ ROMA. Les dioscures accompagnés d'un chien. AR.

8. **Antonia.** — Tête laurée de Jupiter : S. C. — ℞ Q. ANTO. BALB. PR. Victoire dans un quadrige. AR.

9. — Trirème : ANT. AVG. III. VIR. R.P.C. — ℞ LEG. V. : trois enseignes. AR.

10. — Denier semblable pour la VIe légion. AR.

11. — id. la Xe — AR.

12. — id. la XIe — AR.

13. — id. la XXe — AR.

14. **Atilia.** — Tête de Rome casquée : SAR. AV. — ℞ M. ATILI. ROMA. Les dioscures. AR.

15. **Baebia.** — Tête casquée : TAMP. — ℞ ROMA. BAEBI. O. Les dioscures. AR.

16. **Cæcilia.** — Tête d'Apollon. Cicogne. — ℞ Q. C. M. P. I. Eléphant. AR.

17. — Une pièce semblable. AR.

18. — Tête d'Apollon : L. METEL. A. AL. B. S. F. —

℞ C. MALL. ROMA. Guerrier assis sur un trophée, couronné par la Victoire. AR.

19. **Calidia.** — Tête de Rome casquée : ROMA. — ℞ M. CALID. Q. ME. CN. Victoire dans un bige. AR.

20. **Calpurnia.** — Tête d'Apollon. — ℞ L. PI. FRVGI. H. Cavalier courant à droite avec un fouet. AR.

21. — Même tête. — ℞ L. PISO FRVGI F. Cavalier portant une palme, au dessus un caducée. AR.

22. — Même tête. — ℞ PISO. Victoire. AR. Quinaire.

23. **Carisia.** — Tête de la Sibylle. — ℞ T. CARISIVS. III. VIR. Sphinx. AR.

24. **Cassia.** — Tête d'Apollon. — ℞ Q. CASSIVS. Aigle entre un lituus et un prœfericulum. AR.

25. **Cipia.** — Tête de Rome casquée : M. CIPI. M. F. — ℞ ROMA, Victoire dans un bige. AR.

26. **Claudia.** — Tête de Rome casquée. — ℞ C. PVLCHER, Victoire dans un bige. AR.

27. — Tête radiée du soleil. — ℞ P. CLODIVS. M. F., croissant entre cinq étoiles. AR.

28. — Tête casquée de Rome. — ℞ T. M. AP. CL. Q. V. Victoire dans un quadrige. AR.

29. **Claudia.** — Même tête. — ℞ AP. CL. T. MAL. Q. Même type. AR.

30. — Tête de Diane : S. C. — ℞ TI. CLAVD. TI. F. AP. N. Victoire dans un bige : dessous LXVII. AR.

31. — Tête de Rome casquée. — ℞. C. PVLCHER. Victoire dans un bige. AR.

32. **Claudia.** — Tête d'Apollon à droite. — ℞ P. CLO-DIVS. M.F. Diane debout tenant deux torches. AR.

33. **Cloulia.** — Tête casquée de Rome : ROMA. — ℞ CLOVLI·. Bige. AR.

34. **Coelia.** — Tête casquée de Rome à gauche. — ℞ CALD. V. Bige à gauche. AR.

35. — Même tête. — ℞ C. COIL. CALD. Bige à gauche. AR.

36. **Coponia.** — Tête d'Apollon : Q. SICINIVS. III. VIR. — ℞ C. COPONIVS PR. S. C. Massue couverte de la peau du lion. AR.

37. — Une pièce semblable. AR.

38. **Cornelia.** — Tête laurée de Jupiter à gauche. — ℞. L. SCIP. ASIA. C. Quadrige à droite. AR.

39. — Tête de Vénus : S. C. — ℞ trois trophées entre un lituus et un proefericulum. AR.

40. — Tête casquée de Rome. — ℞ P. SVLA. ROMA. Bige. AR.

41. — Tête diadémée du génie du peuple romain : G. P. R. à droite. — ℞ CN. LEN. Q EX. S. C. Caducée, gouvernail et globe. AR.

42. **Cornelia.** — Une pièce semblable d'un coin différent. AR.

43. — Tête de Diane à droite. FAVSTVS. — ℞ FELIX. Sylla assis sur une estrade : dessous Boethus et Jugurtha à genoux. AR.

44. — Tête casquée à droite, derrière un caducée : CN. BLASIO. CNF. — ℞ ROMA, Guerrier couronné

par Pallas placée à droite, et accompagné à gauche d'une femme portant un bouclier. AR.

45. **Crepusia.** — Tête de Junon moneta : L. CEN... — ℞ P. CREPVSI. CLIMETAN. Junon dans un bige. AR.

46. **Critonia.** — Tête casquée de Rome. — ℞ P. CALD. ROMA. Bige. AR.

47. **Cupienna.** — Tête casquée de Rome. Q. CVP. T. — ℞ M. SIA. ROMA. Quadrige. AR.

48. **Egnatia.** — Tête d'Apollon C. EGNAT. VLEI. C.F.Q. — ℞ ROMA. Victoire écrivant sur un bouclier devant un trophée. AR.

49. **Fabia.** — Tête d'Apollon. Une lyre devant lui. ROMA. Q. MAX. — ℞ Corne d'abondance sur un foudre. AR.

50. — Tête casquée de Rome. ROMA. LABEO. — ℞ Q. FABI. Quadrige. AR.

51. **Farsuleia.** — Tête de la liberté. S. C. MENSOR. — ℞ L. FARSVLEI. Figure militaire dans un bige donnant la main à une figure en toge. AR.

52. **Farsuleia.** — Tête de Janus à deux visages. I.L. F.M. FOV. — ℞ PIL.I.ROMA. Victoire couronnant un trophée. AR.

53. **Flaminia.** — Tête de Vénus. PR.I.FL.IIII.VIR. — ℞ L. FLAMIN. CHILO. Bige. AR.

54. — Tête de Rome casquée. ROMA. — ℞ L. FLAMIN. CILO. Bige. AR.

55. **Fonteia.** — Tête laurée de Jupiter imberbe M. FONTEI. C. F. — ℞ Un amour sur une chèvre : en exergue, un trident. AR.

56. **Fonteia.** — Tête casquée : derrière, un trophée : P. FONTEIVS. P. F. CAPITO. III. VIR. — ℞ M. FONT. TR. MIL. Cavalier au-dessus de deux captifs. AR.

57. **Furia.** — Tête de Cérès. BROCCHI.III.VIR. — ℞ L. FVRI.CN.F. Chaise curule. AR.

58. **Herennia.** — Tête de la piété. PIETAS. — ℞ M. HERENNI. Un des frères de Catane portant son père dans ses bras. AR.

59. **Hosidia.** — Tête casquée de Rome à droite GETA. III.VIR. — ℞ C. HOSIDI. Sanglier assailli par un chien. AR.

60. **Hostilia.** — Tête de la pâleur. — ℞ L. HOSTILIVS. SASERNA. Diane d'Ephèse. AR.

61. **Julia.** — Tête de Vénus. — ℞ CAESAR. Enée portant son père Anchise et le palladium. AR.

62. **Julia.** — Tête de Vénus. COS. TERT. DICT. ITER. — ℞ AVGVR. PONT. MAX. Simpulum, aspersoir, proefericulum et lituus. AR.

63. — Victoire sur une proue de navire. — ℞ IMP. CAESAR. Quadrige. AR.

64. — Tête de Vénus. S.C. — ℞ CLXX... CAESAR. Victoire dans un char traîné par trois chevaux. AR.

65. — Tête jeune laurée et étoilée. — ℞ L.IVLI. BVRSI. Quadrige. AR.

66. — Une pièce semblable.

67. — Tête casquée de Rome. — ℞ L.IVLI. Bige. AR.

68. — Une pièce semblable.

69. **Julia.** — Tête d'Octave. CAESAR.III.VIR.R.P.C. — ℞ CAESAR.DIC.PER. Sur une chaise curule suportant une couronne de laurier. AR.

70. — Eléphant. CAESAR. — ℞ Instruments de sacrifice. AR.

71. — Tête de Rome casquée. — ℞ ROMA. SEX. IVL... Personnage dans un bige, couronné par la Victoire. AR.

72. — Tête de Vénus. — ℞ CAESAR. Trophée. AR.

73. **Junia.** — Tête de la Liberté. LIBERTAS. — ℞ BRVTVS. Le consul Brutus marchant entre deux licteurs, et précédé d'un accensus. AR.

74. — Tête de Brutus l'ancien, BRVTVS. — ℞ AHALA. Tête d'Ahala. AR.

75. — Tête de Rome casquée. H. — ℞ P. SILANVS. ROMA. Bige. AR.

76. **Lucinia.** — Tête de Rome casquée. L. COS. C. O. M. F. — ℞ L. LIC. CN. DOM. Guerrier dans un bige. AR.

77. **Lucilia.** — Tête de Rome casquée. P.V. — ℞ RVF. M.LVCILI. Bige. AR.

78. **Lucretia.** — Même tête. TRIO. — ℞ CN. LVCR. ROMA. Les dioscures. AR.

79. — Tête de Neptune. — ℞ L. LVCRET. TRIO. Amour sur un dauphin. AR.

80. **Lutatia.** — Tête de Rome casquée. ROMA. — ℞ Q. LVTATI. Q, au-dessus d'une galère, le tout dans une couronne. AR.

81. **Maiania.** — Tête de Rome casquée. — ℞ C. MAIAN. ROMA. Bige. AR.

82. **Marcia.** — Tête d'Ancus, derrière un lituus. ANCVS. — ℞ PHILIPPVS. AQVA.MAR. Statue équestre. AR.

83. — Tête casquée de Rome. — ℞ MAR. ROMA. Bige. AR.

84. — Même tête. LIBO. — ℞ Q. MAR. ROMA. Les dioscures. AR.

85. **Memmia.** — Tête de Cérès. C. MEMMI. C.F. — ℞ C. MEMMIVS. IMPERATOR. Trophée. AR.

86. **Minucia.** — Tête casquée de Rome. RVF. — ℞ Q. MINV. ROMA. Les dioscures. AR.

87. — — Même tête. — ℞ TI. MINVCI. AVGVRINI ROMA. Deux homme en toge séparés par une colonne. AR.

88. **Mucia.** — Têtes accolées de l'Honneur et de la Vertu. HO. VITR. KALEND. — ℞ IA. RO. CORDI. Deux femmes tenant une corne d'abondance. AR.

89. **Nonia.** — Tête de Saturne. SVFENAS. S.C. — ℞ SEX. NONI. PR. L.P.C. Rome assise couronnée par la Victoire. AR.

90. **Petronia.** — Buste de la déesse Féronie. P. TVRPILIANVS. III. VIR. — ℞ SIG. RECE. CAESA.... Parthe à genoux présentant une enseigne militaire. AR.

91. **Plaetoria.** — Buste de femme casquée. CESTIANVS. S.C. — ℞ ....AETORIVS. M.F.AED. Aigle AR.

92. **Plancia.** — Tête de Diane Plancienne. CN. PLANCIVS. AED. CVR.S.C. — ℞ Chèvre, arc et carquois. AR.

93. **Plautia.** — Tête de Neptune. P. YPSAE. S.C. — ℞ C. YPSAE. COS. PRIV. CEPIT. Quadrige AR.

94. — Tête tourrelée de Cybèle A. PLAVTIVS. AED. CVR. S.C. — ℞ BACCHVS. IVDAEVS. Bacchus à genoux tenant un chameau par le frein. AR.

95. — Une pièce semblable.

96. — Masque de face. L. PLAVTIVS. — ℞ PLANCVS. L'Aurore conduisant les chevaux du Soleil. AR.

97. — (?) Tête casquée de Rome. — ℞ NAT. ROMA. Bige à d. AR.

98. **Poblicia.** — Tête de Rome casquée. ROMA. F. — ℞ C. POBLICI. Q. F. Hercule étouffant le lion de Némée. AR.

99. **Pompeia.** — Même tête. — ℞ ROMA. Rémus et Romulus allaités par une louve; derrière le berger Faustulus. AR.

100. **Pomponia.** — Tête du muse. — ℞ Q. POMPONI. MVSA. Figure de femme debout devant un autel allumé. AR.

101. **Porcia.** — Tête de la Liberté. ROMA. M. CAT. — ℞ VICTRIX. Victoire assise. AR.

102. — Tête de Bacchus. M. CAT. — ℞ VICTRIX. Victoire assise. AR. Quinaire.

103. **Postumia.** — Tête de femme à d. HISPANIA. — ℞ POST. A. F. S. N. ALBIN. Homme en toge entre une aigle romaine, et des faisceaux. AR.

104. — Tête de Diane à d. — ℞ POSTVM. Lévrier courant à d. AR.

105. **Procilia.** — Tête laurée de Jupiter. S. C. — ℞ L. PROCILI. F. Junon Sospita debout. AR.

106. **Roscia.** — Tête de Junon Sospita. L. ROS... — ℞ FABATI. Jeune fille donnant à manger à un serpent. AR.

107. **Rustia.** — Tête casquée de Mars. S.C. — ℞ L. RVSTI. Bélier. AR.

108. **Rutilia.** — Tête casquée de Rome. FLAC. — ℞ L. RVTILI. Bige à d. AR.

109. **Satriena.** — Tête casquée de Mars à d. — ℞ P. SATRIENVS. ROMA. Louve à g. AR.

110. **Saufeia.** — Tête casquée de Rome. — ℞ L. SAVF. ROMA. Bige à d. AR.

111. **Scribonia.** — Tête du dieu *Bonus Eventus*. BON. EVENT. LIBO. — ℞ PVTEAL. SCIBON. Margelle de puits. AR.

112. **Silana.** — Tête du *Salut* SALVS. — ℞ SILANVS. Bige à d. AR.

113. **Sentia.** — Tête casquée de Rome. ARG. PVB. — ℞ L. SENTI. C.F. Quadrige à d. AR.

114. **Sergia.** — Même tête. ROMA. EX. S.C. — ℞ M. SERGI. SILVS. Cavalier au galop à g. tenant par les cheveux une tête humaine coupée. AR.

115. **Servilia.** — Même tête. ROMA. — ℞ C. SERVEILI. Deux cavaliers se poursuivant. AR.

116. — Buste de Pallas à g. RVLLI. — ℞ C. SERVILI. M.F. Bige à d. AR.

117. — Même tête que le n° 115, ROMA. — ℞ C. SERVEILI. M. Les dioscures allant en sens invers. AR.

118. **Sempronia.** — Tête casquée de Rome. PITIO. — ℞ L. SEMP. ROMA. Les dioscures à d. AR.

119. **Sulpicia.** — Têtes accolées des dieux Pénates. D.P.P. — ℞ C. SVLPICI. C.F. Deux soldats debout, entre eux, une truie. AR.

120. **Thoria.** — Tête de Junon Sospita. I.S.M.P. — ℞ L. THORIVS. BALBVS. Taureau furieux courant à d. AR.

121. **Titia.** — Tête de Bacchante à d. — ℞ Q. TITI. Pégase. AR.

122. **Tituria.** — Tête nue de Tatius. SABIN. — ℞ L. TITVRI. Deux soldats enlevant deux sabines. AR.

123. — Tête casquée de Rome. TI.VE. — ℞ ROMA. Tarpeia entre deux soldats. AR.

124. **Valeria.** — Buste de la Victoire à d. — ℞ L. VALERI. FLACCI. Mars debout à g. AR.

125. **Volteia.** — Tête imberbe d'Hercule. — ℞ M. VOLTEI. M.F. Sanglier à d. AR.

126. **Vibia.** — Tête d'Apollon. PANSA. — ℞ C. VIBIVS. C.F. Quadrige à d. AR.

127. **Incertaine.** — Tête imberbe d'Hercule. S.C. — ℞ Globe au milieu de quatre couronnes. AR.

128. — Double tête de femme. — ℞ Quadrige à d. ROMA imprimé en creux. AR.

129. — Tête voilée à g. S. — ℞ LONGIN. III. VIR. Personnage debout à g. devant un autel. AR.

IMPÉRIALES ROMAINES

HAUT-EMPIRE

130. **Pompée.** — Tête de Pallas casquée à droite. M. POBLICI. LEG. PRO. PR. — ℞ CN. MAGNVS. IMP. Pompée présentant une palme à une femme. (Cohen n° 1.) AR.

131. — Tête nue de Pompée. MAG. PIVS. IMP. ITER. — ℞ PRÆF CLAS. ET. ORÆ MARIT. EX. S. C. Anapus et Amphinone portant leurs parents, etc. (Cohen n° 12.) AR.

132. — Tête nue de Pompée NEPTVNI. — ℞ Q. NASIDIVS. Galère à voile. AR.

133. **Jules César.** — Tête de César voilée. CÆSAR. DICT. PERPETVO. — ℞ C. MARIDIANVS. Vénus debout à gauche. AR.

134. — Tête laurée de César entre un caducée et une branche d'olivier. — ℞ L. LIVINEIVS REGVLVS. Taureau courant à droite. AR.

135. **Cassius.** — Tête voilée de la Liberté. C. CASSI... LIBERTAS. — ℞ LENTVLVS. SPINT. Vase de sacrifice et lituus. AR.

136. **Juba, roi de Mauritanie.** — Tête de Juba à d. REXIVBA. — ℞ Légende phénicienne. Temple octostyle. AR.

137. **Sextus Pompée.** — Tête de Neptune. MAG. PIVS. IMP. ITER. — ℞ ...RÆF. CLAS. ET. O.... Trophée maritime. (Cohen n° 1.) AR.

138. **Ptolémée, roi d'Égypte.** — Tête de Ptolémée à d. REX PTOLEMAE. — ℞ RA-VI. Corne d'abondance et sceptre. AR.

139. **Marc Antoine et Octave.** — Tête nue d'Antoine. M. ANT. IMP. AVG. III. VIR. R.P.C. M. BARBATVS. — ℞ CAESAR. IMP. PONT. III. VIR R.P.C. Tête nue d'Octave. AR.

140. **Antoine et Octavie.** — Têtes accolées d'Antoine et d'Octavie. M. ANTONIVS. IMP. COS. DESIG. ITER ET. TERT. — ℞ Bacchus sur un ciste autour duquel deux serpents sont entrelacés. III. VIR. R.P.C. Médaillon frappé en Asie. AR.

141. **Lucius Antonius et Marc Antoine.** — Tête de Lucius Antonius. L. ANTONIVS COS. — ℞ M. ANT. IMP. AVG. III. R. P. C. M. NERVA PROQ.... Tête nue de Marc Antoine. AR.

142. **Octave Auguste.** — Tête laurée d'Auguste, CAESARI AVGVSTO. — ℞ S.P.Q.R. Quadrige au pas à droite. OR.

143. — Tête nue d'Auguste, IMP. CAESAR. — ℞ AVGVSTVS. Autel décoré de guirlandes et de deux cerfs. AR. Médaillon frappé en Asie.

144. — Même tête et même légende. — ℞ AVGVSTVS. Bouquet de six épis. AR. Médaillon frappée en Asie.

145. — Tête laurée d'Auguste. CAESAR AVGVSTVS DIVI F. PATER PATRIAE. — ℞ C.L. CAESARES AVGVSTI

F. COS DESIGN PRIN IVVENT. Caius et Lucius César tenant chacun une haste et un bouclier. (Cohen n° 87). AR.

146. **Octave Auguste.** — Tête nue d'Auguste. AVGVSTVS DIVI F. — ℞ IMP.X. Deux soldats présentant une branche d'olivier à Auguste assis. AR.

147. — Victoire debout sur une proue. — ℞ IMP. CAESAR. Octave dans un quadrige à d. AR.

148. — Tête laurée d'Auguste. AVGVSTVS. DIVI. F. — ℞ IMP. XII... [Apollon Actien à droite. (Cohen n° 144). AR.

149. — Tête nue d'Auguste, même légende. — ℞ IMP.X. — Taureau cornupète. AR.

150. — Auguste sur un char trainé par quatre éléphants à g. DIVO AVGVSTO S.P.Q.R. — ℞ TI CAESAR DIVI AVG F. AVGVST PM TR POT XXXIIX S.C. (Frappée sous Tibère). G. B.

151. — Tête nue d'Auguste à gauche. DIVVS AVGVSTVS S.C. — ℞ CONSENSV SENAT ET EQ ORDIN. P.Q.R. Auguste assis à gauche, etc. (Cohen n° 263). M. B.

152. **Livie.** — Tête nue de Livie à d. SALVS AVGVSTA. — ℞ TI CAESAR DIVI AVG F. AVG. P.M. TR. POT XXIIII. Dans le champ S.C. M.B.

153. — Carpentum trainé par deux mules à d. S.P.Q.R. IVLIAE AVGVST. — ℞ TI. CAESAR DIVI AVG. F. AVGVST P.M TR.POT XXIIII. Dans le champ. S.C. G. B.

154. **Agrippa.** — Tête d'Agrippa à gauche. M. AGRIPPA

L. F. COS. III. — ℞) S.C. Neptune debout tenant un dauphin. M. B.

155. **Tibère.** — Tête laurée à d. TI. CAESAR DIVI AVG. F. AVGVSTVS. — ℞) PONTIF. MAXIM. Livie assise à droite, tenant un sceptre, etc. (Cohen n°1.) OR.

156. — Même type. (Cohen n° 2). AR.

157. — Quadrige à droite orné de victoires et de trophées. — ℞) Même légende et même type qu'au n° 150. G. B.

158. — TI. CEASAR DIVI AVG F AVGVST. PM TR POT XXIIII. Dans le champ : S.C. — ℞) Tibère lauré, assis à gauche, tenant une patère et un sceptre. CIVITATIBVS ASIAE RESTITVTIS. G. B.

159. — Tête laurée à droite. TI CAESAR DIVI AVGVSTI F AVGVSTVS. — ℞) PONT. MAXIM. COS. III. IMP. VII. TR. POT. XXII. Caducée ailé auquel sont attachés deux épis. M. B.

160. — Tête nue à gauche. TI. CAESAR. DIVI. AVG. F AVGVST. IMP. VIII. — ℞) PONTIF. MAXIM TRIBVN POTEST. XXIIII. Dans le champ S.C. M. B.

161. **Drusus.** — Sa tête nue à gauche. DRVSVS CAESAR AVG. F DIVI AVG N. — ℞) PONTIF. TRIBVN. POTEST. ITER. Dans le champ S.C. M. B.

162. **Néron Drusus.** — Sa tête laurée à gauche. NERO CLAVDIVS DRVSVS GERMANICVS IMP. — ℞) Arc de triomphe sur lequel on lit : DE GERM. (Cohen n° 1.) OR.

163. — Sa tête nue à g. NERO CLAVDIVS DRVSVS GERMANICVS IMP. — ℞) Claude assis sur une chaise

curule, etc. TI. CLAVDIVS CAESAR AVG. PM. TR. P. IMP. P.P. S.C. (Cohen n° 7.) G. B.

164. **Germanicus.** — Sa tête nue à gauche. GERMANICVS CAESAR.TI. AVG F DIVI AVG. N. — ℞ C. CAESAR.DIVI.AVG.PRON.AVG.IMP.TR.P.IIII.P.P. Dans le champ. S.C. M. B.

165. — Germanicus debout dans un quadrige. GERMANICVS CAESAR. — ℞ SIGNIS RECEPTIS DEVICTIS GERM. S.C. Germanicus debout levant le bras droit et tenant un sceptre. M. B.

166. **Agrippine mère.** — Son buste à droite. AGRIPPINA M.F.MAT.C.CAESARIS AVGVSTI. — ℞ S.P.Q.R. MEMORIAE AGRIPPINAE. Carpentum à gauche. G. B.

167. — Même buste. AGRIPPINA M F GERMANICI CAESARIS. — ℞ TI CLAVDIVS CAESAR AVG GERM P M TR P IMP.P.P. Dans le champ. S.C. G. B.

168. **Caligula.** — Sa tête laurée à d. C. CAESAR AVG GERM. P.M.TR.POT. — ℞ DIVVS.AVG.PATER PATRIAE. Tête radiée d'Auguste à d. AR.

169. — Tête laurée de Caligula à g. C. CAESAR AVG GERMANICVS PON. M TR. POT. — ℞ ADLOCVTIO COH. Caligula debout haranguant cinq soldats. G.B.

170. — La Piété assise à gauche. C. CAESAR DIVI AVG PRON AVG P.M TR P.IIII.P.P. A l'exergue : PIETAS. — ℞ Sacrifice devant un temple à six colonnes. DIVO AVG. S.C. (Cohen n° 20.) G. B.

171. — Même tête et même légende qu'au n° 169. — ℞ S.P.Q.R.P.P. OB CIVES. SERVATOS dans une couronne de chêne. G. B.

172. **Caligula.**— Sa tête nue à g. Même légende qu'au n° 169.— ℞ VESTA. S. C. Vesta assise à g. M. B.

173. **Agrippine mère et Caligula.** — AGRIPPINA MAT. C. CAES. AVG. GERMANICI. Tête nue d'Agrippine à d. — ℞ C. CAESAR AVG GERM. P. M. TR POT. Tête nue de Caligula à d. AR.

174. **Claude et Néron.** — Tête laurée de Claude à d. TI. CLAVD CAESAR AVG GERM. P. M. TRIB. POT. P. P. — ℞ NERO CLAVD CAES. DRVSVS. GERM. PRINC. IVVENT. Buste de Néron jeune à g. AR.

175. **Claude.** — Tête laurée à d. TI. CLAVDIVS CAESAR. AVG. P. M. TR. P. IMP. — ℞ EX. S. C. OB CIVES SERVATOS dans une couronne de chêne. G. B.

176. — Tête nue à g. Même légende que la précé- avec P.P. en plus. — ℞ LIBERTAS AVGVSTA S.C. La Liberté debout à droite. M. B.

177. — Modius. TI. CLAVDIVS CEASAR AVG. — ℞ COS DES. IT. PON. M. TR. P. IMP. Dans le champ : S. C. P. B.

178. **Néron et Agrippine.** — Têtes nues accolées de Néron et Agrippine. NERO CLAVD. DIVI. F. CAES. AVG. GERM. IMP TR. P. COS. — ℞ ... CLAVD. NERONIS CAES. MATER. EX. S. C. Deux personnages assis dans un quadrige d'éléphants. (Cohen n° 3.) AR.

179. **Néron.** — Tête laurée à d. IMP NERO CAESAR AVGVSTVS. — ℞ IVPPITER CVSTOS. Jupiter assis à gauche. OR.

180. — Tête nue à droite. NERO CAESAR AVG IMP. — ℞ PONTIF. MAX. TR. P. VII. COS. III. P. P. EX. S. C. Femme debout à g. tenant une haste. OR.

181. **Néron.** — Tête laurée à droite. NERO CAESAR AV-GVSTVS. — ℞ CONCORDIA AVGVSTA. La Concorde assise à g. AR.

182. — Même tête et légende qu'au n° 180. — ℞ PONTIF. MAX. TR. P.II. P.P. Couronne de laurier comprenant EX. S.C. AR.

183. — Tête laurée à d. NERO CLAVD CAESAR. AVG. GERM. P.M. TR. P. IMP. P.P. — ℞ ROMA. S.C. Rome assise à gauche (Cohen n° 236.) G. B.

184. — Même tête et légende. — ℞ S.C. Arc de triomphe. (Cohen n° 242.) G. B.

185. — Tête nue et même légende. — ℞ PACE P. R. TERRA, etc. Temple de Janus. (Cohen n° 165.) M. B.

186. — Sa tête nue. NERO CLAVD CAES... MANICVS.— ℞ PONTIF MAX TR POT IMP. P. P. S.C. Néron debout à droite, en habits de femme, une lyre à la main. M. B.

187. — Tête radiée de Néron. Même légende qu'au u° 183. — ℞ ROMA S.C. Rome assise à gauche. M. B.

188. — Tête laurée à d. NERO CAESAR AVG GERM.IMP. — ℞ S.C. Victoire à gauche portant un bouclier sur lequel se trouve S.P.Q.R. M. B.

188bis. — Même tête. NERO CAES AVG IMP. — ℞ CER QVINQ. ROM. CO. S.C. Table des jeux : au-dessus un vase une couronne et la lettre S. P. B.

189. — Tête casquée de Mars à d. — ℞ S.C. Cuirasse et lance. P. B.

190. **Galba.** — Tête nue de Galba à d. IMP SER. GALBA AVG. — ℞ S.P.Q.R. OB C.S. Dans une couronne de chêne. AR.

191. — Même tête et même légende. — ℞ HISPANIA. L'Espagne marchant à gauche, tenant deux hastes, un bouclier et deux épis. AR.

192. — Tête laurée de Galba à d. SER GALBA CAESAR AVG. TR P. — ℞ S.C. Victoire marchant à g. tenant une palme et une petite statue. G. B.

193. **Othon.** — Sa tête nue à d. IMP OTHO CAESAR AVG TR P. — ℞ PAX ORBIS TERRARVM. La Paix à g. tenant un caducée et une branche d'olivier. AR.

194. — Même tête et même légende. — ℞ SECVRITAS PR. Figure de femme debout tenant une couronne et une haste. AR.

195. **Vitellius.** — Sa tête laurée à d. A VITELLIVS GERM IMP AVG TR P. — ℞ LIBERTAS RESTITVTA. La Liberté debout. AR.

196. — Même tête. A. VITELLIVS GERMANICVS IMP AVG TR P. — ℞ PAX AVGVSTI. S.C. La Paix à g. tenant une corne d'abondance et un rameau d'olivier. G. B.

197. **Vespasien.** — Sa tête laurée à d. IMP CAES VESP AVG CENS. — ℞ PAX AVG. La Paix avec ses attributs devant un autel. OR. (Cette médaille est trouée).

198. — Même tête. DIVVS AVGVSTVS VESPASIANVS. — ℞ S.C sur un bouclier tenu par deux capricornes. AR.

199. — Même tête. IMP CAESAR VESPASIANVS AVG. —

℞) PON MAX. TR P COS V. Vespasien assis à droite tenant un sceptre et une branche de laurier. AR.

200. **Vespasien.** — Même tête et même légende. — ℞) COS VI. Aigle éployé sur un cippe. AR.

201. — Vespasien assis, tenant un sceptre et une Victoire, sur un char, trainé par quatre éléphants. DIVO AVG VESPAS. — ℞) IMP. T. CAES. DIVI. VESP. F.AVG. P.M.TR P.P.P. COS VIII. Dans le champ S.C. G. B. (frappé sous Titus).

202. — Tête laurée de l'empereur. IMP CAES VESPASIAN AVG PM. TR. P.P.P. COS III. — ℞) IVDAEA CAPTA S.C. Palmier, à gauche un juif captif debout, à droite une juive assise. G. B.

203. — Même tête. IMP CAES VESPAS AVG PM TR.P. P.P. COS III. — ℞) PAX AVGVSTI. S.C. La Paix avec ses attributs. G. B.

204. — Même tête et même légende. — ℞) VICTORIA AVGVSTI S.C. Victoire écrivant sur un bouclier appuyé contre un palmier, au pied duquel est une captive. G. B.

205. **Titus.** — Sa tête laurée à d. IMP TITVS CAES VESPASIAN AVG P M. — ℞) TR P.IX IMP XV COS.VIII P.P. Foudre sur un trône. OR.

206. — Même tête et même légende. — ℞) TR P VIIII IMP XIIII COS VII P P. Quadrige à gauche, dessus, une fleur. AR.

207. — Même tête et même légende. — ℞) TR. P. IX IMP XV COS VIII P.P. Dauphin entourant une ancre. AR.

208. — Tête laurée à gauche. Même légende. — ℞)

TR P IX IMP XV COS VIII P.P. Dauphin sur un trépied. AR.

209. **Titus.** — Même tête. IMP. T. CAES VESP AVG PM. TR.P.P.P.COS VIII. — ℞ PAX AVGVSTI. La Paix avec ses attributs. G. B.

210. **Julie, fille de Titus.** — Son buste diadémé. IVLIA AVGVSTA TITI AVGVSTI F. — ℞ VENVS AVGVST. Vénus appuyée sur une colonne. AR.

211. — Son buste en cheveux. IVLIA IMP T AVGVSTA. — ℞ VESTA. S. C. Vesta assise à g. tenant le palladium et un sceptre. M. B.

212. **Domitien.** — Sa tête laurée à d. CAESAR DIVI.F. DOMITIANVS COS VII. — ℞ PRINCEPS IVVENTVTIS. Casque sur un trône. OR.

213. — Même tête. IMP CAES DOMITIANVS AVG P M. — ℞ TR POT II COS VIIII DES X P.P. Minerve à d. ayant la chouette à ses pieds. AR.

214. — Même tête. CAESAR AVG F DOMITIANVS. — ℞ COS IIII. Pégase. AR.

215. — Même tête. IMP CAES. DOMIT AVG GERM. PM TR P XIIII. — ℞ IMP XXII COS XVII CENS. P.P.P. Même type qu'au n° 213. AR.

216. — Même tête IMP CAES DOMIT AVG GERM. P.M. TR P.VIII. — ℞ COS XIIII LVD SAEC. FEC. Prêtre salien à g. portant un bouclier et un flambeau. AR. Quinaire.

217. — Même tête. IMP CAES DOMIT AVG GERM COS XII CENS. PERP. — ℞ IOVI VICTORI S.C. Jupiter assis à gauche tenant la statue de la Victoire et un sceptre. G. B.

218. **Domitien.** — Même tête. CAESAR AVG F DOMITIAN COS II. — ℞ RRINCIP. IVVENT. S.C. Domitien à cheval à gauche. M. B.

219. — Même tête. IMP CAES DOMITIAN AVG GERM COS X. — ℞ SALVTI AVGVST S.C. Autel. M. B.

220. **Domitia.** — Buste en cheveux de la princesse, DOMITIA AVGVSTA IMP DOMIT. — ℞ PIETAS AVGVST. Domitia voilée assise à gauche tenant un sceptre : un enfant à ses pieds. AR.

221. **Nerva.** — Sa tête laurée. IMP NERVA CAES AVG. PM TR P COS II P.P. — ℞ CONCORDIA EXERCITVVM. Deux mains jointes tenant un caducée. AR.

222. — Même tête. IMP NERVA CAES AVG P M TR POT. — ℞ COS III PATER PATRIAE. Instruments de sacrifice. AR.

223. — Mêmes tête et légende que le n° 221, sauf TR. P II COS III. — ℞ LIBERTAS PVBLICA. La Liberté debout à g. AR.

224. — Même tête et même légende que le n° 221. — ℞ SALVS PVBLICA. La Santé assise à gauche tenant deux serpents. AR.

225. — Même tête et même légende qu'au n° 221, sauf COS III. — ℞ VEHICVLATIONE ITALIAE REMISSA. S.C. Deux mules placées en sens contraire, paissant : derrière des timons de char et des harnais. G. B.

226. **Trajan.** — Buste lauré de Trajan. IMP CAES NER TRAIAN OPTIM. AVG GERM DAC. — ℞ PARTHICO PM TR COS VI P.P S.P.Q.R. Buste du Soleil radié à d. OR.

227. **Trajan.** — Sa tête laurée à droite. IMP TRAIAN AVG GER DAC PM TR P.— ℞ COS V P.P.S.P.Q.R OPTIMO PRINC. Trophée. AR.

228. — Tête laurée à d. IMP CAES NERVA TRAIAN AVG GERM. — ℞ PM TR P COS II P.P. Figure assise à gauche tenant une patère et une corne d'abondance. AR.

229. — Même tête IMP NERVA TRAIANVS. AVG GER DACICVS. — ℞ PM TR P COS V. P.P. Guerrier portant un trophée, marchant à d. AR.

230. — Même tête et même légende qu'au n° 228. — ℞ PM TR P COS III P.P. Femme assise à gauche tenant une baguette et une corne d'abondance. AR.

231. — Même tête. TRAIANO AVG GER DAC P.M.TR.P. COS V P.P. — ℞ S.P.Q.R OPTIMO PRINCIPI. La Paix debout à gauche tenant une branche d'olivier et une corne d'abondance, et mettant le pied sur un Dace. AR.

232. — Même tête et même légende. — ℞ Même légende. La Paix assise à gauche tenant une branche d'olivier; un Dace à genoux devant elle. AR.

233. — Même tête et même légende. — ℞ Même légende. La Paix debout à gauche tenant un caducée et une corne d'abondance. AR.

234. — Même tête et même légende. — ℞ Même légende, et en exergue VIA TRAIANA. Femme couchée à terre à gauche, tenant une roue sur le genou gauche. AR.

235. **Trajan.** — Tête radiée de Trajan à d. DIVO TRAIANO. — ℞ CONSECRATIO. Autel. AR. Grand module.

236. — Tête laurée de Trajan à d. IMP CAES NERVA TRAIANO AVG GER DAC. PM TR P COS V. P.P. — ℞ S P Q R OPTIMO PRINCIPI. S.C. Trajan sur un cheval au galop à gauche au-dessous duquel est un Dace renversé. G. B.

237. — Même tête. IMP CAES NERVA TRAIAN AVG GERM P M. — ℞ TR POT COS II P P S.C. Victoire tenant un globe, à gauche. M. B.

238. **Hadrien.** — Son buste lauré à d. HADRIANVS AVGVSTVS P P. — ℞ COS III. L'empereur à cheval à droite. OR.

239. — Sa tête nue à droite. HADRIANVS AVG COS III P P. — ℞ AEGYPTOS. L'Egypte couchée tenant un sistre ; devant elle un ibis. AR.

240. — Même tête et même légende. — ℞ AFRICA. L'Afrique couchée tenant un scorpion et une corne d'abondance, devant elle, une corbeille. AR.

241. — La même pièce avec la tête laurée.

242. — Comme au n° 240. — ℞ HISPANIA. L'Espagne couchée, une branche d'olivier à la main. AR.

243. — Sa tête laurée HADRIANVS AVGVSTVS. — ℞ COS III. Simpulum, aspersoir, vase à sacrifice, lituus. AR.

244. — Comme au n° 240. — ℞ FELICITAS AVG. L'Empereur et la Félicité tenant un caducée se donnent la main. AR.

245. **Hadrien.** — Idem. — ℞ MONETA AVG. La Monnaie debout tenant une balance et une corne d'abondance. AR.

246. — Buste lauré d'Hadrien. IMP CAESAR TRAIAN HADRIANVS AVG. — ℞ PM TR P COS III. Rome casquée assise à gauche tenant une petite Victoire et une haste. AR.

247. — Sa tête laurée et même légende. — ℞ PM TR P COS III LIBERAL AVG III. Hadrien assis sur une estrade, devant lui un personnage debout. AR.

248. — Même tête et même légende. — ℞ PM TR P. COS III. Victoire assise à gauche. AR. Quinaire.

249. — Tête et légende du n° 239. — ℞ VOTA PVBLICA. L'Empereur debout à gauche sacrifiant près d'un autel. AR.

250. — Sa tête laurée à gauche. HADRIANVS AVGVSTVS. — ℞ FELICITATI. AVG. COS III P P S.C. Galère avec des rameurs. G. B.

251. — Tête et légende du n° 239. — ℞ ADVENTVS AVG MAVRETANIAE S.C. Hadrien et la Mauritanie séparés par un autel. (Cohen n° 619.) M. B.

252. — Son buste à gauche avec le paludamentum. HADRIANVS AVGVSTVS. — ℞ FELICITATI AVG COS III P.P S.C. Galère. (Cohen n° 851.) M. B.

253. **Sabine.** — Son buste en cheveux SABINA AVGVSTA HADRIANI AVG P.P. — ℞ CONCORDIA AVG. La Concorde assise à droite tenant une patère. AR.

254. — Même buste. SABINA AVGVSTA. — ℞ IVNONI REGINAE. Junon debout à g. tenant une patère et un sceptre. AR.

255. **Sabine.** — Tête et légende du n° 253 — ℞ PIETAS S.C. La Piété assise tenant une patère et un sceptre. G. B.

256. **Aelius.** — Sa tête nue à d. AELIVS CAESAR. — ℞ TR POT COS II. La Félicité debout à gauche tenant un caducée et une corne d'abondance. AR.

257. **Antonin.** — Sa tête laurée à d. ANTONINVS AVG PIVS P P TR P XIIII. — ℞ LAETITIA COS III. Cérès et Proserpine debout. (Cohen n° 172.) OR.

258. — Même tête et même légende, sauf TR P XII. — ℞ COS III. La Félicité debout tenant un caducée et une corne d'abondance. AR.

259. — Sa tête nue. DIVVS ANTONINVS. — ℞ CONSECRATIO. Bûcher. AR.

260. — Même tête et même légende. — ℞ CONSECRATIO. Aigle sur un autel. AR.

261. — Sa tête laurée à d. ANTONINVS AVG PIVS P.P TR P COS III. — ℞ PROVIDENTIAE DEORVM. Foudre. AR.

262. — Buste lauré à d. revêtu du paladamentum. Même légende qu'a n° 261. — ℞ AVRELIVS CAESAR AVG P II F CO. S. C. Buste de Marc Aurèle à gauche. G. B.

263. — Sa tête laurée à d. ANTONINVS AVG PIVS P P TR P XXII. — ℞ AEDE DIVI AVG. REST. COS IIII S.C. Temple à huit colonnes. (Cohen n° 452.) Mauvaise conservation. G. B.

264. — Sa tête laurée à d. Même légende sauf TR P XXIII. — ℞ PIETATI AVG COS IIII S.C. La Piété

debout, un enfant sur les bras, et deux autres à ses côtés. G. B.

265. **Antonin.** — Même tête. IMP CAES AEL HADR ANTONINVS AVG PIVS P P. — ℞ TR POT XV COS III s.c. L'empereur, tenant un globe, assis à gauche sur une chaise curule et couronné par la Victoire. G. B.

266. — Tête et légende du n° 261. — ℞ IMPERATOR II. En exergue : ANCILIA. s.c. Deux boucliers. (Cohen n° 467.) M. B.

267. — Tête et légende du n° 258. — ℞ MVNIFICENTIA AVG COS IIII s.c. Eléphant à d. M. B.

268. **Faustine mère.** — Son buste coiffé en cheveux à g. DIVA AVG FAVSTINA. — ℞ CONSECRATIO. Quadrige à gauche emportant Faustine. OR.

269. — Buste voilé de Faustine. DIVA AVGVSTA FAVSTINA. — ℞ PIETAS AVG. s.c. La piété sacrifiant à gauche. G. B.

270. — Son buste en cheveux. DIVA FAVSTINA. — ℞ s.c. Vesta debout à gauche tenant un flambeau et le palladium. M. B.

271. **Marc-Aurèle.** — Son buste lauré et avec la cuirasse à d. M. ANTONINVS AVG ARM PART MAX. — ℞ TR P XXI IMP IIII COS III. Victoire à g. OR.

272. — Sa tête laurée à d. IMP M AVREL ANTONINVS AVG. — ℞ PRO DEOR. TR P XVI COS III. La Providence debout à g. tenant un globe et une corne d'abondance. AR.

273. — Même tête. M ANTONINVS AVG GERM PAR M. — ℞ TR P XXX IMP VIII COS III. Mars casqué, de-

bout à gauche, tenant une Victoire et une haste. AR.

274. **Marc-Aurèle.** — Même tête. IMP CAES M AVREL ANTONINVS AVG PM. — ℞ CONCORDIA AVGVSTOR TR P XV COS III S.C. Marc-Aurèle et Vérus se donnant la main. G. B.

275. — Même tête et même légende. — ℞ SALVTI AVGVSTORVM TR P XVII COS III S.C. La déesse Hygie à g. présentant une patère à un serpent sortant d'un autel. G. B.

276. — Médaille identique au n° 274, seulement la tête est radiée. M. B.

277. — Tête radiée. M ANTONINVS AVG TR P XXVII. — ℞ SALVTI AVG COS III S.C. Type du n° 275. M. B.

278. **Faustine jeune.** — Son buste coiffé en cheveux. FAVSTINA AVGVSTA. — ℞ MATRI MAGNAE. Cybèle assise à droite. OR.

279. — Son buste à d. FAVSTINAE PII AVG FIL. — ℞ LAETITIAE PVBLICAE. La Joie debout à g. tenant une couronne et un sceptre. AR.

280. — Même tête et même légende qu'au n° 278. — ℞ SAECVLI FELICIT. Trône sur lequel jouent Commode enfant et son frère. AR.

281. — Même tête et même légende. — ℞ TEMPORVM FELIC. Faustine debout, etc. (Cohen n° 75.) AR.

282. — Même tête et même légende. — ℞ IVNONI LVCINAE S.C. Junon debout à g. tenant un enfant dans les bras; deux autres sont à ses pieds. G.B.

283. — Idem. — ℞ LAETITIA. S.C. La Joie tenant une patère et un sceptre G. B.

284. **Faustine jeune.** — Idem. — ℞ SALVTI AVGVSTAE S.C. La déesse Hygie assise à g. présentant une patère à un serpent sortant d'un autel. G.B.

285. — Identique au n° 284, avec S.C au revers. G.B.

286. **L. Verus.** — Sa tête laurée à d. L. VERVS AVG ARM PARTH MAX. — ℞ TR P V IMP III COS II. Vérus à cheval au galop à d. foulant un ennemi renversé. OR.

287. — Même tête et même légende. — ℞ TR P V IMP III COS II. Parthe ou Arménien couché à d. ayant à ses pieds son arc et son carquois. AR.

288. **Lucille.** — Son buste coiffé en cheveux à droite. LVCILLA AVGVSTA. — ℞ VENVS VICTRIX. Vénus à dr. tenant une Victoire et un bouclier. AR.

289. — Son buste en cheveux. LVCILLAE AVG ANTONINI AVG F. — ℞ VOTA PVBLICA dans une couronne de laurier. AR.

290. — Même tête et même légende qu'au n° 288. — ℞ IVNO REGINA. Junon debout à gauche tenant une patère et un sceptre : le paon à ses pieds. M.B.

291. **Commode.** — Sa tête laurée à d. M. COMMODVS ANTONINVS AVG. — ℞ LIB.AVG V TR P VII IMP IIII COS III P.P. La Libéralité tenant une tessère et une corne d'abondance. AR.

292. — Sa tête laurée. M COMM ANT P F F AVG BRIT P.P. — ℞ PM TR P XV IMP VIII COS VI. L'empereur assis à gauche tenant un sceptre et une fleur. AR.

293. — Sa tête laurée à d. M COMMODVS ANT P FELIX

AVG BRIT. — ℞) P.M. TR. P. XI.: IMP VII COS V P.P. S.C. L'empereur assis sur une estrade, devant lui la Libéralité, derrière lui un personnage, un autre monte à l'estrade. En exergue LIBERAL.AVG. (Cohen n° 587.) G. B.

294. **Commode.**— Même tête. L AEL AVREL COMM AVG P FELIX. — ℞) PM TR.P. XVII. etc. Rome casquée et la Concorde. (Cohen n° 684.) G. B. Mauvaise conservation.

295. **Pertinax.**— Sa tête laurée à d. IMP CAES P HELV PERTIN AVG. — ℞) VOT DECEN TR P COS II. Pertinax voilé debout à gauche sacrifiant sur un trépied allumé. AR.

296. **Albin.** — Sa tête laurée à d. IMP CAES D CLO SEP ALB AVG. — ℞) FIDES LEGION COS II. Deux mains croisées tiennent une aigle. AR.

297. — Sa tête nue à d. D CLOD SEPT ALBIN CAES. — ℞) COS II. Esculape debout à g. AR.

298. **Septime Sévère.** — Sa tête laurée à d. SEVERVS PIVS AVG. — ℞) ADVENT AVGG. Septime Sévère en habit militaire à cheval à gauche précédé d'un soldat. AR.

299. — Même tête. L SEPT SEV.AVG IMP XI PART MAX. — ℞) CONCORDIA MILITVM. La Concorde tenant deux enseignes. AR.

300. — Tête nue de l'empereur. DIVO SEVERO PIO. — ℞) CONSECRATIO. Aigle éployé sur un globe. AR.

301. — Même tête et même légende qu'au n° 299. — ℞) COS III P P. Victoire marchant à gauche. AR.

302. — Comme au n° 299. — ℞) IVSTITIA. La Justice assise à gauche. AR.

303. **Septime Sévère.** — Même tête. SEVERVS PIVS AVG.BRIT. — ℞ PM TR P XVIII COS III P P. Jupiter debout à g., à ses pieds deux enfants. AR.

304. — Même tête. SEVERVS AVG PART MAX. — ℞ PM TR P VIII COS II P P. Victoire à gauche, à ses pieds un bouclier et une cuirasse. AR.

305. — Comme au n° précédent. — ℞ RESTITVTOR VRBIS. L'empereur debout en habit militaire sacrifiant sur un trépied allumé. AR.

306. — Comme au n° 298. — ℞ VICTORIAE AVGG. La Victoire dans un bige courant à d. AR.

307. — Sa tête laurée à d. L.SEPT.SEVERVS PIVS AVG. — ℞ PM TR P XVIII COS III P P S.C. Sévère et Caracalla se donnant la main au-dessus d'un autel; derrière, la Piété debout. G. B. (Cohen n° 599.)

308. — Pièce frappée dans les colonies grecques. M. B. de très mauvaise conservation.

309. **Julia Domna.** — Son buste. IVLIA PIA FELIX AVG. — ℞ DIANA LVCIFERA. Diane à gauche portant un flambeau. AR.

310. — Même tête et même légende. — ℞ LVNA LVCIFERA. La lune dans un bige courant à gauche. AR.

311. — Son buste IVLIA AVGVSTA. — ℞ PIETAS AVGG. La Piété debout à gauche, devant elle un autel. AR.

312. — Comme au n° 310. — ℞ VENVS GENETRIX. Vénus assise à gauche, tenant un sceptre. AR.

313. — La même pièce, mais du grand module, le buste de Julie étant entouré du croissant. AR.

314. **Julia Domna.** — Buste de Julia Domna. ivlia avgvsta. — ℞ hilaritas s.c. L'Hilarité tenant un épi et un corne d'abondance. G. B.

315. — Tête et légende du n° 309. — ℞ cererem.s.c. Cérès à gauche tenant un sceptre et des épis. Un autel à ses pieds. M. B.

316. — Même tête et même légende. — ℞ saecvli felicitas. La Félicité debout tenant une patère et un caducée, à ses pieds un autel. M. B.

317. **Julia Domna, Caracalla et Géta.** — Buste de Julia Domna à d. ivlia avgvsta. — ℞ aeternit imperi. Bustes affrontés de Caracalla et de Géta. (Cohen n° 3.) AR.

318. **Caracalla.** — Son buste lauré, revêtu du paladamentum à d. antoninvs pivs avg germ. — ℞ pm tr p xx cos iiii p p. Le Soleil debout à g. tenant un fouet. OR.

319. — Buste lauré de Caracalla jeune. antoninvs pivs avg. — ℞ part max pont tr p iiii. Trophée avec deux captifs à ses pieds. AR.

320. — Tête laurée à d. Légende du n° 318. — ℞ pm tr p xvii cos iiii p p. Caracalla debout à gauche tenant un rameau et un sceptre court. AR.

321. — Même tête laurée. antoninvs pivs avg brit. — ℞ p.m. tr p xvi cos ii p. p. Hercule nu à g. tenant un rameau et une massue. AR.

322. — Comme au n° 318. — ℞ venvs victrix. Vénus assise à gauche tenant une Victoire et un sceptre. AR. Grand module.

323. — Même buste. m avrel antoninvs pivs avg

GERM. — ℞ PROVIDENTIAE DEORVM S.C. La Providence debout à gauche tenant une baguette et un sceptre. G. B.

324. **Caracalla.** — Comme au n° 318. — ℞ PM TR P XX COS IIII P.P S.C. Jupiter assis à gauche tenant une Victoire et un sceptre. M. B.

325. — Comme au n° 318. — ℞ PM.TR P XVIII COS IIII P P S.C. Esculape appuyé sur un bâton autour duquel est enroulé un serpent. M. B.

326. **Plautille.** — Son buste à droite. PLAVTILLA AVGVSTA. — ℞ CONCORDIA AVGG. La Concorde debout à g. tenant une patère et un sceptre. AR.

327. — Son buste à d. PLAVTILLAE AVGVSTAE. — ℞ CONCORDIAE AETERNAE. Plautille debout à d. donnant la main à Caracalla debout à gauche. AR.

328. — Comme au n° 326. — ℞ VENVS VICTRIX. Vénus debout à gauche tenant une boule et une palme : à ses pieds un bouclier et une cuirasse. AR.

329. **Géta.** — Sa tête nue à droite. SEPTIMIVS GETA CAES. — ℞ PONTIF COS II. Génie nu auprès d'un autel, tenant une patère et deux épis. AR.

330. — Sa tête laurée à d. P. SEPT GETA PIVS AVG BRIT. — ℞ LIBERALITAS AVGV. La Libéralité debout à gauche tenant une tessère et une corne d'abondance. AR.

331. — Même tête et même légende qu'au n° 330. — — ℞ FORT RED TR P III COS II PP. La Fortune couchée à droite appuyée sur une roue et tenant une corne d'abondance. AR.

332. — Buste de Géta jeune. SEPT GETA CAES PONT.

— ℞ PRINC IVVENTVTIS. Géta debout à g. en costume militaire tenant une haste. A sa gauche un trophée. AR.

333. **Géta.** — Comme au n° 332. — ℞ SECVRIT IMPERII. La Sécurité assise à gauche tenant un globe. AR.

334. **Macrin.** — Son buste lauré à d. avec la cuirasse. IMP C M. OPEL SE MACRINVS AVG. — ℞ FELICITAS TEMPORVM. La Félicité debout à g. tenant un caducée et une corne d'abondance. AR.

335. — Comme au n° précédent. — ℞ PONTIF MAX TR P P P. Femme tenant deux enseignes militaires AR.

336. — Son buste lauré à d. avec le paludamentum. IMP CAES M OPEL SEV MACRINVS AVG. — ℞ IOVI CONSESVATORI. S.C. Jupiter nu, debout à g. tenant un foudre et un sceptre. G. B.

337. **Diaduménien.** — Buste jeune de Diaduménien avec le paladamentum. M OPEL DIADVMENIANVS CAES. — ℞ PRINCIPI IVVENTVTIS. Le prince debout à g. tenant une enseigne et une haste. AR.

338. — Même buste M. OPEL ANT DIADVMENIAN CAES. — ℞ Même légende. Le prince debout tenant trois enseignes. AR.

339. — Même buste. M OPEL ANTONINVS DIADVMENIANVS CAES. — ℞ Même légende S.C. Le prince debout tenant une enseigne et un sceptre; à sa gauche, deux autres enseignes. G. B.

340. **Elagabale.** — Son buste lauré à d. IMP ANTONINVS AVG. — ℞ PM TR P II COS II P P. Rome casquée assise à g. tenant une Victoire et un sceptre. AR.

341. **Elagabale.** — Son buste lauré, avec la cuirasse. IMP ANTONINVS PIVS AVG. — ℞ SVMMVS SACERDOS AVG. Elagabale sacrifiant, à gauche, sur un autel. Dans le champ, un astre. AR.

342. — Même tête et même légende. — ℞ Mêmes type et légende un peu variés. AR.

343. — Buste lauré, avec le paludamentum. IMP M AVR ANTONINVS PIVS AVG. — ℞ P.M.TR.P.III.COS. III.P.P. S.C. L'empereur assis à g. tenant un globe et un sceptre. Dans le champ une étoile. G. B.

344. **Julia Paula.** — Son buste à d. IVLIA PAVLA AVG. — ℞ CONCORDIA. La Concorde assise à g. tenant une patère. Dans le champ une étoile. AR.

345. **Julia Soemias.** — Son buste à d. IVLIA SOAEMIAS AVG. — ℞ VENVS CAELESTIS. Vénus debout tenant une pomme et un sceptre. AR.

346. — Mêmes types qu'au précédent, seulement Vénus est assise à gauche avec les mêmes attributs; un enfant est devant elle. AR.

347. **Julia Maesa.** — Son buste à d. IVLIA MAESA AVG. ℞ FECVNDITAS AVG. La Fécondité debout à gauche tenant une corne d'abondance et étendant la main vers un enfant debout à ses pieds. AR.

348. — Même tête et même légende. — ℞ PVDICITIA. La Pudeur voilée assise à g. et tenant un sceptre. AR.

349. — Même tête et même légende. — ℞ SAECVLI FELICITAS. S.C. La Félicité debout tenant un

caducée et une patère au-dessus d'un autel. Dans le champ, une étoile. G. B.

350. **Alexandre Sévère.** — Son buste lauré à d. IMP SEV ALEXAND AVG. — ℞ IOVI CONSERVATORI. Jupiter debout à gauche tenant un foudre et un sceptre ; un petit personnage à ses pieds. AR.

351. — Même buste. IMP ALEXANDER PIVS AVG. — ℞ MARS VLTOR. Mars armé marchant à droite. AR. 2 pièces.

352. — Même tête et même légende. — ℞ P. M. TR. P. XIII. COS. III. P.P. Le Soleil marchant à gauche. AR. 2 pièces.

353. — Comme au précédent. — ℞ PROVIDENTIA AVG. La Providence debout tenant des épis et une corne d'abondance. AR.

354. **Orbiana.** — Son buste à d. SALL. BARBIA ORBIANA AVG. — ℞ CONCORDIA AVGG. La Concorde assise à gauche tenant une patère et une corne d'abondance. AR.

355. **Julia Mamée.** — Son buste à d. IVLIA MAMAEA AVG. — ℞ IVNO AVGVSTAE. Junon assise à gauche tenant une fleur et un enfant emmailloté. AR.

356. — Son buste à d. IVLIA MAMAEA AVGVSTA. — ℞ FELICITAS PVBLICA S.C. La Félicité assise à gauche tenant un caducée et une corne d'abondance. G. B.

357. — Semblable au précédent avec quelques différences de coin. G. B.

358. — Comme au n° 356. — ℞ VENVS FELIX. S.C.

Vénus assise à g. tenant un sceptre et un enfant. G. B.

359. **Maximin.** — Son buste lauré à d. IMP MAXIMINVS PIVS AVG. — ℞ FIDES MILITVM. La Fidélité debout tenant deux enseignes. AR.

360. — Comme au précédent. — ℞ PAX AVGVSTI. La Paix debout à gauche tenant une branche d'olivier et un sceptre. AR.

361. — Idem. — ℞ P.M. TR. P.P.P. Guerrier debout tenant une haste, entre deux enseignes militaires. AR.

362. — Idem. ℞ FIDES MILITVM. S.C. Type du n° 359. G. B.

363. — Son buste lauré à d. MAXIMVS PIVS AVG GERM. — ℞ PAX AVGVSTI S.C. Type du n° 360. G. B.

364. **Pauline.** — Buste voilé de Pauline. DIVA PAVLINA. — ℞ CONSECRATIO. Paon faisant la roue. AR.

365. **Maxime.** — Son buste à droite. MAXIMVS CAES GERM. — ℞ PIETAS AVG. S.C. Instruments de sacrifice. G. B.

366. — Même tête et même légende. — ℞ PRINCIPI IVVENTVTIS. S.C. Maxime debout à gauche tenant une baguette et une haste : derrière lui, deux enseignes. G. B.

367. **Gordien d'Afrique, le père.** — Son buste lauré à d. IMP M ANT GORDIANVS AFR AVG. — ℞ SECVRITAS AVGG. La Sécurité assise à g. tenant un sceptre. AR.

368. **Gordien d'Afrique, le fils.** — Son buste lauré à d. IMP M ANT GORDIANVS AFR AVG. — ℞ PROVIDENTIA AVGG. La Providence debout appuyée contre une colonne, tenant une corne d'abondance et une baguette. A ses pieds, un globe. AR.

369. **Balbin.** — Son buste radié à droite. IMP CAES D CAEL BALBINVS AVG. — ℞ FIDES MVTA AVGG. Deux mains jointes. AR. grand module.

370. — Son buste lauré à d. IMP.C.D. CAEL BALBINVS AVG. — ℞ VICTORIA AVGG. La Victoire debout tenant une couronne et une palme. AR.

371. — Buste lauré et même légende qu'au n° 369.— ℞ LIBERALITAS AVGVSTORVM. S.C. Les trois Auguste assis à g. sur une estrade, précédés de la Libéralité debout. Un soldat monte à l'estrade. (Cohen n° 22.) G. B. Médiocre conservation.

372. — Comme au n° 371. — ℞ P. M. TR. P. COS. II. P.P. S.C. Balbin debout à g. tenant un rameau et un sceptre. G. B.

373. **Pupien.** — Son buste radié à d. IMP CAES PVPIEN MAXIMVS AVG. — ℞ AMOR MVTVVS AVGG. Deux mains jointes. AR.

374. — Son buste lauré à d. IMP CAES M CLOD PVPIENVS AVG. — ℞ VICTORIA AVGG. S.C. Victoire debout tenant une couronne et une palme. G. B.

375. **Gordien III.** — Sa tête radiée à d. IMP GORDIANVS PIVS FEL AVG. — ℞ AETERNITATI AVG. Le Soleil debout à gauche, à demi-nu, levant la main droite et tenant un globe. AR.

376. **Gordien III.** — Son buste lauré à d. Même légende. — ℞ DIANA LVCIFERA. Diane à droite tenant un flambeau. AR.

377. — Son buste radié à d. IMP CAES M ANT GORDIANVS AVG. — ℞ FIDES MILITVM. Femme debout à g. tenant une enseigne et un sceptre. AR.

378. — Même tête et même légende qu'au n° 375. — ℞ P.M.TR.P.III.COS.II.P.P. La Paix assise tenant un rameau. AR.

379. — Comme au n° 377. — ℞ VICTORIA AVG. Victoire à d. portant une couronne et une palme. AR.

380. — Comme au n° 375. — ℞ AETERNITATI AVG.S.C. Type du n° 375. G. B.

381. **Philippe, père.** — Sa tête radiée à d. IMP PHILIPPVS AVG. — ℞ AETERNITAS AVGG. Eléphant à gauche monté par un cornac. AR.

382. — Comme au précédent. — ℞ FELICITAS IMPP dans une couronne de laurier. AR.

383. — Son buste radié à d. IMP M IVL PHILIPPVS AVG. — ℞ SECVRITAS ORBIS. La Sécurité assise à g. tenant un rameau. AR.

384. — Comme au précédent. — ℞ AEQVITAS AVGG. L'Équité à g. tenant une balance et une corne d'abondance. AR.

385. — Idem. — ℞ PAX AETERN. La Paix à g. tenant une branche d'olivier et un sceptre. AR.

386. — Idem. — ℞ ROMAE AETERNAE. Rome assise à g. tenant une Victoire et un sceptre. AR.

387. **Philippe. père.** — Type et légende du n° 381.
— ℞ SAECVLARES AVGG. Autel sur lequel on lit: COS III. AR.

388. — Mêmes types et légende qu'au précédent, seulement l'autel est plus étroit. AR.

389. — Tête et légende du n° 383. — ℞ AEQVITAS AVGG. S.C. Type du n° 184. G. B.

390. **Otacilia Severa.** — Buste à droite reposant sur un croissant. OTACIL SEVERA AVG. — ℞ CONCORDIA AVGG. La Concorde assise à g. tenant une patère et une corne d'abondance. AR. 2 pièces.

391. — Mêmes type et légende. — ℞ PIETAS AVGVSTAE. La Piété debout à gauche levant la main droite et tenant une boîte à parfums. AR.

392. — Son buste à droite. MARCIA OTACIL SEVERA AVG. — ℞ PVDICITIA AVG. S.C. La Pudeur assise à g. ramenant son voile, et tenant un sceptre transversal. G. B.

393. **Philippe, fils.** — Son buste radié à d. IMP PHILIPPVS AVG. — ℞ LIBERALITAS AVGG III. Philippe père et son fils assis à gauche. AR.

394. — Son buste radié à d. M IVL PHILIPPVS CAES. — ℞ PRINCIPI IVVENT. Philippe fils en habit militaire debout à g. tenant un globe et une haste; à ses pieds, un captif. AR.

395. — Comme au n° 393. — ℞ SAECVLARES AVGG III. Chèvre à g. AR.

396. — Son buste lauré à d. IMP M IVL PHILIPPVS AVG.

— ℞) LIBERTAS AVGG. III. S.C. Type du n° 393. (Cohen n° 55). G. B.

397. **Trajan Dèce.** — Sa tête radiée à d. IMP C M Q TRAIANVS DECIVS AVG. — ℞) ADVENTVS AVG. L'empereur à cheval à g. AR.

398. — Comme au précédent. — ℞) PANNONIAE. Les deux Pannonies voilées se tournant le dos, et tenant chacune une enseigne. AR.

399. — Son buste lauré. Même légende qu'au n° 397. — ℞) GENIVS EXERC. ILLYRICIANI S.C. Génie à demi-nu coiffé du modius, debout à gauche tenant une patère et une corne d'abondance; à droite, une enseigne. G. B.

400. — Comme au n° 399. — ℞) VICTORIA AVG. S.C. Victoire marchant à gauche. G. B.

401. — Comme au n° 397. — ℞) PANNONIAE S.C. Type du n° 398. M. B.

402. **Herennius Etruscus.** — Son buste radié à d. Q HER ETR MES DECIVS NOB. C. — ℞) CONCORDIA AVG. Deux mains jointes. AR.

403. — Comme au précédent. — ℞) PIETAS AVGVSTORVM. Instruments de sacrifice. AR.

404. — Idem. — ℞) PIETAS AVGG. Mercure debout à gauche tenant une bourse et un caducée. AR.

405. — Idem. — ℞) PRINCIPI IVVENTVTIS. Le prince debout à gauche tenant une haste et une baguette. AR.

406. — Buste d'Herennius à d. Même légende que la précédente. — ℞) PRINCIPI IVVENTVTIS.. S.C. Même type qu'au n° 405. G. B.

407. **Hostilien.** — Son buste radié à d. C VALENS HOSTIL MES QVINTVS AVG. — ℞ MARTI PROPVGNATORI. Mars armé marchant à d. AR.

408. — Comme au précédent. — ℞ PRINCIPI IVVENTVTIS. Hostilien debout en habit militaire tenant une enseigne er une haste. AR.

409. **Trebonien Galle.** — Son buste radié à d. IMP CAE C VIB TREB GALLVS AVG. — ℞ FELICITAS PVBLICA. La Félicité debout appuyée sur une colonne, tenant un caducée et un sceptre transversal. AR.

410. **Volusien.** — Son buste radié à d. IMP CAE C VIB VOLVSIANO AVG. — ℞ AEQVITAS AVGG. L'Équité debout à g. tenant une balance et une corne d'abondance. AR.

411. — Son buste radié à d. IMP. C. C. VIB VOLVSIANVS AVG. — ℞ FELICITAS PVBL. La Félicité debout tenant un caducée et une corne d'abondance. AR.

412. — Comme au nº 410. — ℞ P.M.TR.P.IIII.COS.II. Volusien debout à g. tenant un rameau et un sceptre. AR.

413. — Son buste lauré à d. IMP CAE C VIB VOLVSIAN AVG. — ℞ CONCORDIA AVGG. S.C. La Concorde debout à gauche tenant une patère et une corne d'abondance. G. B.

414. **Æmilien.** — Son buste radié à d. IMP AEMILIANVS PIVS AVG. — ℞ VICTORIA AVG. Victoire marchant à gauche. AR.

415. **Valérien.** — Son buste radié à d. IMP C. P LIC VALERIANVS P F AVG. — ℞ APOLINI CONSERVA. Apollon à g. tenant un couronne et une lyre. AR.

416. **Valérien.** — Son buste radié à d. VALERIANVS.P. F. AVG. — ℞ ORIENS AVGG. Le Soleil marchant à g. AR.

417. — Comme au n° 415. — ℞ ORIENS AVGG. Le Soleil debout, la main droite levée, et tenant un globe. AR.

418. **Mariniana.** — Son buste voilé, sur un croissant à d. DIVAE MARINIANAE. — ℞ CONSECRATIO. Paon faisant la roue. AR.

419. **Gallien.** — Son buste radié à d. IMP GALLIENVS P.AVG. — ℞ IOVI VICTORI. Jupiter debout sur un autel où on lit : IMP CES. AR.

420. — Son buste radié à d. IMP C P LIC GALLIENVS P F AVG. — ℞ PROVIDENTIA AVGG. La Providence debout à g. tenant une baguette et une corne d'abondance ; à ses pieds, un globe. AR.

421. **Salonine.** — Son buste sur un croissant à d. SALONINA AVG. — ℞ VENVS VICTRIX. Vénus debout à gauche tenant une palme ; derrière elle, un bouclier. AR.

422. — Comme au précédent. — ℞ FECVNDITAS AVG. La Fécondité à g. tenant une corne d'abondance. Devant elle, un enfant. P. B.

423. **Salonin.** — Son buste radié à d. DIVO VALERIANO CAES. — ℞ CONSECRATIO. Un aigle emportant à d. le jeune prince, sur son dos. AR.

424. — Même tête. VALERIANVS CAES. — ℞ IOVI CRESCENTI. Jupiter enfant sur la chèvre Amalthée à d. AR.

425. **Posthume.** — Son buste radié à d. IMP C POS-TVMVS.P.F.AVG. — ℟ SALVS PROVINCIARVM. Le Rhin couché à gauche. AR.

426. — Son buste radié et recouvert du paludamentum à d. IMP C M CASS LAT POSTVMVS P AVG. — ℟ FIDES MILITVM. La Foi debout à gauche tenant deux enseignes. G. B.

427. — Comme au précédent. — ℟ LAETITIA AVG. Galère. G. B.

428. — Même tête. IMP C. POSTVMVS P.F. AVG. — ℟ P.M.TR.P.COS.II.P.P. Guerrier debout à g. tenant un globe et une haste. B.

429. — Comme au précédent. — ℟ Type du n° 427. P. B.

430. **Victorin.** — Son buste radié à d. IMP C. VICTORINVS.P.F.AVG. — ℟ INVICTVS. Le Soleil marchant à gauche : dans le champ, une étoile. B. 2 pièces.

431. — Comme au précédent. — ℟ SALVS AVG. La Santé debout à d. tenant un serpent dans ses bras. B.

432. **Marius.** — Son buste radié à d. IMP C M AVR MARIVS AVG. — ℟ VICTORIA AVG. Victoire marchant à d., tenant une couronne et une palme. P. B.

433. **Quintille.** — Son buste radié à d. IMP CAE AVR CL QVINTILLVS AVG. — ℟ APOLLINI CONS. Apollon à g. tenant un rameau et une lyre. P. B.

434. — Même tête et même légende. — ℟ FIDES MI-

LITVM. La Foi debout à gauche tenant une enseigne et un sceptre. Dans le champ E. P. B.

435. **Aurélien.** — Son buste lauré à d. avec la cuirasse. IMP AVRELIANVS AVG. — ℞ CONCORDIA AVGG. Sévérine et Aurélien se donnant la main. Au-dessus, le buste du Soleil à d. (Cohen n° 42.) M. B.

436. — Son buste radié à d. IMP AVRELIANVS AVG. — ℞ CONCORDIA MILITVM. Aurélien debout donnant la main à une femme. En exergue S. P. B.

437. **Sévérine.** — Son buste radié à d. reposant sur le croissant. SEVERINA AVG. — ℞ CONCORD MILIT. La Concorde assise à g. tenant une patère et une corne d'abondance. P. B.

438. — Comme au précédent. — ℞ PROVID DEOR. La Foi debout à d. tenant deux enseignes. Devant elle, le Soleil debout, la main droite levée. P.B.

439. **Vabalathe.** — Son buste lauré à d. VABALATHVS VCRIMDR. — ℞ IMP. C. AVRELIANVS AVG. Buste radié d'Aurélien à d. AR.

440. **Tétricus, père.** — Son buste radié à d. IMP C TETRICVS P F AVG. — ℞ PAX AVG. La Paix debout à g. tenant un rameau et un sceptre. P. B.

441. **Tétricus, fils.** — Son buste radié à d. C PIVESV TETRICVS CAES. — ℞ SPES.... L'Espérance marchant à g. tenant une fleur. P. B.

442. — Même tête et même légende. — ℞ SPES PVBLICA. Même type. P. B.

443. **Tacite.** — Son buste radié à d. IMP CL TACITVS

AVG. — ℞) FIDES MILITVM. La Foi debout à g. tenant deux enseignes. P. B.

444. **Tacite.** — Son buste radié à d. IMP CN CL TACITVS AVG. — ℞) FELICIT TEMP. La Félicité debout à g. tenant un caducée et un sceptre. P. B.

445. — Même buste. IMP CM CL TACITVS AVG. — ℞) LAETITIA FVND. La Joie debout à g. tenant une couronne et une ancre. P. B.

446. — Comme au précédent. — ℞) PAX AETERNA. La Paix debout à gauche tenant un rameau et un sceptre. P. B.

447. **Florien.** — Son buste radié à d. IMP C M AN FLORIANVS P F AVG. — ℞) PACATOR ORBIS. Le Soleil marchant à g., levant la main droite et tenant un fouet. P. B.

448. **Probus.** — Son buste radié, avec la cuirasse, à d. IMP C. PROBVS. P. F. AVG. — ℞) COMES AVG. Minerve casquée debout à g. tenant une branche d'olivier et une haste. P. B.

449. — Son buste radié, avec la cuirasse, à g. IMP C. M. AVR PROBVS P F AVG. — ℞) CONSERVAT AVG. Le Soleil debout, levant la main droite et tenant un globe. P. B.

450. — Son buste lauré et cuirassé à d. PROBVS. P.F. AVG. — ℞) FIDES MILITVM. La Foi à g. tenant deux enseignes. P. B. Flaon très-épais.

451. — Son buste radié à d. avec la cuirasse. IMP C M AVR PROBVS P AVG. — ℞) SOLI INVICTO. Le Soleil dans un quadrige au galop de face. P. B.

452. — Son buste casqué et radié à g., avec la cui-

rasse et le bouclier. Il porte une haste sur l'épaule. IMP C M AVR PROBVS P. AVG. — ℞ SOLI INVICT. Le soleil dans un quadrige galopant à gauche. P. B.

453. **Carus.** — Sa tête radiée à d. DIVO CARO PIO. — ℞ CONSECRATIO. Aigle éployé à gauche. P. B.

454. — Son buste radié à d. avec la cuirasse. IMP. CARVS P F AVG. — ℞ PAX PVBLICA. La Paix à g. tenant un rameau.
Un second exemplaire présente le buste avec le paludamentum, et la légende. IMP C KARVS P P AVG. P. B. Deux pièces.

455. — Comme au n° 454. — ℞ VIRTVS AVGG. Guerrier debout à g. tenant un bouclier et une haste. P. B.

456. **Numérien.** — Son buste radié à d. avec la cuirasse. IMP C NVMERIANVS AVG. — ℞ MARS VICTOR. Mars allant à d. portant une haste et un trophée. P. B.

457. **Carin.** — Son buste radié à d., avec le paludamentum. IMP C M AVR CARINVS P F AVG. — ℞ AETERNITAS AVGG. L'Éternité debout à g. tenant un globe surmonté d'un phénix. P. B.

458. — Buste radié avec le paludamentum. CARINVS NOBIL CAES. — ℞ PRINCIPI IVVENTVT. Le prince debout à gauche tenant un globe et une haste. P. B.

459. — Buste radié à d. IMP C M AVR CARINVS AVG. — ℞ SAECVLI FELICITAS. Carin en habit militaire à d. tenant une haste transversale et un globe. P. B.

460. **Magnia Urbica.** — Son buste à d. sur un croissant. MAG VRBICA AVG. — ℞ VENVS VICTRIX. Vénus debout à g. tenant un bouclier et une haste. P. B.

461. **Dioclétien.** — Sa tête laurée à d. DIOCLETIANVS AVG. — ℞ VICTORIA SARMAT. Quatre soldats sacrifiant sur nn trépied à la porte d'un camp. AR.

462. — Son buste lauré à d. IMP DIOCLETIANVS AVG. — ℞ GENIO POPVLI ROMANI. Génie coiffé du modius portant une patère et une corne d'abondance; à ses pieds, un autel; dans le champ, une étoile. M. B.

463. — Son buste lauré à d. avec le manteau impérial. DN DIOCLETIANO BEATISSIMO SEN. AVG. — ℞ PROVIDENTIA DEORVM QVIES AVGG. Femme debout à droite, accostée de la lettre T; vis-à-vis, la Providence debout à gauche, tenant des épis et une corne d'abondance et accostée de la lettre F. M. B.

464. — Buste radié à d. IMP. C. C. VAL. DIOCLETIANVS P. F. AVG. — ℞ CONCORDIA MILITVM. Jupiter nu donnant une Victoire sur un globe à Dioclétien. (Cohen n° 143.) P. B.

465. — Même tête et même légende. — ℞ MARS VICTOR. Mars allant à d. portant une haste transversale et un trophée. P. B.

466. **Maximien-Hercule.** — Tête laurée de l'empereur à d. MAXIMIANVS NOB. C. — ℞ VIRTVS MILITVM. Type du n° 461. AR.

467. — Même tête. IMP C. MAXIMIANVS P. F. AVG. — ℞

CONSERVATORES.VRB.SVAE. Rome assise à g. dans un temple hexastyle. (Cohen n° 178.) M. B.

468. **Maximien-Hercule.** — Même tête. IMP MAXIMIANVS P.F. AVG. — ℞ Type et légende du n° 462. Le Génie est accosté des lettres. S F. M. B.

469. — Buste lauré de l'empereur avec le manteau impérial, tenant à la main une branche d'olivier. IMP MAXIMIANO BEATISSIMO SEN AVG. — ℞ Type et légende dn n° 463. M. B.

470. — Son buste radié à d. IMP C.M.A MAXIMIANVS P.F. AVG. — ℞ Légende et type du n° 464. (Cohen n° 162.) P. B.

471. — Son buste, radié, avec le paludamentum à d. IMP MAXIMIANVS P.F. AVG. — ℞ VIRTVS AVGG. Hercule nu à g. tenant une massue et un trophée. P. B.

472. **Carausius.** — Son buste radié à d. IMP C CARAVSIVS P.F. AVG. — ℞ PAX AVG. La Paix debout à g. tenant un rameau et un sceptre transversal. P. B.

473. **Allectus.** — Son buste radié à droite. IMP C ALLECTVS P.F. AVG. — ℞ PROVIDENTIA AVG. La Providence debout à gauche tenant un globe et une corne d'abondance. P. B.

474. — Même tête et même légende.— ℞ VIRTVS AVG. Galère avec son mât et ses rameurs. P. B.

475. **Constance Chlore.** — Sa tête laurée à d. CONSTANTIVS CAES. — ℞ FELIX ADVENT AVGG NN. L'Afrique debout à gauche tenant un étendart et une défense d'éléphant; à ses pieds, un lion. En exergue T. (Cohen n° 16.) AR.

476. **Constance Chlore.** — Sa tête laurée à d. CONSTANTIVS NOB C. — ℞ VIRTVS MILITVM. Type du n° 461. AR.

477. — Son buste lauré, avec la cuirasse, à d. IMP CONSTANTIVS P F AVG. — ℞ GENIO POPVLI ROMANI. Type du n° 462. M. B.

478. — Une pièce semblable. M. B.

479. — Sa tête laurée à droite. DIVO CONSTANTIO AVG. — ℞ CONSECRATIO. Aigle regardant à gauche. M. B.

480. — Son buste lauré et voilé à droite. DIVO CONSTANTIO PIO. — ℞ MEMORIA FELIX. Autel accosté de deux aigles. M. B.

481. — Sa tête laurée à d. CONSTANTIVS NOB CAES. — ℞ GENIO. etc. Type et légende du n° 462. Une étoile dans le champ. M. B.

482. **Hélène.** — Son buste à d. FL.HELENA AVGVSTA. — ℞ SECVRITAS REIPVBLICE. Hélène debout à g. tenant une branche d'olivier. P. B. 2 pièces.

483. — Une pièce semblable. P. B.

484. — Son buste à d. FL.IVL.HELENAE AVG. — ℞ PAX PVBLICA. La Paix debout à g. tenant une branche d'olivier et un sceptre transversal. P. B. 2 pièces.

485. **Théodora.** — Son buste à droite. FL.MAX THEODORAE AVG. — ℞ PIETAS ROMANA. La Piété debout regardant à d. tenant un enfant dans ses bras. P. B. Quinaire.

486. **Galère Maximien.** — Sa tête laurée à d. MAXI-

MIANVS CAESAR. — ℞ VIRTVS MILITVM. Porte de ville. AR.

487. **Galère Maximien.** — Son buste lauré à dr. MAXIMIANVS NOB.C. — ℞ PRINCIPI IVVEN. Galère Maximien en habit militaire, tenant deux enseignes. P. B. Quinaire.

488. **Sévère II.** — Son buste lauré à d. avec la cuirasse. FL. VAL. SEVERVS NOB.C. — ℞ GENIO, etc. Type du n° 462. M. B.

489. — Même tête. IMP SEVERVS P F AVG. — ℞ Identique au précédent. M. B.

490. **Maximien Daza.** — Son buste radié à g. avec le paludamentum et la cuirasse. Il lève la main droite, et tient un globe dans l'autre main. IMP MAXIMINVS AVG. — ℞ SOLI. INVICTO COMITI. En exergue PTR. Le Soleil debout dans un quadrige de face. AR.

491. — Sa tête laurée à d. IMP C GALER VAL MAXIMINVS P F AVG. — ℞ BONO GENIO PII IMPERATORIS. Type du n° 462. Dans le champ, un croissant et les lettres A, IC, P. En exergue ALE. M. B.

492. — Même tête. IMP C. GAL VAL MAXIMINVS P F AVG. — ℞ SOLI INVICTO. Le Soleil radié debout à gauche levant la main droite et tenant de la gauche la tête de Sérapis. M. B.

493. **Romulus.** — Sa tête nue à d. DIVO ROMVLO NVBIS CONS. — ℞ AETERNAE MEMORIAE. Temple à coupole surmonté d'un aigle. M. B.

494. — Mêmes types et mêmes légendes. P. B.

495. **Licinius, père.** — Son buste lauré à d. avec le paludamentum. IMP LIC LICINIVS P F AVG. — ℞ IOVI CONSERVATORI AVGG NN. Jupiter debout à g. tenant une Victoire sur un globe et un sceptre. A ses pieds, un aigle. P. B.

496. — Sa tête laurée à d. IMP LICINIVS P F AVG. — ℞ MARTI CONSERVATORI. Mars debout à g. tenant une haste et un bouclier. P. B.

497. — Buste lauré de Licinus tenant le globe et la *mappa*. IMP LICINIVS AVG. — ℞ PROVIDENTIAE AVGG. Porte de ville. P. B.

498. — Une pièce semblable un peu variée. P. B.

499. **Licinius, jeune.** — Son buste lauré à d. LICINIVS IVN NOB. C. — ℞ VOT. V dans une couronne, et à l'entour CAESARVM NOSTRORVM. P. B.

500. **Constantin Ier.** — Sa tête laurée à d. CONSTANTINVS NOB C. — ℞ VIRTVS MILITVM. Porte de ville. AR.

501. — Son buste lauré à d. avec la cuirasse. IMP. CONSTANTINVS P F AVG. — ℞ Comme au n° 500. AR. Quinaire.

502. — Son buste lauré à d. FL VAL CONSTANTINVS N. C. — ℞ GENIO, etc. Type et légende du n° 462. M. B.

503. — Type et légende du n° 501. — ℞ MARTI PATRI PROPVGNATORI. Mars combattant à droite. Dans le champ S. A. M. B.

504. — Son buste lauré avec la cuirasse. Légende du n° 502. — ℞ PRINCIPI IVVENTVTIS. Constantin

debout en costume militaire à droite tenant deux enseignes. Dans le champ. s.a. M. B.

505. **Constantin Ier.** — Sa tête laurée à d. CONSTANTINVS P F AVG. — ℟ VIRTVS PERPETVA AVG. Hercule à gauche étouffant le lion de Némée. M.B.

506. — Buste lauré avec la cuirasse à d. Légende du eu n° 505. — ℟ ADVENTVS AVG N. Constantin à cheval à gauche levant la main droite ; à ses pieds, un captif assis. P. B.

507. — Buste casqué et cuirassé à d. CONSTANTINVS AVG. — ℟ BEATA TRANQVILLITAS. Autel suportant un globe au-dessus duquel sont trois étoiles ; sur le devant de l'autel, VOTIS XX. P. B.

508. — Comme au n° 506. — ℟ SOLI INVICTO COMITI. Le Soleil debout à gauche tenant un globe et levant la main droite. P. B.

509. — Même tête et même légede. — ℟ Légende du précédent. Buste du Soleil à droite. P. B.

510. — Buste lauré à d. avec la cuirasse. CONSTANTINVS AVG. — ℟ Revers du n° 508. P. B. Quinaire.

511. — Sa tête laurée et voilée. DIVO CONSTANTINO PIO PRINC. — ℟ MEMORIAE AETERNAE. Aigle regardant à gauche. P. B. Quinaire.

512. — Buste casqué et cuirassé à g. CONSTANTINOPOLIS. — ℟ Victoire debout tenant une haste et un bouclier. P. B. 2 pièces.

513. — Buste casqué et cuirassé de Rome à gauche VRBS ROMA. — ℟ Rémus et Romulus allaités par une louve, au-dessus, deux étoiles. P. B. 2 pièces.

514. **Fausta.** — Son buste à droite. FL MAX FAVSTA AVG. — ℞ SPES REIPVBLICAE. L'impératrice tenant deux enfants dans ses bras. P. B.

515. — Comme au précédent. — ℞ Même type et même légende un peu variés. P. B.

516. **Crispus.** — Son buste lauré à d. avec la cuirasse. CRISPVS NOB CAES. — ℞ VOT X. dans une couronne, autour de laquelle on lit CAESARVM NOSTRORVM. P. B.

517. — Son buste lauré à d. avec la cuirasse, la lance et le bouclier. Même légende qu'au précédent. — ℞ Type et légende du n° 507. P. B.

518. **Delmatius.** — Son buste lauré à d. FL DELMATIVS NOB C. — ℞ GLORIA EXERCITVS. Deux soldats séparés par une enseigne. P. B.

519. **Constantin II.** — Son buste lauré à d. avec le paludamentum. CONSTANTINVS IVN NOB. C. — ℞ VOT X dans une couronne entourée de la légende CAESARVM NOSTRORVM. P. B.

520. — Son buste lauré à d. avec la cuirasse. Même légende. — ℞ GLORIA EXERCITVS. Deux soldats séparés par deux enseignes. P. B.

521. — Son buste lauré à d. CONSTANTINVS IVN N.C. — ℞ Type et légende du n° 507. P. B.

522. **Constant Ier.** — Son buste diadémé à d. avec le paludamentum. CONSTANS AVGVSTVS. — ℞ VICTORIAE DD.N AVGG. Deux Victoires tenant une couronne au milieu de laquelle on lit VOT X MVLT. XX. OR.

523. **Constant Ier.** — Même tête. DN CONSTANS P F AVG. — ℞ FEL TEMP REPARATIO. Constant debout sur un vaisseau allant à gauche, conduit par la Victoire. (Cohen n° 112.) P. B.

524. **Constance II.** — Son buste diadémé à d., avec le paludamentum. FL IVL CONSTANTINVS NOB C. — ℞ PRINCIPI IVVENTIS. Constance en habit militaire debout à g. tenant une enseigne et un sceptre. Derrière lui, deux enseignes. OR.

525. — Même tête. CONSTANTIVS P F AVG. — ℞ CONSTANTIVS AVG. En exergue SIS. Trois palmes ou épis, celui du milieu surmonté d'une étoile. (Non décrit dans Cohen.) AR.

526. — Même tête DN CONSTANTIVS P F AVG. — ℞ VOTIS XXX MVLTIS XXXX dans une couronne. AR.

527. — Son buste diadémé à g. revêtu du manteau impérial. Il tient le globe dans la main droite. DN CONSTANTIVS P F AVG. — ℞ FEL TEMP. REPARATIO. L'empereur en costume militaire marchant à g. tenant une enseigne et un bouclier. A ses pieds, deux captifs. P. B.

528. — Son buste diadémé à d. Même légende. — ℞ Même légende. Soldat perçant de sa haste un ennemi qui est tombé de son cheval. P. B.

529. — Même tête. FL IVL CONSTANTIVS NOB C. — ℞ PROVIDENTIAE CAESS. Porte de ville surmontée d'une étoile. P. B.

530. **Vétranion.** — Son buste lauré à d., avec le paludamentum. DN VETRANIO P F AVG. — ℞ CONCORDIA MILITVM. Soldat debout tenant dans cha-

que main le labarum. Au-dessus de sa tête une étoile. M. B.

531. **Magnence.** — Son buste diadémé à d. avec le paludamentum. DN MAGNENTIVS P F AVG. — ℞ FELICITAS REIPVBLICE. Magnence debout en costume militaire, tenant une Victoire et le labarum. M. B.

532. — Même buste. D.N.C.L.F.MAGNENTIVS AVG. — ℞ VICTORIA AVG LIB ROMANORVM. Magnence debout tenant le labarum et un rameau, le pied sur un captif. M. B.

533. **Constance Galle.** — Son buste à d. D.N.FL. C. L. CONSTANTIVS NOB. CAES. — ℞ FEL. TEMP. REPARATIO. Type du n° 527. P. B.

534. **Julien II.** — Son buste diadémé à d., avec le paludamentum. FL.C.L.IVLIANVS P P AVG. — ℞ VICTORIA D.D. N.N. AVG. Victoire marchant à g. tenant une couronne et une palme. En exergue LVG. AR.

535. — Comme au n° précédent. — ℞ VOTIS V MVLTIS X dans une couronne. AR.

536. — Même tête D.N.FL.C.L.IVLIANVS. P.F.AVG. — ℞ SECVRITAS REIPVB. Le bœuf Apis à droite ; devant lui, un aigle. M. B.

537. **Jovien.** — Son buste diadémé à d. avec le paludamentum. D.N.IOVIANVS. P.F. AVG. — ℞ SECVRITAS REIPVBLICE. Jovien debout à gauche en costume militaire, tenant le labarum et un globe. A ses pieds, un captif. OR.

538. **Valentinien.** — Son buste diadémé à d. revêtu du paludamentum. D.N. VALENTINIANVS. P.F.

AVG. — ℞ VICTORIA AVGG. Valentinien et Valens assis, la tête nimbée, tenant un globe. Derrière leur siége, la Victoire. OR.

539. **Valentinien.** — Même tête et même légende.— ℞ VRBS ROMA. Rome casquée assise à gauche, tenant une Victoire sur un globe et un sceptre. AR.

540. **Valens.** — Buste diadémé à d., revêtu du paludamentum. D.N. VALENS. P.F AVG. — ℞ RESTITVTOR REIPVBLICAE. Valens debout en costume militaire tenant le labarum et une Victoire. OR.

541. — Même tête et même légende. — ℞ Comme au n° 539. AR.

542. — Même tête et même légende. — ℞ SECVRITAS REIPVBLICAE. En exergue LVGPA. Victoire marchant à g. tenant une couronne et une palme. Dans le champ, OF.I. P. B.

543. **Gratien.** — Son buste diadémé avec le paludamentum. D.N. GRATIANVS. P.F. AVG. — ℞ VICTORIA AVGG. Gratien et Valentinien jeune assis tenant un globe ; derrière eux, une Victoire. En exergue, TR OBS. OR.

544. — Même tête et même légende. — ℞ VRBS ROMA. En exergue TR PS. Type du n° 539. AR.

545. — Même tête et même légende. — ℞ VOT XV MVLT XX dans nne couronne. P. B. Quinaire.

546. **Théodose.** — Son buste diadémé, avec le paludamentum, à droite. D.N. THEODOSIVS. P.F.AVG. — ℞ CONCORDIA AVGGGG. En exergue, CONOB. Rome casquée assise de face, la tête tournée à

d., le pied sur une proue de vaisseau, tenant un sceptre et un globe. OR.

547. **Théodose.** — Même tête et même légende. — ℞ VICTORIA AVGG. En exergue, TROBC. Type semblable au n° 543. OR.

548. — Même tête et même légende. — ℞ VICTORIA AVGVSTORVM. Victoire tenant une couronne et un globe crucifère. OR. Quinaire (tiers de sou).

549. — Comme au précédent. — ℞ VIRTVS ROMANORVM. Rome casquée assise de face, regardant à gauche, tenant un globe et une haste. AR.

550. — Comme au précédent. — ℞ GLORIA ROMANORVM. L'empereur casqué, à cheval, à droite. P.B.

551. — Idem. — ℞ VOT X MVLT XX. Dans une couronne. P. B. Quinaire.

552. **Magnus-Maximus.** — Son buste diadémé à droite avec le paludamentum. D.N.MAG.MAXIMVS.P.F.AVG. — ℞ VIRTVS ROMANORVM. En exergue NDPS. Type de n° 549. AR.

553. — Mêmes types un peu variés, et d'un atelier différent, indiqué TRPS en exergue. AR.

554. **Eugène.** — Son buste diadémé à d. D.N.EVGENIVS. P.F. AVG. — ℞ VIRTVS ROMANORVM. En exergue, TRPS. Rome casquée assise à gauche tenant une Victoire sur un globe et une haste. AR.

555. **Honorius.** — Son buste diadémé à droite. D.N. HONORIVS. P.F. AVG. — ℞ VICTORIA AVGGG. Honorius en habit militaire debout à droite tenant un étendart et une Victoire, le pied gauche sur

un captif. OR. 2 pièces variées par les lettres qui sont dans le champ.

556. **Honorius.** — Même tête et même légende. — ℞ TOV X MVLT XX dans une couronne. AR.

557. — Idem. — ℞ GLORIA ROMANORVM. L'empereur debout à droite tenant un étendart et un globe. P. B.

558. — Idem. — ℞ VIRTVS EXERCITVS. L'empereur à gauche tenant une haste et un bouclier, couronné par la Victoire. P. B.

559. **Jovin.** — Son buste diadémé à droite. D.N.IOVINVS.P.F.AVG. — ℞ VICTORIA AVGG. Rome casquée assise à g. tenant une Victoire et une haste. AR.

560. **Valentinien III.** — Son buste diadémé à d. Au-dessus de sa tête une petite couronne. D.N. PLA.VALENTINIANVS.P.F.AVG.— ℞ VICTORIA AVGGG. L'empereur debout de face tenant une croix longue et une victoire, le pied droit posé sur un captif. OR.

561. — Même tête. DN. VALENTINIANVS.P.F.AVG.— ℞ VIRTVS.ROMANORVM. Type du n° 549. AR.

562. **sévère III.** — Son buste diadémé à droite. D.N. SEVERVS.P.F. AVG. — ℞ VICTORIA AVGGG. Victoire à gauche tenant deux étendards. OR. Quinaire (tiers de sou).

BAS-EMPIRE

MONNAIES DITES BYZANTINES (1).

563. **Arcadius.** — Son buste diadémé à d. D.N.ARCA-DIVS. P.F. AVG. — ⩎) VIRTVS ROMANORVM. Type du n° 549. AR.

564. — Même tête et même légende. — ⩎) VIRTVS EXERCITI. L'empereur debout à droite tenant le labarum et le globe, le pied gauche sur un captif. Dans le champ, une palme. P.B.

565. — Idem. — ⩎) SALVS REIPVBLICAE. L'empereur à g. la tête tournée à d. tenant une palme sur l'épaule, et de la main gauche, un captif par les cheveux. P.B. quinaire.

566. **Théodose II.** — Buste casqué de face, portant la lance et le bouclier. DN. THEODOSIVS.P.F.AVG. — ⩎) SALVS REIPVBLICAEI. En exergue, CONOB. Théodose et Valentinien III assis de face (Sabatier n° 8.) OR.

567. — Même type et même légende. — ⩎) VOT.XXX MVLT XXXX H. En exergue, CONOB. Rome casquée assise à gauche tenant un globe crucifère et un sceptre. Dans le champ, une étoile. OR.

(1) En l'absence de caractères grecs, nous ne pouvons reproduire les légendes de toutes les pièces. Pour celles où la chose sera impossible, nous renverrons à l'ouvrage de Sabatier.

568. **Marcien.** — Son buste casqué de face tenant la lance et le bouclier. D.N. MARCIANVS. P.F. AVG. — ℞ VICTORIA AVGGG. En exergue, CONOB. Victoire debout à g. tenant une croix perlée ; dans le champ, une étoile. OR.

569. — Son buste diadémé à d. Même légende. — ℞ VICTORIA AVGVSTORVM. Victoire marchant à d., la tête tournée à gauche, tenant une couronne et un globe crucigère. OR. Tiers de sou.

570. **Léon 1ᵉʳ.** — Son buste casqué de face tenant la lance et le bouclier. D.N.LEO.PERPET AVG. — ℞ Type semblable au n° 568. OR.

571. **Zénon.** — Son buste casqué de face tenant la lance et le bouclier. D.N.ZENO. PERP. AVG. — ℞ Type semblable au n° 568. OR.

572. — Son buste diadémé à g. D.N.ZENO. PERP.AVG. — ℞ Croix dans une couronne de laurier : CO-MOB en exergue. OR. Tiers de sou.

573. **Anastase 1ᵉʳ.** — Son buste diadémé à d. D.N. ANASTASIVS. P.P. AVG. — ℞ VICTORIA AVGVSTO-RVM. En exergue, COMOB. Type du n° 569. OR. Tiers de sou.

574. **Justin 1ᵉʳ.** — Son buste casqué de face portant la lance et le bouclier. D.N. IVSTINVS P.P AVG. — ℞ VICTORIA AVGGGIS. Victoire debout à gauche tenant une croix perlée. OR.

575. — Son buste diadémé à d. D.N. IVSTINVS. P.P. AVG. — ℞ VICTORIA AVGVSTORVM. En exergue CONOB. Victoire de face, tournant la tête à g., tenant une couronne et un globe crucigère. OR. Tiers de sou.

576. **Justin I****er****.** — Même tête et même légende. — ℞ c.n. dans une couronne. AR. Quinaire.

577. **Justin I****er**** et Théodoric.** — Buste de Justin diadémé à d. D.N. IVSTINVS. AVG. — ℞ Monogramme de Théodoric, surmonté d'une croix, dans une couronne. AR. Quinaire.

578. **Justinien I****er****.** — Son buste casqué en face, tenant le globe crucigère, et un bouclier. D. N. IVSTINIANVS. PP. AVG. — ℞ VICTORIA AVGGG.... En exergue, CONOB. Victoire debout de face tenant une croix terminée par la lettre P, et un globe crucigère. OR.

579. — Son buste diadémé à d. Même légende. — ℞ Type et légende du n° 575. OR. Petit module.

580. — Buste diadémé à d. Même légende. — ℞ Monogramme du Christ dans une couronne. AR.

581. — Même tête. D.N.IVSTINIANVS. PP. A. — ℞ Croix terminée par la lettre P, accostée de deux étoiles, le tout dans une couronne. AR.

582. — Buste casqué de face tenant le globe crucigère. D. N. IVSTINIANVS. PP. AVI. — ℞ Indice M surmonté d'une croix. En dessous B. ANNO XII. En exergue KYZ. G. B.

583. — Comme au précédent. — ℞ Indice M surmonté d'une croix. Au-dessous A. ANNO XIII. En exergue, CON. G. B.

584. — Buste diadémé à d. Même légende. — ℞ Indice M surmonté d'une croix, au-dessous, un A. A ses côtés, une croix et un Chrisme. En exergue, ROMA. M. B.

585. **Justinien I****er****.** — Type du n° 582. — ℞ I accosté de deux étoiles. P. B.

386. — Type du n° 584. — ℞ V dans une couronne P. B. Quinaire.

587. **Athalaric et Justinien I****er****.** — Buste diadémé de Justinien à d. D.N. IVSTINIANVS.... — ℞ D. N. ATHALARICVS REX dans une couronne. AR. Quinaire.

588. **Witigès et Justinien I****er****.** — Buste diadémé de Justinien et légende comme au précédent. — ℞ D.N. WITIGES REX dans une couronne. AR.

589. **Justin II.** — Son buste casqué de face, portant un globe surmonté d'une Victoire, D.N.IVSTINVS. P.P. AVG. — ℞ VICTORIA AVGGGG. En exergue CONOB. Rome casquée assise de face, la tête tournée à d. tenant une haste et un globe crucigère. OR.

590. **Tibère II, Constantin.** — Son buste diadémé de face portant un globe crucigère. D.N TIB. CONSTANT PP AVG. — ℞ VICTORIA AVGGA. En exergue, CONOB. Croix sur des degrés. OR.

591. — Son buste diadémé de face, tenant la *mappa* et une Victoire. D.N.TIB.CONSTANT P.P A. — ℞ Indice M surmonté d'une croix. ANNO VI ; NIKOB en exergue. G. B.

592. — Comme au précédent. D.N. T...... — ℞ Indice XX, ANNO II... M. B.

593. — Buste diadémé de face, tenant la *mappa* et un sceptre surmonté d'un aigle. D.N.TI.C.... TAN PP A. — ℞ Indice XX surmonté d'une croix, ANNO VIIII. M. B.

594. **Maurice Tibère.** — Buste diadamé à droite. D.N.MAVRI. TIB.P.P AVG. — ℞ VICTORIA AVGVSTORVM. Victoire de face, la tête tournée à g., tenant une couronne et un globe crucigère. CONOB en exergue. OR. Petit module, 2 pièces.

595. — Buste diadémé de face tenant le globe crucigère. D.N. MAVR TIBER PP AV. — ℞ Indice M surmonté d'une croix, ANNO VII. La lettre B dans les jambages de l'M ; KYZ en exergue. G. B.

596. — Même type. C.N.TIBER.MAVRIC PP A. Comme au précédent, sauf l'année qui est II. G. B.

597. — Buste casqué de face, tenant le volumen et le sceptre surmonté de l'aigle. Légende indéchiffrable. — ℞ Indice M surmonté d'une croix ; ANNO IIIV. En exergue, THEVP. G. B.

598. — Même tête. D.N. TI. MAVRI...P.AVT... — ℞ Indice M surmonté d'un croix. Marque d'atelier |⎺, ANNO X. Exergue, THEVPS. G. B.

599. — Buste diadémé de face tenant le globe crucigère. D.N.TIBER MAYR PP A. — ℞ Indice K surmonté d'une croix ; différent, A ; ANNO I. M. B.

600. — Buste diadémé de face. D.N. MAVRIC. En exergue INDI. — ℞ Croix sur des degrès accostée des lettres N et M. En dessous, X. P. B.

601. — Buste diadémé de face tenant le volumen et le sceptre surmonté d'un aigle D.N.MA... — ℞ Indice I; ANNO XI ; en exergue THEVP... P. B.

602. **Focas.** — Buste diadémé de face portant le globe crucigère. D.N. FOCAS. PERP AVG. — ℞ VICTORIA AVGVI. En exergue, CONOB. Victoire de face te-

nant une croix terminée par le P et un globe crucigère. OR.

603. **Focas**. — Buste diadémé de face tenant le volumen et une croix. D.M. FOCAS PERP AVG. — ℞ ANNO XXXX II ; CONΔ. En exergue. G. B.

604. **Héraclius Ier**. — Son buste diadémé à d. D.N. hRACLIVS. PP. AVG. — ℞ VICTORIA AVGVI. Croix potencée. OR. Petit module.

605. **Héraclius Ier, Héraclius - Constantin et Eudocie.** — Buste diadémé de face d'Héraclius Ier, D.N. ERA... — ℞ Bustes diadémés de face d'Héraclius II et d'Eudocie, une croix entre deux. AR. Petit module.

606. **Héraclius Ier et Héraclius II.** — Bustes diadémés de face des deux empereurs, une croix entre deux. DD. NN. hERACLIVS ET hRA CONST. PP. AVG. — ℞ VICTORIA AVGYI. En exergue, CONOB. Croix potencée sur des degrés. OR. Deux pièces.

607. — Même type. DN. ERACLIO ET ERAO C. PP A. — ℞ VICTORIA AVGGIG. En exergue, CONOB. Croix potencée sur des degrès. OR. Deux pièces.

608. **Héraclius Ier, Héraclius II et Héracléonas.** — Les trois princes debout de face, diadémés, revêtus du manteau impérial, tenant chacun un globe crucigère. — ℞ VICTORIA AVGVS. En exergue, CONOB. Croix potencée sur trois degrés, accostée du monogramme d'Héroaclius. OR.

609. — Même type. — ℞ Indice M surmonté d'une croix ; différent A, ANNO VI...: Exergue NIK. M. B

610. **Constant II.** — Buste diadémé de face tenant le *volumen* et le globe crucigère. CONSTANT P. — ℞ Croix entre les lettres c-t. Au-dessus, étoile entre deux points, en dessous, l'indice xx. M.B.

611. **Constant II, Constantin Pogonat, Héraclius et Tibère.** — Bustes diadémés de face de Constant II et Constantin. D CONSTANVS... — ℞ VICTORIA AVGYI. En exergue, CONOB. Croix sur un globe entre les deux figures debout de face d'Héraclius et de Tibère, diadémées, avec le manteau impérial, et tenant le globe crucigère. OR. Deux pièces un peu variées.

612. **Constantin IV.** — Buste diadémé de face tenant le globe crucigère. D.N.CONSTANTINYS PP AV. — ℞ VICTORIA AVGYI. En exergue, CONOB. Croix potencée sur trois degrés. OR.

613. **Léon III.** — Buste diadémé de face tenant le *volumen* et le globe crucigère. D. LEON PEAV. — ℞ VICTORIA AVGYΔ. En exergue, CONOB. Croix potencée sur trois degrés. OR.

614. **Constantin V et Léon IV.** — Buste diadémé de face de Léon IV, tenant la croix potencée. LEON P AMY... — ℞ CONSTANTINOS S LEON O hEO. Bustes diadémés de face de Constantin V et Léon IV. OR.

615. **Michel II et Théophile.** — Bustes diadémés des deux empereurs de face, une croisette entre deux. MIXAHL S THEOFILOS. — ℞ Indice m surmonté d'une ✝, xxx NNN. Différent TH. G. B.

616. — Buste diadémé de face de Michel portant le

globe crucigère..... — ℞ Buste diadémé de Théophile portant la croix potencée, accosté d'une étoile. M. B.

617. **Michel II et Théophile.** — Mêmes bustes qu'au n° 615. MIXAHL S THE..... — ℞ Indice M surmonté d'une croix. (Sabatier pl. XLIII. 3) M.B.

618. **Théophile.** — Buste diadémé de l'empereur portant le globe crucifère, sur chaque face. (Sabatier pl. XLIII.) OR.

619. — Buste diadémé de face portant le labarum et et le globe crucigère. THEOFIL BASIL. — ℞ + THEOFILE AVGOVSTE SV NICAS. G. B.

620. — Buste diadémé de face portant le globe crucigère. THEO..... — ℞ L'indice M surmonté d'une croix : xxx..... M. B. Deux pièces.

621. **Théophile, Michel III et Constantin VIII.** — Buste diadémé de face de Théophile, tenant la croix à double traverse et le volumen. + THEOFILOS BASILEIA. — ℞ + MIXAHL S CONSTANTIN. Bustes diadémés de face de Michel et Constantin. (Sabatier pl. XLIII. 16.) OR. Deux pièces.

622. **Michel III.** — Buste diadémé de face tenant la croix poténcée. MIXAHL. — ℞ L'indice M surmonté d'une croix. M. B.

623. **Michel III et Basile Ier.** — Buste diadémé de face de Michel, portant le globe crucigère. + MIhAEL IMPERAT' — ℞ + BASILIYS REX. Buste diadémé de Basile, portant aussi le globe crucigère. (Sabatier pl. XLIV. 16.) M. B.

624. **Basile Ier, Constantin VIII et Léon VI.**
— Buste diadémé de Basile, revêtu de la robe à carreaux, accosté des bustes diadémés de Constantin et de Léon revêtus du manteau. + LEON BASIL CONST AYGG. — ℟ + BASIL CONSTANT S LEON EN (THEO) BASILS ROMEON+(Sabatier pl. XLV. 5.) G. B.

625. **Léon VI.** — Léon assis de face sur un trône, la tête diadémée et portant le labarum. + LEON BASILEVS ROM. — ℟ + LEON EN (THEO) BASILEVS ROMEON. (Sabatier pl. XLV, 14.) G. B.

626. — Buste diadémé de face tenant le *volumen*, et revêtu du manteau. Même légende que le précédent. — ℟ Même revers. (Id. 13.) G. B. Deux pièces.

627. **Léon VI et Alexandre.** — Les deux princes diadémés assis de face sur un trône, et séparés par le labarum qu'ils tiennent de la main droite. + LEON S ALEZANDROS. — ℟ + LEON S ALEZANDROS BASIL ROMEON. (Id. pl. XLV. 18.) G. B.

628. **Romain Ier et Christophore.** — Leur buste diadémé de face, sont séparés par une croix à double traverse qu'ils tiennent de la main droite. ROMAN ET XPISTOFO AYGGI. — ℟ + IHS XPS REX REGNANTIYM. Le Christ assis de face bénissant de la main droite et tenant un livre. (Id. pl. XLVI. 12.) OR.

629. **Constantin X et Zoé.** — Bustes diadémés de face de l'empereur et de l'impératrice, séparés par une croix à double traverse qu'il tiennent de la main droite. +CONSTANT TE ZOH B. — ℟ +

CONSTANTINOS E ZOH BASILIS ROMEON. (Id. pl. XLVII. 4.) G. B.

630. **Constantin X et Romain II**. — Buste diadémés de face, séparés par une croix à double traverse qu'ils tiennent de la main droite CONSTANT TE ROMAN AYGGII. — ℞ + IHS XPS REX REGNANTIVM. Buste imberbe du Christ de face. OR.

631. **Romain II**. — Buste diadémé de face, tenant un sceptre et le globe crucigère. RWMAN. B. — ℞ + RWMAN EN (TH)EW BASLEYS RWMAIWN (Sabatier pl. XLVII. 5) G. B.

632. **Nicéphore II**. — Son buste diadémé de face tenant un étendard et le globe crucigère. NICIFA B.... — ℞ NICHI EN (TH)EO BASILEVS RWMAIWN. (Id. pl. XLVII. 15.) G. B.

633. **Jean Ier Zimiscès**. — Son buste diadémé de face tenant une croix à double traverse ; l'empereur est couronné par la Vierge. au-dessus de laquelle on lit les initiales M.(TH). Une main céleste est au-dessus de la tête de l'empereur. (TH)EOTOS BOH.IW.DES.— ℞ IHS XPS REX REGNANTINM. Buste de face du Christ tenant un livre. (Id. pl. XLVII. 17.) OR.

634. — Buste diadémé accosté des lettres IW-AN. Dans un médaillon posé au centre d'une croix potencée placée sur des degrés. + IHSYS XRISTYS NICA +. — ℞ + IWNN^{l} EN XW AVTOCRAT EVSEB BASILEVS RWMAIW^{l}. (Id. pl. XLVII. 19). AR. Deux pièces.

635. — Buste de face du Christ, tenant un livre accosté des lettres $\overline{\text{IC}}$ $\overline{\text{XC}}$. Légende .... — ℞

✝ IHSYS XRISTY BASILEY BASILE... (Sabatier pl. XLVIII. 3.) G. B.

636. **Jean Ier Zimisées.** — Une pièce semblable. G.B.

637. — Semblable au n° 635, mais module du M. B.

638. — Autre un peu variée. G. B.

639. — Buste du Christ tenant un livre, accosté des lettres $\overline{\text{IC}}$ $\overline{\text{XC}}$. — ℞ Buste de la Vierge, les mains levées et les bras étendus en position d'orante, accosté des lettres $\overline{\text{MHP}}$ $\overline{(\text{TH})}$v.'(Sabatier pl. XLVIII. 9.) G. B.

640. — Autre un peu variée. G. B.

641. **Basile II et Constantin XI.** — Les bustes diadémés des deux princes séparés par une croix longue qu'ils tiennent tous les deux de la main droite. ✝ BASILE CONSTANTINA. — ℞ IHS XIS REX REGNANTIVM. Buste du Christ de face tenant un livre. (Id. pl. XLVIII. 10.) OR. Deux pièces.

642. **Romain II.** — L'empereur debout couronné par la Vierge debout à sa gauche, qui lui pose le diadème sur la tête. Il tient la main droite sur la poitrine, et de la gauche, le globe crucigère. (TH) CE BOH(TH) RWMANW. Au-dessus de la vierge $\overline{\text{M}}$ $\overline{(\text{TH})}$. — ℞ Même légende qu'au précédent. Le Christ assis de face. (Sabatier. pl. XLIX. 2.) OR. Deux pièces.

643. **Constantin XII.** — Buste diadémé de face tenant une croix et un globe crucigère ✝ CONSTANT BASILEYS. — ℞ Identique au précédent. (Id. pl. XLIX. 5.) OR. Deux pièces.

644. **Constantin XIII.** — L'empereur diadémé de-

bout de face tenant un étendard et un globe crucigère. + KWN BACILI OΔOVKA. — ℞ Même légende que les précédentes. Le Christ assis de face. (Sabatier, pl. L. 4.) OR.

645. **Romain IV, Eudocie, Michel, Constantin et Andronic.** Le Christ debout de face couronnant Romain et Eudocie, aussi debout, de face et tenant chacun un globe crucigère + PWMAN EVΔKKIA. A côté de la tête du Christ $\overline{\text{IC}}$ $\overline{\text{XC}}$. — ℞ KWNC MX ANΔ. Michel debout diadémé tenant un sceptre, entre Constantin et Andronic, également diadémés et tenant un globe crucigère. (Id. pl. L. 11). OR.

646. **Michel VII.** — Buste diadémé de face tenant un étendard et un globe crucigère + MIXAHL BA-CILE. — ℞ Buste du Christ accosté de $\overline{\text{IC}}$—$\overline{\text{XC}}$. (Id. page 175, n° 2.) OR.

647. **Nicéphore III.** — L'empereur debout de face, diadémé, tenant un étendard et un globe crucigère. (Légende grecque). — ℞ $\overline{\text{IC}}$—$\overline{\text{XC}}$. Le Christ assis de face, bénissant. (Id. pl. LI. 12.) OR concave.

648. **Alexis Ier Comnène.** — Alexis diadémé, debout de face tenant un étendard et un globe crucigère. (Légende grecque). — ℞ (Légende grecque). Buste de face de saint Georges, nimbé. (Id. pl. LIII. 9.) CUIVRE.

649. **Jean II, Comnène.** — L'empereur debout tenant une croix à double traverse posée sur trois degrés ; à sa gauche, saint Georges, nimbé, en costume militaire, l'épée au côté, tient la même croix. (Légende grecque). — ℞ $\overline{\text{IC}}$—$\overline{\text{XC}}$. Le

Christ assis de face, bénissant de la main droite, et tenant un livre. (Sabatier pl. LIII. 17.) OR concave.

650. **Jean II, Comnène.** — Buste de Jean II diadémé de face, tenant une croix et le globe crucigère. Légende effacée. — ℞ $\overline{\text{IC}}$—$\overline{\text{XC}}$. Buste jeune du Christ de face. (Id. pl. LIV. 6.) CUIVRE concave.

651. **Manuel Ier, Comnène.** — L'empereur debout de face, tenant un sceptre et un globe crucigère : il est couronné par une main sortant d'un nuage. (Légende grecque). — ℞ Buste imberbe du Christ de face, accosté de $\overline{\text{IC}}$—$\overline{\text{XC}}$, et d'une légende grecque circulaire (Id. pl. LV. 8.) OR concave.

652. — L'empereur debout, tenant le labarum et le globe crucigère, couronné par la Vierge placée à sa gauche. (Légende grecque). — ℞ $\overline{\text{IC}}$—$\overline{\text{XC}}$. Le Christ assis, de face, bénissant de la main droite. (Sabatier, pl. LVI. 2.) CUIVRE, concave.

653. **Andronic Ier, Comnène.** — Le Christ nimbé, debout, de face, à droite, couronnant Andronic placé à gauche, tenant le labarum et le globe crucigère. (Légende effacée). — ℞ La Vierge debout de face tenant sur sa poitrine un médaillon à l'image de son divin fils. (Id. pl. LVII. 5.) CUIVRE, concave.

654. **Isaac II, l'Ange.** — L'empereur debout de face tient une croix dans la main droite, et dans la gauche une épée dans son fourreau, que tient également l'archange saint Michel, placé de ce côté (Légende grecque). — ℞ La Vierge assise

de face et portant sur sa poitrine un médaillon à l'image de l'enfant Jésus. (Sabatier, pl. LVII. 15.) OR, concave.

655. **Isaac II, l'Ange**. — Types semblables au précédent nº, à l'exception que l'empereur tient dans sa main gauche le *volumen*, et que saint Michel, de la main droite, le couronne. (Id. pl. LVII. 16.) AR. concave.

656. **Robert de Courtenai (?)** — L'empereur debout de face, tenant une croix et le globe crucigère ; dans le champ, R.II. — ℞ Le Christ assis de face. CUIVRE.

657. **Incertaine des empereurs latins.** — Buste du Christ de face. — ℞ Croix terminée par des globules. (Sabatier, pl. LVIII. 15.) CUIVRE.

658. **Andronic II et Andronic III.** — Les deux empereurs debout de face tenant le labarum placé entre eux deux. Légende effacée. — ℞ (Légende grecque). Croix à branches égales. (Id. pl. LXII. 2.) CUIVRE.

EMPIRE DE TREBIZONDE

659. **Manuel I****er**** Comnène.** — L'empereur debout de face tenant le labarum et le *volumen*. — ℞ Saint Eugène, nimbé de face, tenant une croix. (Sabatier, pl. LXVII. 16.) AR.

660. — Une pièce semblable un peu variée de coin. AR.

660 ᵇⁱˢ **Othon.** — Pièce fausse. — Tête nue à d. IMP OTHO CAESAR AVG. TRI POT. — ℞ SECVRITAS. P. R. S. C. L'empereur debout à d. devant un autel, sacrifiant en face d'une troupe de légionnaires. G. B.

660 ᵗᵉʳ **Priscus Attalus.** — Médaillon faux. — Buste diadémé et revêtu du manteau à d. PRISCVS ATTALVS P F AVG. — ℞ INVICTA ROMA AETERNA. En exergue RMPS. Rome assise de face, casquée, tournant la tête à d. tient une Victoire et une haste. B.

MONNAIES FRANÇAISES

1º MÉROVINGIENNES

661. **Attribuées à Clovis, etc.** — Buste diadémé à droite. D.N. IVSTIANVS. P.P. A.C. — ℞ VICTORIA I. AGVSTORV. NIC. Victoire marchant à droite tenant une couronue. OR. *(Voir les articles de Lenormand,* REVUE NUMISMATIQUE FRANÇAISE, *années 1848 et suivantes.)*

662. — Buste diadéme à gauche. Légende indéchiffrable. — ℞ ...INIVIAVINCI... Victoire tenant un sceptre et une couronne. OR. *Très barbare.*

663. — Buste diadémé à droite ayant une croix sur la poitrine. ƆN. ANASTAIV IƧA. P. P. AVG. — ℞ VICTORIA AVGVSTOR. T. En exergue, CONOB. Victoire à d. tenant un sceptre et une couronne. OR. *(Attribuable à Théoderick, fils aîné de Clovis. V. les articles de Lenormand.)*

664. **MONÉTAIRES. — Vich Duerstéde.** — Profil à d. DORESTATI FIT. — ℞ MADELINVS M. Croix haussée : dessous six points. OR.

665. — **Idem.** — Profil à d., les cheveux hérissés. DRETꙄAT FI. — ℞ MADELINVS M. Croix haussée : dessous cinq points. OR.

666. **MONÉTAIRES.** — **Lisieux.** — Profil barbare à d. xixvvicos.x. — ℞ dvtta. moneta. Dans le champ x.v.x.v. en croix. OR.

667. — **Paris.** — Buste barbare de profil à d. parisvs fit. — ℞ vitals moni. Croix ancrée du haut. OR.

668. — **Bannasac.** — Buste diadémé à d. + ban. — ℞ gavale tano. En exergue, fiit, Calice. OR.

669. — **Incertaine.** — Buste à d. monita.. insc. ℞ + vict..... v scvi. Croix à branches égales accostée des lettres v.s. OR.

670. — **Idem.** — Buste à droite, les cheveux hérissés. Un rameau renversé dans le champ. — ℞ Monogramme, où l'on peut déméler, à peu près, le nom teodericvs accosté de deux grands s et avec la légende circulaire + rootv-m (?) peut-être Rouen. OR.

671. — **Idem.** — Buste à d. palacio mo. — ℞ + domi...sel. Croix surmontée d'un cercle de points avec un point central. OR.

672. — **Idem.** — Tête barbare à d. + vicos anteremidi. — ℞ beto monedarivs. Croix à branches égales accostée des lettres a.m. OR.

2° CARLOVINGIENNES

(Toutes les pièces de cette série sont des deniers, à moins d'indication contraire.)

CHARLEMAGNE

673. **Médoc.** — CAROLVS en deux lignes dans le champ. — ℞ MEDOGVS. Au centre une étoile. AR.

674. **Aquitaine.** — Croix entourée de la légende + CARLVS E + R. — ℞ AQVITANIA en deux lignes dans le champ. AR.

675. **Bourges.** Croix + CARLVS REX FR. — ℞ + BITVRICAS. Monogramme Carolin. AR.

676. **Melle.** — Croix + CARLVS REX FR. — ℞ + MET + VLLO. Monogramme Carolin. AR.

677. — Grand monogramme Carolin. — ℞ + METVLLO. Croix. AR. Obole.

678. **Mayence.** — Monogramme Carolin + CARLVS REX FR. — ℞ + MOGONTIA. Croix. AR.

679. **Sens.** — Croix cantonnée de quatre points + CARLVS REX FR. — ℞ SENONES CIVITAS. Temple. AR.

680. — Croix cantonnée de quatre points + CARLVS REX FRA. — ℞ XPISTIANA RELIGIO. Temple AR.

681. **Italie - Bénévent. — Charlemagne et Grimwald.** — Croix sur un degré accostée des lettres s.r. Légende : CAR REX DOMS. En exergue, VIC. — ℞ GRIN—VALD. Buste de face. OR. Tiers de sou. Deux pièces.

LOUIS-LE-DÉBONNAIRE

682. — Buste lauré à d. I⁻ɔI CI.HOAVIC. — ℞ MV-NVIIOIIVN II. Croix large dans une couronne. OR. Sol d'or.

683. **Vicht-Duerstède.** — Buste lauré du roi à d. HLVDOVVICVS INP AVG. — ℞ DORESTATV. Vaisseau. AR.

684. — Croix. ✠ HLVDOVVICVS IMP. — ℞ ✠ DORESTATVS en trois lignes. AR.

685. **Marseille.** — Croix. X HLVDOVVICVS IMP. — ℞ MASSILIA en deux lignes. AR.

686. **Melle.** — Même type. — ℞ METALLVM en deux lignes. AR.

687. **Paris.** — Même type. — ℞ PARISII en une ligne. AR.

688. **Venise.** — Même type. — ℞ ✠ VENECIAS en deux lignes. AR.

689. — Croix cantonnée de points. ✠ HLVDOVVICVS IMP. — ℞ XPISTIANA RELIGIO. Temple. AR.

690. — Même pièce un peu variée. AR.

LOTHAIRE

691. **Bourges.** — Croix + LOTARIVS REX. — ℞ BITV-RICES CIVITAS. Temple. AR.

692. **Vicht-Duerstéde.** — Croix cantonnée de quatre points. + IOTARIVS IMPERAT. — ℞ DORESTATVS MON. Temple. AR. Trois pièces.

CHARLES - LE - CHAUVE

693. **Amiens.** — Monogramme Carolin + GRATIAD-I REX. — ℞ + AMBIANIS CIVIS. Croix. AR.

694. **Orléans.** — Même type. — ℞ + AVRELIANIS CIVITAS. Croix. AR.

695. **Bayeux.** — Même type. — ℞ + BAIOCAS CIVITAS. Croix AR.

696. **Chartres.** — Même type. — ℞ +. CARNOTIS CIVITAS. Croix AR. Obole.

697. **Le Mans.** — Même type. — ℞ CINOMANIS CIVITAS. Croix. AR.

698. **Compiègne.** — Même type. — ℞ + CONPENDIO PALACIO. Croix. AR.

699. **Lyon.** — Même type. — ℞ LVGDVNI CLAVATI. Croix. AR.

700. **Indéterminée.** — Monogramme + GRAITA D-IE. — ℞ MIIOVNOIEI. Croix. AR. Obole.

701. **Atelier indéterminé.** — Monogramme par C. + CRATIA D⁻I. — ℞ + MOSONO MONIT. Croix. AR.

702. **Nevers.** — Croix + CARLVS REX. — ℞ + NEVERNIS CVITAI. Monogramme par un K. AR.

703. **Le Palais.** — Monogramme par un K. + GRATIA D⁻I REX. — ℞ + PA٦ATINA MONE. Croix. AR.

704. — Monogramme par un C. Même légende rétrograde et confuse. — ℞ + PA٦ATINA MON. Croix. AR. Obole.

705. **Paris.** — Monogramme par un C. + GRATIA D⁻I DEI. — ℞ PAP෨ II CIVITA෨. Croix. AR.

706. — Monogramme et légende rétrograde et confuse comme au n° 704. — ℞ PADSII CIVII. Croix. AR. Obole.

707. — Monogramme, + GRATIA D⁻I EX. — ℞ + PARISII CIVITAS. AR. Deux pièces un peu variées. Le monogramme de l'une est par un K, et l'autre par un C.

708. **Rennes.** — Monogramme par un K. + GRATIA D⁻I REX. — ℞ + HREDONIS CIVITAS. Croix. AR.

709. **Reims.** — Même type. — ℞ + REMIS CIVITAS. Croix. AR. Deux pièces légèrement variées.

710. **Rouen.** — Monogramme par un C. Même légende. — ℞ + ROTVMAGVS CIVIII. Croix. AR.

711. **Soissons.** — Même type. — ℞ + SVESSIO CIVITAS. Croix. AR.

712. **Saint-Quentin.** — Même type. — ℞ + SC⁻I QVINITINI MO. Croix. AR.

713. **Tournai (?)** — Même type. — ℞ + TORNETEMSI. Croix. AR.

714. **Valenciennes.** — Même type. — ℞ + VAIENCIENNIS PORT. Croix. AR.

715. **Localité incertaine.** — Monogramme. + GRACIA D⁻I REX. — ℞ + DE FISCO CVIIVIO. Croix. AR. Denier de style barbare.

716. — Monogramme réduit aux deux lettres c et s. Les deux branches verticales en étant dépourvues. Légende effacée. — ℞ Légende dont il ne reste plus que quelques lettres. Croix entourée de quatre points. AR. Obole.

CARLOMAN

717. **Arles.** — Croix. CARLEMANVS REX. — ℞ + ARELA CIVIS X. Monogramme de Carloman. AR.

LOUIS III, LE BÈGUE

718. **Tours.** — Monogramme de Louis. + MISERICORDIA D⁻I REX. — ℞ + TVRONES CIVITAS. Croix. AR.

EUDES

719. **Blois.** — Monogramme d'Eudes. + MISERICORDIA DE⁻I. — ℞ + BLESIANIS CASTRO. Croix. AR. Deux pièces.

720. **Limoges**. — Dans le champ odo entre deux croix. + gratia d⁻i re. — ℞ + limovicas civis. Croix. AR.

721. **Toulouse**. — Croix. + oddo rex fr⁻c. — ℞ + tolosa civi. Quatre annelets. AR.

722. **Tours**. — Monogramme du n° 719. Même légende. — ℞ + htvrones civitas. Croix. AR.

ROBERT Ier.

723. **Tours**. — Monogramme de Robert. + misericordia rix. — ℞ + htvrones civitas. Croix. AR.

CHARLES-LE-SIMPLE

724. **Melle**. — Croix. + carlvs rex r. — ℞ metalo en deux lignes. AR.

725 — Croix. + carlvs rex. — ℞ metalo en deux lignes ; dessous, une croix. AR. Obole.

3° RACE CAPÉTIENNE

ROBERT-LE-PIEUX

726. **Laon.** — Effigie royale de face. Légende effacée. — ℞ + adalbe...ta...p. Buste de face. Denier royal. AR.

PHILIPPE I‍er.

727. **Senlis.** — Croix cantonnée de deux c. ✚ PHILIP-PVS REX. — ℞ ✚ CVITAS SILNECTIS. Croix cantonnée de deux omégas, d'un ⌐ et d'un ⸴. Denier royal. AR.

728. **Etampes.** — Porte de ville cantonnée des lettres A-RD-E-X. ✚ PHILIPVS X REX D⁻I. — ℞ STAMPIS CASTELLVM. Croix cantonnée des lettres E. A. Denier. AR.

LOUIS VI, LE GROS

729. **Orléans.** — Porte de ville. ✚ LVDOVICVS REXI. — ℞ ✚AVRELIANIS CIVITAS. Croix cantonnée d'un A et d'un annelet. Denier. AR.

730. — Autre semblable, sauf le dernier mot de la légende du revers qui est CITAS. AR.

731. **Mantes.** — Croix cantonnée de deux annelets. ✚ LVDOVICVS RIX. — ℞ CASTRVM NAT. Deux o et deux croisettes. Denier. AR.

732. **Pontoise.** — Alpha et oméga suspendus à un ruban. LVDOVICVS REX. — ℞ ✚ PONTIS ICNRSI. Croix cantonnée d'un annelet. Denier. AR.

733. **Paris.** — LVDOVICVS REX : dans le champ, FRANCO en deux lignes. — ℞ ✚ PARISII CIVIS. Croix. Denier. AR.

LOUIS VII, LE JEUNE

734. **Angoulême.** — Croix cantonnée de s.a. + LODOVICVS. — ℞ + ECOLISSIME. Cinq annelets. Denier semi royal. AR.

735. **Bourges.** — Tête de face. + LVDOVICVS REX. — ℞ + VRBS BITVRICA. Croix fleuronnée à pied. Denier. AR.

PHILIPPE II, AUGUSTE

736. **Déols.** — Croix. + REX FILIPVS. — ℞ + DE DOLIS. Etoile. Denier. AR.

737. **Montreuil.** — PHILIPVS REX. Dans le champ, FRA-NCO en deux lignes. — ℞ + MOVTVRVEL. Croix cantonnée de deux annelets. Denier. AR.

738. **Péronne.** — Même type que le précédent. — ℞ + PERONNE. Croix. Denier. AR.

739. **Tours.** — Croix. + PHILIPPVS REX. — ℞ TVRONVS CIVIS. Châtel tournois. Denier. AR.

740. — Croix. + PHILIP.VS. REX. — ℞ Le même que le n° précédent. Obole. AR.

741. **Saint-Martin-de-Tours.** — Même type. — ℞ SCS MARTINVS. Châtel. AR.

LOUIS VIII, LE LION

742. **Paris.** — LVDOVICVS REX. Dans le champ : FRA-

nco en deux lignes. — ℞ + PARISII CIVIS. Croix. Denier. AR.

743. **Tours.** — Croix. + LVDOVICVS REX. — ℞ TVRONVS CIVIS. Châtel. Denier. AR. Deux pièces.

LOUIS IX, (SAINT LOUIS)

744. **Gros d'argent.** — Croix. + LVDOVICVS REX. Légende extérieure. + BNDICTV : SIT : NOME : DNI : DEI : IHV . XPI. — ℞ TVRONVS CIVIS. Châtel tournois, le tout dans une bordure de douze lis. AR.

PHILIPPE III, LE HARDI

745 et 746. **Gros Tournois.** — Croix. + PHILIPVS REX. Légende extérieure comme au n° 744. — ℞ Semblable au n° 743. AR. Deux pièces légèrement variées.

PHILIPPE IV, LE BEL

747. **Masse d'or ou Royal dur.** — Le roi assis sur un trône sans bras, tenant un sceptre et une fleur de lis. + PHILIPPVS : DEI : GRA : FRANCHORVM : REX. — ℞ + XP/C : VINCIT : XP/C : REGNAT : XP/C : IMPERAT. Croix feuillue cantonnée de quatre lis dans un cercle à quatre lobes et à quatre angles en saillie. OR.

748. **Chaise d'or ou Gros royal.** — Le roi assis dans une chaise gothique tenant un sceptre et une fleur. Même légende. — ℞ + xpc : vincit : etc. Croix aux bras feuillus et trifoliés, dans un quatre-lobes cantonné de quatre couronnes. OR.

749 et 750. **Gros tournois.** — Croix. + philippvs rex. Légende extérieure comme au n° 744. — ℞ Comme au n° 744. AR. Deux pièces.

751. — Autre avec quelques légères différences. AR.

752. **Quart de gros.** — Types semblables, mais d'un plus petit module et plus mince. AR.

753-755. **Royal tournois double.** — Croix cantonnée d'un lis. + philippvs rex. — ℞ mon. dvplex.regal. Châtel accompagné de fleurs de lis. B. Trois pièces.

LOUIS X, LE HUTIN

756. **Gros tournois.** — Croix + lvdovicvs rex. Le reste comme au n° 744. Il en est de même du revers. AR.

757. **Denier tournois.** — Croix. + lvdovicvs rex. — ℞ tvronvs civis. Châtel. AR.

PHILIPPE V, LE LONG

758. **Aignel d'or.** — Agneau pascal passant à gauche ; sous ses pieds, ph.rex. Légende. + agn^l.

D̄I. QVI. TOLL/. PECCA. M̄VDI. MISERERE NOB/. — ℞ + XPC. VINCIT. etc. Croix aux bras feuillus et trifoliés, dans un quatre-lobes cantonné de quatre fleurs de lis. OR.

759. **Gros tournois.** — Types du n° 749, mais un lis sur le Châtel. AR.

CHARLES IV, LE BEL

760. **Royal d'or.** — Le roi debout tenant un sceptre, sous un portique gothique. KOL/ REX. FRACOR. — ℞ Comme au n° 758, mais aux extrémités des bras de la croix se trouvent des fleurs de lis, et le quatre-lobes est cantonné de quatre couronnes. OR.

761. **Gros tournois.** — Croix. + KHAROLVS REX. Le reste comme au n° 749. AR.

PHILIPPE VI, DE VALOIS

762. **Double royal.** — Le roi assis sur un trône gothique surmonté d'un dais. Il tient un sceptre et une fleur de lis. PH/: DEI.GRA.FRANCO: REX. — ℞ + XPC : VINCIT :, etc. Croix feuillue cantonnée de quatre couronnes, le tout dans un quatre-lobes à angles fleuronnés. OR.

763. **Écu ou denier d'or.** — Le roi assis sur un trône gothique tenant une épée et un écu fleurdelisé. + PHILIPPVS : DEI : GRA : FRANCORVM : REX : . — ℞ + .XPC : VINCIT, etc. Type analogue

au n° 748, mais le quatre-lobes est cantonné de trèfles. OR.

764. **Lion.** — Le roi assis sur un trône gothique ; sous ses pieds un lion. PH^I : DEI : GRA. FRANC : REX. — ℞ Type du n° 760. OR.

765. **Pavillon.** — Le roi assis, tenant un sceptre, sous un pavillon guerrier semé de fleurs de lis. PHILIPPVS : DEI GRA : FRANCHORVM : REX. — ℞ Type du n° 748, la croix un peu différente. OR.

766. **Chaise.** — Le roi assis sur un trône gothique, tenant un sceptre et la main de justice. + PHILIPPVS : DEI GRACIA FRANCORVM REX. — ℞ Même type que le n° précédent. OR.

767. **Gros parisis.** — Croix cantonnée de deux fleurs de lis. + PHILIPPVS REX FRANCO^I. Légende extérieure + BNDICTV, etc. — ℞ + PARISIVS. CIVIS ARGENTI. Couronne sous laquelle est écrit en deux lignes FRANCO—PH^II. Le tout dans un entourage de quinze fleurs de lis. AR.

768. **Gros à la fleur de lis.** — Croix cantonnée d'une fleur de lis. + PHILIPPVS REX. Légende extérieure + BNDICTV : SIT : NOME : DNI : NRI : DEI. — ℞ FRANCORVM. Fleur de lis, le tout dans un entourage de onze lis. AR.

769. **Gros à la couronne.** — Croix partageant la légende intérieure PHI - LIP - PVS - REX. Légende extérieure comme au précédent. — ℞ FRANCORVM. Châtel surmonté d'une couronne. Entourage de onze lis. AR.

JEAN II

770. **Mouton d'or.** — Agneau pascal passant à gauche : la hampe de la croix partage la légende IOH' REX placée au-dessous.+ AGN.DEI.QVI.TOLL. PECCA. MVDI. MISERERE. NOB. — ℞ + XPC : , etc. Croix aux extrêmités feuillues et trifoliées, cantonnée de quatre lis. L'entourage est composé de quatre lobes et de quatre angles saillants. A l'extérieur, dans chaque rentrant, une petite fleur de lis. OR.

771. **Franc à cheval.** — Le roi à cheval galoppant à gauche portant l'épée haute. Il est revêtu d'une cotte fleurdelisée et son cheval caparaçonné de même. IOHANNES : DI : GRACIA FRANCORVM : REX. — R + XPC : VINCIT. etc. Type du n° 763. OR.

772. **Royal.** — Le roi tenant le sceptre fleurdelisé est debout sous un portique gothique. IOHES : DEI : GRA : FRANCORVM : REX. — ℞ + XPC, etc. Croix feuillue cantonnée de quatre lis, le tout renfermé dans un entourage de seize arcs de cercle. OR.

773. **Gros blanc à la fleur de lis.** — Lis épanoui, surmonté d'une couronnelle, le tout entouré de huit lobes tréflés. + IOHANNES : DEI : GRA : FRANCORVM : REX. — ℞ + BNDICTV SIT : NOME : DNI : DI : IH : XP. Croix cantonnée de quatre lis. AR.

774. **Gros blanc aux lys, de 1355.** — Croix anglaise cantonnée de quatre couronnelles. + IO —HES—DEI—GRA. Légende extérieure. + BN-

8

· DIBTV, etc. — ℞ + FRANCORVM. REX. Champ semé de fleurs de lis. Entourage de treize lis. AR.

CHARLES V

775. **Franc à pied**. — Le roi tenant l'épée nue et la main de justice debout sous un portique gothique accosté de quatorze fleurs de lis. KAROLVS DI GR FRANCORV REX. — ℞ + XPC, etc. Type du n° 769, seulement la croix est cantonnée de deux lis et de deux couronnes. OR.

776 et 777. **Gros tournois**. — Croix. + KAROLVS. REX. Légende extérieure. + BNDICTV, etc. — ℞ TVRONVS CIVIS. Châtel surmonté d'une couronne. Entourage de douze lis. AR. Deux pièces.

778. **Demi-gros tournois**. — Type du précédent. — ℞ FRANCHORVM. Châtel. Bordure de dix lis. AR.

CHARLES VI

779. **Royal**. — Le roi debout de face revêtu du manteau royal, accosté à droite et à gauche de dix fleurs de lis. + KAROLVS : DEI : GRA : FRANCOV : REX. — ℞ Type du n° 748. OR.

780. — Autre avec quelque variété de légende et treize lis dans le champ. OR.

781. **Grand blanc, dit Guénar**. — Écu à trois

fleurs de lis. + KAROLVS : FRANCORV : REX. — ℞ + SIT : NOME : DNI : BENEDICTV. Croix cantonnée de deux lis et de deux couronnes. AR.

782. **Gros tournois.** — Croix. + KL : DI : G : FRA$^\prime$-CORV$^\prime$: REX. Légende extérieure. + SIT : NOMEN : DOMINI : BENEDICTVM. — ℞ GROSVS : TVRONVS. Trois fleurs de lis sous une couronne. Bordure de douze lis. AR.

783. **Gros royal, dit Florette.** — Trois fleurs de lis sous une couronne. + KAROLVS : FRANCORV : REX. — ℞ + SIT : NOME : DNI : BENEDICTV. Croix fleurdelisée. AR.

784. **Double tournois.** — Couronne, au-dessous REX. Légende : + KAROLVS. FRANCORV. — ℞ + MONETA DVPLEX. Croix fleurdelisée. B.

785. **Obole tournois.** — Deux fleurs de lis. + KAROLVS...... — ℞....OLVS : OBOLVS. Croix. B.

HENRI V, d'Angleterre

786. **Double tournois, dit Niquet.** — Léopard passant sous une fleur de lis. + H : REX : ANGL : HERES : FRANC :. — ℞ + SIT NOME. DNI. BENEDICTV. Croix pattée et évidée, cantonnée de quatre molettes à 3 pointes. B.

Henri VI, d'Angleterre

787. **Salut d'or.** — Deux écussons, l'un de France,

l'autre écartelé de France et d'Angleterre. Sur le premier, la Vierge nimbée. Sur l'autre, un ange ; entre les deux, une banderolle avec le mot AVE. Légende : + HENRICVS : DEI : GRA : FBANCORV : Z : ANGLIE : REX. — ℞ + XPC, etc. Croix longue accostée d'un lis et d'un léopard. Le tout dans un cercle à dix arceaux fleurdelisés à l'intérieur. OR.

788. **Grand blanc aux écus.** — Deux écussons comme dans le précédent. Au-dessus, HERICVS. Légende : FRANCORVM : Z : ANGLIE : REX (fleur de lis.) — ℞ SIT : NOMEN :, etc. Croix longue accostée d'une fleur de lis et d'un léopard. Au-dessous, HERICVS. AR.

CHARLES VII

789. **Aignel.** — Agneau pascal passant à gauche ; la hampe de la croix traversant les mots qui se trouvent au-dessous K : F—RX. Légende + AGN : DEI : QVI : TOLLI : PECA : MVDI : MISE : NOBIS. — ℞ + XPC : VINCIT :. etc. Type du n° 770. OR.

790. **Gros d'argent.** — K, couronné, accosté de deux fleurs de lis. DEI : GRACIA. Bordure de douze lis. — ℞ (fleur de lis) FRANCORVM : REX. Croix. Légende extérieure : + BNDICTV, etc. AR.

791. **Grand blanc des gens d'armes.** — K, couronné, accosté de deux fleurs de lis. + KAROLVS FRANCORAM : REX L. — ℞ + SIT : NOME : DNI. BENEDICTV : L. Croix pattée. AR.

792. **Grand blanc aux fleurs de lis.** — Trois

fleurs de lis. KAROLVS : FRANCORV : BEX (couronne). — ℟ .+ SIT : NO—ME : DOM—INI : BEN—EDICTV. Croix longue partageant la légende et cantonnée des quatre lettres F-R-$\overline{A}^l$-c^l. AR.

793. **Petit blanc aux fleurs de lis.** — Types identiques au n° précédent. AR.

794. **Double tournois.** — Lys couronné. + KAROLVS. FRACORV.REX. — ℟ + DVPLEX.TVRONS.FRACIE. Croix. Le point secret sous la 4me lettre. B.

LOUIS XI

795. **Écu au soleil.** — Écusson de France couronné, au-dessus, un soleil. LVDOVICVS : DEI : GRACIA : FRANCORV : REX. — ℟ XPS : VINCIT, etc. Croix fleurdelisée. OR.

796. **Demi-écu au soleil.** — Mêmes types et mêmes légendes qu'au précédent, la légende du revers n'étant pas achevée. OR.

797. **Gros d'argent du roi.** — Trois fleurs de lys sous une couronne, + LVDOVICVS.DEI.GRA.FRANCOR^l. REX. — ℟ + SIT. NOMEN. DOMINI. BENEDICTVM. Croix fleurdelisée. AR.

CHARLES VIII

798. **Ecu à la couronne.** — Écu couronné accosté de deux lis également couronnés. KAROLVS : DEI GRA : FRANCORVM : REX. — ℟ + XPC : VINCIT, etc.

Croix feuillue, cantonnée de quatre couronnes dans un entourage de quatre arcs de cercle. OR.

799. **Écu du Dauphiné.** — Écu rond écartelé de trois fleurs de lis au premier et au quatrième et d'un dauphin au second et au troisième. KAROLVS : DEI : GRA : FRANCORVM : REX : O. — ℞ + . XPS : VINCIT, etc. Croix fleurdelisée. OR.

800. **Karolu.** — Grand K couronné, accosté de deux lis. + KAROLVS : FRANCORVM : REX. — ℞ + SIT. NOMEN, etc. Croix dont les extrémités sont surmontées de couronnes, et cantonnée de quatre lis. AR.

— Autre dont la croix du revers est cantonnée de deux fleurs de lis et de deux hermines. Frappée à Nantes. AR.

801. **Douzain, dit blanc à la couronne.** — Écu couronné, accosté de deux couronnes dans un entourage à trois lobes. + KAROLVS.FRAN.CORVM. REX. — ℞ + SIT.NOMEN.DNI.BENEDI. Croix cantonnée de deux fleurs de lis et de deux couronnes dans un entourage à quatre lobes. Point secret sous la 3ᵉ lettre. B.

802. **Liard du Dauphiné.** — Dauphin. (Couronne) KAROLVS : FRANCORV : REX. — ℞ SIT : NOME, etc. Croix cantonnée de deux fleurs de lis et de deux couronnes. AR.

803. **Liard de Bretagne.** — Dauphin avec une hermine. Même légende qu'au précédent, mais suivie d'un R. — ℞ Semblable au précédent, sauf que la croix est cantonnée de deux fleurs de lis et de deux hermines. AR.

804. **Obole.** — Fleur de lis. KAROLVS REX. — ℞ OBO-LVS. CIVIS. Croix. B.

LOUIS XII

805. **Écu au porc-épic.** — Écusson couronné soutenu par deux porcs-épics. ✠ LVDOVICVS : DEI : GRACIA : FRANCORVM : REX. — ℞ ✠ XPS : VINCIT, etc. Croix fourchée cantonnée de deux L et de deux porcs-épics. OR.

806. **Demi-écu au soleil, de Bretagne.** — Écu couronné accosté de deux hermines aussi couronnées : LVDOVICVS : D : G : FRANCOR : REX : BRITONV : DVX. — ℞ DEVS : IN ADIVTORIVM : MEVM : INTENDE : N. Croix fleurdelisée cantonnée de quatre hermines couronnées. OR.

807. **Douzain au porc-épic.** — Écusson couronné supporté par un porc-épic. LVDOVICVS : FRANCORVM : REX. — ℞ SIT : NOMEN, etc. Croix cantonnée de quatre fleurs de lis. AR.

808. **Dizain, dit Ludovicus.** — Grand L passé dans une couronne, accosté du chiffre X—II. Légende : ✠ LVDOVICVS : DEI : GRA : FRANCORVM : REX. — ℞ SIT : NOMEN, etc. Croix florencée, cantonnnée de deux L et de deux lis. B.

809. **Liard delphinal.** — Dauphin. LVDOVICVS FRANCOR REX. — ℞ Comme au n° 802. AR.

810. **Teston.** — Buste à d. du roi avec la couronne plate. ✠ LVDOVICVS : DEI : GRA : FRANCORVM : REX. — ℞ ✠ XPS : VINCIT, etc. Écusson couronné dans un cercle à douze festons. AR.

811. **Demi-teston.** — Même buste. + LVDOVICVS : DEI : G : F : REX : IZ (Tour). — ℞ + XPS : VINCIT : REGNAT : IP'AT (Tour). — Écusson comme ci-dessus dans un cercle à huit festons. AR.

812. **Demi-gros de Milan.** — Écusson royal accosté de deux guivres couronnées. + LVDOVICVS. D.G.FRANCOR.REX. — ℞ MEDIOLANI.DVX.ET.C. ET. Le pallium ou manteau couronné. Au-dessus, la tête de saint Ambroise. AR.

FRANÇOIS Ier.

813. **Écu du Dauphiné.** — Écusson rond de France et de Dauphiné. + FRANCISCVS : DEI : GRACIA : FRANCO : REX. — ℞ (Couronne) XPS : VINCIT :, etc. Croix fleurdelisée. OR.

814. **Écu au soleil.** — Écu royal, surmonté d'un soleil. + FRANCISCVS : DEI : GRA : FRANCOR : REX. — ℞ + XPS : VINCIT :, etc. Croix fleurdelisée cantonnée de deux F et de deux fleurs de lis. OR.

815. — Même type, mais contenu dans un grènetis. + FRANCISCVS.DEI.GRA.FRANCORVM REX. — ℞ Même légende. Croix fleurdelisée cantonnée de deux F couronnés. OR.

816. **Écu à la croisette.** — Écu royal. Au-dessous E. (Soleil). FRANCISCVS : DEI : GRA : FRAN : REX.— ℞ + XPS : VINCIT :, etc. Croisette carrée dans un cercle à douze festons. OR.

817. **Demi-écu** au type du précédent. Au-dessous de l'écusson, A. OR.

818. **Teston**. — Buste du roi à droite, analogue à Louis XII. ✝ FRANCISCVS : DEI : GRA : FRANCORVM : REX. — ℞ (Couronne). NO : NOBIS : DNE : SED : NOI : TVO : DA : GLORIA. Écusson royal accosté de deux F couronnés. AR.

819. **Demi-teston**. — Mêmes types et mêmes légendes. AR.

820. **Teston**. — Buste couronné du roi ; chemisette, et manteau sur l'épaule. (Couronne). FRANCIS-CVS.D.G.FRANCORVM.REX. — ℞ (couronne) XPS. VINCIT, etc. Écusson royal couronné dans un entourage de douze arcs de cercle ; dessous, un A. AR.

821. **Teston du Dauphiné**. — Buste couronné du roi, figure plus vieille. + FRANCISCVS.REX.FRA-COR.DALPH (rose) N. — ℞ + SIT.NOMEN.DNI.BE-NEDICTVM (rose) N. Écusson aux armes de France et du Dauphiné. AR.

822. **Gros teston**. — Buste à la Charles-Quint. Couronne fermée rehaussée de trois lis. Cuirasse. + FRANCISCVS.D.G. FRACOR.REX.F. — ℞ + NON. NOBIS.DNE SED NOI : TVO DA GLORIA F. Écusson couronné dans un cercle à douze festons. AR.

823. **Douzain à la croisette, de 1540**. — Écu couronné renfermé dans sept arceaux. Dessous, v. Légende : + FRANCISCVS. D.G.FRANCOR REX. — ℞ + SIT.NO.DO.BENEDICTVM.G.T. Croisette dans quatre arceaux. AR.

824. **Douzain à la couronne**. — Type du n° 801. + FRANCISCVS.FRANCOR.REX (Tour). — ℞ Iden-

tique au n° 801. La légende est aussi terminée par une tour. B.

825. **Denier tournois**. — Deux fleurs de lis dans un trilobe. FRANCISCVS. FRANCORVM. REX. — ℞ + TVRONVS. CIVIS. FRANCORVM. Croix dans un quatrelobes. B.

HENRI II

826. **Teston**. — Buste barbu, sans couronne, avec cuirasse. HENRICVS. II. D. G. FRANC. REX. — ℞ + XPS. VINCIT, etc. 1554. Ecu couronné accosté de deux H couronnés. Frappé à Paris. AR.

827. — Buste plus vieilli, également sans couronne, avec la cuirasse et la fraise. Dessous, M. Légende. HENRICVS. II. D. G. FRANCOR. REX. — ℞ XPS. VINCIT, etc. 1559. Type du précédent. Frappé à Bordeaux. AR.

828. — Pièce à peu près semblable aux précédentes, figure plus forte. 1556. Frappé à Toulouse. AR.

829. — Buste vieilli couronné. + HENRICVS. II. DEI. G. FRANCORV. REX. S. — ℞ Comme aux précédents. Frappé à Bayonne. AR.

830. **Teston au balancier, Coin de Nic. Briot** ou **Béchot**. — Buste lauré, cuirasse damasquinée sans épaulières : HENRICVS. II. DEI. G. FRANCOR. REX. — ℞ + CHRS. VINCIT, etc. Suivi du monogramme du graveur et de la date 1554. Écu royal couronné... Frappé à Paris. AR.

831. **Demi-teston du même.** — Types et légendes du n° 830. AR.

832. **Demi-teston (?)** — Buste lauré, cuirasse et manteau. Même légende qu'au précédent. — ℞ + DVM TOTVM COMPLEAT ORBEM. Croissant couronné. Frappé à Paris. AR. (*Cette pièce paraît être un jeton.*)

833. **Teston, coin de Nicolas Briot** ou **Béchot.** — Tête laurée du roi à d. Même légende qu'au n° 830. — ℞ Type et légende du n° 830, mais de 1555. Frappé à Paris. AR.

834. **Douzain** ou **sol tournois.** — Écusson couronné accosté de deux croissants couronnés. + HENRICVS. 2. DEI. GRA. FRANCOR. REX. — ℞ + SIT, etc. 1551. Croix fleurdelisée, les bras formés par des croissants adossés, cantonnée de deux H et de deux couronnes. AR.

835. — Semblable au précédent, frappé à Paris. AR.

CHARLES IX

836. **Écu au soleil.** — Écusson royal couronné. (Soleil.) CAROLVS. VIIII. D G. FRANC. REX. MDLXV. — ℞ CHRISTVS REGNAT VINCIT ET IMPERAT. Croix fleurdelisée et évidée en cœur. Frappé à Paris. OR.

837. **Teston.** — Buste lauré à d. Cuirasse avec épaulières. CAROL IX D. G. FRANCO. REX. — ℞ SIT. NOMEN. DNI. BENEDICTVM. M. D. LXIII. Écu royal couronné accosté de deux C couronnés. AR.

838. **Demi-teston.** — Buste lauré à g. avec la cuirasse. CAROLVS.VIIII D.G. FRAN. REX. — ℞ SIT. NOMEN.DOM. BENEDIC.M.D.LXV. Même type que le précédent. AR.

839. **Sol parisis de 1568.** — Écusson couronné. + CAROLVS.IX.D.G. FRANCOR.REX. — ℞ Comme au précédent. 1568. Croix fleurdelisée formée de quatre c adossés. Frappé à Limoges. AR.

HENRI III

840. **Franc de 1577.** — Buste lauré à droite. Fraise et cuirasse. HENRICVS.III. D.G. FRANC. ET. POL. REX. — ℞ .SIT.NOMEN. DOMINI. BENEDICTVM.C. Croix feuillue et fleurdelisée, avec H en cœur. Frappé à Toulouse. AR.

841. **Quart de franc.** — Mêmes types et mêmes légendes que le précédent. Seulement la date 1587 est à la suite de la légende du revers. Frappé à Paris. AR.

842. **Quart d'écu de 1577.** — Croix fleurdelisée. + HENRICVS.III. D.G. FRANC. ET. POL. REX.1587. — ℞ SIT. NOMEN. DOMINI. BENEDICTVM. Ecu couronné accosté de deux H. AR.

843. **Demi-gros de Nesle.** — Grand H couronné accosté de trois lis. HENRICVS.III.D.G.FRANC. ET.P.REX. — ℞ SIT, etc. 1581. Croix dite à la mousquetaire fleurdelisée. Frappé à Dijon. AR.

844. **Double tournois.** — Buste lauré et cuirassé à d. HENRI.III.R.DE.FRA.ET.POLO.— ℞ + DOVBLE.

TOVRNOIS. 1580. Trois fleurs de lis. Frappé à Poitiers. C.

845. **Denier tournois**. — Même type et même légende. — ℞ + DENIER. TOVRNOIS. 1578. Deux fleurs de lis. Frappé à Paris. CUIVRE.

CHARLES X, CARDINAL DE BOURBON

846. **Écu d'or.** — Écusson royal couronné. CAROLVS.X. D.G. FRANCOR. REX. 1591. — ℞ Comme au n° 836. Croix fleurdelisée et évidée en cœur. OR. Deux pièces.

847. **Quart d'écu.** — Croix fleurdelisée. + CAROLVS.X. D.G.FRANC.REX. 1590. — ℞ SIT, etc. Écusson couronné accosté de II—II. Frappé à Paris. AR.

848. **Demi-quart d'écu.** — Mêmes types, l'écusson accosté de V—III. Frappé à Sainte-Menehould. AR.

849. **Douzain.** — Écusson couronné accosté de deux C. CAROLVS.X.D.G.FRANCORVM.REX. — ℞ + SIT. NOMEN.DNI.BENEDICTVM. 1593. + M. Croix cantonnée de quatre couronnes. B.

HENRI IV

850. **Demi-écu d'or au soleil.** — Écusson couronné. HENRICVS.IIII. D.G.FRAN.ET.NAV.REX. — ℞ + XPS.REGNAT.VINCIT.ET.IMPERAT. 1607. Croix à jour, aux extrémités fleurdelisées. Frappé à Paris. OR.

851. **Demi-franc.** — Buste lauré à d. avec la cuirasse et la fraise. HENRICVS.IIII.D.G.FRAN.ET. NAVA.REX. — ℞ Type et légende du n° 840. 1602. Frappé à Toulouse. AR.

852. — Type semblable. + HENRICVS.IIII. D.G.FRAN-COR.ET.NAVAR.REX. — ℞ Comme au précédent. 1596. Frappé à Bordeaux. AR.

853. **Demi-quart de franc.** — Buste semblable. + HENRICVS.IIII.D.G.FRANC.ET.NAVA REX. 1605. — ℞ Comme au précédent. Frappé en Provence. AR.

854. **Quart d'écu.** — Croix formée par quatre fleurs à calice. Même légende que le précédent. 1594. — ℞ SIT.NOMEN, etc. Écusson couronné accosté de II—II. Frappé à Bayonne. AR.

855. — Croix fleurdelisée. HENRICVS.IIII.D.G.FRANC. ET.NA.REX.B. — ℞ GRATIA.DEI.SVM Q.D.SVM. 1601. Écusson mi-partie aux armes de France et de Béarn, couronné et accosté de VI—II. AR.

856. **Huitième d'écu.** — Croix dont les extrémités sont couronnées. HENRICVS. IIII. D.G. FRAN.ET NAVA REX. 1607. — ℞ SIT, etc. Écusson couronné accosté de V—III. Frappé à Châlons. AR.

857. **Double tournois.** — Buste lauré à d. avec la cuirasse et la fraise. HENRI.IIII.R.DE.FRAN.ET. NAVAR. — ℞ Type et légende du n° 844. 1607. Frappé à Lyon. — Autre de 1603 frappé à Paris. CUIVRE.

858. **Denier tournois.** — Buste comme au précédent. HENRI.IIII.R.D.FRAN.ET.NAV. — ℞ Type

et légende du nº 845. 1607 et 1609. Frappé à Paris. C. Deux piècee.

LOUIS XIII

859. **Écu d'or au soleil.** — Écusson couronné. (soleil). LVDOVICVS.XIII.D.G.FRAN.ET.NAVA.REX. — ℞ + CHRISTVS, etc. 1637. Croix à bras tortillés et fleurdelisés. Paris. OR.

860. **Double louis.** — Tête laurée à droite. LVD.XIII. D.G.FR.ET.NAV.REX. 1641. — ℞ CHRS.REGN. VINC.IMP. Croix formée par huit L couronnés, et cantonnée de quatre fleurs de lis. Paris. OR.

861. **Louis.** — Types et légendes semblables. 1641. Paris. OR.

862. **Demi-Louis.** — Types et légendes semblables. 1641. Paris. OR.

863. **Écu blanc.** — Buste lauré à d., le cou nu, les épaules drapées. LVDOVICVS.XIII.D.G.FR.ET.NAV. REX. — ℞ SIT. etc. 1643. Écusson de France couronné. Paris. AR.

864. **Demi-écu.** — Types et légendes semblables. 1643. Paris. AR.

865. **Quart d'écu.** — Types et légendes semblables. 1643. Paris. AR.

866. **Huitième d'écu.** — Types et légendes semblables. 1645. Paris. AR.

867. **Demi-franc.** — Buste enfantin, lauré, fraise, cuirasse unie et épitoge. LVDOVIC. XIII. D.G.

FRAN.ET.NAVA.REX. — ℞ SIT. etc. Grand L au centre d'une croix feuillue. 1615. S.Lo. AR.

868. **Quart d'écu.** — Croix fleurdelisée. LVD.XIII.D. G.FRAN.ET.NAVA.REX. 1643.— ℞ SIT, etc. Écusson couronné accosté de II—II. Paris. AR.

869. **Piéfort du quart d'écu.** — Types et légendes identiques au n° 868. Seulement année 1618 en très petits chiffres. Sur la tranche on lit : EXEMPLVM PROBATI NVMISMATIS. Paris. AR.

870. **Quart d'écu.** — Croix fleurdelisée. LVDOVICVS XIII D.G. FRANC.ET.N.REX.D. — ℞ GRATIA. DEI.SVM.ID.Q.SVM. 1615. Ecu mi-partie de France et de Béarn, couronné et accosté de II—II. AR.

871. **Double tournois.** — Buste lauré avec le col rabattu, la cuirasse et l'épitoge. LOYS.XIII.R.DE. FRAN.ET.NAV. — ℞ Type et légende du n° 844. 1614 et 1621. Paris. C. Deux pièces.

872. **Denier tournois.** — Type et légende du précédent. — ℞ ✝ DENIER.TOVRNOIS. 1614. Deux fleurs de lis. C.

LOUIS XIV

873. **Louis.** — Tête jeune laurée à droite. Une mèche retombant à la hauteur du menton. LVD.XIIII. D.G.FR.ET.NAV.REX. 1651. — ℞ Type du n° 860. Paris. OR.

874. **Demi-louis.** — Mêmes types que le précédent. 1645. Paris. OR.

875. **Fleur de lis d'or.** — Croix formée par quatre fleurs de lis couronnées, cantonnée de quatre fleurs de lis. LVDOVIC.XIIII. D.G. FRAN.ET.NAV. REX. — ℞ DOMINE.ELEGISTI.LILIVM.TIBI. 1656. Écu royal couronné soutenu par deux anges. Paris. OR.

876. **Double louis.** — Tête laurée à d. les cheveux tombant jusqu'au bas du cou. Soleil au-dessus. Légende du n° 873. — ℞ CHRS.REGN.VINC.IMP. Croix formée par quatre fleurs de lis couronnées, cantonnée de quatre L. Metz, 1694. OR.

877. **Louis.** — Mêmes types et mêmes légendes que le n° précédent. 1694. Rouen. OR.

878. **Louis d'or à l'écu carré.** — Même type et même légende qu'au précédent. — ℞ SIT NO-MEN, etc. Écu carré. Paris. 1690. OR.

879. **Demi-louis.** — Mêmes types que le n° 878. Toulouse. 1691. OR.

880. **Quart d'écu.** — Croix fleurdelisée. † LVDOVI-CVS XIIII. D. G. FRAN. ET. NA. REX. 1646. — ℞ SIT, etc. Écu royal couronné, accosté de II—II. Angers. AR. Deux pièces.

881. **Huitième d'écu.** — Croix fleurdelisée. LVDQ-VICVS.XIV.D.G.FRANC.ET.NAV.RE. — ℞ GRATIA. DEI.SVM.ID.Q.SVM.1644. Ecu mi-partie de France et de Navarre, couronné, accosté de V—III. AR.

882. **Écu d'argent.** — Buste poupard, lauré, à d., une mèche de cheveux tombant à la hauteur du menton. Epitoge agrafée par une perle sur une épaulière à lambrequins. LVD.XIIII.D.G.FR.ET.

9

NAV.BEX. — ℞ SIT, etc. Écusson couronné. 1645. Paris. AR.

883. **Demi-écu.** — Mêmes types et mêmes légendes. 1645. Paris. AR.

884. **Quart d'écu.** — Mêmes types et mêmes légendes. 1644. Paris. AR.

885. **Douzième d'écu.** — Mêmes types et mêmes légendes. 1644. Paris. AR.

886. **Quarante-huitième d'écu.** — Buste poupard lauré à d. LVD.XIIII. — ℞ D.G.FR.ET.NAV.REX. 1644. Écusson couronné. Paris. AR.

887. **Demi-écu.** — Buste juvénile à d., la perruque tombant jusque sur la poitrine, draperie agrafée par une perle, lambrequins sur l'épaule. LVD.XIIII, etc. — ℞ Comme au n° 882. 1655. Lyon. AR.

888. **Quatre sols, dit des traitants.** — Même buste, draperie sur les épaules. LVDOVICVS.XIII. D.GRA. — ℞ FRAN.ET.NAVARÆ.REX. 1675. Quatre lis en croix : losange en cœur ; couronne au-dessus. Lyon. AR. Deux pièces.

889. **Deux sols, dit des traitants.** — Même buste. LVD.XIIII.D.G.FR.ET.NA.REX. 1674. Deux fleurs de lis sous une couronne. AR. Paris. Deux pièces, dont une dorée.

890 et 891. **Écu d'argent.** — Buste vieilli, longue perruque. LVDOVICVS.XIIII.D.G.FR.ET.NAV.REX. — ℞ SIT, etc. 1686. Écusson écartelé, au 1er et au 4e, de France ; au 2e, d'Artois ; au 3e, de

Bourgogne, surmonté d'une couronne. Sur la tranche : DOMINE. SALVVM. FAC. REGEM. CHRISTIANISSIMVM. Lille. AR. Deux pièces.

892. **Demi-écu.** — Types et légendes du précédent. 1685. Paris. AR.

893. — Semblable au n° 892. mais frappé en 1686 à Lille. AR.

894. — Semblable au n° 893, mais de 1687. AR.

895. **Quart d'écu.** — Types et légendes du n° 892. 1686. Lille. AR.

896. **Huitième d'écu.** — Types et légendes du n° 892. Lille. AR.

897 et 898. **Douzième d'écu.** — Types et légendes semblables aux précédents. AR. 4 pièces dont trois de 1686 et une de 1687.

899. **Écu blanc, dit aux palmes.** — Buste vieilli, avec perruque et cuirasse. LVD.XIIII.D.G.FR. ET.NAV.REX. — ℞ SIT, etc. Écu rond couronné, embrassé par deux palmes. Tranche effacée. 1694. Bordeaux. AR.

900. **Demi-écu.** — Mêmes types et mêmes légendes qu'au n° précédent, seulement les armoiries de l'écu sont celles du n° 890. Tranche comme au même numéro (1693). Lille. AR.

901. **Quart d'écu.** — Types et légendes identiques au n° 900. (1695). Lille. AR.

902. **Huitième d'écu.** — Types et lég. du n° 899. Surfrappé. Paris. AR.

903. **Écu d'argent.** — Buste analogue aù précédent, mais avec le manteau rattaché sur l'épaule par une perle. Même légende. 1690 sous le buste. — ℟ CHRS., etc. Huit L couronnés formant une croix cantonnée de quatre lis. Au centre un L couronné. Sur la tranche : DOMINE.SALVVM.FAC. REGEM. Lille. AR.

904. **Demi-écu.** — Types et légendes semblables. Amiens. 1691. AR.

905. — Autre de 1690. Lille AR.

906. **Quart d'écu.** — Types et légendes semblables. 1690. La Rochelle. AR.

907. **Huitième d'écu.** — Types et légendes semblables. 1691. Lille. AR.

908. **Douzième d'écu.** — Même type sauf que la chevelure est un peu rejetée en arrière. — ℟ DOMINE.SALVVM.FAC.REGEM. Deux L majuscules entrelacées, surmontées d'une couronne, et accompagnées de trois fleurs de lis. (1692). Paris. (1691) Amiens. (1691) Lille. AR. Trois pièces.

909. **Ecu d'argent dit aux insignes.** — Buste vieilli, cuirassé, la perruque rejetée en arrière. LVD.XIIII.D.G.FR.ET.NA.REX. — ℟ SIT., etc. Écusson rond couronné aux armes du n° 890. Sceptre et main de justice en sautoir derrière l'écu. Même légende sur la tranche qu'au n° 890. (1702). Lille. AR.

910. **Demi-écu.** — Types et légende du n° 909, mais l'écusson est aux trois fleurs de lis seulement. (1702). Lille. AR.

911. — Autre de 1701. Paris. AR.

912. **Douzième d'écu.** — Types et légendes du n° 910. (1702) Lille. AR.

913. **Pièce de 30 sols.** — Buste vieilli avec cuirasse, les cheveux en arrière. LVD.XIIII.D.G.FR. ET.NAV.REX. — ℞ DOMINE.SALVVM.FAC.REGEM. Sceptre et main de justice en sautoir, cantonnés de trois lis et d'une couronne. (1701) Paris. AR.

914. **Pièce de 20 sols.** — Mêmes types et mêmes légendes. (1705 et 1706). Paris. AR. Deux pièces.

915. **Pièce de 10 sols.** — Mêmes types et mêmes légendes. (1794) Strasbourg. AR.

916. **Écu d'argent.** — Buste et légende du n° 903. — ℞ Type du n° 903. Seulement au centre il y a trois fleurs de lis. Tranche du même numéro. (1704) Limoges. AR.

917. **Demi-écu.** — Aux mêmes types, mais surfrappé, légendes confuses. AR.

918. **Huitième d'écu.** — Mêmes types et mêmes légendes. (1704) Bordeaux. AR.

919. **Écu aux trois couronnes, dit louis d'argent.** — Buste du n° 909 plus vieilli. Légende du n° 903. — ℞ SIT, etc. Trois grandes couronnes et trois lis remplissent le champ. Tranche du n° 903. (1710) Montpellier. AR.

920. **Demi-écu.** — Types et légendes du précédent. (1710) Paris. AR.

921. **Huitième d'écu.** — Mêmes types et légendes. (1713) Rennes. AR.

922. **Douzième d'écu.** — Mêmes types et légendes. (1711) Aix. AR.

923. **Pièce de six deniers**, ou **dardenne**. — Six L adossés et couronnés formant un triangle fleurdelisé. LOVIS.XIIII.ROI.DE.FRANCE.ET.DE. NAV. — ℞ SIX.DENIERS.DE.FRANCE. 1710. Croix fleurdelisée aux bras tordus et évidée en cœur Aix. 1710. C.

924. **Liard de France**. — Buste couronné à d. avec le manteau. L.XIIII.ROY.DE.FRA.ET.DE.NA. 1657. — ℞ Type et légende identiques à l'autre face. C.

925. — Même type et même légende. — ℞ LIARD.DE. FRANCE. Trois fleurs de lis. (1655) Paris et Rouen, (1657) Rouen, (1656) Limoges. C. Quatre pièces.

926. — Mêmes types, sauf que la tête du roi n'est pas couronnée et qu'il porte une perruque abondante. (1697) Pau. (1715) Lille. C. 2 pièces.

927. **Pièce de 4 deniers**. — Buste cuirassé, les cheveux rejetés en arrière. L.XIIII.ROY.DE.FR. ET.DE.NA. — ℞ Trois fleurs de lis sous une couronne. PIECE.DE.IIII.DENIERS. 1697. Strasbourg. C.

928. **Denier tournois**. — Tête laurée jeune à d. LOVIS.XIIII. — ℞ + DENIER.TOVRNOIS. 1648. Deux fleurs de lis. Paris. C. Deux pièces.

929. **Pièce de plaisir**. — Deux L adossés, surmontés d'une couronne, accostés de deux fleurs de lis. PIECE.DE.PLAISIR. 1654. — ℞ SIT.NOMEN. DOMINI.BENEDICTVM. Ecusson royal couronné. AR.

930. **Flandre, siége de Lille**. — Écu couronné du maréchal de Boufflers, entouré de trois colliers d'ordres, et posé sur un manteau et un

trophée de drapeaux.— ℞ XX.S.PRO.DEFENSIONE. VRBIS.ET.PATRIÆ. 1708. C. Trois pièces.

931. **Flandre, siége de Lille.** — Mêmes types sans le manteau, les drapeaux et les colliers. X.S. C. Deux pièces.

932. — Même type que le n° 931. v.s. C. Deux pièces.

LOUIS XV

933. **Double louis, dit de Malte de 1718.** — Buste enfantin, lauré, cou nu et cheveux frisés. LVD.XV.D.G.FR.ET.NAV.REX. 1718. — ℞ CHRISTVS REGNAT VINCIT IMPERAT. Croix de Malte. Trois lis au centre. Paris. OR.

934. **Louis, dit Mirliton.** — Buste analogue au précédent. Même légende. — ℞ CHRS., etc. Deux L entrelacés, et couronnés, au-dessous deux palmes croisées. Paris (1723). OR.

935. **Demi-louis, dit de Noailles.** — Tête enfantine couronnée, et les cheveux frisés, à g. Même légende. — ℞ CHRS., etc. Quatre écussons de France et de Navarre, formant une croix, cantonnée de quatre lis. (1717) Paris. OR.

936. **Double louis d'or.** — Buste à gauche en cheveux frisés, et ayant le manteau. Même légende.— ℞ CHRS. etc. Écussons ronds de France et de Navarre sous une couronne. (1729) Paris. OR.

937. **Demi-louis.** —Aux mêmes types.(1732) Paris.OR.

938. **Double louis d'or, dit au bandeau.** — Tête à gauche, chevenx longs rattachés par un

bandeau. Même légende. — ℞ Même type que le n° 936. (1750) Paris. OR.

939. **Écu, dit Vertugadin.** — Buste enfantin, à d., frisure ; cuirasse, draperie et lambrequins. LUD.XV, etc. — ℞ SIT, etc. Écusson rond couronné. (1716) Lille. AR.

940. **Quart d'écu.** — Mêmes types et légendes. (1716) Grenoble. AR.

941. **Écu, dit de Navarre.** — Buste enfantin lauré ; cuirasse, draperie et lambrequins. LVD.XV.D.G. FR.ET.NAV.REX. — ℞ SIT, etc. Écu couronné écartelé de France et de Navarre. (1718). Paris. AR.

942. **Sixième d'écu ou 20 sols.** — Mêmes types et mêmes légendes. L'écusson du revers est accosté de la valeur : xx—s. (1719) Paris. AR.

943. **Douzième d'écu ou 10 sols.** — Mêmes types et mêmes légendes. L'écusson du revers accosté de la valeur x—s. (1719) Paris. AR.

944. **Écu, dit de France.** — Buste enfantin, lauré ; draperie attachée sur la poitrine par une perle. LUD.XV, etc. — ℞ SIT, etc. Écu carré couronné. (1721) Lille. AR.

945. **Sixième d'écu.** — Mêmes types et mêmes légendes. (1721) Lille. AR.

946. **Petit louis d'argent de 1720.** — Buste enfantin, lauré ; cheveux longs, draperie et cuirasse. LUD.XV, etc. — ℞ CHRS.REGN.VINC.IMP. Croix formée de quatre double L couronnés, cantonnée de quatre lis. (1720) Paris. AR.

947. **Livre d'argent de 1719.** — Buste comme le précédent, mais sans couronne. Renard sous le buste. Même légende. — ℞ sit, etc. Deux l adossés couronnés. (1720) Paris. AR.

948. **Écu ou louis d'argent de 1724.** — Buste juvénile à d., lauré ; cuirasse avec ange sur la poitrine. lud.xv, etc. — ℞ sit, etc. Croix fleurdelisée, entourée de quatre couronnes et de quatre doubles l. (1725) Orléans. AR.

949. **Demi-écu.** — Mêmes types et légendes. (1725) Amiens. AR.

950. **Seizième d'écu.** — Mêmes types et mêmes légendes. (1725) Caen. AR.

951. **Écu, dit de France.** — Semblable au n° 944, mais de l'année 1724 et frappé à Amiens. AR.

952. **Dixième d'écu.** — Buste juvénile à g.; chevelure frisée et poudrée avec queue, habit brodé, cordon bleu et plaque du Saint-Esprit. lud.xv, etc. — ℞ sit, etc. Écu rond couronné, cerné de deux branches de laurier. (1729) Paris. (1736) Nantes. AR. Deux pièces.

953. **12 sols.** — Tête juvénile laurée à d. lud.xv, etc. — ℞ isles du vent 1731, en trois lignes, et trois lis reliés par un ornement en forme de cartouche. AR.

954 et 955. **Écu de 6 livres.** — Même type que le n° 938. — ℞ sit, etc. Écu rond couronné, cerné par deux branches de laurier. Tranche très apparente. (1740) Paris, (1767) Bayonne. AR. Deux pièces.

956. **Demi-écu.** — Mêmes types et mêmes légendes. (1749) Lille. AR.

957. **Pièce de 24 sols.** — Mêmes types et mêmes légendes. (1769) Bayonne. AR.

958. **Pièce de six sols.** — Mêmes types et mêmes légendes. (1748 et 1753) Lille. (1779) Paris. Cette dernière pièce par sa date de cinq ans postérieure à la mort de Louis XV, forme une singularité. Elle est d'ailleurs à fleur de coin, et la tête est laurée. AR. Trois pièces.

959. **Double sol de billon.** — Grand L couronné, accompagné de trois fleurs de lis. LUD.XV.D.G. FR.ET.NAV.REX. — ℞ Deux L feuillus et affrontés ; au-dessus, une couronne. SIT, etc. (1740) Lille, (1741) Strasbourg. B. Deux pièces.

960. **Sol, dit de Law.** — Tête enfantine de profil à d.; cheveux bouclés. LUDOVICUS.XV.DEI GRATIA. — ℞ FRANCIÆ ET NAVARRÆ REX. 1719. Ecu carré couronné. Paris. CUIVRE.

961. **Sol des colonies.** — Trois lis couronnés entre deux palmes. SIT, etc. 1767. — ℞ COLONIES FRANÇOISES en deux lignes. Sceptre et main de justice en sautoir, accostés de L—XV. Frappé à Paris. C.

962. **Liard.** — Types du n° 960. (1720) Strasbourg. — Tête laurée à droite. LUDOV.XV.D.GRATIA. — ℞ FRANC.ET.NAVARR.REX 1770. Écu carré couronné. Deux pièces. C.

963. **Demi-sol de billon.** — Types et légendes du n° 959. (1740) Strasbourg. B.

LOUIS XVI

964. **Louis.** — Tête vieillie à gauche. LUD.XVI.D.G. FR.ET.NAV.REX. — ℞ CHRS.REGN.VINC.IMPER. 1785. Écussons accolés de France et de Navarre, sous une couronne. Paris. OR.

965-967. **Écu de six livres.** — Buste juvénile à g.; perruque à queue, habit brodé, cordon bleu et plaque du Saint-Esprit. LUD. XVI., etc. — ℞ SIT, etc. Écu rond couronné cerné de deux branches de laurier. (1777) Paris, (1786) Pau, (1791) Paris. AR. Trois pièces.

968-970. **Demi-écu.** — Mêmes types. (1790, 1791 et 1792) Paris. AR. Trois pièces.

971 et 972. **24 sols.** — Mêmes types. (1781) Paris, (1788) La Rochelle. AR. Deux pièces.

973. **Douze sols.** — Mêmes types. (1779) Paris. AR.

974. **Six sols.** — Mêmes types. (1782) Paris. AR.

975. **Sol.** — Tête à g.; perruque à queue. LVDOV.XVI. D.GRA. — ℞ FRANCIÆ ET NAVARRÆ REX. 1791. Écu carré, couronné C. Deux pièces.

976. **Demi-sol.** — Mêmes types. (1789) Lille. C.

977. **Quart de sol.** — Mêmes types. (1786) Metz, (1790 et 1791) Lille. C. 4 pièces.

978. **Louis Constitutionnel.** — Type du n° 975. LOUIS.XVI.ROI.DES.FRANÇOIS. 1792. — ℞ RÈGNE DE LA LOI. Génie de la France gravant le mot CONSTITUTION sur des tables posées sur une base

au pied de laquelle est gravé en creux le nom de DUPRÉ. A droite, un coq ; derrière le génie, un faisceau avec le bonnet phrygien. A l'exergue. L'AN 4 DE LA LIBERTÉ. Paris. OR. Deux pièces.

978 bis. **Louis Constitutionnel.** — Pièce semblable pour 1793, AN 5 DE LA LIBERTÉ. Paris. OR.

979 et 980. **Écu constitutionnel, 6 livres.** — Mêmes types. Légende sur la tranche. LA NATION LA LOI LE ROI. (1792) La Rochelle. (1793) Paris. AR. Deux pièces.

981-983. **Demi-écu.** — Mêmes types. (1792 et 1793) Paris. AR. Trois pièces.

984-986. **Pièce de trente sols.** — Mêmes types ; seulement le génie est accosté des mots 30-SOLS, au lieu du coq et du faisceau. Plus de légende sur la tranche. (1791 et 1792) Paris. (1793) Toulouse. AR. 5 pièces.

987-989. **Pièce de quinze sols.** — Mêmes types. Le génie accosté des mots 15—SOLS. (1791) Paris et Limoges. (1792) Lille. AR. 6 pièces.

990-992. **2 sols.** — Buste à gauche, perruque à queue; draperie. Même légende. — ℞ LA NATION LA LOI LE ROI. Faisceau surmonté du bonnet phrygien entouré d'une couronne civique, accosté de 2—s. En exergue L'AN 3 DE LA LIBERTÉ. (1791) Paris et Bayonne. C. 3 pièces.

993 et 994. **Sol.** — Même type et même légende. — ℞ Même légende et même type, accosté de 12—D. En exergue 1791. 3. DE LA LIB. (1791) Paris. (1792) Paris et Rouen. C. 3 pièces.

995. **6 deniers.** — Types et légendes du n° 990, seulement le faisceau accosté de 6—D. (1792) Strasbourg. (1793) Nantes. C. 2 pièces.

996. **3 deniers.** — Mêmes types et mêmes légendes, le faisceau accosté de 3—D. (1792) Lyon et Strasbourg. C. 4 piéces.

RÉVOLUTION FRANÇAISE

MONNAIES SANS NOM DE ROI

997. **Dizain.** — MÉTAL DE CLOCHE en légende. Dans le champ, DIXAIN. En exergue, une fleur de lis. — ℞ 1791 dans une couronne civique.

998-1000. **Monneron de 5 sols.** — Fédération du 14 juillet. La France à d. casquée à l'antique, tenant les tables sur lesquelles on lit : CONSTI — TUTION DES FRAN — ÇAIS. Devant elle, officiers et soldats prêtant le serment. En haut PACTE FÉDÉRATIF. En exergue : 14 JUILLET 1790. Légende : VIVRE LIBRES OU MOURIR. — ℞ MONNERON FRERES NÉGOCIANS A PARIS. 1792. Dans le champ : MÉDAILLE DE CONFIANCE DE CINQ-SOLS REMBOURSABLE EN ASSIGNATS DE 50^L ET AU DESSUS. L'AN IV DE LA LIBERTÉ. Sur la tranche. DÉPARTEMENS DE PARIS. RHONE ET LOIRE. DU GARD. C. Trois pièces.

1001. **Autre Monneron de 5 sols.** — Même type. — ℞ REVOLUTION FRANÇAISE. Dans le champ; MÉDAILLE QVI SE VEND CINQ—SOLS A PARIS CHEZ MONNERON (PATENTÉ). En exergue 1792. Sur la tranche : LA CONFIANCE AUGMENTE LA VALEUR. C.

1002 et 1003. **Monneron de 2 sols.** — Liberté assise à gauche, drapée à l'antique, tenant un bonnet phrygien au bout d'une pique, le bras gauche appuyé sur les tables de la Constitution, sur lesquels on lit : DROITS DE L'HOMME ART. V. Légende : LIBERTÉ SOUS LA LOI. En exergue : L'AN III DE LA LIBERTÉ. — ℞ MONNERON FRÈRES NÉGOCIANS A PARIS. Dans le champ : MÉDAILLE DE CONFIANCE DE DEUX SOLS A ECHANGER CONTRE DES ASSIGNATS DE 50ᴸ ET AU DESSUS. 1791. Sur la tranche : BON POUR BOURD. MARSEIL. LYON. ROUEN. NANT ET STRASB. C.

1004. **Autre Monneron de 2 sols.** — Même type que le précédent. — ℞ REVOLUTION FRANÇAISE. En exergue 1792. Dans le champ : MEDAILLE QUI SE VEND DEUX—SOLS A PARIS CHEZ MONNERON PATENTE. Tranche du n° 1001. C.

1005. **Caisse de bonne foi, 3 sols de Thévenon.** — Deux mains soutenant une rondache surmontée du bonnet phrygien. CAISSE DE BONNE FOI ÉTABLIE A PARIS. 1791. Dans le champ. B. P. 3. S TROIS SOLS. En exergue. L'AN III DE LA LIBERTÉ. — ℞ PAYABLE EN ECHANGE D'ASSIGNATS. Hercule enfant, frappant l'hydre d'une lance surmontée d'un bonnet phrygien et du drapeau tricolore. A gauche les tables avec : DROI DE L'HOM—ME ARTI. V. C.

1006. **20 sols de Lefèvre, Lesage, etc.** — La liberté drapée à l'antique assise à g. A gauche, un coq sur un fût de colonne. A droite, tables avec : DROITS DE L'HOMME ARTIC V. Légende : LEFEVRE LESAGE ET COMPᴵᴱ Nᴳᵀ à Paris. — ℞ Dans le champ : B. P. 20 SOLS A ÉCHANGER EN

ASSIGNATS DE 50ᴸ. En légende : ET AU-DESSUS L'AN 4ᴹᴱ DE LA LIBERTÉ. En exergue : 1792. AR.

1007. **Caisse de bonne foi. Six blancs de Montagny.** — Deux mains soutiennent deux piques surmontées d'un seul bonnet au coq. Les deux piques sont liées ensemble par une banderolle sur laquelle on lit : DROITS DE L'HOMME ART. V. Dans le champ, au-dessus : 2 s—6 d. b.p.six—blancs. Légende : CAISSE DE BONNE FOY ÉTABLIE A PARIS. En exergue, 1791. — ℞ PAYABLE EN ÉCHANGE D'ASSIGNATS. L'AN 3ᴹᴱ DE LA LIBERTÉ. Buste casqué et cuirassé de Minerve à g.; sous le bras gauche, MONTAGNY. CUIVRE rouge.

1008. **10 sols de Lefèvre, Lesage, etc.**— Même type que le n° 1006. — ℞ Dans le champ : B. P. 10 SOLS A ÉCHANGER EN ASSIGNATS DE 50ᴸ. En légende : ET AU-DESSUS AN 4ᴹᴱ DE LA LIBERTÉ. En exergue : 1792. AR.

1009. **5 sols de la même caisse.** — Mêmes légendes qu'au n° précédent, sauf l'indication de la valeur, 5 SOLS. Le type est ici remplacé par deux cornes d'abondance renversées et enlacées de palmes, le tout surmonté du bonnet phrygien au bout d'une pique. La date 1792 est au-dessus de ce type. AR.

1010. **18 deniers. Caisse particulière.**— Deux faisceaux à la hache posés en sautoir. Au milieu, pique et bonnet phrygien, accostés de la valeur 18-D. Légende : DIXIÈME D'ARGENT FIN. En exergue : L'AN 4 DE LA LIBERTÉ. — ℞ : CAISSE

MÉTALLIQUE ÉTABLIE A PARIS. Dans le champ : EN ÉCHANGE D'ASSIGNATS DE 50ᴸ. BILLON.

1011. **2 sols de Clémanson de Lyon.** — Trophée de drapeaux et d'armes, au milieu un faisceau surmonté du bonnet phrygien. CLEMANSON ET Cᴵᴱ Nᵀˢ PLACE CONFORT A LYON. En exergue : L'AN IV DE LA LIBERTÉ. — ℞ VIVRE LIBRE OU MOURIR. Dans le champ en huit lignes : MÉDAILLE DE CONFIANCE DE 2-S A ÉCHANGER CONTRE DES ASSIGNAT ET MANDAT DE TOUTE VALEUR M.DCC.XCII. CUIVRE jaune.

1012. **Monneron de 5 sols à l'Hercule.** — Hercule assis sur le bord de la mer, devant le temple de la Sagesse et faisant d'inutiles efforts pour briser un faisceau. LES FRANÇAIS UNIS SONT INVINCIBLES.— ℞ Revers et tranche du n° 1001. C.

1013. **Jeton de club.** — LA LOI ET LE ROI dans un écusson entouré de cordons. Légende : DISTRICT DES CORDELIERS. En exergue : UNION FRATERNEL et le chiffre 224 gravé en creux. — ℞ SOUS LA PRÉSIDENCE DE GEORGES JACQUES DANTON. Un étendard sur lequel est écrit : LIBERTAS. Les extrémités de la traverse sont fleurdelisées, et un bonnet phrygien surmonte la hampe. En exergue : 1790. CUIVRE rouge.

1014. **Sans désignation.** — L'UNION FAIT LA FORCE en trois lignes. — ℞ RÉPUBLIQUE FRANÇAISE. 1793. CUIVRE. Petit module.

RÉPUBLIQUE FRANÇAISE

1015. **Essai du double sol.** — Génie du n° 978

accosté à g. du bonnet phrygien ; à d., d'une étoile et d'un niveau. RÈGNE DE LA LOI. — ℞ RÉPUBLIQUE FRANÇAISE, 1793. Dans le champ : PIÈCE D'ESSAI, entouré d'une couronne de chêne. CUIVRE jaune.

1016. **Essai du sol.** — Même type que le précédent. ℞ PIÈCE D'ESSAI 1792, dans une couronne de chêne. C.

1017. **Louis de 24 livres.** — Type du revers du n° 978. 1793. — ℞ RÉPUBLIQUE FRANÇAISE. Au centre : 24 LIVRES dans une couronne de chêne. En exergue, L'AN II. Paris. OR.

1018. **Écu de six livres.** — Même type que le précédent sans date. — ℞ Même type, sauf l'indication de la valeur : SIX LIVRES. Sur la tranche : LIBERTÉ.ÉGALITÉ. Frappé à Lille. AR.

1019. **Autre écu de six livres,** mais avec la date 1793, et frappé à Paris. AR.

1020. **5 décimes, dit de Robespierre.** — La Nature sous les traits d'Isis, assise à gauche sur une base carrée, les mains croisées sur la poitrine d'où elle fait jaillir de ses seins le lait de la régénération qui retombe dans un bassin ; sur les dégrés, un conventionnel portant une branche d'olivier, offre une jatte de lait à un porte-drapeau. Sur la base, le nom de DUPRÉ. Légende : RÉGÉNÉRATION FRANÇAISE. En exergue : 10 AQUT 1793, dessous, un niveau. — ℞ RÉPUBLIQUE FRANÇAISE. Dans le champ : 5 DÉCIMES.L'AN 2, dans une couronne formée d'une branche de chêne et d'une branche de laurier. Sur la tranche : ÉGALITÉ.LIBERTÉ.INDIVISIBILITÉ.C.

1021. **Double sol au balancier.** — Table des droits de l'homme, surmontée d'un œil rayonnant; dessus il est écrit en creux : LES HOMMES SONT ÉGAUX DEVANT LA LOI. Au-dessous la signature : DUPRÉ. Elle est accostée, à gauche, d'une grappe de raisin, et à d., d'un bouquet d'épis. Légende: RÉPUBLIQUE FRANÇAISE. L'AN II. — ℞ LIBERTÉ ÉGALITÉ, 1793. Balances surmontées d'un bonnet phrygien traversant une couronne civique : au milieu 2.s. Metz. C.

1022 et 1023. **Sol.** — Mêmes types. Lille et Paris. C. Deux pièces.

1024. **Siége de Mayence, 5 sols.** — Faisceau surmonté du bonnet phrygien, dans une couronne de chêne. RÉPUBLIQUE FRANÇAISE 1793 L'AN 2e. — ℞ MONOYE DE SIÉGE DE MAYENCE. Dans le champ. 5 SOLS et trois roses. C.

1025. — **2 sols.** — Mêmes types, sauf l'iudication de la valeur 2.SOLS. C. 2 pièces.

1026. — **Sol.** — Mêmes types : l'indication de la valeur est 1.SOL. C.

1027-1029. **Cinq francs.** — Hercule debout unissant la Liberté et l'Égalité. A l'exergue, la signature DUPRÉ. Légende : UNION ET FORCE. — ℞ RÉPUBLIQUE FRANÇAISE. Dans le champ : 5 FRANCS. L'AN 7. au milieu d'une couronne comme au n° 1020. Paris (AN 7 et AN II). AR. 3 pièces.

1030 et 1031. **2 décimes.** — Tête de la Liberté à g.; bonnet phrygien avec oreillettes ; col drapé. RÉPUBLIQUE FRANÇAISE : dessous DUPRÉ. — ℞

2 décimes l'an 4. dans une couronne de chêne. Paris. C. 2 pièces.

1032. **Un décime.** — Même type que le précédent, sauf la valeur. décime l'an 4. Paris. C.

1033. **5 centimes.** — Même type. — ℞ 5 centimes l'an 4. Paris. C.

1034. **Un décime.** — Types et module du n° 1030, mais la valeur est indiquée un décime (an 6). Paris. C.

1035. **Un décime.** — Types et module du n° 1030, mais on a poinçonné en creux l'indication un au lieu du chiffre 2. (an 5). Paris. C.

1036. **Cinq centimes.** — Types et module du n° 1033, seulement l'indication de la valeur est 5 centimes (an 5 et an 7). Lille. C. Trois pièces.

1037. **Centime.** — Même type. — ℞ un centime l'an 6· Paris. C. 5 pièces.

1038 et 1039. **Un décime,** an 7. Lille. (Types du n° 1034). C. 2 pièces.

1040. **Centime,** an 7. Comme au n° 1037. Paris. C. 5 pièces.

1041. **Cinq centimes,** an 8. Comme au n° 1036. Lille. C. Deux pièces.

1042. **Centime.** — Type des précédents. — ℞ coupé après la frappe, en trois lignes. C.

1043. **Centime.** — Tête de la liberté coiffée du bonnet phrygien. liberté l'an cinq. — ℞ coupé et frappé en même tems par ph. gengembre, en six lignes. C.

1044. **Pièce obsidionale.** — Écusson couronné au lion debout, accosté de f-ii. — ℞ i sol 1796. C.

BONAPARTE, Ier CONSUL

1045. **40 francs.** — Tête nue de Bonaparte à g. bonaparte premier consul. — ℞ république française an xi. Dans le champ : 40 francs au milieu d'une couronne de laurier. Sur la tranche : dieu protége la france. Paris. OR.

1046. **Autre** de l'an 12. OR.

1047. **20 francs.** — Types semblables, sauf l'indication de la valeur : 20 francs. OR.

1048 et 1049. **5 francs.** — Mêmes types, seulement la tête du premier consul est à droite et l'indication de la valeur est 5 francs (an xi et an xii.) Paris. AR. 2 pièces.

1050. **1 franc.** — Mêmes types que le n° 1048, sauf l'indication de la valeur : 1 franc. AR.

1051. **Demi-franc.** — Idem. — Indication de la valeur : demi franc. AR.

1052. **Quart de franc.** — Tête nue à d., comme les précédents : bonaparte pr. consul. — ℞ rép. fra. an 12. Dans le champ : quart au milieu d'une couronne de laurier. AR. 3 pièces.

1053. **Piémont, 20 francs.** — Buste de Minerve casqué et drapé à g. l'italie délivrée a marengo. — ℞ liberté . égalité . eridania. Dans le champ : 20 francs l'an 10 au milieu d'une couronne de laurier. OR.

NAPOLÉON, EMPEREUR

1054. **20 francs.** — Tête nue à gauche, même type que les précédentes. NAPOLÉON EMPEREUR. — ℞ RÉPUBLIQUE FRANÇAISE, AN 12. Dans le champ, 20 FRANCS au milieu d'une couronne de laurier. OR.

1055-1057. **5 francs.** — Mêmes types que le n° 1048, sauf la légende du droit, NAPOLÉON EMPEREUR (A 12 et AN 13). Paris. AR. 3 pièces.

1058-1060. **2 francs.** — Mêmes types que le n° 1055, sauf l'indication de la valeur, 2 FRANCS (AN 13 et 1806) Paris ; (AN 14) Lille. AR. 3 pièces.

1061. **1 franc.** — Mêmes types que le n° 1055, sauf l'indication de la valeur, 1 FRANC (AN 13) Paris. (1807) Lille. AR. Deux pièces.

1062. **Demi-franc.** — Comme au précédent, sauf l'indication de la valeur, DEMI-FRANC (AN 12) Paris. AR.

1063. **Quart de franc.** — Même type qu'au n° 1055. ℞ Type du n° 1052. (AN 13) Bordeaux. (1806) Paris. AR. Deux pièces.

1064. **40 francs, coin de Droz.** — Tête laurée à gauche. NAPOLÉON EMPEREUR. — ℞ EMPIRE FRANÇAIS. 1812. Dans le champ : 40 FRANCS au milieu d'une couronne de laurier. Paris. OR.

1065. **20 francs.** — Mêmes types, sauf l'indication de la valeur : 20 FRANCS (1813) Rome. OR.

1066. **Autre pièce de 20 francs** de 1815, frappée à Paris. OR.

1067 à 1074. **5 francs, coin de Brenet.** — Tête laurée à droite. Le reste comme au n° 1065, sauf l'indication de la valeur. (1808, 1811, 1814, 1815) Paris, (1812) Rome. AR. 8 pièces.

1075. **2 francs, coin de Tiolier.** — Mêmes types que le précédent, sauf l'indication de la valeur : 2 FRANCS. (1815) Paris. AR.

1076 et 1077. **1 franc, coin de Tiolier.** — Mêmes types, sauf l'indication de la valeur, 1 FRANC. La tranche conserve la même inscription que sur les divisions supérieures. DIEU PROTÉGE LA FRANCE. (1808) Lille, (1812) Rome, (1813) Paris. AR. 3 pièces.

1078. **Demi-franc, coin de Tiolier.** — Mêmes types. Indication de la valeur DEMI-FRANC. (1811) Paris. AR.

1079. **Quart de franc.** — Type du n° 1067. — ℞ Type du n° 1063. (1808) Limoges. AR.

1080. **Dix centimes.** — NAPOLÉON EMPEREUR 1808, gravés en creux. Dans le centre, 10 CENT en relief. — ℞ Grand N couronné en relief, entouré de deux palmes en creux. Signé Tiolier. (1808) Lille et Paris, (1809) Paris et Nantes. BILLION. 6 pièces.

1081. **Cinq centimes.** — NAPOLÉON EMPEREUR 1808, imprimé en creux. Dans le champ 5 CENT. en relief. Signé Tiolier. — ℞ Grand N en relief entouré de deux palmes en creux. Strasbourg. CUIVRE.

PIÈCES OBSIDIONALES

1082. **Strasbourg**. — Grand N couronné dans une couronne de chêne. — ℞ UN DÉCIME 1814 BB dans une couronne de chêne. C.

1083. — Grand L couronné accosté de trois fleurs de lis, le tout dans une couronne de chêne. — ℞ Semblable au précédent. C.

1084 et 1085. **Anvers, 10 centimes**. — Grand N dans une couronne de laurier. ANVERS 1814. — ℞ MONNAIE OBSIDIONALE. Dans le champ 10 CENT. C. 2 pièces.

1086 et 1087. — **5 centimes**. — Mêmes types avec l'indication 5 CENT. C. 2 pièces.

1088 et 1089. — **10 centimes**. — Semblable au n° 1084, sauf qu'il y a deux L entrelacées au lieu de N. C. 2 pièces.

1090. — **10 centimes**. — Types semblables aux précédents. Les deux L entrelacées sont d'un dessin différent, et le ruban qui noue la couronne de laurier porte l'inscription : JEAN LOUIS GAGNE PAIN. C.

1091. — **Cinq centimes**. — Types du n° 1088, sauf l'indication de la valeur 5 CENT. C.

1092. **Strasbourg**. — Semblable au n° 1082 avec la date 1815.

1093. —. Semblable au n° 1083 avec la date 1815. C.

ROYAUME D'ITALIE. — NAPOLÉON Ier.

1094. **40 lire.** — Tête nue à g. NAPOLEONE IMPERATORE E RE 1814. — ℞ REGNO D'ITALIA. 40 LIRE. Écu de Lombardie, de Rome, Modène, Piémont, etc., entouré du collier de la Légion d'honneur. Derrière l'écu, l'aigle impériale, et le manteau semé d'hermines; le tout surmonté d'une couronne fermée. Tranche : DIO PROTEGE L'ITALIA. OR.

1095. **20 lire.** — Types semblables au précédent, avec l'indication de la valeur 20 LIRE et la date 1808. OR.

1096 et 1097. **5 lire.** — Tête nue à d. NAPOLEONE IMPERATORE E RE. — ℞ Semblable au précédent avec l'indication de la valeur : 5 LIRE. Tranche semblable (1814). AR. Deux pièces.

1098. **2 lire.** — Types semblables au précédent. Indication de la valeur 2 LIRE. (1813). AR.

1099. **15 soldi.** — Tête nue à d. NAPOLEONE IMPERATORE E RE. 1808. — ℞ REGNO D'ITALIA. Couronne de fer, au-dessous : 15 SOLDI. Plus de légende sur la tranche. AR.

1100. **Dix soldi.** — Mêmes types. L'indication de la valeur est 10 SOLDI (1808, 1809, 1811 et 1814). AR. Quatre pièces.

1101. **Cinq soldi.** — Mêmes types. L'indication de la valeur est 5 SOLDI. (1810 et 1813). AR. 3 pièces.

1102. **10 centesimi.** — NAPOLEONE IMPERATORE E RE.

1811. Dans le champ 10 cent¹. — ℞) Grand N surmonté de la couronne de fer ; le tout dans une couronne de laurier. (1811, 1812 et 1813). BILLON. 4 pièces.

1103. **Soldo.** — Tête nue à g. NAPOLEONE IMPERATORE E RE. 1807. — ℞) REGNO D'ITALIA. SOLDO. Couronne de fer. C.

1104. — Mêmes types pour 1813. La tête est tout à fait différente et ne ressemble plus à la précédente. C. 2 pièces.

1105. **Centesimo.** — Types du n° 1103 avec l'indication de la valeur CENTESIMO. (1812). C.

RÉPUBLIQUES ÉTRANGÈRES

1106. **Gaule Subalpine. — 5 francs.** — La Liberté et l'Égalité debout, entrelacées à g. GAULE SUBALPINE. — ℞) LIBERTÉ ÉGALITÉ. ERIDANIA. Dans le champ : 5 FRANCS. L'AN 10 au milieu d'une couronne formée par une branche de laurier et une de palmier. AR.

1107. **République Cisalpine. — Quart d'écu.** — Buste cuirassé de la Gaule casquée, à d.: épis sur le casque. REPUBLICA CISALPINA . SOLDI 30. — ℞) PACE CELEBRATA FORO BONAPARTE FONDATO ANNO IX en cinq lignes. AR.

FAMILLE DE L'EMPEREUR NAPOLÉON

MARIE-LOUISE, DUCHESSE DE PARME

1108. **40 lire.** — Buste de Marie-Louise à g. dessous, 1815. Légende : MARIA LUIGIA PRINC.IMP.ARCID. D'AUSTRIA. — ℞ PER LA GR. DI DIO DUCH. DI PARMA PIAC. E GUAST. Écusson de France, d'Autriche, etc., entouré du collier de Saint-Georges, placé sur un manteau d'hermine couronné. Au-dessous, 40 LIRE imprimés en creux. Tranche : DOMINE DIRIGE ME. OR.

1109. **5 lire.** — Mêmes types. Indication de la valeur, en relief, 5 LIRE. AR.

1110. **2 lire.** — Mêmes types. Indication de la valeur, 2 LIRE. AR.

1111. **1 lira nuova.** — Mêmes types. La légende du revers est abrégée : PER LA GR. DI DIO PARMA P.G. Indication de la valeur, 1 LIRA NUOVA. Plus de légende sur la tranche. AR.

1112. **5 soldi.** — Buste à g. M. LUIGIA PRINC. IMP. ARCID. D'AUS. Au-dessous. 1815. — ℞ PER LA GR. DI DIO D. DI PARMA P. G. 5.SOLDI. Les lettres M et L entrelacées et couronnées. AR.

ELISA BONAPARTE et FÉLIX BACCIOCHI

1113. **5 franchi.** — Têtes accolées d'Élisa et Félix à d.

FELICE ED ELISA P P. DI LUCCA E PIOMBINO. — ℞ PRINCIPATO DI LUCCA E PIOMBINO. Dans le champ, 5 FRANCHI au milieu d'une couronne de laurier. En dessous 1807. AR.

1114. **1 franco**. — Mêmes types, sauf l'indication de la valeur : 1 FRANCO. 1808. AR.

JOACHIN MURAT,
Roi des Deux-Siciles et de Naples

1115. **Écu de 12 carlins**. — Tête nue de Murat à g. GIOACHINO NAPOL. RE DELLE DUE SICIL. — ℞ PRINCIPE E GRAND'AMMIRAGLIO DI FRANCIA. Couronne formée d'une branche de laurier et d'une tige de blé. Au milieu, DODICI CARLINI 1810. Sur la tranche : DIO PROTEGE IL RE E IL REGNO. AR.

1116. **20 lire**. — Tête nue à gauche. GIOACCHINO NAPOLEONE 1813. — ℞ REGNO DELLE DUE SICILIE. Au milieu, 20 LIRE dans une couronne. Sur la tranche : DIO PROTEGE IL REGNO. OR.

1117. **5 lire**. — Tête nue à droite. GIOACCHINO NAPOLEONE 1813. — ℞ REGNO DELLE DUE SICILIE. Écusson de France et de Sicile sur le manteau couronné. Dessous, 5 LIRE. Même inscription sur la tranche qu'au n° 1116. AR.

1118 et 1119. **1 lire**. — Même type. — ℞ Type du n° 1116, seulement la valeur indiquée est 1 LIRA. Pas d'inscription sur la tranche. AR. Deux pièces.

1120. **Demi-lire** — Mêmes types que les précédents avec l'indication de la valeur, MEZ.LIRA. AR.

LOUIS-NAPOLÉON, roi de Hollande

1121. **Ducat.** — Tête nue à g. LODEW. NAP. KON. VAN. HOLL. — ℞ KONINGRIJK HOLLAND. 1809. Écusson couronné à quatre quartiers, deux aigles et deux lions. OR.

1122. **1/2 stuiver de Java.** — L et N entrelacés, accostés de 1/2 ST. — ℞ JAVA 1810 Z. C.

1123. **Quart de stuiver.** — L. N. au-dessus, une étoile.— ℞ JAVA 1810; au-dessus, une étoile. C.

JÉROME-NAPOLÉON, roi de Westphalie

1124. **10 franck.** — Tête laurée à g. HIERON. NAPOL. — ℞ KOEN. V. WESTPH. FR. PR. Dans le milieu, 10 FRANK. Au-dessous, 1813. OR.

1125. **20 centimes.** — HIERONYMUS NAPOLEON KOEN 1812, imprimés en creux. Dans le champ, 20 CENT. en relief, avec la signature *Tiolier*. — ℞ H N en monogramme, couronnés, dans un entourage de deux branches de laurier imprimées en creux. BILLON. Deux pièces.

1126. **10 cent.** — Mêmes types. Indication de la valeur 10 CENT. BILLON.

1127. **5 cent.** — N H en monogramme dans une couronne de laurier imprimée en creux.— ℞ KOEN.

V.WESTPH.FR.PRE. 1809, imprimés en creux. Dans le champ, 5 CENT en relief. C.

1128. **3 cent.** — Mêmes types. Indication de la valeur, 3 CENT. C.

1129. **2 cent.** — Mêmes types. Indication de la valeur, 2 CENT. C.

LOUIS XVIII

1130. **20 francs.** — Buste à la tête nue habillé à d. Dessous le buste, la signature de *Tiolier*. LOUIS XVIII ROI DE FRANCE. — ℞ PIÈCE DE 20 FRANCS. Écusson carré aux armes de France, surmonté d'une couronne, et accosté de deux palmes. En exergue, 1814. Sur la tranche : DOMINE SALVUM FAC REGEM. OR.

1131. **Autre pièce semblable** pour 1815. OR.

1132. **5 francs.** — Types semblables aux précédents, mais le buste est à g. et il y a au revers, inscrit : PIÈCE DE 5 FRANCS. 1814. AR.

1133. **La même pièce** pour 1815. AR.

1134. **20 francs.** — Tête nue du roi à d. LOUIS XVIII ROI DE FRANCE. Dessous la tête, le nom du graveur : NICHAUT. F. — ℞ Écusson couronné accosté de 20—F et de deux palmes. Au-dessous, 1824. Paris. OR.

1135. **2 francs.** — Mêmes types que le n° 1134 sauf que la tête est à g. La valeur indiquée est 2—F. (1824) Lille. AR.

1136. **1 franc**. — Mêmes types que le n° 1135, avec l'indication 1—F. (1823.) Lille. AR.

1137. **1/2 franc**. — Mêmes types que les précédents. Indication de la valeur 1/2 — F. Tranche lisse. (1822). Paris. AR.

1138. **1/4 de franc**. — Tête nue à g. LOUIS XVIII ROI DE FRANCE. — ℞ Écusson couronné accosté de 1/4—F. (1817) Paris. (1819) Lille. AR. 2 pièces.

CHARLES X

1139-1141. **5 francs**. — Tête nue à gauche : dessous, MICHAUT. Légende : CHARLES X ROI DE FRANCE. — ℞ Écusson royal couronné accosté de 5—F entouré de deux palmes. Même tranche qu'aux règne précédent. (1824) Paris. (1830) Lille. AR. Trois pièces.

1142. **2 francs**. — Mêmes types. Indication de la valeur 2—F. (1830) Lille. AR.

1143. **1 franc**. — Mêmes types. Indication de la valeur 1—F. (1830) Lille. AR.

1144. **1/2 franc**. — Mêmes types, valeur 1/2 — F. (1830) Lille. AR.

1145. **1/4 de franc**. — Même tête que les précédents et type du revers du n° 1138. (1826, 1828, 1830) Lille. (1829) Paris. AR. 4 pièces.

1146 et 1147. **10 centimes des colonies**. — Tête laurée à gauche. CHARLES X ROI DE FRANCE. — ℞ COLONIES FRANÇAISES. Dans le champ : 10

CENT. au milieu d'une couronne de laurier. (1825) Paris, (1827) La Rochelle. C. 2 pièces.

HENRI V (le duc de Bordeaux.)

1148. **5 francs.** — Buste juvénile à g.; uniforme avec épaulettes, portant une couronne ; cordon bleu, plaque. HENRI V ROI DE FRANCE.— ℞ Même type que le n° 1139. En exergue, 1832 accosté de deux fleurs de lis. Tranche des règnes de Louis XVIII et de Charles X. AR.

1149. **La même pièce** frappée sur bronze avec la date 1831 et la tranche lisse.

1150. **1 franc.** — Mêmes types avec l'indication de la valeur 1 — F. Tranche cannelée. 1831. AR.

LOUIS-PHILIPPE Ier.

1151. **20 francs.** — Tête nue à g. Coin de Tiolier. LOUIS-PHILIPPE Ier ROI DES FRANÇAIS. — ℞ 20 FRANCS, 1831 dans une couronne de laurier. Tranche en creux : DIEU PROTÉGE LA FRANCE. OR.

1152. **Autre.** — Tête à g. avec la couronne de chêne. Coin de Domard. Tranche en relief. 1848. OR.

1153. **5 francs.** — Tête nue à d. Coin de Tiolier. LOUIS-PHILIPPE ROI DES FRANÇAIS.— ℞ 5 FRANCS 1830 dans une couronne de laurier. Tranche en relief. AR.

1154. **La même** avec LOUIS-PHILIPPE Ier. ROI DES FRANÇAIS. AR.

1155-1159. **5 francs.** — Tête à d. avec la couronne de chêne. coin de Domard. LOUIS-PHILIPPE Ier ROI DES FRANÇAIS. — ℞ Comme au n° 1153. (1846, 1847 et 1848). AR. Cinq pièces.

1160 et 1161. — **2 francs.** — Mêmes types que le n° 1155, avec l'indication de la valeur, 2 FRANCS. Tranche cannelée (1832, 1848). AR. 2 pièces.

1162. **1 franc.** — Types du n° 1154. Indication de la valeur, 1 FRANC. Tranche cannelée. (1831) Lille. AR.

1163. — Types du n° 1155. Indication de la valeur 1 FRANC. Tranche cannelée. (1832 et 1847). AR. 2 pièces.

1164. **50 centimes.** — Types du n° 1155. Indication de la valeur, 50 CENT. Tranche cannelée. (1848). AR. 2 pièces.

1165. **1/4 de franc.** — Type du n° 1155. Indication de la valeur, 1/4 FRANC. Tranche cannelée. (1839). AR.

1166. **25 centimes.** — Semblable au précédent sauf l'indication de la valeur qui est 25 CENT. (1848). AR.

1167. **Décime.** — LOUIS-PHILIPPE Ier ROI DES FRANÇAIS. Dans le centre, L P sur la plaque d'argent. — ℞ ESSAI MONÉTAIRE. 1847. Dans le centre : DÉCIME sur la plaque d'argent. AR. et C.

RÉVOLUTION De 1848. — RÉPUBLIQUE

1168. **20 francs.** — Type du revers du n° 978, seulement le bonnet phrygien est remplacé par une main, et la légende est, RÉPUBLIQUE FRANÇAISE. — ℞ LIBERTÉ ÉGALITÉ FRATERNITÉ. Dans le champ : 20 FRANCS. 1848 au milieu d'une couronne de chêne. Sur la tranche, même inscription que sur les monnaies du règne précédent. OR.

1169-1172. **5 francs.** — Type du n° 1027 ; le bonnet phrygien étant remplacé par la main de justice. LIBERTÉ ÉGALITÉ FRATERNITÉ. — ℞ RÉPUBLIQUE FRANÇAISE. Dans le champ, 5 FRANCS 1848, dans une couronne de chêne et de laurier. Tranche en relief. AR. 4 pièces.

1173. **20 francs.** — Tête couronnée de chêne et d'épis à d., devant, un rameau ; derrière, un faisceau. RÉPUBLIQUE FRANÇAISE. Au dessous de la tête, L.MERLEY.F. — ℞ LIBERTÉ ÉGALITÉ FRATERNITÉ. Couronne formée d'une branche de chêne et d'une branche de laurier, contenant : 20 FRANCS. Dessous, 1849. OR.

1174. — Pièces semblables pour 1850. Frappées en essai. OR. 3 pièces.

1175. — Pièce semblable pour 1851. OR.

1176. **10 francs.** — Mêmes types que le n° 1173, sauf l'indication de la valeur 10 FRANCS. 1850. OR. Deux pièces.

1177-1180. **5 francs.** — Tête de profil à g. couronnée d'épis, de fleurs, de chêne et de laurier, ayant un bandeau sur le front, où est écrit CONCORD. Au-dessous, E.A.OUDINÉ.F. Légende, RÉPUBLIQUE FRANÇAISE. — ℞ LIBERTÉ.ÉGALITÉ. FRATERNITÉ. Couronne formée de branches de chêne et de laurier, contenant 5 FRANCS 1849.

Même tranche en relief. (1849, 1850 et 1851). AR. 4 pièces.

1181-1182. **2 francs.** — Mêmes types, sauf l'indication de la valeur : 2 FRANCS. Tranche cannelée. 1850. AR. 4 pièces.

1183. **1 franc.** — Types du n° 1177, avec l'indication, 1 FRANC. Tranche cannelée. 1849. AR. 2 pièces.

1184. **50 centimes.** — Mêmes types, avec l'indication 50 CENT. Tranche cannelée. AR. 3 pièces.

1185. **20 centimes.** — Mêmes types. Indication de la valeur, 20 CENT. Tranche cannelée. 1850. AR. 4 pièces.

1186-1187. **Un centime.** — Types du n° 1037. Il n'y a que l'année de changée (1848 et 1851). C. 14 pièces.

1188-1197. **Concours monétaire.** — **Pièce de 5 francs.** — 10 pièces, de **Borel, Dantzell, Montagny** (deux modèles), **Reynaud, Rogat.** L'un des types de **Montagny** est en quadruple exemplaire, et le second en double exemplaire. — ÉTAIN.

LOUIS-NAPOLÉON BONAPARTE,

président.

1198 à 1201. **5 francs.** — Tête nue à g. Coin de Barre. LOUIS-NAPOLÉON BONAPARTE. — ℞ Comme au n° 1177, sauf l'année qui est 1852. Tranche en relief comme au même numéro. L'une des pièces porte la signature J. J. BARRE, les autres, BARRE simplement. AR. 4 pièces.

1202. **1 franc.** — Même type que les précédents sauf l'indication de la valeur, 1 FRANC. Tranche cannelée. AR. 4 pièces.

1203. **50 centimes.** — Mêmes types. Indication de la valeur, 50 CENT. AR. 5 pièces.

NAPOLÉON III, EMPEREUR

1204. **100 francs.** — Tête nue à d. Coin de Barre. NAPOLÉON III EMPEREUR. — ℞ EMPIRE FRANÇAIS 1855. Écusson à l'aigle entouré du collier de la Légion d'honneur, posé sur le sceptre et la main de justice placés en sautoir. Derrière, un manteau d'hermine, couronné. Aux deux côtés, 100 — FR^s. Tranche en relief comme aux précédents. OR.

1205. **50 francs.** — Mêmes types sauf l'indication de la valeur, 50 — FR^s. OR.

1206. **20 francs.** — Tête nue à d. NAPOLÉON III EMPEREUR. — R EMPIRE FRANÇAIS. Dans le champ : 20 FRANCS 1857, au milieu d'une couronne de laurier. Tranche comme ci-dessus. OR.

1207. **10 francs.** — Mêmes types que le n° 1206, sauf l'indication de la valeur, 10 FRANCS. Tranche cannelée. OR.

1208. **5 francs.** — Mêmes types. Indication de la valeur, 5 FRANCS. Deux pièces de 1854, l'une a la tranche cannelée, l'autre, la tranche lisse. OR.

1209. **5 francs.** — Mêmes types que le n° 1208. La pièce de l'année 1857, est d'un module plus grand. OR.

1210. **5 francs.** — Tête nue à g. Coin de Bouvet. NAPOLÉON III EMPEREUR. — ℞ Comme au n° 1204, sauf la valeur indiquée. 5—F. Tranche en relief comme au même numéro. 1857. AR.

1211. **2 francs.** — Tête nue à g. Coin de Barre. NAPOLÉON III EMPEREUR. — ℞ Comme au n° 1206. Indication de la valeur, 2 FRANCS. Tranche cannelée. 1853 et 1854. AR. 2 pièces.

1212. **1 franc.** — Types du n° précédent. Indication de la valenr, 1.FRANC. 1854 et 1860. AR. Quatre pièces.

1213. **50 centimes.** — Mêmes types. Indication de la valeur, 50 CENT. 1854. AR. 2 pièces.

1214. **20 centimes.** — Mêmes types. Indication de la valeur, 20 CENT. 1854. AR. 4 pièces.

1215. **10, 5, 2 et 1 centimes.** — Tête nue à gauche. Entre deux grènetis : NAPOLÉON III EMPEREUR, et l'année.— ℞ Aigle éployé sur un foudre. EMPIRE FRANÇAIS et la valeur en toute lettres. Années diverses. C. 4 pièces.

1216. **Visite de l'Empereur à Lille.** — Type de la pièce de dix centimes. 1853. — ℞ LA VILLE DE LILLE RECONNAISSANTE. Dans le champ : VISITE DE LL. MM. II. 23, 24 SEPT. en quatre lignes. C.

1217. **Monument de la Bourse de Lille.** — Type de la pièce de dix centimes. 1854. — ℞ A NAPOLÉON Ier LA CHAMBRE DE COMMERCE DE

LILLE. Dans le champ : MONUMENT ERIGÉ A LA BOURSE. 3 DÉC^bre., en quatre lignes. C.

1218. **20 francs.** — Tête laurée à d. NAPOLÉON III EMPEREUR. — ℞ Type de la pièce de 100 fr., n° 1204, avec l'indication, 20 — FR. 1862. OR.

1219. **10 francs.** — Type du n° 1218. — ℞ Type du n° 1207. année 1864. OR.

1220 et 1221. **5 francs.** — Tête laurée à gauche. Coin de Barre. NAPOLÉON III EMPEREUR. — ℞ Type du n° 1204, avec l'indication, 5 — F. années 1862 et 1867. Tranche en relief. AR. 2 pièces.

1222. **1 franc.** — Mêmes types que le précédent avec l'indication, 1 — F. Tranche cannelée. Années 1866 et 1868. AR. 2 pièces.

1223. **50 centines.** — Même type. — ℞ EMPIRE FRANÇAIS. Couronne impériale. Dessous, 50 CENT. 1864. Tranche cannelée. AR. 9 pièces.

1224. **10 et 5 centimes.** — Types du n° 1215 avec la tête laurée à g. 1863. C. 2 pièces.

RÉPUBLIQUE DE 1870

1225. **2 francs.** — Types du n° 1181, moins la légende circulaire du revers. La couronne se compose seulement de laurier. 1870 et 1871. Tranche cannelée. AR. 2 pièces.

1226 et 1227. **1 franc.** — Types du n° 1183. Années 1871 et 1872. AR. 3 pièces.

1228 et 1229. **10 centimes.** — Tête de femme à g.

couronnée d'épis, de fleurs, de chêne et de laurier. RÉPUBLIQUE FRANÇAISE. 1870. — ℞ LIBERTÉ. ÉGALITÉ. FRATERNITÉ. Dans le champ les mots : 10 CENTIMES cernés par deux branches de laurier . 1870 et 1871. C. 3 pièces.

1230. **Cahier contenant une collection d'assignats,** dont plusieurs sont en assez grand nombre d'exemplaires. En voici la nomenclature ainsi que leur nombre :

Assignat de dix sols.............. 3 exempl.
— de quinze sols............ 10 —
— de vingt-cinq sols......... 4 —
— de cinquante sols .... 13 —
— de cinq liv. (encad^t. carré). 14 —
— de cinq liv. (encad^t. ovale). 8 —
— de dix livres .... 13 —
— de vingt-cinq livres....... 6 —
— de cinquante livres........ 8 —
— de soixante-dix livres...... 2 —
— de cent vingt-cinq livres.. 3 —
— de cent cinquante livres... 17 —
— de quatre cent livres...... 3 —
— de cinq cents livres (encament ovale)............. 10 —
— de cinq cents livres (encad^t. carré avec le médaillon de Louis XVI et un méd^{on}. aux fleurs de lis aux angles). 1 exempl.
— de cent francs............ 17 —
— de mille francs........... 15 —
— de deux mille francs...... 16 —
— de dix mille francs........ 1 —

Promesses de mandats territoriaux. Savoir : un de 25 fr.; trois de 100 fr.; un de 250 fr.; et un de 500 francs.

Ce cahier renferme aussi plusieurs **billets des caisses particulières des villes;** savoir:

Abbeville : 2 bons de 25 sols, et 12 de 10 sols.
Valenciennes : 2 billets de 5 sols.
Condé : un billet de 5 sols.
Douai : un billet de 5 sols.
Lille : un billet de 5 sols.
Merville : un billet de 5 sols.
Montreuil-sur-mer : un billet de 5 sols, et un de 15 sols.
Aire : un billet de 3 sous.
Hesdin : un billet de 10 sols.
Saint-Omer, un billet de 10 sols et un billet de 15 sols.

Six paquets de pièces en double de la fin de la série française, surtout de Napoléon III. Ces paquets sont côtés de A à G.

MONNAIES PROVINCIALES

MONNAIES DES PEUPLES DU NORD DE LA GAULE

En tête de cette série, nous plaçons trois médailles grecques, les seules de la collection que Dewismes s'était procurées peut-être, parce que l'une d'elles a servi de modèle à une grande partie des monnaies gauloises.

1231. **Philippe, roi de Macédoine.** — Tête à d., ceinte d'une couronne de laurier. — ℟ Bige conduit à d. par un aurige; au-dessous, une tête radiée. En exergue, PHILIPPOU, en lettres grecques. OR. Statère.

1232. **Alexandre-le-grand, roi de Macédoine.** — Tête de Minerve, casquée à d. — ℟ Victoire debout à g. tenant une couronne et un sceptre. Légende : ALEXANDROU BASILEOS, en caractères grecs ; puis deux monogrammes. OR. Statère.

1233. — Tête d'Alexandre à d. coiffée de la peau de lion. — ℟ Jupiter aétophore assis à g. Légende : ALEXANDROU, en caractères grecs. AR. Didrachme.

1234. **Monnaies prototypes.** — Buste à g. d'Apollon gaulois, la tête couronnée de laurier, avec une chevelure abondante, retenue par des bandes. — ℞ Cheval à g. Au-dessus, un aurige ; dans le champ, des emblèmes divers. OR. (Dewismes [1], pl. A, n° 1).

1235. — Pièce de moindres dimensions. Types à peu près semblables. OR. (Dewismes, pl. A, n° 2.)

1236. — Autre avec quelques variétés. OR. (Id. pl. A, n° 3.)

1237. — Pièce plus petite que les deux précédentes, à peu près la moitié. Types presque semblables. OR. (Id. pl. A, n° 4.)

1238. — Autre avec quelques variétés. OR. (Id. pl. A, n° 5.)

1239. — Autre encore plus petite avec types semblables. OR. (Id. pl. A, n° 6.)

1240. — Autre analogue. OR. (Id. pl. A. n° 7.)

1241. **Atrébates.** — Tête à d. d'Apollon, avec une couronne de laurier et une forte chevelure crépue. — ℞ Cheval à droite, et divers symboles, type décomposé de l'aurige. OR. (Id. pl. A, n° 8.) Statère.

1242. — Types semblables, mais plus fortement décomposés. OR. (Id. pl. A, n° 9.) Statère.

1243 — Types semblables mais encore plus dégénérés. On ne voit plus que la partie postérieure de la tête d'Apollon. OR. (Id. pl. A, n° 10.) Statère.

[1] *Catalogue raisonné des monnaies du comté d'Artois.*

1244. **Atrébates.** — Type complètement dégénéré, on ne voit plus de tête, mais un ensemble d'ornements. — ℞ Cheval à d. accompagné de symboles. OR. (Id. pl. A, n° 11.) Statère.

1245. — Chêne à trois racines et faucille. — ℞ Trois pierres druidiques ou bateau. OR. (Id. pl. A, n° 12.) Quart de statère.

1246. — Mêmes types un peu variés. OR. (Id. pl. A, n° 13). Quart de statère.

1247. — Mêmes types, les symboles plus marqués, et au revers, un grènetis formé d'espèces de croisettes entoure les pierres. OR. (Id. pl. A, n° 14.) Quart de statère.

1248. — Mêmes types que le précédent, un peu différenciés. OR. (Id. pl. A, n° 15.) Quart de statère.

1249. — Mêmes types que le précédent. OR. (Id. pl. A, n° 16.) Quart de statère.

1250. — Branche d'arbre sur laquelle on croit voir une espèce d'oiseau. — ℞ Amas de pierres druidiques. OR. (Id. pl. A, n° 17.) Quart de statère.

1251. — Mêmes types un peu variés. OR. (Id. pl. A, n° 18.) Quart de statère.

1252. — Type dégénéré du chêne et de la faucille. — ℞ Amas de pierres druidiques. OR. (Id. pl. B, n° 19.) Quart de statère.

1253. — Branche d'arbre. — ℞ Amas de pierres druidiques. OR. (Id. pl. B, n° 20.) Quart de statère.

1254. **Atrébates.** — Cheval à droite, accompagné d'un croissant et de trois globules. — ℞ Espèce de rameau, type dégénéré de la foudre. C. (Dewismes, pl. B, n° 21).

1254 bis. — Une pièce semblable. C.

1255. — Cheval à g. entouré d'emblèmes divers. — ℞ Type à peu près semblable à celui du n° précédent. C. (Id. pl. B, n° 22.)

1256. **Morins.** — Cheval libre à d., accompagné de divers ornements, croissant, globules, etc.; à l'exergue, bordure ornementée de demi-cercles. — ℞ Champ globeux. OR. (Id. pl. B, n° 23.) Statère.

1257. — Mêmes types légèrement modifiés. OR. (Id. pl. B, n° 24.) Statère.

1257 bis. — Pièce semblable. OR.

1258. — Mêmes types; à l'exergue, bordure composée de quelques traits. OR. (Id. pl. B, n° 25.) Statère.

1259. — Mêmes types, sans exergue. OR. (Id. pl. B, n° 26.) Statère.

1260. — Mêmes types; sous le cheval, deux S perlés et contrariés; devant le cheval, un disque. OR. (Id. pl. B, n° 26.) Statère.

1261. — Cheval libre en course à d., au-dessus, un croissant; sous le cheval des globules semés irrégulièrement. — ℞ Champ globuleux représentant vaguement une tête. OR. (Id. pl. B, n° 29.) Triens [1].

[1] Cette pièce est attribuée aux Atrébates, par A. Hermand.

1262. **Morins.** — Types à peu près semblables. OR. (Dewismes, pl. B, n° 30.) Triens [1].

1263. — Chêne et faucille, astre et ornements divers. — ℞ Champ globeux avec quelques traces de types. OR. (Id. pl. B, n° 31.) Quart de statère.

1264. — Types à peu près semblables. OR. (Id. pl. B, n° 32.) Quart de statère.

1265. — Mêmes types un peu variés. OR. (Id. pl. B, n° 33.) Quart de statère.

1266. — Mêmes types, plus de trace de la faucille. OR. (Id. pl. B, n° 34.) Quart de statère.

1267. — Types presque entièrement semblables, quelques attributs différents, on retrouve la faucille. OR. (Id. pl. B, n° 35.) Quart de statère.

1268. — Même type légèrement varié. — ℞ Dans le champ, une espèce de grain d'orge. OR. (Id. pl. B, n° 36.) Quart de statère.

1269. — Même type, avec des emblêmes différents. — ℞ Au milieu du champ, un cercle centré. OR. (Id. pl. B, n° 37.) Quart de statère.

1270. — Même type un peu différent. — ℞ Au milieu du champ, un double fourchon. OR. (Id. pl. B, n° 38.) Quart de statère.

1271. — Même type, avec des emblêmes différents et plus complets. — ℞ Ornement en forme de croix. OR. (Id. pl. B, n° 39.) Quart de statère.

1272. — Branche d'arbre. — ℞ Champ globeux. OR. (Id. pl. B, n° 40.) Quart de statère.

[1] Cette pièce est attribuée aux Atrébates, par A. Hermand.

1273. **Peuplades voisines.** — Type à peu près semblable à celui des Morins, mais avec une roue sous le cheval. — ℞ Champ globeux. OR. (Id. pl. B, n° 28.) Statère. — Attribué aux colonies des Morins dans la Grande-Bretagne.

1274. — Type presque semblable à celui du n° 1244. — ℞ Type semblable au même numéro, mais avec une roue sous le cheval. OR. Statère. — Attribué aux colonies des Atrébates dans la Grande-Bretagne.

1275. — **Monnaies dites à l'epsilon.** — Dégénérescence de la tête des monnaies prototypes, où l'on remarque un grand *epsilon* et une espèce de faucille. — ℞ Cheval libre à d. surmonté d'une roue et accompagné de divers emblèmes. OR. (A. Hermand, numismatique gallo-belge, pl. IX, n° 105.) Statère.

1276. — Type encore plus dégénéré, où les principaux symboles sont plus accusés. — ℞ Même type que le numéro précédent avec moins d'emblèmes. OR. (Id. pl. IX, n° 100.) Statère.

1277. — Type à peu près semblable au précédent, la roue ayant dix rayons. OR. Statère. — Variété du n° 1275.

1278. — Types analogues, la roue n'ayant que quatre rayons. OR. (Id. pl. X, n° 111.) Statère.

1279. — Types à peu près semblables. OR. (Id. pl. IX, n° 107.) Statère.

1280. — Types un peu différents. OR. (Id. pl. IX, n° 98.) Statère.

1281. **Monnaies dites à l'epsilon.** — Type confus au milieu duquel on distingue un grand epsilon. — ℞ Cheval libre galoppant à g. Légende, VIROS. OR. (Al. Hermand, pl. XI, n° 126). Statère.

1282. — **Monnaies dites à l'œil.** — Type représentant un grand œil de profil, à droite, occupant tout le champ, avec quelques ornements. ℞ Cheval libre galoppant à g., accompagné de divers symboles, entourés d'ornements perlés. OR. (Id. pl. XII, n° 129.) Statère.

1283. — Mêmes types, un peu variés. OR. (Id. pl. XII, n° 130.) Statère.

1284. — Mêmes types, un peu différents. — ℞ Au-dessus du cheval, un grand V entouré d'ornements perlés. OR. (Id. pl. XII, n° 132.) Statère.

1285. — Mêmes types ; le globe de l'œil est remplacé par un ornement en forme de fleur. — ℞ Légèrement varié. OR. (Id. pl. XII, n° 133.) Statère.

1286. — Type avec un grand œil de face ; en dessous, un S couché ; à g. un astre. — ℞ Cheval libre galoppant à d.; au-dessus et au-dessous, un soleil. OR. (Id. pl. XIV, n° 151.) Statère.

1287. — Types semblables. OR. (Id. pl. XIV, n° 154.) Quart de statère.

1288. — **Calètes ?** — Cheval libre galoppant à g., au-dessus, un aurige; au-dessous le symbole appelé *crotte*. — ℞ Traits confus. OR. (Id. pl. XV, n° 160.) Deux pièces.

1289. — Type semblable, plus dégénéré. — ℞ Étoile à six rayons. OR.

1290. **Comius, roi des Atrébates.** — Buste casqué à dr. avec de longs cheveux. GARMANOS. — ℞) COMIOS. Cheval libre galoppant à dr., dessous un trèfle. AR. (Devismes, pl. I, n° 1.)

1291. — Tête casquée à dr. B.R. — ℞) COMA. Cavalier armé et lancé au galop à dr. AR. (Attribué à Comius pour la Grande-Bretagne).

1292. — Cheval libre galoppant à g. au-dessus et au-dessous un torques. — ℞) Rosace. AR.

ARTOIS ET PICARDIE

MONNAIES MÉROVINGIENNES

1293. **Saint-Omer ?** — Tête de profil à dr. AVDEMARVS. — ℞ Croix fourchue, cantonnée des lettres A—V—△—M. OR. (Dewismes, pl. I, n° 2.) Triens. (Cette pièce est munie d'une bélière.)

1294. **Boulogne.** — Tête de profil à dr. ✚ BONONIA FITI. — ℞ BORSATTONITAI, croix à double traverse sur un degré. OR. (Id. page 39.) Triens.

1295. **Thérouanne.** — Buste habillé à dr. TARO✚ANNA (étoile). — ℞ OTTOROS. Croix placée sur des degrés. OR. (Id. page 48.) Triens.

MONNAIES CARLOVINGIENNES

PÉPIN-LE-BREF

1296. **Arras ?** — RP. surmonté d'un trait. — ℞ Croix entourée de la légende : CIVARGRAT[1]. AR. (Dewismes, pl. I, n° 3).

[1] Cette pièce appartient à Strasbourg.

LOUIS LE DÉBONNAIRE

1297. **Saint-Omer ?** — Croix ✠ LVDOVVIƆVS PIVS. — ℞ SITDA - IICIITI. AR. (Dewismes, pl. I, n° 4.)

CHARLES LE CHAUVE

1298. **Arras.** — Monogramme carolingien par un K. ✠ GRATIA D⁻I REX. — ℞ ✠ ATRA·SI CIVIT·A·S, croix à branches égales. AR. (Id. page 69.)

1299. — Même type. — ℞ ✠ ATREBATIS CIVITS, croix. AR. (Id. pl. I, n° 5.)

1300. — Même type. — ℞ ✠ ATREB·ATIS CIVIT·A·S, Croix. AR. (Id. pl. I, n° 6.)

1301. — Même pièce légèrement variée. AR.

1302. **Lens.** — Même type. ✠ IRATIA D⁻I IMP. — ℞ ✠ LENNIS FISCO ✠. AR. (Id. pl. I, n° 7.)

1303. **Thérouanne.** — Même type. ✠ GR ATIIƆTIREX. — ℞ ✠ TARVENNA CI ✠. Croix cantonnée de deux globules. AR. (Id. pl. I, n° 11.)

1304. — Même type ✠ GRATIA DI RE. — ℞ ✠ TARVENNA CIVIT. Croix. AR. (Id. pl. I, n° 9.)

1305. — Même type. ✠ GRATIA D⁻I REX. — ℞ ✠ TARVENNA CIVIT. Croix. AR. (Id. pl. I, n° 8.)

1306. — Même type. ✠ GRATIA OV REX. — ℞ ✠ TARVENNA CI ✠. Croix. AR. (Id. pl. I, n° 10.)

CHARLES LE GROS

1307. **Arras.** — Monogramme carolingien par un C carré ; ✠ CIDATIA D-I REX. — ℞ ✠ ATREB·AS CIVI. Croix. AR. (Dewismes, pl. I, n° 12.)

1307 bis. — Une pièce semblable. AR.

1308. — Même type. ✠ IRATIA D-I REX. — ℞ Semblable au précédent. AR. (Id. pl. I, n° 13.)

CHARLES LE SIMPLE

1309. **Arras.** — Même type. ✠ IRATIA D- REX. — ℞ ✠ ATREB·A·S CIVI. Croix. AR. (Id. pl. I, n° 14.)

1310. — Même type. ✠ CIRATIA D- REX. — ℞ ATREB·A·S CIV. Croix. AR. (Id. pl. I, n° 15.)

EUDES

1311. **Arras.** — O△O en monogramme. Légende : ✠ IRATIA D¯I EX. — ℞ ✠ ATREBAS CIVI. Croix. AR. (Id. pl. I, n° 18[1].)

1312. — Même type. ✠ GRATIA D-I REX. — ℞ ✠ ·A·TREB·A·S CIAI. Croix. AR.

PHILIPPE D'ALSACE, comte de Flandre

1313. **Arras.** — Grand A entouré de la légende ✠ PHI-

[1] Attribuée par Dewismes à Hugues-Capet.

LIPVS. — ℞ ✠ ARAS.O. Croix cantonnée au 1er et au 4e, de la lettre s, au 2e et au 3e, d'un fer de lance. AR. (Dewismes, pl. II, n° 19.)

1314. **Arras.** — Mêmes types, l's de PHILIPPVS est retourné. AR. (Id. pl. II, n° 20.)

1315. — Mêmes types, l's d'ARAS est retourné. AR. (Id. pl. II, n° 21.)

VILLES

AIRE-SUR-LA-LYS

1316. — Lion passant à dr., regardant à g., LEO. — ℞ Croix portant transversalement une autre croix fleurdelisée; quatre annelets à la place de la légende. AR. (Id. pl. II, n° 22.)

1317. — Lion à g. — ℞ ✠ ARIENSIS, croix cantonnée de quatre annelets. AR. (Id. pl. II, n° 23.)

1318. — Mêmes types; la légende du revers commence par un annelet et les s sont couchés. AR. (Id. pl. II. n° 24.)

1319. — Mêmes types; la légende du revers commence par une étoile. AR.

1320. — Aigle éployé de face, regardant à droite. — ℞ Croix ancrée cantonnée de quatre globules. AR. (Id. pl. II, n° 25.)

SAINT-OMER

1321. **Série comtale.** — Guerrier debout, regardant à dr., tenant une épée nue et un bouclier gironné. — ℞ Croix traversant le double grénetis et cantonnée de quatre annelets ; au lieu de légende quatre molettes d'éperon et huit annelets. AR. (Dewismes, pl. II, n° 26.)

1322. — Tête casquée à g., devant elle, une épée en pal ; légende : ESMO-SEMO (les o ont la forme de molettes d'éperon). — ℞ SOME-EMO, croix ancrée et cantonnée de quatre globules. AR. (Id. pl. II, n° 27.)

1323. — Croix cantonnée de quatre globules cerclés, MOESOT MOESOT. — ℞ ✚ COI. IITISSA, croix cantonnée de quatre petits écus. AR. (Id. pl. II, n° 28.)

1324. **Série communale.** — Deux têtes affrontées, séparées par un bâton d'un *vert rainsel*. — ℞ SOSO, Croix cantonnée de deux écus et de deux T. AR. (Id. pl. II, n° 29.)

1325. — Deux mayeurs debout, tenant ensemble un bâton fleurdelisé. — ℞ Quatre s se suivant et accostés chacun de deux globules, croix coupant la légende et cantonnée de quatre globules. AR. (Id. pl. II, n° 30.)

1326. — Type à peu près semblable. — ℞ ✚ OMES ✚ OMES, croix cantonnée de quatre globules. AR. (Id. page 160.)

1327. **Série communale.** — Mayeur debout, vêtu d'une longue robe, regardant à g., tenant un bâton et un rameau ; dans le champ, deux globules. ℟ Croix longue, cantonnée de quatre globules et traversant le double grénetis. AR. (Dewismes, pl. II, n° 31.)

1328. — Mêmes types, deux annelets au lieu de deux globules du côté du droit. AR. (Id. pl. II, n° 32.)

1329. — Même type, légèrement varié. — ℟ Même type; au lieu de légende, quatre annelets accostés chacun de deux globules. AR. (Id. pl. II, n° 33.)

1330. — Même type ; le personnage regarde à dr.; il tient une épée au lieu d'un bâton ; deux étoiles remplacent les deux globules. — ℟ SE SE ; chaque lettre est accostée de deux globules cerclés ; croix traversant le double grénetis et cantonnée de quatre molettes d'éperon. AR. (Id. pl. II, n° 34.)

1331. — Figure debout de face tenant une clé et un bâton fleurdelisé. — ℟ SOME SOME ; Croix sur laquelle est posée transversalement une autre croix, qui se rattache aux s et aux M de la légende. AR. (Id. pl. II, n° 35.)

1332. — Personnage nimbé et assis de face. — ℟ ✚ SOETM ✚ SOETM ; croix cantonnée de quatre globules. AR. (Id. pl. II, n° 36.)

1333. — Tête de profil à dr. dans un double grénetis. — ℟ Croix sur laquelle est placée transversalement une autre croix fleurdelisée, aussi dans un double grénetis. Traces de lettres en guise de légende. AR. (Id. pl. II, n° 37.)

1334. **Série communale.** — Rameau ; à g., sous les branches, une tête de profil à g. — ℞ Croix cantonnée de quatre globules. AR. (Dewismes, pl. III, n° 38.)

1335. — Croix cantonnée de quatre globules de forme allongée ; SOME SOME dans une épicycloïde renversée. — ℞ Rosace composée de huit nœuds, portant au centre une étoile ; chaque nœud renferme un globule cerclé. AR. (Id. pl. III, n° 39.)

1336. — Mêmes types, légende rétrograde. AR. (Id. pl. III, n° 40.)

1337. — Croix cantonnée de quatre molettes d'éperon ; SOME SOME, et quatre globules. — ℞ SM SM et quatre molettes d'éperon, accostées chacune de deux annelets. AR. (Id. pl. III, n° 41.)

1338. — Trois bracelets placés en triangle ; SMOE SOMEO et trois annelets. — ℞ SM SM, lettres séparées par une croisette accostée de deux globules ; croix cantonnée de quatre globules allongés. AR. (Id. pl. III. n° 42.)

1339. — Croix cantonnée de quatre croissants ; OM OM, les lettres, séparées par quatre étoiles. — ℞ Croix évidée, fleurdelisée, cantonnée de quatre globules et portant un globule au centre. AR. (Id. pl. III. n° 43.)

1340. — Tête diadêmée à g.; SC SC, les lettres séparées par une rosace évidée au centre. — ℞ OE OE, les lettres séparées par une molette d'éperon ; croix cantonnée de quatre globules. AR. (Id. pl. III, n° 44.)

1341. **Série communale.** — Buste de profil à dr.; au lieu de légende des globules cerclés, des molettes d'éperon et des croisettes. — ℞ Croix cantonnée de deux molettes d'éperon et de deux globules cerclés rattachés à son centre ; au lieu de légende, les mêmes ornements qu'au droit. AR. (Dewismes, pl. III, n° 45.)

1341 bis. — Une pièce semblable. AR.

1342. — Buste diadêmé à g.; OEM ....M. — ℞ M.E. M.E, les lettres séparées par des molettes d'éperon. Croix cantonnée de quatre globules. AR. (Id. pl. III, n° 46.)

1342 bis. — Une pièce semblable. AR.

1343. — Croix longue cantonnée de quatre globules cerclés se rattachant au centre ; au lieu de légende quatre molettes d'éperon, accostées chacune de deux globules. — ℞ Epicycloïde triangulaire, formée par six arcs de cercle, se terminant à l'intérieur par trois fleurs de lys. AR. (Id. pl. III, n° 47.)

1344. — Croix longue cantonnée de quatre globules ; S.E.S.E. — ℞ Triangle curviligne, les sommets terminés par des fleurs de lys ; dans le champ trois globules cerclés, au centre un globule. AR. (Id. pl. III, n° 48.) Pièce ébréchée.

1345. — Tête couronnée, de profil à dr.; devant laquelle est une lance ; S+ASES+ ....E. — ℞ Croix pattée, sur laquelle est placée une autre croix transversale aux extrémités feuillues; quatre annelets en guise de légende. AR. (Id. page 170.)

1346. **Série abbatiale.** — Saint Pierre debout, de profil à dr., tenant une clef, SCS PETVS. — ℞ S.M.S.M., chaque lettre accostée de deux annelets. Croix pattée, sur laquelle est placée une autre croix transversale, fleurdelisée et coupant la légende. AR. (Dewismes, pl. III, n° 49.)

1347. — Même type, mais sans légeude. — ℞ S.O. S.O. Même type. AR. (Id. pl. III, n° 50.)

1348. — Evêque assis de face, mitré et regardant à dr., bénissant de la main dr., et portant la crosse de la main g.; dans le champ une molette d'éperon et deux annelets.— ℞ Croix pattée sur laquelle est placée une autre croix transversale et fleurdelisée; dans le champ huit globules. AR. (Id. pl. III, n° 51).

1349. — S.A.A.A. placés en forme de croix autour de deux cercles concentriques; à côté de l's, une crosse. — ℞ E.E.E.E. séparés par des croissants; croix cantonné de quatre globules. AR. (Id. pl. III. n° 52.)

1350. — Main bénissante entre deux annelets; S.O.S. S.O.S. et deux molettes d'éperon. — ℞ ME.ME. ME.ME. Croix cantonnée de quatre croissants rattachés à son centre. AR. (Id. pl. III, n° 53.)

1351. — Deux crosses adossées, séparées par un rameau; STS O STS. — ℞ Croix cantonnée de deux s et de deux fleurs de lis; en guise de légende, ornements en forme de croissants et d'annelets. AR. (Id. pl. IV, n° 55.)

1352. — Deux crosses adossées, séparées par un bâton fleurdelisé; ✢ SOS SOS et deux globules cerclés. — ℞ ✚ s.e.s.s.o.s. un annelet après chaque lettre. Croix cantonnée de deux annelets et de deux fleurs de lis se rattachant à son centre. AR. (Dewismes, pl. IV, n° 56.)

1353. **Série abbatiale.** — Deux crosses adossées et deux fleurs de lis. — ℞ Croix fleurdelisée. AR. (Id. pl. IV, n° 57.)

1354. — Crosse à dr. entre deux étoiles et deux annelets ; ✚ s.o.s.m. s.o.s., chaque lettre accostée successivement d'un annelet et d'un globule cerclé. — ℞ s.o.m.o. s.o.m.o. chaque lettre accostée comme au droit. Croix cantonnée de quatre fleurs de lis se rattachant à son centre. AR. (Id. pl. IV, n° 58.)

1355. — A, surmonté de deux crosses en forme d'*oméga*, accosté de deux rosaces ; ✚ sot.rso.... légende rétrograde. — ℞ ✚ sot ✚ som. Croix cantonnée de deux m et de deux e se rattachant à son centre. AR. (Id. pl. IV, n° 59.)

1356. — Crosse à g., entre deux bâtons et deux globules cerclés. — ℞ Croix fleurdelisée. AR. (Id. pl. IV, n° 60.)

SAINT-VENANT

1357. Croix cantonnée de deux s et de deux globules cerclés et reliés au centre ; ✚ vnaento. — ℞ Croix évidée en losange, dont les bras traversant le grénetis intérieur sont terminés par un globule cerclé ; elle est cantonnée de quatre ornements en forme d'*oméga*, occupant la place de la légende. AR. (Id. pl.IV, n° 61.)

BÉTHUNE

1358. Croix cantonnée de deux s et de deux globules cerclés se rattachant au centre ; BETVNIE. — ℞ Type du n° 1357. (Dewismes, pl. V., n° 83.)

1359. Croix cantonnée de deux globules et de deux annelets se rattachant au centre ; ✚ BETVNE. — ℞ Triangle aux sommets fleurdelisés ; au centre, un globule cerclé ; dans le champ, trois molettes d'éperon. AR. (Id. pl. V, n° 84.)

1360. Mêmes types ; un annelet au centre du triangle, deux globules accompagnant les fleurs de lis. AR. (Id. pl. V, n° 85.)

1361. Mêmes types légèrement variés. AR. (Id. pl. VI, n° 86.) Deux pièces.

1362. Croix pattée, cantonnée de deux annelets et de deux globules ; B-E-T-V. — ℞ Type du n° 1359, avec un annelet au centre. AR. (Id. pl. VI, n° 87.)

1363. Mêmes types, un globule cerclé au centre du triangle. AR. (Id. pl. VI, n° 88.)

1364. Mêmes types que le n° 1363, deux annelets accompagnant les fleurs de lis. AR. (Id. pl. VI, n° 89.)

1365. Même type que les n^{os} précédents. — ℞ Triangle aux sommets terminés par des globules cerclés, entouré de trois fleurs de lis ; au centre un globule. AR. (Id. pl. VI, n° 90.)

1366. Mêmes types légèrement variés. AR. (Id. pl. VI, n° 91.)

1367. Croix longue cantonnée de deux globules; B-E-A-T. — ℞) Deux triangles superposés et formant une étoile à six pointes ; les sommets alternativement terminés par des globules cerclés et par des pseudo-fleurs de lis; au centre, un globule. AR.

FAUQUEMBERGUES

1368. **Adeline, châtelaine de Saint-Omer.** — Croix cantonnée de deux annelets. ✠ AD.CAST. SCI.AVD. — ℞) DNA FALCONB, en deux lignes dans le champ. Au-dessus et au-dessous, une ✠ accostée de deux rosaces percées au centre. AR. (Dewismes, pl. VI, n° 92.) Denier.

1369. **Eliénor, comtesse de Fauquembergues.** — ELIE-NOR en deux lignes dans le champ. Légende : (Châtel) COMITISSA.DE. — ℞) (Châtel) FAVQVENBERGVE. Croix. AR. (Dewismes, pl. VI, n° 93.) Denier.

1370. — Mêmes types. AR. Piéfort.

COMTÉ DE SAINT-POL

1371. **Gui V.** — Croix longue partageant la légende et cantonnée de quatre croisettes ✠ GVIDO : COMES. — ℞) ✠ S. ANTI.. PAVLI. Écusson au lion debout tenant entre ses pattes antérieures, la hampe d'un pennon dont le sommet dépasse l'écusson. AR. (Dewismes, pl. VI, n°98.) Esterlin.

1371 bis. — Trois pièces semblables. AR.

COMTES D'ARTOIS
ET MONNAIES ROYALES FRAPPÉES A ARRAS
OU
AUTRES VILLES D'ARTOIS

PHILIPPE-AUGUSTE, roi de France

1372. **Arras.** — ✛ PHILIP RE. Dans le champ en deux lignes, FRA-NCO. — ℟ ✛ ARRAS CIVITAS. Croix cantonnée aux 2e et 3e cantons de deux fleurs de lis. AR. (Dewismes, pl. IV, n° 62.) Denier.

1373. — PHILIPVS REX. Dans le champ en deux lignes FRA-NCO. —℟ Même type que le précédent. AR. (Id. pl. IV, n° 63.) Obole.

1374. — Même type que le n° 1373. Le L est accosté de deux points. — ℟ ✛ ARRAS CIVIS. Croix cantonnée aux 1er et 4e cantons, de deux fleurs de lis. AR. (Id. pl. IV, n° 66.) Denier.

1375. — Mêmes types qu'au n° précédent; les fleurs de lis sont aux 2e et 3e cantons, et le L' n'est accosté que d'un globule. AR. (Id. pl. IV, n° 64.)

1376. — Mêmes types que le n° 1375, le L n'est accosté d'aucun globule, AR. (Id. pl. IV, n° 65.) Denier.

1377. — Mêmes types qu'au n° précédent. AR. (Id. pl. IV, n° 67.) Obole.

1380. **Saint-Omer.** — Même type que le n° 1376. Deux

crosses couchées entre les deux lignes de FRANCO. — ℟ ✠ SEINT HOMER. Croix cantonnée de deux crosses. AR. (Dewismes, pl. IV, n° 68.) Denier.

1378bis. **Saint-Omer.** — Une pièce identique. AR.

LOUIS VIII

1379. **Saint-Omer.** — Buste couronné à d., ayant devant lui un sceptre fleurdelisé. ST OME . ST OME. Les deux parties de la légende sont séparées par deux globules cerclés. — ℟ SOME SOME dans une espèce d'épicycloïde renversée. Au centre, croix cantonnée de quatre globules allongés. AR. (Id. pl. IV, n° 69.) Petit denier ébréché.

ROBERT Ier, comte d'Artois

1380. Écu à trois fleurs de lis surmontées d'un lambel à trois pendants, chargés chacun d'une tour. — ℟ .A.R.A.S. placé dans les quatre cantons d'une croix dont deux extrémités sont fleurdelisées, et les deux autres fleuronnées. AR. (Id. pl. V, n° 70.) Petit denier.

1380bis. Trois pièces semblables. AR.

1381. Même type, l'écu accosté de trois tréfeuilles. — ℟ Même type que le précédent. AR. (Id. pl. V, n° 71.) Petit denier.

1382. Même type que le n° 1381. — ℟ .A.R.A.S. placé

dans les quatre cantons d'une croix dont deux extrêmités sont fleurdelisées, et les deux autres doublement losangées. AR. (Dewismes, pl. V, n° 72.) Petit denier.

1383. Même type que le n° 1382. — ℞ Même type que le n° 1383. AR. (Id. pl. V, n° 73.) Petit denier.

1384. Même type que le n° 1380. — ℞ A.R.A.S. placé dans les quatre cantons d'une croix dont les extrémités sont doublement losangées. AR. (Id. pl. V. n° 74.) Petit denier.

1384^A. Même type que le n° 1381. — ℞ Même type que n° 1384. AR. (Id. pl. V, n° 75.) Petit denier.

ROBERT II, comte d'Artois

1385. Les lettres T.V.N.V. placées en forme de croix autour d'un globule. Légende : VEDASTE. — ℞ ✚ ROBERTI. Croix cantonnée de quatre globules et dont les extrémités sont surmontées de croissants renversés. AR. Denier. Gravé dans la numismatique de l'abbaye de Saint-Vaast, par M. Dancoisne.

1386. Espèce de croix formée de quatre arcs de cercle, ayant au centre un globule, et dont les extrémités sont terminées par des annelets. Dans les cantons, des ornements en forme de crosses adossées. ✚ MONETA E. — ℞ ✚ ROBERTI. Croix semblable à celle du numéro précédent. Elle est cantonnée de quatre globules cerclés. AR. (Dewismes, pl. V, n° 77.) Denier.

1387. Ornement difficile à définir formé par deux espèces de crosses s'épanouissant comme des rameaux. ✢ EGO SVM DE. — ℟ ✢ ROBERTI. Croix cantonnée de deux E et de deux annelets accostés de trois petits globules, le tout se rattachant au centre. AR. (Dewismes, pl. V, n° 78.) denier.

1388. Croix cantonnée de douze croissants. SINTIMAE (?) — ℟ OMARITIE IR (les trois dernières lettres placées à rebours). Rosace à cinq nœuds, au milieu desquels sont des globules cerclés, ainsi qu'au centre de la rosace et entre les nœuds. AR. (Id. pl. V, n° 79.) Denier attribué à l'atelier de St-Omer.

1389. Main bénissante. ✢ DESTERA. — ℟ B.E.N.E. Croix fleuronnée coupant la légende et cantonnée des lettres S.A.S.A. AR. (Id. pl. V, n° 80.) Denier aussi attribué à Saint-Omer.

1390. Trois poissons entouré d'une légende formée de huit. R placés à rebours. — ℟ Croix cantonnée de quatre globules, dans un cartouche octogone formé par des lignes alternativement droites et courbes. Au lieu de légende, des fleurons ayant la forme de crosses adossées. AR. (Id. pl. V, n° 81.) Denier.

MAHAUT, comtesse d'Artois

1391. Type du n° 1380. ME-HA-VT. — ℟ A.R.T.H, dans les quatre cantons d'une croix, aux branches évidées et terminées en crochets. (Id. pl. V, n° 82.) Denier.

PHILIPPE II, roi d'Espagne

Année 1562

1392. **Écu** ou **Couronne d'or.** — Croix fleurdelisée, dont le centre est évidé en forme de quatre feuilles portant un globule, et cantonnée de deux lions et de deux briquets. ⚜ PHS.D. G.HISP.Z.REX.CO.ATRE. — ℞ DOMINVS.MIHI ADIVTOR. Écusson couronné à quinze quarts, accosté de deux P. OR. (Dewismes, pl. VII, n° 99.)

1393. **Demi-daelder.** — Buste habillé de profil à g. PHS.D.G.HISP.Z.REX.CO.ATREB. 1582, le millésime séparé en deux par un lion debout, à g., portant sur le flanc l'écusson d'Artois. — ℞ Même légende que le n° précédent : même écusson couronné posé sur une croix de Bourgogne, accosté de deux briquets avec étincelles, au bas le bijou de la Toison d'Or. AR. (Dewismes, page 277.)

1394. **1/5ᵉ de l'écu daelder.** — Mêmes types et légendes que le n° précédent. AR. (Id. pl. VII, n° 100.)

1395. — Buste habillé à g. Même légende avec ATRE. 8 ⚜ Z. — ℞ Même type que le n° précédent. AR. (Id. pl. VII, n° 101.)

1396. — Buste cuirassé à dr. PHILIPPVS.D.G.HISPANIARVM.REX. 1582. A gauche du millésime, lion portant l'écusson d'Artois. — ℞ Même revers que le numéro précédent. AR.

1397. **1/40ᵉ de l'écu daelder.** — Ecu à cinq quarts, couronné, entouré du collier de la Toison d'or. PHS.D.G. HISP.Z. REX. C. ATRE. — ℞ DOMINVS. MIHI.ADIVTOR. 8 🐾 2. Croix feuillue et fleuronnée, portant au centre un globule au milieu d'un évidement en forme de quatrefeuille. AR. (Dewismes, pl. VII, n° 102.)

1398. **Liard.** — Buste habillé à dr. PHS : D.G : HISP.Z. REX.D.ATREB. 82 et l'écusson d'Artois. — ℞ DOMINVS. MIHI. ADIVTOR. Écusson à cinq quarts couronné et entouré du collier de la Toison d'or. C. (Id. pl. VII, n° 103.)

1398bis. — Une pièce semblable. C.

1399. — Buste habillé et couronné à g. PHS.D.G. HISP.Z.REX.C.ATRE. 8 🐾 2. — ℞ Même type que le numéro précédent, sans le collier de la Toison d'or. C. (Id. pl. VII, n° 104.)
Une autre pièce avec ATER. C.

1400. **Demi-liard.** — Buste habillé à g. derrière trois points superposés. Même légende avec CO.AT. — ℞ Même type que le numéro précédent. C. (Id. pl. VII, n° 105.)
Une autre pièce semblable avec C.AT. C.

Année 1583

1401. **Réal d'or.** — Buste habillé à g. PHILIPPVS.D. G.HIP.REX.C.AT. 83. — ℞ DOMINUS MIHI ADIVTOR. 🐾. Écusson couronné à quinze quarts. OR.

Année 1584

1402. **Demi-daelder.** — Même type et même légende que le n° 1393, avec 15 🐎 84. — ℞ Même type et légende que le n° 1393. AR. (Dewismes, pl. VII, n° 106.)

1403. **1/20ᵉ de l'écu daelder.** — Même type que le n° 1397. — ℞ DOMINVS MIHI ADIVTOR. 15 🐎 84. Croix un peu différente de celle du n° 1397. AR. (Id. pl. VII, n° 107.)

1404. — Mêmes types, avec CO.ATR. AR.

1405. — Même pièce avec C.ATR. AR.

1406. — Même pièce avec C.ATRE, l'écusson à six quartiers seulement. AR. (Id. pl. VII, n° 108.)

1407. **Liard.** — Mêmes types que le n° 1399, avec la date 8 🐎 4. C. (Id. pl. VIII, n° 109.)

1408. — Même pièce avec C.ATR. C.

1409. **Gigot.** — Buste habillé à g. PHS.D.G.HISP.Z.REX.C.AT. 8 🐎 4. — ℞ Même type que le n° 1400. C. (Id. pl. VIII, n° 110.) Cassé.

Année 1585

1410. **Écu ou Couronne d'or.** — Types du n° 1392; au revers est ajoutée la date 85. OR. (Id. pl. VIII, n° 111.)

1411. — Types du n° 1392 ; la légende du droit finit par CO.AR. 8 🐎 5. OR. (Id. pl. VIII, n° 112.)

1412. **Demi-daelder.** — Types du n° 1402, avec la date 8 🐗 5. AR. (Id. pl. VIII, n° 113.)

1413. **1/20ᵉ de l'écu daelder.** — Mêmes types que le n° 1404, avec la date 15 🐗 85. AR.

1414. — Même pièce, 8 🐗 5. AR.

1415. **Liard.** — Types du n° 1408, avec la date 8 🐗 5. C.

1416. — Même pièce avec CO.ATR. C.

1417. **Gigot.** — Pièce semblable au n° 1409, avec trois points placés verticalement derrière le buste, C.ATE. 8 🐗 5. — C.

1418. — Même pièce avec ADIVTO. C.

Année 1586

1419. **Demi-daelder.** — Mêmes types que le n° 1412, avec la date 15 🐗 86. AR. (Id. pl. VIII, n° 114.)

1420. **1/5ᵉ de l'écu daelder.** — Buste habillé à g.; même légende que le n° précédent, avec la date 8 🐗 6. — ℞. Même type que le n° précédent et ADIV. AR.

1421. **Liard.** — Mêmes types que le n° 1415, avec C.AT. et la date 8 🐗 6. C. (Id. pl. VIII, n° 115.)

1422. — Pièce semblable avec ADIVTO. C.

1423. **Gigot.** — Buste habillé à dr.; derrière, trois points placés verticalement; même légende que le n° précédent. — ℞. Même type que le n° précédent. C. (Id. pl. VIII, n° 116.)

1424. **Demi-daelder.** — Buste habillé à dr. PHS.D. G.HISP.Z.RFX.COM.ART. 15 🐾 86. — ℞) Même type que le n° 1393. AR. (Id. pl. IX, n° 117.)

1425. **1/5ᵉ de l'écu daelder.** — Mêmes types avec CO.ART. et la date 86 🐾. AR. (Id. pl. IX, n° 118.)

1426. — Variété avec COM., la date faisant suite à la légende. AR.

1427. — Variété du n° 1425 avec la date 8 🐾 6. AR.

1428. **Demi-daelder.** — Buste habillé à dr., même légende que le n° 1424, avec la date, 🐾 86. — ℞) Type à peu près semblable au n° 1424 ; l'écu de de Portugal brochant sur les 1ᵉʳ et 2ᵉ quartiers. AR. (Id. pl. IX, n° 119.)

1429. — Exemplaire semblable, mais la date fait suite à la légende. AR.

1430. **1/20ᵉ de l'écu daelder.** — Type du n° 1403, avec CO.AR. — ℞) Type du même n° avec la date 8 🐾 6. AR.

1431. **Liard.** — Mêmes types que le n° 1407, avec CO.ART. 8 🐾 6, et au revers ADIVTO. C. (Id. pl. IX, n° 120.)

1432. — Mêmes types que le n° précédent, la date faisant suite à la légende. C.

1433. — Mêmes types que le n° 1431, avec la date, 🐾 86, et ADIVTOR. C.

1434. — Mêmes types que le n° précédent, la date faisant suite à la légende. C.

1435. — Même pièce avec CO.AR. C.

1436. — Buste habillé et couronné à dr. PHS.D.G. HIS.Z.REX.C.ART. 8 🐾 6. — ℞ Même type que les nᵒˢ précédents. C. (Id. pl. IX, nᵒ 121.)

1437. — Même pièce que le nᵒ précédent, avec ADIVTO. C.

1438 — Autre semblable, avec 8 🐾 6. C.

1439. **Gigot.** — Type du nᵒ 1423, avec C.ART et la date 8 🐾 6. C. (Id. pl. IX, nᵒ 122.)

1440. — Buste habillé de profil à g. ; derrière, trois points placés verticalement ; PHS.D.G.HISP.Z. REX.CO.AR. 🐾. — ℞ Type du nᵒ précédent avec ADIVTOR. C. (Id. pl. IX, nᵒ 123.)

1441. — Pièce semblable au nᵒ 1440, le buste tourné à dr., avec C.AR. C. (Id. pl. IX, nᵒ 124.)

1442. — Types légèrement variés du nᵒ 1440. C.

Année 1587

1443. **Écu** ou **Couronne d'or.** — Écusson semblable à celui du nᵒ 1428 ; accosté de deux P. Légende : PHS . D . G . HISP . Z . CO . ART. — ℞ Croix à peu près semblable à celle du nᵒ 1392 ; DOMINVS.MIHI.ADIVTOR. 1.5.8 🐾 7. — OR. (Id. pl. IX, nᵒ 125.)

1444. **Écu** ou **Philippus-daelder.** — Buste habillé à dr.; même légende que le nᵒ précédent, avec la date 8 🐾 7. — ℞ du nᵒ 1428. — AR. (Id. pl. X, nᵒ 126.)

1445. **Demi-daelder.** — Mêmes types que le nᵒ précédent. AR.

1446. — Mêmes types que le n° précédent, avec c. art. AR.

1447. **1/5ᵉ de l'écu daelder.** — Mêmes types que le n° 1445. AR.

1448. **1/20ᵉ de l'écu daelder.** — Mêmes types que le n° 1430, avec co.art. et la date 8 🐗 7. AR.

1449. **Liard.** — Mêmes types que le n° 1436, avec la date 8 🐗 7. C.

1450. — Mêmes types avec 🐗. C.

1451. **Gigot.** — Mêmes types que le n° 1439, avec la date 8 🐗 7. C.

1452. Mêmes types avec adivto. C.

1453. **Pièce de quatre mites.** — Croix de Bourgogne portant au centre un briquet avec étincelles; phs.d.g.hisp.rex.co.art. 🐗. — ℞ dominvs.mihi.adivtor. Écu d'Artois couronné, accosté des chiffres 8.7. C. (Id. pl. X, n° 127.)

1454. — Mêmes types avec c.art. C. (Id. pl. X, n° 128.)

Année 1588

1455. **Écu ou Philippus daelder.** — Mêmes types que le n° 1444, avec la date 8 🐗 8. AR.

1456. — Mêmes types avec his. AR.

1457. **Demi-daelder.** — Mêmes types que le n° 1445, avec la date 15 🐗 88. AR.

1458. — Mêmes types avec la date 8 🐗 8. AR.

1459. **1/20ᵉ de l'écu daelder.** — Mêmes types que le n° 1430, avec la date 8 🐗 8. AR.

1460. **Liard.** — Mêmes types que le n° 1436, avec la date 8 🐗 8. C.

1461. — Mêmes types avec ADIVTO. C.

1462. **Gigot.** — Mêmes types que le n° 1439, avec c. ART et la date 8 🐗 8. C.

Année 1589

1463. **Écu** ou **Philippus daelder.** — Mêmes types que le n° 1444, avec HIS. et la date 15 🐗 89. AR.

1463ᵇⁱˢ. — Une pièce semblable. AR.

1464. **Demi-daelder.** — Mêmes types que le n° précédent, avec C.ART. AR.

1465. **1/5ᵉ de l'écu daelder.** — Mêmes types que le n° 1463. — AR.

1466. — Mêmes types que le n° précédent avec HISP.C.ART. Et la date 8 🐗 9. AR.

1467. **Liard.** — Mêmes types que le n° 1436, avec C.ARTT. Et la date 8 🐗 9. C.

1468. **Gigot.** — Mêmes types que le n° 1439 avec c.AR. Et la date 8 🐗 9. C.

1469. — Même pièce argentée.

Année 1590

1470. **Demi-daelder.** — Mêmes types que le n° 1464, avec la date 15 🐗 90. AR.

1471. **1/20ᵉ de l'écu daelder.** — Mêmes types que le n° 1448, avec la date 9 🐗 0. AR.

1472. **Liard.** — Mêmes types que le n° 1436, avec c.AR. Et la date 9 🐗 0. C.

1473. — Même pièce avec c.ART. C.

1474. **Gigot.** — Mêmes types que le n° 1439, avec la date 9 🐗 0. C.

Année 1591

1475. **Liard.** — Mêmes types que le n° 1472, avec la date 9 🐗 1. C.

1476. **Patard.** — Même type que le n° précédent, avec c.A. Et la date 9 🐗 1. — ℞ DOMINVS. MIHI.ADIVTOR.; écu couronné à cinq quartiers, placé sur une croix coupant la légende. C. (Id. pl. X. n° 129.)

1477. **Gigot d'argent.** — Buste habillé et couronné de profil à dr., accosté des chiffres 9.1., dessous 🐗 PHS.D.G.HI.Z.REX.C.A. — ℞ DO-MINVS......ADIVTOR. Lion debout à g. AR. (Id. pl. X. n° 130.)

1478. **Gigot de cuivre,** — Mêmes types que le n° 1477, avec C.AR. C. (Id. pl. X. n° 131.)

Année 1592

1479. **Écu** ou **Philippus daelder.** — Mêmes types que le n° 1444, avec la date 15 🐗 92. — AR.

1480. **Demi-daelder.** — Mêmes types que le n° 1446, avec la date 9 🐗 2. AR.

1481. — Mêmes types, avec COM.ART. Et la date 🐗 92. AR.

1481 bis — Pièce semblable. AR.

1482. **Liard.** — Mêmes types que le n° 1467, avec HISP. et la date 9 🐗 2. C.

1483. — Mêmes types avec CO.ART. C.

1484. — Mêmes types avec HIS. et C.AR. C.
Une autre pièce avec C.A. C.

1485. **Denier de cuivre.** — Même type que les n⁰ˢ précédents, avec C.AR. — ℞ semblable à celui du n° 1476. C.
Une autre pièce avec C.A. Cuivre.

PHILIPPE IV, roi d'Espagne.

Année 1623

1486. **Patagon.** — Croix de Bourgogne couronnée,

portant au centre un briquet avec étincelles auquel est suspendue le bijou de la toison d'or ; à droite et à gauche, 16 — 23. PHIL.III.D.G.HISP. ET.INDIAR.REX. ⚜. — ℞ ARCHID.AVST.DVX. BVRG.CO.ART. $\overline{z^c}$. Ecusson du n° 1428, entouré du collier de la toison d'or et surmonté d'une couronne. AR. (Id. pl. X, n° 132.)

1487. — Même pièce de poids double. AR. (Id. page 306.)

1488. **Escalin.** — Lion debout à g., tenant une épée dans la patte droite, la patte gauche appuyée sur un écusson de forme ovale, mi-partie d'Autriche et de Bourgogne ancien ; légende du n° 1486. — ℞ Ecusson couronné du même n°, posé sur une croix de Bourgogne et accosté de 16 — 23 ; ARCHID.AVS.DVX.BVR.C.ART. $\overline{z^c}$. AR. (Id. pl. XI, n° 133.)

Année 1624

1489. **Patagon.** — Mêmes types que le n° 1486, avec la date 16 — 24. AR.

1490. **1/4 de Patagon.** — Mêmes types que le n° précédent. AR. Id. pl. XI, n° 134.)

1491. **Escalin.** — Mêmes types que le n° 1488 avec 16 — 24. AR.

Année 1625

1492. **Patagon.** — Mêmes types que le n° 1486, avec 16 — 25. AR.

1493. **Escalin.** — Mêmes types que le n° 1488, avec 16 — 25. AR.

Année 1626

1494. **1/4 de Patagon.** — Mêmes types que le n° 1490, avec 16 — 26. AR.

1495. **Escalin.** — Mêmes types que le n° 1488, avec 16 — 26. AR.

Année 1627

1496. **Patagon.** — Mêmes types que le n° 1486, avec avec 16 — 27. AR.

1497. **1/2 Patagon.** — Mêmes types que le n° précédent. AR. (Id. pl. XI, n° 135.)

1498. **1/4 de Patagon.** — Mêmes types que le n° précédent. AR.

1499. **Escalin.** — Mêmes types que le n° 1488, avec 16 — 27. AR.

1500. **Liard.** — Briquet accosté à g., d'un écu d'Autriche, à dr., d'un écu de Bourgogne ancien, ayant au-dessous un écu de Flandre, et surmonté d'une couronne. PHIL.IV.D.G.HISP.ET. INDIAR.REX. ↬ . — ℞ ARCH.AVS.DVX.BVRG. CO.ART. z̄ᶜ. Ecu couronné semblable à ceux des nᵒˢ précédents, accosté de 16 — 27. C. (Id. pl. XI, n° 136.)

1501. **Gigot.** — Même type que le n° 1496. — ℞ Légende du n° précédent ; Ecu couronné mi-partie d'Autriche et de Bourgogne ancien, chargé en cœur d'un écusson de Flandre. C. (Id. pl. XI, n° 137.)

Année 1628

1502. **Patagon.** — Mêmes types que le n° 1486, avec 16 — 28. AR.

1503. **1/2 Patagon.** — Mêmes types que le n° précédent. AR.

1504. **Escalin.** — Mêmes types que le n° 1488, avec 16 — 28. AR.

1505. **Liard.** — Mêmes types que le n° 1500, avec 16 — 28. C.

1506. **Gigot.** — Mêmes types que le n° 1501, avec 16 — 28. C.

Année 1629

1507. **Patagon.** — Mêmes types que le n° 1486, avec 16 — 29. AR.

1508. **Liard.** — Mêmes types que le n° 1500, avec 16 — 29. C.

Année 1634

1509. **Double Souverain.** — Buste habillé et couronné, de profil à dr., légende du n° 1486, avec 16 🐾 34. — ℞ Même type que celui du n° 1486. OR. (Id. pl. XI, n° 138.)

1510. **Patagon.** — Mêmes types que le n° 1486, avec 16 — 34. AR.

1511. — Même pièce de poids double. AR.

1512. **1/2 Patagon.** — Mêmes types que le n° 1570. AR.

1513. **1/4 de Patagon.** — Mêmes types que le n° 1510. AR.

1514. **Escalin.** — Mêmes types que le n° 1488, avec 16 — 34. AR.

Année 1635

1515. **Ducaton.** — Buste habillé à dr., légende du n° 1486, avec 16 🐾 35. — ℞ Légende du n° 1486 ; Ecusson couronné du même n° soutenu par deux lions, au bas, deux briquets, avec étincelles auxquels est suspendue la toison d'or. AR. (Id. pl. XII, n° 139.)

1516. — Même pièce de poids double. AR. (Id. page 311.)

1517. **Patagon.** — Mêmes types que le n° 1486, avec 16 — 35. AR.

1518. **1/2 Patagon.** — Mêmes types que le n° précédent. AR.

1519. **1/2 Patagon.** — Mêmes types que le n° 1517. AR.

1520. **Escalin.** — Mêmes types que le n° 1488, avec 16 — 35. AR.

1521. **Gigot.** — Mêmes types que le n° 1501, avec 16 — 35. C.

Année 1636

1522. **Liard.** — Buste habillé de profil à dr., (sans collerette.) PHIL.III.D.G.REX.HISP. 1636. — ℞ ARC.AVS.DVX.BVRG.CO.ART. $\overline{z}^c$. 🐗 . Ecusson d'Artois couronné. C. (Id. pl. XII, n° 140.)

Année 1657

1523. **Liard.** — Mêmes types que le n° 1522, avec 1637. C.

Année 1638

1524. **Liard.** — Mêmes types que le n° 1522, avec 1638. Et HISP.REX. C.

Année 1639

1525. **Liard.** — Mêmes types que le n° 1522, avec 1639. C.

1525bis. Une pièce semblable. C.

Année 1640

1526. **Liard.** — Mêmes types que le n° 1522, avec 1640. C.
1527. **Gigot.** — Mêmes types que le n° 1501, avec 1640. C.

LOUIS XIII, roi de France.

1528. **Ecu d'or.** - Ecu de France couronné et surmonté d'un soleil ; LVDOVICVS.XIII.D.G.FRAN. ET.NAV.REX. — ℟ CHRISTVS.REGNAT.VINCIT. ET.IMP. 1641 . Croix tortillée et fleurdelisée, évidée au centre où se trouvent les lettres AR liées. OR. (Id. pl. XII, n° 141.)

1529. **Demi écu d'or.** — Mêmes types que le n° 1528, mais sans soleil. OR. (Id. pl. XII, n° 142.)

1530. **Demi-franc.** — Buste jeune, lauré et habillé, de profil à dr., + LVDOVICVS.XIII.D.G.FRANC.ET. NAV.REX. — ℟ SIT.NOMEN.DNI.BENEDICTVM. 1641. . Croix feuillue, aux extrémités fleurdelisées, ayant au centre un L; sous la croix, les lettres AR liées. AR. (Id. pl. XII, n° 143.)

1531. **Quart d'écu.** — Croix à triple bande fleurdelisée, portant une rosace au centre, LVD.XIII.D. G.FRAN.ET.NAV.REX. 1641. ⚜ ; sous la croix, AR liés. — ℞ SIT.NOMEN.DOMINI.BENEDICTVM. Ecu de France couronné, accosté du chiffe II-II. AR. (Id. pl. XII, n° 144.)

1532. — Ecu de France couronné, accosté des chiffres II-II, ✚ LVDOVICVS.XIII.D.G.FR.ET.NAVA. REX. — ℞ Légende du n° 1530, avec 1642, ⚜. Croix à triple bande fleurdelisée, portant une rosace au centre; sous la croix, les lettres AR liées. AR. (Id. pl. XII, n° 145.)

1533. **Huitième d'écu.** — Mêmes types que le n° précédent, avec les chiffres V-III. AR. (Id. pl. XII, n° 146.)

LOUIS XIV, roi de France.

1534. **Ecu d'or.** — Ecu de France couronné; au-dessus, un soleil, LVDOVICVS.XIIII.D:G.FRAN.ET. NAV.REX. — ℞ Même type que le n° 1528, avec 1644 ⚜; les lettres AR liées sont sous la croix. OR. (Id. pl. XIII, n° 149.)

1535. **Louis d'or.** — Tête juvénile, laurée de profil à dr., LVD.XIIII.D.G.-FR.ET.NAV.REX; au-dessus de la tête, les lettres AR liées; en dessous, 1648. — ℞ CHRS.-.REGN.-.VINC.-.IMP. Croix formée par huit L adossés et couronnés, cantonnée de quatre fleurs-de-lis; au centre, un cercle contenant ⚜. OR. (Id. pl. XIII, n° 147.)

1536. — Même pièce de l'année 1652. OR.

1537. — Même pièce de l'année 1653. OR.

1538. — Même pièce de l'année 1656. Or.

1539. **Demi-louis d'or.** — Mêmes types que le n° 1535, avec 1652. OR. (Id. pl. XIII, n° 148.)

1540. **Quart d'écu,** — Mêmes types que le n° 1532, avec LVDOVICVS XIIII et la date 1643. AR. (Id. pl. XIII. n° 153.)

1541. — Même pièce de l'année 1644. AR.

1542. **Huitième d'écu.** — Croix formée de quatre fleurons en forme de vases surmontés d'une fleur de lis, et évidée au centre ; LVD.XIIII.D.G. FRAN.ET.NAVA.REX. 1644. ; sous la croix, AR liés. — ℞) SIT.NOMEN.DNI.BENEDICTVM, types du n° 1533. AR. (Id. pl. XIII, n° 154.)

1543. **Demi-louis ou demi-écu d'argent.** — Buste juvénile, habillé et lauré, de profil à d. ; LVD.XIIII.D.G.FR.ET.NAV.REX. — ℞) SIT. etc. 1648 . Écu de France couronné, dessous, AR liés. AR. (Id. pl. XIII, n° 150.)

1543*bis*. — Une pièce semblable. AR.

1544. — Même pièce de l'année 1652. AR.

1545. **Quart d'écu.** — Mêmes types et mêmes légendes que le n° 1543, de l'année 1652. AR. (Id. pl. XIII, n° 151.)

1546. **Douzième d'écu.** — Mêmes types que le n° 1543, de l'année 1653. AR. (Id. pl. XIII, n° 152.)

OBSIDIONALES

1547. **Saint-Omer.** — Ecusson du chapitre, au-dessus 1477, légende : PRO.PATRIA. au-dessous IZ. Plomb. (Id. page 329.) Pièce fausse.

1548. — Double croix, AVDO.OBSE. Dessous 1638. Cuivre, uniface. — (Id. pl. XIV, n° 155.)

1549. **Aire-sur-la-Lys.** — PHIL.IV.REX.PATER.PATRIÆ.ARIA.OBS. 1641. II. AR. Uniface, carrée, aux angles coupés. (Id. pl. XIV, n° 156.)

1550. — Même légende terminée par I. AR. Uniface, carrée, aux angles coupés. (Id. pl. XIV, n°157.)

1551. — LVD.XIII.REX.PIVS.IVSTVS.INVICTVS.ARIA.VNO.A°.BIS.OBSES. 1641. AR. Uniface, carrée, aux angles coupés. (Id. pl. XIV, n° 158.)

1552. — Même légende ; pièce plus petite et plus mince. AR. (Id. pl. XIV, n° 159.)

1553. — Écusson rond, d'azur à la fasce d'or, surmonté d'une couronne de marquis et accosté de 17 — 10 ; ARIA. 50. OB^s.PRO.REGE.ET.PATRIA. AR. Uniface, carrée. (Id. pl. XIV, n° 162.)

1554. — Même type, la date 1710 sous l'écusson et avec le chiffre 25. AR. (pl. XIV, n° 163.)

SEIGNEURIE DE CALAIS

1555. **Edouard III.** — Tête de face couronnée, dans un entourage de neuf arcs de cercle trèflés ; ✚ EDWARD:DEI:G:REX:ANGL:DNS:HYB:Z:AQT: —

℞ ✠ POSVI : DEVM : ADIVTOREM : MEV. — Légende intérieure, VILLA . CALESIE. ; grande croix traversant les deux légendes, avec trois besans dans chaque canton. — AR. gros.

1556. — Même type, ✠ EDWARDVS : REX : ANGL : DNS : HYB' : — ℞ Même type et même légende que le n° 1555, avec ADIVTORE. AR. Demi-gros.

1557. **Henri V.** — Le roi debout de face sur un bateau, tient une épée nue de la main droite, et porte au bras gauche un bouclier écartelé de France et d'Angleterre. HENRIC : DI : GRA : REX : ANGL' : ET : FRAC : DNS : HIB : ET : CA — ℞ ✠ IH'C : AVTEM : TRANSIENS : PER : MEDIVM : ILLORV : IRAT : ; Croix aux extrémités feuillues et fleurdelisées, au centre évidé portant un H, cantonnée de quatre léopards couronnés, le tout dans un épicycloïde à huit lobes. OR. Noble.

1558. — Type à peu près semblable au n° 1555, avec deux annelets au-dessus des épaules ; ✠ HENRIC. DI'. GRA'. REX. ANGL'. ET. FRANC'. — Même type que le n° 1555, avec CALISIE et ADIVTORE'. MEVM. ; les mots de la légende intérieure séparés par deux croisettes. AR. Gros.

1559. — Même type que le n° 1558 avec FR'. — ℞ POSVI : DEVM : ADIVTORE' : M' : ; légende intérieure : VILLA : CALIS ; même type que le n° 1555. AR. Demi-gros.

1560. — Même pièce ; la légende du droit terminée par F'. Et celle du revers par ADIVTORE' : MEVM : AR. Demi-gros.

1561. — Tête couronnée de face, avec deux annelets au-dessus des épaules, ✠ HENRICVS:REX:ANGLIE: — ℞ VILLA : CALIS¹ : ; croix pattée coupant la légende avec trois besans dans chaque canton. AR. Demi-esterlin.

1562. **Henri VI.** — Mêmes types que le n° 1558, sans annelets au-dessus des épaules, et avec un losange entre REX et ANGL., ainsi qu'entre les deux L de VILLA. AR. Gros. Deux pièces légèrement variées.

1563. — Mêmes types que le n° 1562, la légende du droit terminée par F¹. AR. Demi-gros.

1564. — Même type que le n° 1561, avec un losange après REX. — ℞ VIL <> LA : CALISIE : ; même type que le n° 1561. AR. Demi-esterlin.

BOULOGNE

1565. **Eustache II.** — Feuille à trois folioles évidées, cantonnée de deux omégas dégénérés et d'un alpha ; ✠ EVSTACHIVS.—℞ VRBS.BOLONIE. ; croix pattée cantonnée de quatre besans. AR. Denier.

1566. **Eustache III.** — Lion passant à dr., sur un édifice composé d'arcades, du milieu desquelles s'élève une aiguille, devant le lion deux croisettes, au-dessus et derrière deux globules cerclés ; ✠ EISTAOHIVS. — ℞ Croix très-ornée avec lis ; au lieu de légende, série de signes où l'on croit voir les instruments de la passion. AR. Denier.

1567. **Mathieu d'Alsace.** — Croix pattée et cantonnée, avec trois besans dans chaque canton ; ✠ MATHEVS. — ℞ VRBS : BOLONIE : , dans le champ, un grand A surmonté d'un prolongement et accosté de deux points et de deux croissants. AR. Denier.

1568. — Même type, ✠ SVTHEAM. — ℞ Même type avec BOLOMIE. AR. Denier.

1569. **Renaud de Dammartin.** — Épée posée en pal, à droite un A cantonné de quatre besans ; ✠ REINNAVT.COMES., les lettres ME liées. — ℞ ✠ BOLOGNE ; croix pattée cantonnée au 1er et 4e de trois besans. AR. Denier.

1570. — ✠ RENALD^{l}.COME, les lettres ME liées ; dans le champ, en deux lignes, BOL-ONV. — ℞ ✠ BOLVNENE ; croix cantonnée aux 2e et 4e d'un croissant. AR. Denier.

1571. — ✠ RENAD^{l}.COM^{l} ; dans le champ, en deux lignes, BOL-ONV. — ℞ Pareil au précédent. AR. Denier.

QUENTOVIC

1572. **Louis le Débonnaire.** — HLVDO-VVIC, (HL liés), en deux lignes dans le champ et séparés par quatre points. — ℞ ✠ QVENTO ✠ WIC ; croix. AR. Obole.

1573. **Charles le Chauve.** — Monogramme carolingien, ✠ GRATIA.D͞I.REX. — ℞ QVVENTOVVICI, croix cantonnée de deux globules. AR. Denier. 2 pièces.

1574. — Même type, ✚ GRATIA.D⁻I.E. — ℞ QVEN-
TOVICI. Croix. AR. Obole.

1575. — Même type dégénéré, avec REX. — ℞ ✚
QVENTOVVICVS. Croix. AR. Obole.

1576. — Même type. — ℞ ✚ QVENTOVVCI. Croix. AR.
Obole.

1577. — Même type que le n° 1573 ; ✚ GRATIA.Ↄ.
IRX. (Légende rétrograde. — ℞ ✚ QVENTOVVCV.
Croix. AR. Obole.

1578. — Même type que le n° 1573 avec RE. — ℞ ✚
QVENTOVICIV. Croix cantonnée de deux globules.
AR. Obole.

1579. **Charles le Gros.** — Monogramme carolingien par un C, ✚ GRATIA.D⁻I.REX. — ℞ QVEN-
TOVVICV. Croix. AR. Obole.

1580. **Charles le Simple.** — Monogramme carolingien. ✚ GRATIA.DI.REX. — ℞ ✚ QVVENTOVVICI.
Croix cantonnée de deux globules. AR. Denier,
2 pièces.

1581. **Rois normands.** — Croix cantonnée de
quatre points, CNVT.REX..·. Les lettres mélangées. — ℞ ✚ QVENTOVICI. AR. Denier.

1582. — Croix recroisettée sur une des branches,
CNVT.REX.·. Les lettres mélangées. — ℞ ✚
CVNNETTI :: NET :: TI :: Monogramme carolingien
AR. Obole.

COMTES DE PONTHIEU

1583. **Guillaume III.** — ✚ VVILELM'COMS, dans le champ, PON - TIV. — ℞ ✚ ABBATIS VILLE. Croix cantonnée d'un besant aux 1er et 4e. AR. Denier.

1584. **Edouard Ier, roi d'Angleterre.** — Croix cantonnée d'un annelet aux 2e et 3e, ✚ EDOARDVS REX. — ℞ MONETA - PONTI, en deux lignes, dessus et dessous, un x accosté de deux annelets. AR. Denier.

1585. — Mêmes types. AR. Obole.

1586. — Mêmes types que le n° 1585, x étant remplacé par ✚. AR. Obole.

1587. **Edouard II.** — Croix cantonnée de deux annelets et de deux croissants, ✚ EDWARDVS.REX. — ℞ Lion passant entre deux barres ; au-dessus MONET (N E liés) surmonté d'une ✚ accostée de deux globules ; au-dessous, POTIVI au-dessus de trois annelets. AR. Obole.

SCEATTAS

1588. — Tête couronnée de profil à dr., devant ✚ — ℞ Croix formée de quatre v renversés et ayant un globule au centre. AR.

1589. — Tête diadémée de profil à dr. — ℞ Croix latine surmontée d'un oiseau à dr. et accostée de deux o., globules dans le champ. AR.

1590. — Buste de profil à dr., devant lui une croix. — ℞ Carré perlé, avec un globule cerclé au centre, des x à trois angles et trois points au 4ᵉ AR.

1591. — Vaisseau dégénéré. — ℞ Carré perlé, le globule cerclé du centre étant cantonné de deux v et de deux i. AR.

1592. — Même type. — ℞ Carré perlé, contenant un annelet cantonné de deux т et de deux i, à l'intérieur ✢ ᴧ ✢ . AR. 2 pièces.

1593. — Mêmes types, dans le carré du revers et autour de l'annelet central, v, des globules et ⊠ . AR.

FLANDRE

Les nos de renvoi sont ceux des planches préparées par Dewismes, pour la période allant jusqu'à une partie du règne de Philippe-le-Hardi, et qui se trouvent à la fin du catalogue.

CHARLES LE CHAUVE, roi de France

1594. **Bruges.** — Monogramme carolingien par un K ✠ GRATA D⁻I REX — ℞) ✠ BRVCCIA MO. Croix. AR. Denier. (Pl. I, n° 2.)

1594 bis. — 16 pièces semblables. AR.

1595. — Même type ✠ GRVTA D⁻I REX — ℞) Même type que le précédent AR. Denier.

1596. — Même type barbare ✠ CIIIATI⁻REX — ℞) Même type que le n° 1594. AR. Denier. (Pl. I, n° 3.)

1597. — Même type ✠ ⁻ITIIIICIEX — ℞) Même type que le n° 1594. AR. Denier.

1598. — Même type ✠ CIIIATI⁻IREX — ℞) Même type que le n° 1594. AR. Denier.

1599. — Même type ✠ CHIATI⁻REX — ℞ ✠ BRVCCA MO. Croix. AR. Denier.

1599 ᵇⁱˢ. — 2 pièces semblables. AR.

1600. **Courtrai.** — Monogramme carolingien ✠ GRACIA D⁻I REX — ℞ ✠ CVRTRIACO CIVIS. Croix. AR. Denier. (Pl. I, n° 5.)

1601. **Gand.** — Même type que le précédent. — ℞ ✠ GANDAVVM. Croix. AR. Denier. (Pl. I, n° 7.)

1602. — Même type que le n° 1600. — ℞ ✠ GANDAVVM MO. Croix. AR. Denier. (Pl. I, n° 8.) (Pièce à laquelle il manque un morceau.)

BAUDOIN V, comte de Flandre

1603. **St-Donat de Bruges.** — Temple.... CI DONAT... — ℞ Légende illisible. Croix cantonnée d'un trait partant du centre, d'un globule et d'un annelet. AR. Denier. (Pl. I, n° 10.)

1604. **Localité inconnue.** — Croix cantonnée de deux ornements en forme de bracelets ou de fer à cheval, de trois globules et d'une croisette. Restes de légende... ALDVI... IIAII. — ℞ Légende illisible où l'on ne voit plus que... AIV ⁓. Quatre-feuilles aux extrémités terminées en pointe embrassant une croix et cantonnée de quatre globules. AR. Denier. (Pl. I, n° 11.)

INDÉTERMINÉES

1605. — Buste de profil à droite ayant devant lui une longue croix qui semble faire partie de la légende. Deux ornements en forme de deux G retournés sont à la hauteur de la figure. La légende est indéchiffrable. — ℞ ✢ ....IDAI.... Croix cantonnée de quatre globules et terminée par une espèce de coin, la pointe étant en contact avec le globule. AR. Denier.

1606. — Croix cantonnée de quatre globules. ✢ WIG-MAN.CO — ℞ Légende en deux lignes dans le champ, dont les caractères mal formés ne donnent aucune lecture rationnelle. L'on croit y voir....OBIS....CIVIS.... AR. Denier.

VILLES

Toutes les monnaies des villes sont, à moins d'indications contraires, des petits deniers, appelés vulgairement *mailles*.

1607. **Alost.** — Guerrier à mi-corps à g., revêtu de la cotte de maille, le heaume en tête, tenant un étendard de la main droite. Derrière la tête, un globule cerclé. — ℞ Croix cantonnée de quatre globules, traversant la légende, celle-ci se trouvant remplacée par deux étoiles et deux globules cerclés, chacun accompagné de deux globules. AR.

1608. — Mêmes types ; les étoiles du revers sont remplacées par des molettes d'éperon. AR. (Pl. I, n° 14.)

1609. — Mêmes types ; les globules cerclés du n° 1607 sont remplacés par des annelets. AR. (Pl. I, n° 16.)

1610. — Mêmes types ; les étoiles du 1607 étant remplacées par des globules. AR. (Pl. 1 n° 17.)

1611. **Axel.** — Tête couronnée de profil à g. — ℞ A. X.E:L. Chaque lettre étant accompagnée de deux globules. Croix cantonnée de quatre globules, traversant la légende. AR. (Pl. II, n° 18.)

1612. **Bergues.** — Fleur de lis épanouie au pied fourni ✠ MONETA.·. — ℞ ✠ BERGENS. Croix pattée cantonnée d'une série de trois globules, placés en triangle, et se rattachant à son centre. AR. (Pl. II, n° 19.)

1613. **Bourbourg.** — Triangle dont les sommets sont munis de globules, cantonné de trois annelets. BROVBORG. — ℞ Croix pattée cantonnée de quatre molettes d'éperon centrées. AR. (Pl. II, n° 20.)

1614. **Bruges.** — Guerrier debout à dr., avec le heaume. Il tient une épée nue, et un bouclier gironné. Dans le champ, une étoile. — ℞ B-R-V-G. Croix partageant la légende. AR. (Pl. II, n° 22.)

1615. — Mêmes types que le précédent. En plus, deux globules dans le champ du droit, la croix du revers étant cantonnée de quatre globules. AR. (Pl. II, n° 23.)

1615 bis. — Une pièce semblable. AR.

1616. — Mêmes types que le n° 1615 un peu variés. Une étoile en plus sous le bras qui tient l'épée. AR. (Pl. II, n° 24.)

1617. — Même type que le n° 1614, mais sans étoile dans le champ. — ℞ Croix fleurdelisée. AR. Deux pièces un peu variées surtout par ce fait que sur l'une on voit des éperons aux talons du guerrier. (Pl. II, n°s 25 et 26.)

1617 bis. — Une pièce semblable. AR.

1618. — Même type que le n° 1617, le guerrier étant sans éperons, et l'attitude un peu différente. — ℞ Même type que le précédent, un peu varié. AR. (Pl. II, n° 27.)

1619. — Mêmes types que le n° 1618 ; une étoile dans le champ du droit auprès du bouclier. AR. Deux piéces légèrement variées. (Pl. II, n°s 28 et 29.)

1619 bis. — Une pièce semblable. AR.

1620. — Mêmes types que le n° 1619; un globule au-dessus de l'étoile. AR. (Pl. n° II, n° 30.)

1621. — Mêmes types que le n° 1619, deux globules et une étoile en plus dans le champ du droit. AR. (Pl. II. n° 31.)

1622. — Même type que le n° 1618. — ℞ Croix doublement losangée cantonnée de quatre quintefeuilles évidées au centre. AR. (Pl. II, n° 33.)

1622 bis. — Une pièce semblable. AR.

1623. — Mêmes types que le n° 1622, la pose du guerrier étant différente, de plus celui-ci porte des éperons. AR. (Pl. II, n° 34.)

1624. — Guerrier debout à dr., éperonné, la tête couverte du heaume, tenant une épée et un bouclier sur lequel est un lion debout.—℞ Croix fleurdelisée. AR. (Pl. II, n° 32.)

1625. — Même type que le n° 1624. — ℞ Même type que le n° 1622. AR. (Pl. II, n° 35.)

1625 bis. — Une pièce semblable. AR.

1626. — Mêmes types qu'au n° précédent, légèrement variés. Les quintefeuilles sont remplacées par des écailles de St-Jacques. AR. (Pl. II, n° 36.)

1626 bis. — Une pièce semblable. AR.

1627. — Mêmes types que le n° 1614, mais sans étoile dans le champ du droit. AR. (Pl. II, n° 37.)

1628. **Cassel.** — Château à créneaux et échauguettes, couvert d'un toit pointu. En guise de légende, quatre o et quatre globules. — ℞ Croix longue cantonnée de deux annelets et de deux globules. Au lieu de légende, quatre annelets et quatre globules. AR. (Pl. II, n° 38.)

1629. **Courtrai.** — Écusson portant un chevron et trois quintefeuilles posées deux et une, et accompagné de trois annelets. — ℞ C-V-R-T. Croix partageant la légende. AR. (Pl. II, n° 40.)

1630. — Même pièce un peu variée. Un point au centre de l'écusson. AR. (Pl. II, n° 41.)

1631. — Mêmes types que la précédente, un peu variés. AR. (Pl. II, n° 42.)

1632. — Mêmes types, les annelets sont accompagnés de deux points. AR. (Pl. II, n° 43.)

1633. **Dixmude.** — Buste d'évêque mîtré de face, accosté à gauche d'une crosse et à droite d'un annelet. — ℞ D-I-X-M'. Croix partageant la légende. AR. (Pl. II, n° 44.)

1634. **Douai.** — Rameau dit *Douisien*, avec deux annelets à la base. — ℞ Croix pattée, cantonnée de deux croisettes et de deux espèces d'M rattachés au centre. AR. (Pl. II, n° 46.)

1635. — Type du précédent varié. — ℞ Croix pattée cantonnée de deux pommes de pin, d'un ornement en forme de deux crosses adossées, et d'une crosse accostée d'un point (?) AR. (Pl. II, n° 47.)

1636. — Douisien dégénéré surmonté d'une étoile. — ℞ Croix pattée cantonnée de quatre globules. AR. (Pl. II, n° 48.)

1637. **Gand.** — Heaume de profil à g. Le timbre carré portant une fleur de lis. Un annelet à d. — ℞ G-A-N-T. Croix cantonnée de deux globules aux 1er et 4e cantons, partageant la légende. AR. (Pl. III, n° 49.)

1638. — Mêmes types, les globules étant aux 2ᵉ et 3ᵉ cantons. AR. (Pl. III, n° 50.)

1693. — Même type. — ℞ G-N-A-T. Croix cantonnée de deux points et partageant la légende. AR. (Pl. III, n° 55.)

1640. — Heaume de profil à g., le timbre porte comme ornement des annelets. Une fleur de lis est placée derrière le heaume. — ℞ G-A-N-T. Croix cantonnée de quatre points, partageant la légende. AR. Pl. III, n° 51.)

1640 ᵇⁱˢ. — Une pièce semblable. AR.

1641. — Mêmes types avec une fleur de lis formant cimier du timbre. AR. (Pl. III, n° 52.)

1642. — Mêmes types, la croix du revers non cantonnée. AR. (Pl. III, n° 53.)

1643. — Mêmes types, une croisette devant le heaume à gauche. — ℞ G-N-A-T. Croix cantonnée de deux globules et de deux annelets et partageant la légende. AR. (Pl. III, n° 56.)

1644. — Heaume de profil à g., ayant une espèce d'aigrette pour cimier, à droite, quatre globules en losange. — ℞ Croix évidée formée par des v adossés, terminés en crochets. AR. (Pl. III, n° 58.)

1645. — Mêmes types, l'aigrette étant remplacée par des annelets et un trait. AR. (Pl. III, n° 59.)

1646. — Mêmes types que le n° 1644, les quatre globules à droite remplacés par une fleur de lis. AR. (Pl. III, n° 60.)

1647. — Mêmes types qu'au n° précédent, l'aigrette affectant une forme de fleur de lis. AR. (Pl. III, n° 61.)

1648. — Mêmes types un peu variés. Un globule remplace la fleur de lis. AR. (Pl. III, n° 62.)

1469. — Mêmes types qu'au n° 1644. Un quintefeuille au lieu des quatre globules derrière le heaume. AR. (Pl. III, n° 63.)

1650. — Mêmes types qu'au n° 1645. Devant et derrière le heaume, quatre globules en losange. AR. (Pl. III, n° 64.)

1650 bis. — Une pièce semblable. AR.

1651. — Heaume à gauche semblable à celui du n° 1637. ✠ G-A-N-T. Les lettres séparées par cinq points placés en forme de losanges centrés. — ℞ ✠ GEROLF. Croix pattée cantonnée de deux besans et de deux quintefeuilles. AR. (Pl. III, n° 65.)

1651 bis. — Une pièce semblable. AR.

1652. — La même pièce légèrement variée. AR. (Pl. III, n° 66.)

1653. — Heaume à g., semblable aux précédents. ✠ M....E — ℞ ✠ GE....EM. Croix pattée cantonnée de deux besants et de deux quatrefeuilles. AR.

1654. **Lille.** — Triangle ayant les sommets terminés par des annelets, cantonnés de trois lis au pied nourri. Besant au centre. — ℞ L-I-L-A. Croix pattée cantonnée de deux besants et de deux annelets et partageant la légende. AR. (Pl. III, n° 67.)

15

1655. — Mêmes types, les annelets munis d'un globule au centre. AR. (Pl. III, n° 68.)

1655bis. — Quatre pièces semblables. AR.

1656. — Mêmes types que le n° 1654, la croix étant cantonnée de quatre besants, et le triangle, de deux lis et un annelet. AR. (Pl. III, n° 72.)

1657. — Même type que le n° 1655. — ℞ L-I, et deux annelets centrés. Croix pattée traversant la légende et cantonnée de quatre annelets centrés. AR. (Pl. III, n° 73.)

1658. — Même type que le n° 1655, sans globule au centre du triangle. — ℞ Même type que le n° précédent. AR. (Pl. III, n° 74.)

1659. — Triangle curviligne ; aux sommets, des globules cerclés ; au centre, une étoile. Le triangle est cantonné de trois lis accostés de deux globules. — ℞ L-I-L-E. Croix pattée cantonnée de quatre étoiles et traversant la légende. AR. (Pl. III, n° 75.)

1659bis. — Une pièce semblable. AR.

1660. — Trois lis au pied nourri, placés en triangle. — ℞ Type du n° 1654. AR. (Pl. III, n° 76.)

1661. — Lis au pied nourri. Au lieu de légende, huit annelets. — ℞ Type du n° 1655. AR. (Pl. III, n° 77.)

1662. — Lis au pied nourri. Au lieu de légende, deux annelets, deux croissants et deux étoiles. — ℞ Même type que le précédent. AR. (Pl. III, n° 78.)

1663. — Mêmes types. Les étoiles du droit, remplacées par des croissants. AR. (Pl. III, n° 79.)

1664. — Mêmes types qu'au n° précédent, légèrement variés. AR. (Pl. III, n° 80.)

1665. — Type du n° 1662. — ℞ L-I, et deux croissants. Croix cantonnée de quatre globules et partageant la légende. AR. (Pl. III, n° 81.)

1666. — Type du n° 1662, les croissants étant remplacés par des étoiles. — ℞. Même type que le n° 1665, les croissants remplacés par des étoiles. AR. (Pl. III, n° 82.)

1667. — Écu contenant une fleur de lis, et accompagné de trois annelets. — ℞ L-I-L-A. Croix cantonnée de quatre globules, et traversant la légende. AR. (Pl. III, n° 83.)

1668. — Mêmes types que le précédent, la croix n'étant pas cantonnée. AR. (Pl. III, n° 84.j

1669. — Types du n° 1667, l'écu accompagné de trois étoiles au lieu d'annelets. AR. (Pl. III, n° 85.)

1670. — Types du n° 1668, les annelets remplacés par des étoiles. AR. (Pl. III, n° 86.)

1671. — Lis fleuri au pied nourri. Au lieu de légende, quatre globules et quatre annelets centrés. — ℞ ✚ LILLE. Croix pattée, cantonnée de quatre globules rattachés au centre. AR. (Pl. III, n° 87.)

1672. — Fleur de lis dans un losange perlé, celui-ci accompagné de quatre annelets. — ℞ L-I-L-A. Croix pattée cantonnée de quatre globules et traversant la légende. AR. (Pl. III, n° 88.)

1673. **Mude.** — Ancre accompagnée de deux molettes d'éperon centrées, et de deux annelets, également centrés. — ℞ Croix pattée cantonnée de quatre molettes d'éperon. AR. (Pl. IV, n° 89.)

1674. **Orchies.** — Grand M gothique et A renversé réunis par trois annelets, le tout ayant l'apparence d'une espèce de masque. ✛ ORCSIET. — ℞ ✛ MOIESAT. Croix pattée cantonnée de quatre E. AR. (Pl. IV, n° 90.)

1675. **Ostende.** — Buste d'évêque mîtré de face portant la crosse de la main droite. — ℞ ...S-T-D. Croix du n° 1644, cantonnée de huit globules. AR. (Pl. IV, n° 91.)

1676. **Poperinghes.** — Main tenant une crosse, accompagnée de deux globules cerclés. Reste de légende où l'on aperçoit deux I accostés d'annelets et des étoiles. — ℞ AEO, deux fois répétés et deux carrés contenant neuf divisions. Croix pattée cantonnée de deux E et de deux C, ces derniers rattachés au centre. AR. (Pl. IV n° 92.)

1677. **Tenremonde.** — Château couronné d'un toit pointu, accompagné de deux échauguettes; sur la face, une étoile et deux annelets. — ℞ DCDC DCDC. Croix pattée cantonnée de quatre globules. AR. (Pl. IV, n° 93.)

1677bis. — Une pièce semblable. AR.

1678. **Ypres.** — Tête de profil à g. couverte du casque à nasal. Devant elle, une épée en pal; derrière, un sceptre (?) Légende rétrograde IPREA. — ℞ NATV....I.C. Croix ancrée et pometée cantonnée de deux besants et de deux quintefeuilles. AR. Grand denier. (Pl. IV, n° 94.)

1679. — Croix cantonnée de quatre croissants rattachés au centre ✠ IPRE.A. — ℞ ✠ PHILIPVS. Losange curviligne terminé à ses sommets par des annelets et accosté de quatre ornements en forme de double crosse. Au centre un annelet. AR. (Pl. IV, n° 95.)

1680. — Triangle ayant des globules aux sommets et un globule au centre, accompagné de trois des mêmes ornements qui figurent sur le revers de la pièce précédente. ✠ COMES. — ℞ ✠ I·P·R·E; les lettres séparées par des étoiles. Croix pattée cantonnée de quatre étoiles. AR. (Pl. IV, n° 96.)

1681. — Triangle ayant les sommets terminés par des annelets centrés, et auquel est superposé un nœud à trois boules accostées, chacune, de deux besants. — ℞ I-P-R-A. Croix cantonnée de quatre coins, et traversant la légende. AR. (Pl. IV, n° 97.)

1682. — Deux triangles superposés formant une figure à six pointes terminées par des annelets. Au lieu de légende, trois étoiles et trois annelets centrés. — ℞ I.P.R.A; Les lettres séparées par des étoiles. Croix cantonnée de deux annelets et de deux besants. AR. (Pl. IV, n° 98.)

1683. — Mêmes types, l'ordre des cantons du revers étant différent. AR. (Pl. IV, n° 99.)

1684. — Même type que le n° 1682, les sommets de l'un du triangle étant fleurdelisés et ceux de l'autre ayant des annelets centrés. Deux globules accostant chacun des sommets et un globule est au centre de la figure — ℞ I-P-R-A. Croix pattée cantonnée de deux globules et de deux annelets, traversant la légende. AR. (Pl. IV, n° 100.)

1685. — Même type que le précédent. Six annelets seulement dans le champ, et un autre au centre. — ℞ Même type que le précédent. AR. (Pl. IV, n° 101.)

1685bis. — 16 pièces semblables. AR.

1686. — Même type que le précédent, six annelets et six globules dans le champ. — ℞ Type du n° 1684. AR.

1686bis. — 9 pièces semblables. AR.

1687. — Même type que le précédent. Une étoile au centre. — ℞ Type du n° 1684. AR. (Pl. IV, n° 102.)

1687bis. — Une pièce semblable. AR.

1688. — Mêmes types que le précédent. Au centre du type du droit, quatre globules réunis ; au revers les annelets remplacés par quatre globules réunis. AR. (Pl. IV, n° 103.)

1688bis. — 6 piéces semblables. AR.

1689. — Même type que le n° 1686. Un globule au centre. — ℞ Croix longue cantonnée de quatre globules. Au lieu de légende, huit annelets centrés. AR. (Pl. IV, n° 104.)

1689bis. — 2 pièces semblables. AR.

1690. — Même type que le n° 1684. Les annelets de l'extrémité d'un des triangles ne sont plus centrés, et il n'y a que six annelets autour de la figure. — ℞ Type du n° 1689. AR. (Pl. IV, n° 105.)

1691. — Même type que le n° précédent légèrement varié. — ℞ Croix longue, cantonnée de quatre annelets rattachés au centre. Au lieu de légende, quatre globules cerclés accompagnés chacun de deux étoiles. AR. (Pl. IV, n° 106.)

1692. — Type du n° 1680. Légende : cinq I séparés par des étoiles. — ℞ Croix pattée cantonnée de quatre étoiles. Même légende qu'au droit. AR. (Pl. IV, n° 107.)

1693. — Type du n° 1684. — ℞ Croix pattée cantonnée de globules surmontés de quatre I. AR. (Pl. IV, n° 108.)

1694. — Triangle dont deux sommets portant un annelet centré. Au milieu un globule ; autour, deux lis au pied nourri et une étoile. — ℞. Croix pattée cantonnée de quatre besants. En légende, I-I-I-I. AR. (Pl. IV, n° 109.)

1695. — Écu au lion debout, accosté de trois croissants. — ℞ I-P-R-A. Croix pattée cantonnée de quatre besants et partageant la légende. AR. (Pl. IV, n° 110.)

1695bis. — 5 pièces semblables. AR.

1696. — Même type. Les croissants du côté de l'écu étant accompagnés de deux annelets ; au-dessus dudit écu, un annelet et deux globules. — ℞ I-P-R-E. Croix fleurdelisée. AR.

1697. — Même type que le n° 1695, l'écu étant accompagné sur les côtés par deux I superposés, et au-dessus d'un I. — ℞ Même type que le n° précédent. AR. (Pl. IV, n° 114·)

1698. — Même écu, accompagné sur les trois côtés d'un annelet et de deux étoiles.. — ℞ I-P-R-A Croix formée par quatre V adossés, cantonnée de quatre points; au centre, un point. AR. (Pl. IV, n° 118.)

1699. — Mêmes types qu'au n° précédent, les étoiles étant remplacées par des globules. AR. (Pl. IV, n° 116.)

1699bis. — 5 pièces semblables. AR.

1700. — Mêmes types que le n° 1698, légèrement variés. AR. (Pl. IV, n° 119.)

1700bis. — 2 pièces semblables. AR.

1701. **Monétaires.** — Deux fleurs de lis aboutées par leur extrémité supérieure, accostées d'un croissant et d'un astre. Quatre annelets en guise de légende. — ℞ ✠ SIMON.FECI. Croix pattée cantonnée de deux besants et de deux croissants, rattachés au centre. AR. (Pl. V, n° 120.)

1702. — Mêmes types avec SIMON.FEC. AR. (Pl. V, n° 121.)

1703. — Mêmes types avec SIMON.FE. AR. (Pl. V, n° 122.)

1704. — Mêmes types avec SIMON F. AR. (Pl. V, n° 123.)

1705. — Mêmes types avec SIMON seulement. AR. (Pl. V, n° 125.)

1706. — Mêmes types que le n° 1705, les besants et les croissants n'étant pas rattachés au centre. AR. (Pl. V, n° 124.)

1707. — ME liés. Au-dessus et au-dessous un annelet. Quatre annelets en guise de légende. — ℞ Type du n° 1705. AR. (Pl. V, n° 126.)

— Mêmes types, les annelets de la légende remplacés par des croissants. AR. (Pl. V, n° 127.)

1708. — Mêmes types qu'au n° précédent, une croisette remplaçant un croissant de la légende. AR.

1709. — Type du n° 1701. — ℞ ✠ FAVREBIE. Même croix que le n° 1701. AR. (Pl. V, n° 128.)

1710. — Même type que le précédent, le croissant étant remplacé par une étoile. — ℞ ✠ CHIRISI. Même type. AR. (Pl. V, n° 129.)

1711. **Incertaines.** — Deux triangles aboutés par un de leurs sommets, et traversés verticalement par une barre; au-dessus et au-dessous, un besan. De chaque côté dans les parties concaves, une étoile. — ℞ Croix cantonnée de quatre globules allongés. AR. (Pl. V, n° 130.)

1712. — AM.B placés en triangle; au centre, une étoile. ✠ PHILIPVS. — ℞ ✠ LIPLL.OA. Un annelet entre les deux parties du mot. Croix cantonnée de deux annelets, ceux-ci rattachés au centre. AR. 2 pièces. (Pl. V, n° 131.)

1713. — Aigle éployé de face, la tête à droite. — ℞ L-O-T-E. Croix fleurdelisée, traversant la légende et cantonnée de deux globules. AR. (Pl. V, n° 132.)

1714. — Château à créneaux surmonté d'un toit aigu. Quatre annelets en guise de légende. — ℞ Croix cantonnée de deux annelets et de deux besants, et partageant la légende formée de huit annelets centrés. AR.

THIERRY D'ALSACE, comte de Flandre

1715. **Petit denier.** — Croix pattée cantonnée de quatre fleurs de lis au pied nourri. ✚ ECO ✚ MES — ℞ ✚ LEMOG-IS. Croix cantonnée de quatre fleurs de lis. AR. (Pl. V, n° 135.)

PHILIPPE D'ALSACE

1716. **Petit denier.** — Croix pattée cantonnée de quatre besants ✚ PH.COMES — ℞ ✚ G.A.N.T. Type du n° 1651. AR. (Pl. V, n° 136.)

1716bis. — Une pièce semblable. AR.

1717. — Même type qu'au n° précédent, deux besants étant remplacés par quatre points en losange. — ℟) Même type que le précédent un peu varié dans les signes de la légende. AR. (Pl. V, n° 137.)

1717bis. — Une pièce semblable.

1718. — Mêmes types qu'au précédent, la lettre H n'étant plus romaine, mais ayant la forme h. AR. (Pl. V, n° 138.)

1719. — Mêmes types que le n° 1716, la légende du revers étant aussi ✚ PH.COMES. AR. (Pl. V, n° 139.)

BAUDOIN VIII

1720. **Petit denier.** — Guerrier debout à d., couvert d'une cotte de maille, portant l'épée nue et un écu armorié à trois bandes. — ℟) Croix longue cantonnée de quatre besants et partageant la légende composée de huit globules cerclés. AR. (Pl. VI, n° 140.)

1721. — Mêmes types un peu variés; la pièce notablement plus petite, peut être obole du précédent. AR. (Pl. VI, n° 141.)

1722. — Mêmes types. Deux pièces ayant l'une, auprès de l'écu, quatre globules placés en losange et l'autre, une croisette. AR. (Pl. VI, n°s 142 et 143.)

BAUDOIN IX

1723. **Petit denier.** — Croix cantonnée de deux besants et de deux losanges formés par quatre globules ✠ B.COMES. — ℞ Type du n° 1716 ; le heaume étant accosté de deux fleurs de lis placées dans la légende. AR. (Pl. VI, n° 144.)

JEANNE DE FLANDRE

1724. **Petit denier.** — Croix cantonnée de deux annelets et de deux croisettes. ✠ I.COMIT. — ℞ Même type que le n° précédent, varié dans les ornements mêlés à la légende ✠ GANT. AR. (Inédit.)

ARNOLD

1725. **Petit denier.** — Buste de profil à dr. coiffé d'une espèce de casque plat, et tenant à la main une épée nue ∴ ARNOT. — ℞ ✠ ✠ A.L.O.S.T. Croix cantonnée de deux annelets et deux globules. AR. (Pl. VI, n° 145.)

1726. — Mêmes types un peu variés. AR. (Pl. VI, n° 146.)

1727. — Même buste. A.R.N.O.T. — ℞ ✠ A.L.O.S.T. (annelet centré.) Croix cantonnée de deux annelets et deux globules. AR. (Pl. VI, n° 147.)

MARGUERITE DE CONSTANTINOPLE

1728. **Gros.** — Aigle à deux têtes éployé dans un entourage de quatre arcs de cercle réunis par des fleurons. ✚ FLANDRIE : AC HAYNONIE. — ℞ ✚ MARG - ARET - ACOMI - TISSA, les parties de la légende séparées par des trèfles. Croix portant au centre quatre-feuilles, surmontée de deux feuilles. Elle est aussi cantonnée de A-L-O-S AR. (Pl. VI, n° 148.)

1728bis. —, 3 pièces semblables. AR.

1729. — Mêmes types, la légende du revers étant coupée différemment. AR. (Pl. VI, n° 149.)

1730. — Mêmes types, la ponctuation de la légende du droit étant différente. AR. (Pl. VI, n° 150.) (¹)

1731. — Écusson triangulaire au lion debout. Même légende que la précédente. — ℞ ✚ MARGARETA. COMITISSA. Croix cantonnée de quatre trèfles. AR. (Pl. VI, n° 151.)

GUI DE DAMPIERRE

1732. **Gros.** — Même type que le n° 1728. ✚ G : COM : FLAND'MARCH : NAMVC. — ℞ ✚ MONE-TA : VILL-E : DE-ALOST. Croix semblable à celle du n° 1728, cantonnée de A-V-E-M. AR. (Pl. VI, n° 152.)

1733. — Mêmes types, la ponctuation des légendes et la coupure de celle du revers étant différentes. AR. (Pl. VI, n° 153.)

1734. — Autre avec MARCNAMEM. AR. (Pl. VII, n° 154.)

(¹) Dans le dessin, le graveur a omis un A à MARGARETA.

1735. — Même type que le n° 1732. — ℞ ✠ MONE-TA VIL-LE DE-IPRE. Croix semblable à celles du n° 1732 cantonnée de I-P-R-E. AR. (Pl. VII, n° 155.)

1736. **Esterling à l'aigle.** — Aigle à deux têtes. ✠ : G : COMES : FLANDRIE: — ℞ : CIV-ITA-S.A-LOST. Croix coupant la légende cantonnée de douze besants. AR. (Pl. VII, n° 156.)

1737. — Autre avec FLANDRE' AR.

1738. **Esterling à tête.** — Tête de face. ✠ G : COMES : FLANDIE. — ℞ SIG-NVM-CRV-CIS. Croix coupant la légende, cantonnée de douze besants. AR. (Pl. VII, n° 158.)

1739. — Mêmes types avec FLANDI. AR.

1740. — Type du n° 1738, avec FLANDRIE. ℞ : CIV-ITA-S.AL-OST. Croix partageant la légende, cantonnée de douze besants. AR. (Pl. VII, n° 157.)

1741. — Tête de face ✠ MARCHIO NAMVRC. — ℞ G. CO-MES-FLA-DRE. Type des précédents. AR. (Pl. VII, n° 159.)

— Autre, un des groupes de trois besants étant remplacé par un quatrelobes. AR. (Pl. VII, n° 160.)

1742. **Esterling au lion.** — Écusson barré, au lion debout, MARCHIO NAMVRC. — ℞ : G : COMES-FLA-DRE. Croix à double bande traversant la légende et cantonnée de douze annelets. AR.

1743. **Denier noir.** — Croix ✚ OG COMES FLANDR. — ℞ .... A FLAN .... Dans le champ, GC-OF en deux lignes. Billon noir. (Pl. VII, n° 164.) Très mauvaise conservation.

GUILLAUME DE JULIERS

1744. **Gros au portail.** — Croix. Légende intérieure : WIL : DE : IVLIA : CO. Légende extérieure : ✚ NOMEN DOMINI NOSTRI SIT BENEDICTVM — ℞ Château ou porte de ville avec la légende : ✚ MONETA DEREMOE, le tout dans un entourage de douze lis. AR. (Pl. VII, n° 165.)

JEAN DE NAMUR

1745. **Gros au portail.** — Croix. Légende intérieure. ✚ ·I : F : COIT'FLAND'. Légende extérieure ✚ PAX : DOMINI : SIT : SEMPER : NOBISCV. — ℞ ✚ MONETA ALOST. Même type que le précédent. Bordure de douze cercles contenant chacun trois besants posés en triangle. AR. (Pl. VIII, n° 166.)

1746. — Croix. Légende int.: ✚ IH'S : COS : NAMVCI. Légende ext.: ✚ NOMEN:DOMINI:SIT:BENEDICTVM. — ℞ ✚ MONETA : NINVE. Même type que le n° 1745. Bordure de douze lis. AR. (Pl. VIII, n° 167.)

PHILIPPE DE THIETTE

1747. **Gros au portail.** — Croix. Lég. int. ✠ PH':F:COITFLAND'. Lég. ext. ✠ GRACIA:DOMINI: DEI:NRI:FACTVS:SVM. — ✠ MONETA:ALOST. Type du n° 1745. Bordure de douze lis. AR. (Pl. VIII, n° 169.

1748. — Croix. Lég. int.: ✠ PH':COIT FLAND'. Lég. ext. La même que le précédent. — ℞ Même type que le n° précédent. AR. (Pl. VIII, n° 170.)

1749. — Croix : ✠ PH':F':COIT.'FLAND'. Lég. ext.: ✠ NOMEN : DNI : NRI : DEI:SIT : BENEDICTVM. — ℞ ✠ MONETA GANDS. Type du n° 1745. Bordure de douze lis. AR. (Pl. VIII, n° 171.)

ROBERT DE BÉTHUNE

1750. **Gros tournois.** — Croix. Lég. int.: ✠ ROBERTVS : COMES. Lég. ext. : ✠ PAX : DOMINI : SIT : SEMPER : NOBISCVM. — ℞ ✠ MONETA: FLAND'E : Châtel tournois, bordure de douze trèfles. AR. (Pl. VIII, n° 174.)

1751. **Gros au lion.** — Croix. Lég. int. ✠ ROB. COMES.FAN. Même lég. ext. que le n° précédent. — ℞ ✠ MONETA.NOVA.ALOSTENSIS. Lion debout dans une épicycloïde à six lobes. AR. (Pl. IX, n° 176.)

1752. **Gros au cavalier.** — Cavalier au galop à g., portant un pennon et un bouclier au lion. ✠ ROBERT - VS : COMES : - FLADRIE. — ℞ Lég. int. ✠ SIGNVM.CRVCIS. Lég. ext. ✠ MONETA : VILLE : A : LOSTENSIS. Croix. AR. (Pl. IX, n° 177.)

1752 bis. — Une pièce semblable. AR.

1753. — Même pièce, la légende du droit étant coupée différemment et avec ALOSTESIS au revers. AR. (Pl. IX, n° 178.)

1754. **Esterling.** — Tête couronnée de face. R. COMES : FLANDRIE. — ℞ MON-ETA-ALO-TEN. Croix traversant la légende et cantonnée de douze besants. AR. (Pl. IX, n° 179.)

1755. — Mêmes types, légèrement variés. AR. (Pl. IX, n° 180.)

1756. — Mêmes types, au revers, MON-ETA-AEN-TLO. AR. (Pl. IX, n° 181.)

1756 bis. — Une pièce semblable. AR.

1757. — Tête couronnée de profil à g., ✠ ROB : COMES : FLAND'. — ℞ Type du n° 1754. AR. (Pl. IX, n° 183.)

1758. **Denier royal tournois.** — Croix pattée cantonnée d'une fleur de lis, ✠ ROBERTVS. COMES. — ℞ ✠ MONETA.ALOST, triangle surmonté d'une croisette et accosté de deux fleurs de lis. B. (Pl. IX, n° 184.)

SEIGNEURIE DE TERMONDE

1759. **Esterling.** — Croix partageant la légende et cantonnée de douze besants. ROB-F CO-ITF-LAD. — ℞ ✠ MONETA : DENREMOD. Lion debout dans une épicycloïde. AR. (Pl. IX, n° 185.)

1760. **Petit denier.** — Guerrier debout à droite, coiffé du heaume, tenant une épée nue et un écu chargé d'un lion debout, à bordure engrêlée. — ℞ R-O-D-T., Croix doublement losangée. AR. (Pl. IX, n° 186.)

LOUIS DE CRECY

1761. **Florin.** — Fleur de lys florencée. L.FLAD-COMES. — ℞ ✠ S.IONANNES.B. (Tête de lion à g.) Saint-Jean-Baptiste nimbé, debout de face. OR. (Pl. IX, n° 187.)

1762. **Royal d'or.** — Personnage couronné debout sous un portique, il tient l'épée nue et l'écu au lion debout. LVDOVICV-S.COMES. — ℞ ✠ XP'C. VINCIT.XP'C.REGNAT.XP'C.INPERAT. Croix feuillue et fleuronnée, au centre évidé en quatrefeuille, dans un entourage de quatre arcs de cercle, dont les points de rencontre se terminent en feuilles, et cantonné de quatre aigles éployés. OR. (Pl. X, n° 188.)

1763. **Chaise.** — Le comte couronné, assis sur une chaise gothique, et tenant l'épée nue et l'écu au lion. ✠ LVDOVICVS:COM-ES:ET.-DOMINVS:FLAND'. — ℞ Type légèrement varié du n° 1762, des trèfles remplaçant les aigles, dans les angles extérieurs du quatrelobe, les extrémités de la croix étant surmontées de deux aigles et de deux lions. OR. (Pl. X, n° 189.)

1764. **Vieux gros.** — Croix: lég. int. ✠ LVDOVIC'. COMES.; lég, ext. ✠ BNDICTV̄:SIT:NOMĒ:DN̄I:NR̄I; IH̄V:XP̄I. — ℞ ✠ MONETA.COMITIS.FLAND'. Lion debout. AR.(Pl. X, n° 190.)

1765. **Grand gros de Gand.** — Croix cantonnée de G.A.N.D.; lég. ✠ LVDOVICVS:COMES:FLANDRIE: — ℞ (Aigle.) MONETA:NOVA:COMITIS:FLAND': Lion debout dans une épicycloïde. AR. (Pl. X, n° 191.)

1766. **Demi-gros.** — Croix partageant la légende et cantonnée de deux aigles et de deux lions. LVDOVIC:C-OMES-FLAD' — ℞ ✠ MONETA:GANDENSIS., lion dans une épicycloïde. AR. (Pl. X, n° 192.)

1767. — Même pièce en billon noir.

1768. **Esterling au lion.** — Croix. ✠ LVDOVIC: COMES:FLAD. — ℞ ✠ MONETA:GANDENSIS. Lion debout. AR. (Pl. X, n° 193.)

1769. — Mêmes types avec FLAND. AR.

1770. **Demi-gros.** — Type du n° 1766. — ℞ ✠ MONETA:ALOSTENSIS: Lion debout dans une épicycloïde. AR. (Pl. X, n° 194.)

1771. **Esterling.** — Type du n° 1768. — ℟ Type du n° 1770. AR. (Pl. X, n° 195.)

1772. — Types du précédent avec FLANDRIE. AR. (Pl. X, n° 196.)

1773. **Gros sans nom du comte.** — Croix pattée: lég. int. ✠ COMES.FLANDRIE., lég. ext. ✠ NOMEN : DNI : NRI : SIT : BENEDICTVM : — ℟ ✠ MON : GANDENSIS., lion debout, bordure de douze trèfles. AR. (Pl. X, n° 197.)

1774. — Deux pièces semblables en billon noir, dont l'une a été argentée anciennement.

1775. **Gros.** — Croix partageant la légende. Lég. int. LVD-OVI-C'.CO-MES. Lég. ext. du n° 1764. — ℟ (Aigle) MONETA (trèfle) FLAND'., lion debout, bordure composée d'un lion et de onze quatre-feuilles. AR. (Pl. X, n° 198.)

1776. — Même pièce en billon noir.

1777. — Type du n° 1775. — ℟ (Aigle.) MONETA ✠ FLAND', lion debout, bordure de douze quatre-feuilles à tige. AR. (Pl. X, n° 199.)

1778. — Même pièce en billon noir.

1779. **Tiers de gros.** — Croix partageant la légende intérieure, LVD-OVI-C'CO-MES. Lég. ext. BENDCM : SIT : NOM : DNI : NRI : IH'V : XPI : — ℟ Type du n° 1777, un aigle remplaçant l'une des quatrefeuilles. AR. (Pl. X, n° 200.) 3 pièces.

1780. — Même pièce en billon noir.

1781. **Double mite.** — Croix coupant la légende et cantonnée de G-A-N-D. Lég. LVD-COM-FLA-DRI. — ℟ ✠ MONETA:GANDENSIS: dans le champ, L accompagné de quatre trèfles. B. (Pl. XI, n° 201.)

1782. — Types du n° 1781, avec GANDESIS. B. (Pl. XI, n° 204.)

— Même pièce avec GANDENS. B. (Pl. XI, n° 203.)

1783. — Mêmes types avec GANDNS. B. (Pl. XI, n° 205.)

1784. — Même type. — ℞ ✠ MONETA : ALOSTENS :, dans le champ, L, accompagné de quatre groupes de trois globules placés en triangle. B. (Pl. XI, n° 207.)

1785. — Mêmes types, avec ALOSTS ; des trèfles remplaçant les groupes de globules. B. (Pl. XI, n° 208.) 2 pièces.

1786. — Piéfort du n° 1785. C.

1787. — Même type. — ℞ ✠ MONETA.FLANDRIE.; dans le champ, L accosté de deux trèfles et de deux quatrefeuilles. B. (Pl. XI, n° 209.)

1788. — Piéfort du n° 1787. C.

LOUIS de CRÉCY et JEAN III de BRABANT

1789. **Tiers de gros.** — Lion debout. ✠ MONETA : GANDENSIS. — ℞ ✠ MONETA : HALENS : Croix. B^on. (Pl. XI, n° 210.)

1790. **Gros.** — Croix coupant la légende intérieure. LVD-COM'-IOH'-DVX. Légende extérieure du n° 1764. — ℞ (aigle) GANDEN'LOVAIN'. Lion debout. Bordure composée d'un lion debout et de onze figures trèflées. AR. (Pl. XI, n° 211.)

LOUIS DE CRÉCY et JEAN Ier DE NAMUR

1791. **Gros.** — Écusson affectant la forme d'un quatre-lobes contenant quatre lions debout ✠ IOH'S : COM NAM : LVDOVC COM FADIE. — ℞ Lég. int. ✠ MONETA VET' RIVIL'. Lég. ext. ✠ BNDICTVM:SIT: NOMEN : NRI : DNI. Croix. AR. (Pl. XI, n° 212.)

LOUIS DE CRÉCY
Et JEAN Ier DE LUXEMBOURG

1792. **Tiers de gros.** — Lion debout ✠ MONETA : FLAND. Bordure composée de dix roses. — ℞ Lég. int.: ✠ MONETA:LVCE'BVR. Lég. ext. ✠ XPC : VINCIT XPC : REGNAT XPC : I. Croix. AR. (Pl. XI, n° 213.)

LOUIS DE MALE

1793. **Chaise à l'aigle.** — Le comte assis sur un trône tenant une épée et un écu à l'aigle. ✠ LVDOVICVS : DEI. - . GRA. - COMES : Z : DNS : FLAD'. — ℞ ✠ XPC' : VINCIT : XPC' : REGNAT : XPC' : INPERAT. Croix à triple bande, aux extrémités trèflées, dans quatre arcs de cercle, ornés de quatre fleurons à l'intérieur, et de quatre rosaces à l'extérieur. OR. (Pl. XII, n° 214.)

1794. **Deux tiers de chaise.** — Mêmes types qu'au n° précèdent avec D̄N̄S : FLA'. OR. (Pl. XII, n° 215.)

1795. **Tiers de chaise.** — Même type que le n° 1793. + LVDOVIC:DEI-.GRA.-COMES:FLA. — ℟ Même type que le n° 1793. OR. (Pl. XII, n° 216.)

1796. **Aignel.** — Agneau pascal à g., tournant à droite sa tête nimbée. Derrière, une croix à longue hampe et aux extrémités fleurdelisées et portant un étendard. Au-dessous LVD'-CO : F'. Légende. + AGN:DEI:QVI:TOLI:PECCA:M̄VDI:MISE-RERE:NOB'I — ℟ Même légende que le n° 1793. Croix à triple bande fleuronnée et très-ornée, cantonnée de quatre aigles; le tout dans un entourage composé de quatre arcs de cercle et de quatre angles, ceux-ci accompagnés, à l'extérieur, chacun de deux trèfles. OR. (Pl. XII, n° 217.)

1796bis. — Une pièce semblable. OR.

1797. — Mêmes types que le n° 1796, la légende du droit se terminant par NOB'. OR. (Pl. XII, n° 218.)

1798. — Autre, avec la légende du droit se terminant par NO'. OR.

1799. **Cavalier.** — Le comte sur un cheval lancé au galop à g., il tient dans la main une épée nue; sa cuirasse et le caparaçon du cheval portent le lion de Flandre. LVDOVIC':DEI-GRA:COMES:E-DNS: FLĀDRIE. — ℟ Légende du n° 1783. Croix à triple bande évidée en cœur, feuillue et trèflée, dans quatre arcs de cercle ornés à l'intérieur de quatre fleurons, et à l'extérieur de quatre trèfles. OR. (Pl. XII, n° 219.)

1800. — Mêmes types avec la variante COME'. OR. (Pl. XII, n° 220.)

1801. **Lion heaumé.** — Lion coiffé d'un heaume assis à g., devant un portique. Dessous FLANDRES. Légende LV-DOVICVS:DEI.GRA:COM'.Z:DNS: FLANDR-IE. — ℞ ✚ BENEDICTVS:QVI:VENIT:IN: NOMINE:DOMINI. Croix feuillue et fleuronnée, cantonnée de F-L-A-N et portant en cœur D', le tout dans un entourage de vingt arcs de cercle. OR. (Pl. XII, n° 221.)

1801bis. — Une pièce semblable. OR.

1802. **1/2 lion heaumé.** — Mêmes types que le n° 1801. OR. (Pl. XII, n° 222.)

1802bis. — Une pièce semblable. OR.

1803. **Vieil heaume.** — Écusson incliné au lion de Flandre, surmonté d'un heaume portant en cimier une tête de lion ailé, ledit heaume soutenu par deux lions debout, le tout sous un portique. Au-dessous, FLANDRES. Légende. L-V-DOVICVS:DEI:GRA:COM:Z:DNS:FLANDR-I-E. — ℞ Même légende que le n° 1801. Croix à triple bande feuillue et fleuronnée, cantonnée des lettres F-L-A-N, surmontées chacune d'un aigle, et évidée en cœur en forme d'un quatre-lobes où se trouve D'; le tout dans un entourage composé de huit arcs de cercle et huit angles, ces derniers accompagnés chacun de deux trèfles. OR. (Pl. XIII, n° 223.)

1803bis. — Une pièce semblable. OR.

1804. — Piéfort de la même pièce, frappé sur argent. AR.

1805. — **Franc à pied.** — Le comte portant la cuirasse au lion et le manteau, tenant l'épée nue et l'écu au lion, est debout sous une espèce de portique. A la droite est un heaume couronné ayant en cimier une tête de lion ailé. Au-dessous de cette représentation, on lit : FLANDRES. Légende : L-VDOVIC' : DEI : G-COM' : Z. -DNS : FLANDRI-E. — ℟ Légende du n° 1801. Croix à triple bande feuillue et fleuronnée, cantonnée des lettres F-L-A-D, ayant le cœur évidé en cercle où se trouve un lion, le tout dans un entourage de quatre arcs de cercle accompagné à l'extérieur de quatre rosaces en forme de trèfle. OR. (Pl. XIII, n° 224.)

1806. **Chaise au lion.** — Mêmes types que le n° 1793 avec le mot FLAND' dans la légende du droit et l'écu au lion remplaçant celui à l'aigle : au revers, des rosaces remplacent les trèfles à l'extérieur des arcs de cercle. OR. (Pl. XIII, n° 225.)

1807. — Piéfort du précédent. AR. doré.

1808. **Gros.** — Type du n° 1775. — ℟ ✠ MONETA. FLAND'. Lion debout. Bordure composée d'un lion et de onze trèfles. AR. (Pl. XIII, n° 226.)

1809. — Mêmes types. Billon anciennement argenté.

1809bis. — Une pièce semblable. AR.

1810. — Piéfort du précédent. Sur la tranche est gravée la légende : ✠ IAN : COPPINS. AR.

1811. **Double gros botdrager.** — Lion heaumé assis à d. LVDOVICVS : DEI : GRA : COMES : Z : DNS : FLANDRIE. — ℞ Légende int.: + MONETA·DE· FLANDRIA, (les mots séparés par des feuilles de bois.) Lég. ext., la même que celle du n° 1801. Croix feuillue. AR. (Pl. XIII, n° 228.)

1812. — Mêmes types. Les mots de la lég. int. du revers séparés par des trèfles à tige. AR. (Pl. XIII, n° 229.)

1812bis. — 3 pièces semblables. AR.

1813. **Gros botdrager.** — Même type que le n° 1811. ℞ Lég. int. + MONETA.FLANDRIE. Lég. ext. la même que celle du n° 1801, avec BENEDICT'. Croix feuillue. AR. (Pl. XIII, n° 231.)

1814. **Demi-gros botdrager.** — Même type que le n° 1811. LVDOVIC : DEI : GRA : COM : Z : D' : FLAN-DRIE. — ℞ Lég. int. MON-ETA-FLA-DRIE. Lég. ext.: + BENED-IC : Q : VE-NIT : I : NO-MINE : DI. Croix partageant les deux légendes. AR. (Pl. XIV, n° 232.)

1814bis. — 2 pièces semblables. AR.

1815. **Quart de gros botdrager.** — Même type que le n° 1811 : LVDOVIC :DEI:G:COM: Z : D:FLAND'. — ℞ B'NIC-T : Q : VE-NIT : IN : -N'E : DI'. Croix coupant la légende et cantonnée des lettres F.L.A.D. AR. (Pl. XIV, n° 233.)

1816. **Denier ou double mite.** — + LVDOVICVS. COM'. Dans le champ, $\overline{\text{FL}}$. — ℞ + MONETA. FLAND'. Croix. B^{on} noir. 2 pièces. (Pl. XIV, n° 234.)

1816bis. — Une pièce semblable. B^on noir.

1817. — Même pièce. B^on blanc.

1818. **Gros (pour Flandre - Rhétel.)** — Même type que le n° 1808. — ℞ MONETA (trèfle) FLAND Z R'. Lion debout. Bordure de douze trèfles. AR. (Pl. XIV, n° 236.)

1819. — Mêmes types ; la bordure étant composée de nn lion et de douze trèfles. AR. (Pl. XIV, n° 237.)

PHILIPPE LE HARDI

1820. **Chaise** ou **réal d'or.** — Même type que le n° 1806. ✚ PHILIPPVS:DEI-.GRA,-COM':Z:DNS: FLAND'. — ℞ Même type que le n° 1806. OR. (Pl. XIV, n° 238.)

1821. — Semblable au n° précédent, sauf que le comte ne porte pas l'épée nue. OR. (Pl. XIV, n° 239.)

1822. **Double heaume d'or.** — Deux écussons inclinés, celui de gauche, de Bourgogne moderne surmonté d'un heaume ayant une fleur de lis pour cimier ; celui de droite, de Flandre, surmonté d'un heaume ayant une tête de lion ailé pour cimier. ✚ PHILIPP':DEI:G':DVX: BVRG':Z:COM:FLAND'. ✚ — ℞ ✚ SIT.NOMEN: DONINI.BENEDICTVM. Les mots séparés par des quatre-feuilles. Type presque semblable à celui du n° 1799. OR. (Pl. XV, n° 240.)

1823. **Ange d'or.** — Ange debout de face, tenant deux écussons, l'un de Bourgogne moderne, l'autre de Flandre. ✠ PHILIPPVS : DEI : GRA : DVX : BVRG' : Z : COM' : FLAND'. — ℞ ✠ BENEDICTVS : QVI . VENIT . IN . NOMINE . DOMINI. (Les mots séparés par des feuilles trèflées.) Croix à triple bande feuillue, cantonnée de quatre lions, dans un entourage formé de quatre arcs de cercle et de quatre angles accompagnés à l'extérieur, chacun de deux trèfles. OR. (Pl. XV, nº 241.)

1824. **Demi-ange d'or.** — Mêmes types qu'au nº précédent, avec PHILIPP'. OR. (Pl. XV, nº 242.)

1825. **Noble de Flandre.** — Philippe le Hardi debout de face dans un vaisseau, tenant l'épée nue et un bouclier aux armes de Bourgogne moderne. P-HS-DEI:GRA:DVX:BVRG:COMES : Z : DNS: FLANDRIE. — ℞ Même type et même légende que le nº 1557. Dans le centre de la croix, la lettre P. OR. (Pl. XV, nº 253.)

1826. **Demi-noble.** — Même type que le nº 1825. P-HS-DEI:G:DVX:BVRG:COM:Z:DNS:FLAND. — ℞ ✠ DOMINE: NE : IN : FVRORE : TVO : ARGVAS : ME. Même type que le nº 1825. OR. (Pl. XV, nº 244.)

1827. **Quart de noble.** — Écusson de Bourgogne moderne dans une épicycloïde, portant des trèfles aux angles intérieurs. ✠ PHS.DEI:G:DVX: BVRG:Z:COM:FLAN. — ℞ EXALTABITVR: IN:GLORIA. Croix analogue à celle du nº 1825 portant en cœur un P, et cantonnée de quatre lions passant. OR. (Pl. XV, nº 245.)

1828. **Double gros botdrager.** — Type du n° 1811. PHILIPPVS:DEI:GRA:COMES: Z :DNS:FLANDRIE. — ℞ Type et légende du n° 1812. AR. (Pl. XV, n° 248.)

1829. **Double gros aux deux écus.** — Deux écussons, celui à g. de Bourgogne moderne, celui â d., de Flandre. Au-dessus est écrit F̄L̄ĀN̄D̄R̄ĒS̄. Légende ✠ PHILIPPVS:DEI:GRA:DVX: BVRG:Z:COM:FLAND. — Légendes du n° précédent; les mots de la lég. ext., séparés par des quatrefeuilles. Croix légèrement pattée. AR. (Pl. XV, n° 247.)

1829 ^{bis}. — Une pièce semblable. AR.

1830. **Gros.** — Même type que le n° 1829. ✠ PHILIPP: DEI:G:D:BVRG:Z:GOM:FLAND. — ℞ Lég int. ✠ MONETA (Trèfle.) FLANDRIE. Lég. ext. ✠ SIT.NOMEN.DNI.BENEDICTVM (les mots séparés par des quatre feuilles.) Croix légèrement pattée. AR. (Pl. XV, n° 248.)

1831. **Double gros à l'aigle.** — Aigle, la tête tournée à g., posé sur deux écussons, un peu inclinés, celui de g., de Bourgogne moderne, celui de d., de Flandre. PHILIPP : DEI:GRA:DVX: BVRG:Z:COM':FLAND'. — ℞ Lég. int., MONE-TA. DE.-FLAN-DRIA. Lég. ext., ✠ SIT:NO-MEN:DOMINI:BENE-DICTVM. Croix coupant les deux légendes. AR. (Pl. XV, n° 249.)

1832. **Gros.** — Même type. PHILIPP:DEI:G:D':BVRG':Z: COM':FLAND' — ℞ ✠ SIT : NO-MEN : D̄N̄Ī - BENEDICTVM. Croix partageant la légende, cantonnée des lettres F-L-A-D'. (Deschamps de Pas. *Monnaies de Flandre de la maison de Bourgogne.* n° 14.)

1833. **Demi-gros.** — Mêmes types que le précédent, sauf une variante daus la légende du droit. PHILIPP : DEI : G' : D'. B'. Z : COM' : FLAND'. AR. (Id. supp. n° 1.)

1834. **Double gros.** — Lion assis à g., portant au cou une mante aux armes de Bourgogne moderne. ✠ PHILIPP:DEI:G:DVX:BVRG:Z:COM':FLAND'. — ℞ ✠ SIT-NO-MEN:DOM-INI:BE-NEDICTVM. Écu de Bourgogne traversé par une croix qui coupe aussi la légende AR. (Id. n° 18.)

1835. **Gros.** — Même type. ✠ PHILIPP':DEI:G':D':BVRG': Z:COM' : FLAN. — ℞ Même légende qu'au n° 1832. Type du n° 1832. Type du n° 1834. AR. (Id. n° 19.)

1835bis. — Une pièce semblable. AR.

1836. **Demi-gros.** — Mêmes types et légendes que le n° 1835. AR. (Id. n° 20.)

1836bis. — Une pièce semblable. AR.

1837. **Quart de gros.** — Écu aux armes de Bourgogne moderne. ✠ PHILIPP.DVX.BVRG. — ℞ ✠ MONETA.FLANDRES. Croix. B[on]. (Id. n° 21.)

1838. **Double mite.** — F̄L̄ entouré de la légende ✠ PHILIPP.DVX:BVRG'. — ℞ ✠ MO-NET-A.FL-AND. Croix longue coupant la légende. B[on]. (Id. suppl. n° 2.)

1839. — Écusson aux armes de Bourgogne moderne. Même légende que le précédent. — ℞ ✠ MO-NETA.FLANDI.... Croix. B[on].

1840. — Même type ✠ PHILIPP.DVX.BVRIE. — ℞. Même type que le précédent avec FLANDRS. B^{on}.

1841. — Mêmes types que le n° 1839 avec FLAND'. B^{on}.

1842. — Types du n° 1839 avec FLANDRIIS. B^{on}.

1843. — Types du n° 1839 avec FLANDRES. B^{on}.

1843bis. — Trois pièces semblables. B^{on}.

1844. **Mite.** — Type du n° 1839. — ℞ ✠ MO-NET-A:FL-AND: Croix coupant la légende. B^{on}. Deux pièces. (Id. suppl. n° 4.)

1844bis. — 3 pièces semblables. B^{on}.

PHILIPPE LE HARDI

et JEANNE DE BRABANT

1845. **Double gros rosenbeker.** — Deux écus de Bourgogne et de Brabant juxtaposés, le premier à gauche et le second à droite. Au-dessus entre deux fleurs de nèfle, une couronne de roses, au-dessous, une troisième fleur de nèfle. ✠ PHS:DVX:BORG:Z:COM:FLAND': IOH':DVC'.BRAB'— ℞ ✠ MONETA:NOVA:FLANDRIE:ET: BRABANTIE. Écusson au lion sur une croix ornée et composée de huit têtes de dragon. AR. (Id. n° 2.)

1846. **Gros.** — Mêmes types et mêmes légendes que le précédent. AR. (Id. n° 3.)

1847. **Double écu d'or.** — Deux écus de Brabant et de Bourgogne, dans un ordre invers du n° 1845, placés sous un édicule gothique. IOH: DVCIS:BRABAN.-PHS-DVX-BORG:Z:COM:FL'-AND. — ℞ ✠ MONETA:NOVA.BRABANTIE:ET:FLANDRIE. (Les mots séparés par des roses.) Écusson au lion sur une croix feuillue et fleuronnée, le tout dans une épicycloïde à quatre lobes. OR.

1848. **Gros.** — Même type que le n° 1846, les écussons dans un ordre invers. ✠ IOH':DVC':BRAB':PHS': DVX:BORG:Z:COM':FLAND' — ℞ Même légende que le n° 1847. Type du n° 1846. AR.

1849. **Demi-gros.** — Mêmes types et légendes que le n° 1848. AR.

1850. **Double mite.** — Dans le champ : IO'H-PHS' en deux lignes ✠ MONETA:BRABANT. — ℞ MONETA : FLANDRIE. Croix. B^{on}. (Ds. de P. Suppl. n° 5.)

JEAN-SANS-PEUR

1851. **Noble de Flandre.** — Type du n° 1825, l'écusson de Flandre étant ajouté en surtout aux armoiries de l'écu I-OH-S' : DEI : GRA : DVX:BVRG: COMES:Z:DNS:FLAND. — ℞ Type et légende du n° 1825, la lettre I étant au centre de la croix. OR. (Id. n° 25.)

1851bis. — Une pièce semblable. OR.

1852. **Heaume d'or.** — Écu incliné aux armoiries de Bourgogne avec l'écusson de Flandre en surtout, surmonté d'un heaume de profil ayant une fleur de lis pour cimier. IOHS:DEI:G:DVX: BVRG:Z:COMES:FLAND. — ℞ ✠ BENEDICTVS:QVI: VENIT:IN:NOMINE:DI. Croix à triple bande feuillue et fleurdelisée, évidée en cœur, dans une épicycloïde à quatre lobes, accompagnée à l'extérieur de quatre lions. OR. (Id. n° 30.)

1853. **Vieux gros.** — Croix chargée au centre d'un écusson de Bourgogne et coupant la légende intérieure. IOHS':-D':B':C-OM:F-LAND'. Lég. ext. ✠ BENEDICTVS:QVI:VENIT:IN:NOMINE:DNI.—℞ MONETA FLANDRIE. Lion debout. Bordure de onze lis, un écusson de Bourgogne remplaçant le douzième. AR. (Id. n° 22.)

1854. **Vieux demi-gros.** — Lion debout, au-dessus l'écusson de Bourgogne, IOHS:D':B':COM':FLAN-DRIE. — ℞ MONE-TA:F-LAN-DRIE. Croix coupant la légende et portant au centre un écusson de Bourgogne. AR. (Id. n° 23.)

1855. **Vieux quart de gros.** — Lion debout. ✠ IOHS:DVX:BVRG:COM':FLAND': — ℞ du précédent. AR. (Id. n° 24.)

1856. **Double gros.** — Deux écus juxtaposés, de Bourgogne à g., et de Flandre à dr., surmontés d'un heaume de profil à g., avec une fleur-de-lis pour cimier, IOHS:DVX:BVRG:Z:COMES:FLAN-DRIE. — ℞ ✠ MONETA'NOVA:COMITIS:FLANDRIE. Croix cantonnée de deux lions et de deux fleurs-de-lis. AR. (Id. n° 26.)

1856 bis. — Une pièce semblable. AR.

— 258 —

1857. — Même pièce, dont tous les A sont barrés. (Émission postérieure.) AR.

1858. **Gros.** — Mêmes types que le n° 1856, avec COM':FLANDRIE. AR. (Id. n° 27.)

1859. **Demi-gros.** — Même type, IOHS:DVX:BVRG:Z: COM:FLAND : — ℞ MONETA:NOVA:COMETIS:FLAND': Type des n^os précédents. AR. (Id. n° 28.)

1860. **Quart de gros.** — Écu incliné aux armoiries de Bourgogne, surmonté d'un heaume de profil à g., avec une fleur de lis pour cimier, légende du n° 1859. — ℞ MONE-TA:NOVA:FLA-DRIE. Croix coupant la légende et cantonnée de deux lions et de deux fleurs de lis. AR. (Id. n° 29.)

1861. — Même pièce. Au revers, MONE-TA:NO-VA:FL-ANDRIE. AR.

1862. **Huitième de gros.** — Types du n° 1861. AR.

1863. **Double gros Cromsteert.** — Lion debout à g., portant au flanc l'écusson de Bourgogne, ✠ IOHS : DVX : BVRG : Z : COMES : FLANDRIE. — ℞ ✠ MONE-TA:COMI-TIS:FLA-NDRIE., croix coupant la légende et cantonnée des lettres F.L.A.D'. AR. (Id. n° 31.)

1863bis. — Une pièce semblable. AR.

1864. **Gros.** — Types du n° 1863, avec ✠ MONE-TA: COM-ITIS:F-LAND'. AR. (Id. n° 32.)

1865. **Demi-gros.** — Types du n° 1864, avec COMES: FLAND. AR. (Id. supp. n° 6.)

1866. **Quart de gros.** — Écusson aux armes de Bourgogne, ✠ IOHS.D.B.Z.COM.FLAND. — ℞ ✠ MONETA:COM:FLAND:, croix cantonnée de F.L.A.D. AR. (Id. n° 33.) 2 pièces.

1867. **Double mite.** — F̄L̄ dans le champ, ✠ IOHS. D':B':COM':FLAND': — ℞ ✠ MONETA:FLANDRIE:, croix. B^on. (Id. supp. n° 7.)

1868. — Écusson aux armes de Bourgogne, légende du n° 1867. — Revers du n° 1867, la croix cantonnée d'un lion et d'une fleur de lis. (Id. supp. n° 8.)

1869. **Mite.** — Type du n° 1867, avec FLAN. — ℞ ✠ MO-NET-A:FL-AND., croix coupant la légende et cantonnée d'une fleur de lis et d'un lion. B^on. (Id. supp. n° 9.) 2 pièces.

1869bis. — Six pièces semblables. B^on.

PHILIPPE LE BON

1870. **Heaume d'or.** — Type du n° 1852, PHS:DEI: G:DVX:BVRG:Z:COMES:FLAND': — ℞ Type et légende du n° 1852. OR. (Id. n° 34.)

1871. **Noble de Flandre.** — Types du n° 1851, avec P-HS-DEI:GRA:DVX:BVRG:COME:Z:DNS:FLAND': et un P au centre de la croix du revers. OR. (Id. n° 38.)

1872. — Types du n° 1871, avec un lion *issant* de la poupe et une rose au centre de la croix du revers. OR. (Id. n° 42.)

1873. **Demi-noble.** — Type du n° 1872. p-hs-dei:g: dvx:bvrg':com:z:dns:fland': — ℞ ✠ domine:ne: in:fvrore:tvo:argvas:me. Type du n° 1872. OR. (Id. n° 43.)

1874. **Double gros.** — Types du n° 1856, avec phs: dvx: etc. AR. (Id. n° 41.)

1874bis. — Une pièce semblable. AR.

1875. **Gros.** — Types du n° 1858, avec phs: dvx: etc. AR.

1876. **Demi-gros.** — Deux écussons juxtaposés, de Bourgogne à g., et de Flandre à dr., ✠ phs: dvx : bvrg : z : comes : fland : — ℞ ✠ mone-ta: com-itis:f-land:. Croix coupant la légende et cantonnée d'un lion et d'une fleur de lis. AR.

1877. **Double gros Cromsteert.** — Types du n° 1863, avec phs:dvx: etc. AR. (Id, n° 35.) 2 pièces dons une porte tous les a barrés. (Autre émission.)

1878. **Gros.** — Types du n° 1877. AR. (Id. n° 36.)

1878bis. — Une pièce semblable. AR.

1879. **Quart de gros.** — Types du n° 1866, avec ph's.d.b. AR. (Id. n° 37.) 2 piéces, dont l'une avec tous les a barrés.

1880. **Double mite.** — fl dans le champ, ✠ phs.d. b.com.fland'. — ℞ moneta:flandrie. Croix cantonnée d'un lion et d'une fleur de lis. B^{on}. (Id. supp. n° 12.) 2 pièces.

1881. Écusson aux armes de Bourgogne, ✠ phs.d.b. com.flan. — ℞ Type du n° 1880. B^{on}. (Id. supp. n° 13.)

— Variété avec FLAND. et disposition différente du lion et de la fleur de lis. B^on. (Id. supp. n° 14.)

1882. **Écu d'or de Hollande, dit Klainkaert.**
— Le comte couronné, assis sur une chaire gothique, tenant une épée nue et l'écusson aux armes de Bourgogne, ✚ PHS:DVX:BVRG-COM.-FLAD':H'E'S:HOL':Z: — ℞ du n° 1805, point secret sus le G, des deux côtés. OR. (Id. n° 39.)

1882bis. — Une pièce semblable. OR.

1883. — Même pièce sans point secret. OR.

1884. **Demi-Klainkaert.** — Types du n° 1882. OR. (Id. n° 40.)

1885. **Lion d'or.** — Lion assis à g., sous un portique gothique, accosté de deux briquets avec étincelles, PHS:DEI:GRA: DVX:BVRG: COM': FLAND: — ℞ Écusson à sept quarts posé sur une croix feuillue et couronnée, ✚ SIT:NOMEN:DOMINI:BENEDICTVM:AMEN. (Briquet.) OR. (Id. n° 51.)

1886. — Même pièce avec COMES:FLAND: OR.

1887. **Deux-tiers de lion ou lionceau d'or.** — Type du n° 1886, PHS;DEI:G:DVX:BVRG:CO:FLAND: — ℞ ✚ SIT:NOMEN:DNI:BENEDICTVM:AMEN. Type du n° 1885. OR. (Id. n° 52.)

1888. **Tiers de lion.** — Lion assis à g., dans une épicycloïde, ✚ PHS:DEI:GRA'DVX:BVRG:CO:FLAND: — ℞ ✚ SIT.NOMEN.DOMINI.BENEDICTVM. (Briquet.) Écusson à sept quarts dans une épicycloïde. OR. (Id. n° 53.

1888bis. — Une pièce semblable. OR.

1889. **Cavalier** ou **Ridder**. — Le duc à cheval, au galop, à dr.; il porte le heaume surmonté d'une fleur de lis, le caparaçon est chargé de briquets avec étincelles en exergue: FLA'D'., légende:PH'S: DEI:GRA':DVX:BVRG:Z:COME-S:FLANDRIE. — ℞ Type presque semblable au n° 1885. OR. (Id. n° 44.)

1889 ^{bis}. — Une pièce semblable. OR.

1890. **Demi-ridder.** — Types du n° 1889, avec CO: FLAD'., et DNI'au revers. OR. (Id. n° 45.)

1891. **Florin au Saint-André.** — Saint-André debout de face, tenant sa croix devant lui, SANCTVS:-ANDREAS. — ℞ PH'S:DV-X:BVRG:-COMES:- FLAND': Écusson à sept quarts sur une croix coupant la légende. OR. (Id. n° 54.)

1892. **Double patard.** — Écusson à sept quarts. + PH'S:DEI:GRA':DVX:BVRG':COMES:FLAND'. — ℞ + SIT:NOMEN:DOMINI:BENEDICTVM:AME'. Croix feuillue et fleuronnée au centre évidé en losange et portant une fleur de lis. AR. (Id. n° 55.)

1893. — Types semblables, avec COMES:FLANDRIE ; l'écusson étant renfermé dans une double épicycloïde à trois lobes, et la croix du revers étant un peu différente. AR. (Id. n° 56.)

1894. **Double gros vierlander.** — Armoiries à sept quarts occupant tout le champ. + PH'S: DEI:GRA:DVX:BVRG:Z:COMES:FLANDRIE. — ℞ MO- NET-A:NOVA:C-OMITIS:-FLAND'. Croix coupant la légende, évidée en cœur où se trouve une fleur de lis, et cantonnée de deux fleurs de lis, et de deux lions. AR. (Id. n° 46.)

1895. — Même pièce avec FLA'. AR.

1895bis. — Une pièce semblable. AR.

1896. **Gros.** — Mêmes types que le n° 1894 avec COM: FLAD'; et au revers ✠ MONET-A:NOVA:-COMITI-S: FLAD. AR. (Id. n° 47.)

1896bis. — Une pièce semblable. AR.

1897. **Quart de gros.** — Armoiries à sept quarts, occupant tout le champ. ✠ PH'S:DI:GRA:DVX:BR: Z:CO:FLA. — ℞ ✠ MONETA:NOVA:COMITI:FLAD. Croix évidée en cœur où se trouve une fleur de lis et cantonnée de deux fleurs de lis et de deux lions. AR. (Id. n° 49.)

1898. — Même pièce avec BG:Z:CO:FLA. AR.

1899. **Double mite.** — Armoiries à sept quarts. ✠ PH'S:DEI:GRA:DVX:BVRG:BR. — ℞ ✠ MONET':NOV: COM.FL'D'. Croix évidée au centre où se trouve une fleur de lis. B[on]. (Id. supp. n° 18.)

1900. — Armoiries à sept quarts. ✠ PHS.D.G.D.B. Z.COM.FLA'. — ℞ ✠ MONETA.NA.COM.FLAND. Croix avec une fleur de lis au centre. Billon.

Autre avec FLAD' au revers. Billon.

1901. — Mêmes types avec COM':FLAD'. B[on]. (Id. n° 16.) 2 pièces.

1902. — Armoiries à sept quarts. ✠ PHS:DI:GRA:DVX: BG':Z:C:FL. — ℞ ✠ MON-ETA:N-OA:CO:-FLAD'. Croix coupant la légende et ayant au centre une fleur de lis. B[on]. (Id. supp. n° 19.).

1903. — Mêmes armoiries. ✠ PHS:DEI:GRA:COM:FLA. — ℞ ✠ MO-NET-NOA-DE:G. Croix coupant la légende, et ayant au centre une fleur de lis. B^{on}.

— Autre avec la légende du revers MON-ETAN-OVAD-E:GEI. B^{on}. (Id. suppl. n° 22.)

PHILIPPE LE BON

et JACQUELINE DE BAVIÈRE

1904. **Chaise.** — Le duc, couronné, assis de face sur une *Chaire* gothique, tenant l'épée nue et un écu de Bavière ; à sa droite est un autre écu aux armes de Bourgogne — Flandre. ✠ PHS:DVX:BVRG:-IACOB.-.DVC:BA:CO:HOL.Z. — ℞ Type et légende du n° 1882. OR.

1904bis. — Une pièce semblable. OR.

1905. **Demi-chaise.** — Mêmes types et légendes qu'au n° précédent. OR.

1905bis. — Une pièce semblable. OR.

1906. **Double gros.** — Type du n° 1877. ✠ PHS:DVX:BVRG':TVTOR:Z:HE'S:H'Z. — ℞ IACOB'-DVC:B-AVA:C-OM:H'Z. Écusson de Bavière partagé par une croix longue coupant la légende. AR.

1907. **Gros.** — Types et légendes du n° précédent. AR.

1908. **Demi-gros.** — Mêmes types et légendes qu'au n° 1906. AR. 3 pièces.

1909. **Quart de gros.** — Écusson aux armes de Philippe le Bon. ✠ PHS:DVX:BVRG':TVTOR:Z. — ℞) IACO-B':DV-C:BA-VA:C. Même type que le n° 1906. AR.

1910. **Demi-quart de gros.** — Mêmes types que ceux du n° 1909 avec TVTOR:Z:H. AR.

CHARLES LE TÉMÉRAIRE

1911. **Florin au Saint-André.** — Type du n° 1891. — ℞) KAROLV-S : DEI : -GRA: CO-: FLAND. Écusson à 7 quarts sur une croix coupant la légende. OR. (Ds. de P. n° 59.)

1912. — Même pièce, l'attitude de Saint-André étant un peu différente, la tête penchée à g. OR. (Id. n° 58.)

1913. — Mêmes types que ceux du n° 1912; la légende du revers étant coupée différemment. KAROL‑VS:DEI:-GRA:CO-FLAII. OR.

1914. **Demi-florin.** — Type du n° 1911. — ℞) ✠ KAROLVS : DEI.GRA.DVX.BVRG'.CO'.FLA. Écusson à sept quarts, dans une épicycloïde. OR. (Id. n° 59.)

1915. — Type du n° 1912. — ℞) KAROLVS:DEI:GRA:CO: FLAND : Écusson à sept quarts. OR.

1916. **Double patard.** — Écusson à sept quarts. ✠ KAROLVS:DEI:GRA:DVX:BVRG':CO':FLA'. — ℞) SIT: NOMEN:DOMINI:BENEDICTVM. (Briquet.) Type du n° 1892. AR. (Id. n° 60.)

1916bis. — Une pièce semblable.

1917. **Double gros.** — Armoiries à sept quarts remplissant le champ. ✠ KAROLVS:DEI:GRA:DVX: B'G':COM':FL. — ℞ ✠ MONE-TA:NA:COMIT:-FLAND. Croix portant au centre une fleur de lis, coupant la légende et cantonnée de deux fleurs de lis et de deux lions. AR. (Id. n° 61.)

1918. **Gros.** — Même type que le n° précédent avec CO':FL. — ℞ ✠ MONE-TA NOVA-:COMIT-I:FLAD'. Même type que le n° précédent. AR. (Id. n° 62.) 2 pièces.

1919. — Piéfort de la pièce précédente. AR.

1920. **Demi-gros.** — Mêmes types avec ✠ KAROL: etc., et du côté du revers, ✠ MONE-TA:NOV:-A:CO-MI-T:FLAD'. AR. (Id. n° 63.)

1921. **Quart de gros.** — Armoiries à sept quarts occupant tout le champ. ✠ KAROL:DI:GRA:DX: BG:CO:FL. — ℞ ✠ MONETA:NOA:COMITI:FLAND'. Croix portant au centre une fleur de lis, et cantonnée de deux fleurs de lis et de deux lions. AR. (Id. n° 64.) 2 pièces.

1922. **Double patard** ou **Double briquet.** — Deux lions assis en face l'un de l'autre: entre deux un briquet avec étincelles. En exergue, une molette d'éperon. SALVVM:FAC:POPVLV:TVVM. DOMINE:1474: — ℞ KAROLVS:DEI:GRA:DVX:BVRG: COM:FL. Écusson à sept quarts, sur une croix feuillue et fleuronnée. AR.

1923. — Même type. ✠ KAROLVS:DEI:GRA:DVX:BORG: CO:FLAN. — ℞ SALVVM:-FAC:POP-VLV:TVV-DNE'. Même type que le n° précédent. AR. (Id. n° 65.)

1924. — Mêmes types et légende que ceux du n° 1923 avec CO:FLA. AR.

1925. — Mêmes types et légendes que ceux du n° 1923 avec BVRG:CO:FLA. AR.

1925bis. — Une pièce semblable.

1926. — Semblable au n° 1923 avec CO:F. AR.

1927. — La même pièce que la précédente un peu variée dans la disposition des légendes. AR.

1928. — Types du n° 1923 avec CO:FL., et avec la date 1475. AR.

1929. — Semblable au n° précédent avec CO:F. AR.

1930. — Semblable au n° 1928, le dernier chiffre de la date étant d'une forme différente. AR.

1931 **Double gros** ou **simple briquet.** — Lion assis à g., tenant un écusson à sept quarts. En exergue, une molette d'éperon. ✠ KAROLVS: DEI:GRA:DVX:BORG:CO:FLAND. — ℞ ✠ BENEDIC: HEREDITATI:TVE:1474. Croix à triple bande, feuillue, ayant en cœur une fleur de lis. AR. (Id. n° 66.)

1932. — Semblable au précédent, avec CO.FLAN. AR.

1933. — Mêmes types que ceux du n° 1931, avec CO:FL. AR.

1934. **Gros** ou **demi-briquet**. — Lion à mi-corps à g. En exergue, une molette d'éperon accostée de deux croisettes. ✠ KAROL:DEI:GRA:DVX:BV: CO:F. — ℞ BENEDIC:AIA:MEA:DNO:1474. Croix feuillue et fleuronnée, ayant au centre une fleur de lis. AR. (Id. n° 67.)

1935. — Mêmes types avec CO:FL. Pas de fleurs de lis au centre de la croix du revers, qui est seulement évidé en quatrefeuilles. AR.

1936. — Mêmes types que ceux du n° 1934, avec BVRG:CO:F.

1937. **Double mite**. — Armoiries à sept quarts remplissant le champ. ✠ KAROL.D.G.D.BG.CO. FLA. — ℞ ✠ MONETA.NA.COM.FLAD. Croix portant au centre une fleur de lis. Billon. (Id. supp. n° 24.)

1937bis. — Une pièce semblables. Billon.

1938. — Mêmes types avec CO.F., au droit et FLA'N au revers. Billon.

1939. — Piéfort du n° 1937. Billon.

MARIE DE BOURGOGNE

1940. **Florin au Saint-André**. — Type du n° 1912. — ℞ MARIA-DVCISS-A:BG'-:FLAD'., écusson à sept quarts sur une croix coupant la légende. OR. (Id. n° 68.)

1941. **Demi-florin**. — Types du n° 1940. OR.

1942. — Type du n° 1940. — ℞ (Fleur de lis.) MARIA. DVCISSA.BG.CO.F., écusson à sept quarts. OR. (Id. n° 69.)

1943. **Double briquet** ou **double patard.** — Type du n° 1923. + MARIA:DVCISSA:BG'.COMIT'. FLAD'. — ℞ SALVV'-FAC:PP-LM'.TVV'-DNE. 1477, écusson à sept quarts sur une croix feuillue et fleuronnée. AR. (Id. n° 70.)

1944. — Pièce semblable avec FLA'. AR.

1945. — Types du n° 1943, pour l'année 1478, et sans exergue au droit. AR.

1946. — Types dn n° 1945, avec FL. AR.

1947. — Pièce semblable avec COMIT.F. AR.

1948. — Pièce semblable au n° 1946, pour l'année 1479. AR.

1949. — Pièce semblable au n° 1946, pour l'année 1480. AR.

1950. — Pièce semblable au n° 1949, avec COMIT.F. AR.

1951. — Pièce semblable au n° 1949, avec un trèfle en exergue au droit. AR.

1952. — Types du n° 1946, pour l'année 1481, avec un trèfle en exergue au droit. AR. 2 pièces. Légère variété dans le trèfle.

1953. — Types du n° 1952, avec COMIT.F. AR.

1954. — Types du n° 1953, sans trèfle à l'exergue. AR.

1955. **Simple briquet** ou **patard**. — Lion assis à g., tenant un écusson à sept quarts, un trèfle à ses pieds. ✠ MARIA:DVCISSA:BG:COMIT:FL. — ℞ ✠ BENEDIC:HEREDITATI:TVE:1480. Croix feuillue et fleuronnée, portant une fleur de lis au centre. AR. (Id. n° 71.)

1956. — Mêmes types, sans trèfle aux pieds du lion. AR.

1957. — Types du n° 1955, avec COMIT.FLA, et le lion tournant la tête à dr. AR. (Id. n° 72.)

1958. **Gros à l'M.** — Grand M de forme onciale dans un entourage de quatre arcs de cercle et de quatre angles, ✠ MARIA:DVCISSA:BG'.CO.FLA. — ℞ ✠ BENEDIC:AIA:MEA:DOMINO: 1478. Croix feuillue et fleuronnée, portant au centre une fleur de lis. AR. (Id. n° 73.)

1959. — Types du précédent, avec CO.FL. AR.

1960. — Types du précédent, avec CO.F. AR.

1961. — Types du n° 1959, pour l'année 1479. AR.

1962. — Types du n° 1961, légèrement varié. AR.

1963. — Types du n° 1961, avec CO.F. AR.

1964. — Types du n° 1961, pour l'année 1480. AR.

1965. — Types du n° 1958, avec COMIT.F., et 1481. AR.

1966. **Demi-gros à l'M.** — M dans le champ, (f. de l.) (¹). MARIA.COMIT.FLAND. — ℞ (f. de l.) IN.NOMINE.DOMINI.A. Croix feuillue et fleuronnée. AR. (Id. n° 75.)

(¹) L'abréviation (f. de l.) signifie *fleur de lis*; nous avons jugé à propos de l'employer pour plus de simplicité, toutes les fois que ladite fleur de lis se trouve dans la légende. Par la même raison, l'abréviation (L), signifie *lion*, et (C), *couronne*, lorsque les représentations de ces termes se trouvent dans les légendes.

1966bis. — Une pièce semblable. AR.

1967. — Pièce semblable avec FLAN., et sans l'A final du revers. AR.

1968. **Gigot** ou **quart de gros.** — M dans le champ, (f. de l.) MARIA.COMIT.FLIN. — ℞ (f. de l.) IN.NOMINE.DOMINI. Croix ancrée. AR. (Id. n° 76.)

1969. — Mêmes types avec COMIT.FLA.

1970. **Courte** ou **double mite.** — M gothique, légende du n° 1967. — ℞ Légende du n° 1968. Croix. Billon. (Id. n° 77.)

1971. — M gothique (f. de l.) IN:NOMINE:DOMINI. — ℞ (f. de l.) MARIA:COMIT:FLA. Croix. Billon. (Id. n° 78.)

1971bis. — Une pièce semblable. Billon.

1972. — Même pièce légèrement variée. Billon.

1973. — Même pièce légèrement variée. Billon.

PHILIPPE LE BEAU. — Minorité.

1974. **Double briquet.** — Type du n° 1923. En exergue trois trèfles. ✚ MO.ARCHIDVCV.AVST.BG.CO.FL. — ℞ ✚ SALVV.FAC.PPLM.TVV.DNE. Écusson à cinq quarts placé sur une croix feuillue et fleuronnée. AR. (Deschamps de Pas, *Monnaies des comtes de Flandre de la maison d'Autriche*, n° 1.)

1975. — Mêmes types que le précédent avec co.f, et rien à l'exergue du droit. AR.

1976. **Simple briquet** ou **patard.** — Type du n° 1957, l'écusson étant à cinq quarts. ✠ MO. ARCHIDVCV.AVST.BG.CO.FLA. — ℞ ✠ BENEDIC. AIA.MEA.DOMINO. Croix à triple bande feuillue et fleuronnée, ayant en cœur, une fleur de lis. AR. (Id. n° 2.)

1977. — Variété avec co.fl. AR.

1978. **Demi-briquet** ou **gros.** — Lion debout à gauche. ✠ MO.ARCHIDVCV.AVST.BG.CO.F. — ℞ Même type et même légende que ceux du n° 1976. AR. (Id. n° 3.)

1978bis. — Une pièce semblable. AR.

1979. **Double patard.** — Écusson à neuf quarts. ✠ MO:ARCHIDVCV:AVST:BG:CO:FL. — ℞ ✠ SIT:NO-MEN:DNI:BENEDICTVM. Croix feuillue très-ornée, évidée au centre en forme d'un losange où se trouve une fleur de lis. AR. (Id. n° 10.)

1980. **Demi-patard** ou **sol.** — Armoiries à neuf quarts occupant tout le champ. ✠ MO.ARCHI-DVCV.AVST.BG.CO.FL. — ℞ BENE-DIC.A-IA.ME-A. DNO. Croix coupant la légende, évidée au centre en forme d'un losange où se trouve une fleur de lis et cantonnée de deux fleurs de lis et de deux lions. AR. (Id. n° 11.)

1981. — Variété du précédent, avec co.f. AR.

1982. **Gigot** ou **quart de gros.** — M dans le champ. ✠ MO.ARCHID.AVST.CO.F. — ℞ Type et légende du n° 1968. AR. (Id. n° 14.)

1983. **Courte** ou **double mite.** — Lion debout à g. ✠ MO.ARCHIDV.AVST.BG.CO.F. — ℞ ✠ IN. NOMINE.DOMINI.A. Croix portant au centre une fleur de lis. C. (Id. n° 4.) 2 pièces.

1984. — Armoiries à cinq quarts remplissant le champ. MO.ARCHIDVC.AVTRIE.BG. — ℞ ✠ SIT. NOMEN.DOMINI.BENEDICT. Croix portant au centre une fleur de lis. C.

1985. **Grand réal d'or d'Autriche.** — Maximilien assis de face sur un trône gothique, la couronne fermée sur la tête, et tenant un sceptre et un globe. Dessous, en exergue, une fleur de lis. ✠ MAXIMILIAN.DEI:GRA.ROMAR:REX:SEMPER:AVGV. — ℞ ✠ TENE:MENSVRAM:ET:RESPICE:FINEM:1487. Écusson couronné à l'aigle éployé. OR. (Id. n° 15.)

1986. **Grand réal d'argent.** — Maximilien à mi-corps, de trois quarts à d., couronne fermée sur la tête, tenant l'épée nue et un globe crucigère. (Briquet.) CVSTODIAT:CRATOR:OMNIV'. HVMILE'.SERVV:SVV. — ℞ (Briquet.) DET:TIBI: MTR':VIRTV' (Briquet.) ET:IN:CELIS:GLORIA'. Monogramme. AR. (Id. n° 16.)

1987. — Variété de la même pièce avec SERV'.-SV et des différences dans le monogramme. AR. (Id. n° 17.)

1988. **Double griffon.** — Deux griffons en regard l'un de l'autre, soutenant un briquet. (C) MO'. ARGE'TEA.RO.REG.ET.PHI'.ARCID'.AVS'. — ℞ (C) SALVVM.FAC.POPVLVM.TVV. Écusson à trois quarts sur une croix fleuronnée et fleurdelisée. AR. (Id. n° 18.)

1989. — Même type. (C) MO'.ARGE'TEA.RO.REG.ET. PHS.ARC'.AV. — ℞ Même type qu'au n° précédent, avec POPVLVM.TVVM. AR.

1990. — Types du n° 1988, avec ARC'.AVS'. AR.

1991. — Type du n° 1988, avec AR.AV., au droit, et au revers SALVVM.FAC.POPVLVM.TVVM.DOMINE. AR.

1992 — Type du n° 1988, (C) MO.ARGENT'.RO'.REG'. ET.PHI'.ARCID'.AV'. — ℞ Type et légende du n° 1989. AR.

1993. — Type du n° 1988, avec une fleur de lis entre les deux griffons, (C) MO:ARGEN':RO:REG:ET: PHI:ARC:AVS:BG: — ℞ (C) SALVV:FAC:DOMINE:PO-PVLVM:TVV:, type du n° 1992. AR.

1994. — Types du n° 1993, avec ARGENT'. et AR:AVS: BG : AR

1995. **Simple griffon.** — Griffon à g., tenant un briquet et un caillou, (C) DENARI.SIMPLEX.GRI-FON.NOMIN'. — ℞ (C) DEVM.PLVS.AMA.QVAM. ARGENT'., écusson à trois quarts sur une croix de Bourgogne. AR. (Ds. de P. n° 20.)

1996. **Double griffon, autre émission.** — Type dn n° 1995, (C) DENARIVS:SIMPLEX:NOMINATVS: GRIF:. — Revers du n° 1995. AR. (Id. n° 22.)

1997. — Types du précédent, avec ARGENTV. AR.

1998. — Type et légende du n° 1996. — ℞ DEV':PL-VS:AMA-QVA:AR-GENTV':, écusson à trois quarts sur une croix traversant la légende. AR. (Id. n° 21.)

1999. — Types du précédent, avec GRIFO. AR.

2000. — Types du n° 1998, avec NOMINATVS:G. AR.

2001. **Simple griffon.** — M majuscule surmonté de la couronne impériale, ✠ DENARI'. SIMPLEX. GRIFON.MED. — ℞ ✠ DEVM.PLVS.AMA.QVAM.ARGEN., écusson à trois quarts sur une croix fleurdelisée. AR. (Id. n° 23.)

2002. — Mêmes types, avec MEDI, au droit et ARGE, au revers. AR.

2003. — Types du n° 2001, avec ARGE. AR.

2004. — Mêmes types, avec ME, au droit et ARGENT au revers. AR.

2005. — Mêmes types que le n° 2004, avec ARGE. AR.

2006. — Types du n° 2001, avec ARGET. AR.

2007. — Types du n° 2001, avec ARGEN'. AR.

2008. — Type et légende du n° 2002. — ℞ ✠ DEV'. PLVS.AMA.QVAM.ARGE'TV'., type du n° 2002. AR.

2009. — Type et légende du n° 2002. — ℞ Type et légende du n° 2001. AR.

2010. — Type et légende du n° 2005. — ℞ Type et légende du n° 2001. AR.

2011. — Type et légende du n° 2004. — ℞ Type et légende du n° 2008. AR.

2012. — Type et légende du n° 2004, avec une fleur de lis sous le grand M. — ℞ Type et légende du n° 2003. AR.

2013. — Types du précédent, avec ARGEN. AR.

2014. — Mêmes types, avec MED. AR.

2015. — Mêmes types, avec ARGE. AR.

2016. — Types légèrement variés du n° 2012. AR.

2017. **Gros à l'M.** — M gothique dans un entourage composé de quatre arcs de cercle et de quatre angles. (f. de l.) MAXIMILIANVS.ET.PHS'. — ℞ ✠ CVSTODI (f. de l.) NOS : DOMINE. Croix fleuronnée dont le centre est évidé en quatrefeuille. AR. (Id. n° 12.)

2018. **Quart de gros.** — M,: légende : ✠ MAXIMILIANVS:ET:PHS'. — ℞ ✠ CVSTODI.NOS.DOMINE. (Les mots séparés par des fleurs de lis. Croix fleuronnée et fleurdelisée. Billon. (Id. n° 13.)

2019. **Demi-florin au Saint-André.** — Saint-André debout, tenant un écu à dix quarts, PHI. ARCHI.-.AV.BG.CO.F. — ℞ MAXIM.REX.ROMANORV. PATER., écusson à l'aigle surmonté d'une couronne fermée. OR. (Id. n° 47.)

2020. — Variété, avec CO.FL, au droit, et PAT, au revers. OR.

2021. **Double patard.** — Écusson à l'aigle, surmonté d'une couronne fermée, dans un entourage de trois arcs de cercle, MAXIMILIANVS.REX. ROMANORVM.PATER. — ℞ (C) PPI.ARCHID.AVST. BVRG.BRAB.CO.FLAND., écusson à dix quarts, sur une croix aux extrémités fleuronnées et fleurdelisées. AR. (Id. n° 48.)

2022. — Types et légendes du n° 2021, sans BRAB., et avec PHI. AR. (Id. n° 49.)

2023. — Même type, avec PATE., et PHI.ARCHICVCIS. AVSTRIE.BG.CO.FLA., au revers. AR.

2024. **Patard** ou **double gros.** — Lion assis à g., tenant un écu à dix quarts. (L) PHS.ARCHID. AVST.BVRG.COM.FLAND. — ℞ (L) MAXIMIL.REX. ROMANORVM.PAT. Croix à triple bande, aux extrémités fleuronnées et fleurdelisées, ayant une fleur de lis au centre. AR. (Id. n° 57.)

2025. — Type du n° 2024. ✛ PHS.ARCHID.AVST.BVRG. CO.FLANDRI. — ℞ ✛ MAXIM.REX.ROMANORVM. PATER. Type du n° 2024. AR.

2025bis. — Une pièce semblable.

2026. — Armoiries à dix quarts, occupant tout le champ. (C) PHS.ARCHID.AVST.BVRG.CO.FLAND. — ℞ Type et légende du n° 2025. AR. (Id. n° 50.)

2027. **Gros.** — Mêmes armoiries. (C) PHI.ARCHID.AVST. BVRG.CO.FLAND. — Revers du n° 2026, avec ROMANOR.PATER. AR. (Id. n° 51.)

2028. — Variété avec CO.FLAN et ROMANORV. AR.

2029. — Idem avec CO.FLA. AR.

2029bis. — Une pièce semblable. AR.

2030. **Demi-gros.** — Mêmes armoiries. (C) PHI.ARCHID.AVST.BG.CO.FL. — ℞ (C) MAXIMILIAN.REX. ROM.PAT. Croix ayant au centre une fleur de lis. AR. (Id. n° 52.)

2031. **Quart de gros.** — Type et légende du n° 2030, avec CO.F. — ℞ (C) MAXIM.REX.ROMAN. PAT., type du précédent. AR. (Id. n° 53.)

2032. **Huitième de gros.** — Écusson au lion, sur une croix traversant la légende. (C) PHI.-ARC.-AV.BG.-CO.F. — ℞ (f. de l.) MAXIM.REX.ROMA. PAT. Écusson à l'aigle, surmonté d'une couronne fermée. AR. 2 pièces variées.

2032bis. — Une pièce semblable. AR.

2033. — Variété avec PATE. AR.

2034. — Variété avec ROMANOR.PA. AR.

2035. — Variété avec ROM.PATER. AR. (Id. n° 54.)

2036. **Double mite.** — Armoiries à dix quarts occupant tout le champ. (C) PHI.ARCHID.AVS.BG.CO. FL. — ℞ (C̦) MAXIM.REX.ROMAN.PAT. Croix portant une fleur de lis au centre. Billon. (Id. n° 56.)

2037. — Variété, avec AVST.BG.CO.♥. Billon.

2038. **Double patard de Gand au lion.** — Lion debout à g., ✚ EQVA.LIBERTAS.DEO.GRATA. 1488. — ℞ PHS.'D.-G.'D.'B.'-CO.'FL.-ADRIE. Croix fleuronnée traversant la légende et supportant un écu à neuf quarts, cantonné de G.A.N.D'. AR. (Id. n° 29.)

2039. — Types du n° 2038, l'ordre des cantons du revers étant différent. AR. (Id. n° 30.)

2040. — Même pièce avec PHS.D.-GRA.D.-B.CO.-FLAN. Type presque semblable au précédent, l'ordre des cantons étant différent. AR. (Id. n° 31.)

2041. — Mêmes types, avec PHS.D.-G.D.B.C.-O.'FLANDRIE, type à peu près semblable au précédent sans lettres dans les cantons. AR.

2042. — Types du n° 2040, sans lettres dans les cantons. AR. (Id. n° 32.)

2043. — Même pièce légèrement variée. AR.

2044. — Même pièce légèrement variée. AR.

2045. **Florin au Saint Jean-Baptiste.** — Le saint debout, ayant un écusson de Flandre devant lui. BAPTISTA:PROSPER:ADESTO: 1488. — ℞ PHS':-D'.G'.D'.-B'.CO.-FLAN. Type du n° 2038. OR. (Id. n° 25.)

2046. — Même type légèrement varié. BAPTISTA.PROSPER.ADESTO. — ℞ PHS'.D'.-G'.ARC'.-AVST.B'-CO'.FLA., type du n° 2040. OR. (Id. n° 26.)

2047. — Type et légende du n° 2046. — ℞ Légende du n° 2045, type du n° 2043. OR. (Id. n° 27.)

2048. **Florin au lion.** — Lion heaumé assis à g., en exergue: GANDA., légende: ✚ PHS.DEI.GRA.DVX.B.COMES.F. — ℞ FIAT.P.-AX.IN.-VIRTVT.-E.TVA.ET. Écusson au lion sur une croix traversant la légende. OR. (Id. n° 33.)

2049. **Demi-florin.** — Type du précédent. PHS.DEI.GRA.DVX.CO.FLA. — ℞ FIAT.P-AX-IN-VIRTV-TE.TVA. Écusson au lion sur une croix coupant la légende. OR. (Id. n° 34.)

2050. **Double briquet.** — Type du n° 1922, avec GANDA en exergue. ✚ PHS.DEI.GRA.DVX.B.COMES.FLAN. — ℞ ✚ FIAT.PAX.IN.VIRTVTE.TVA.ET.HA'. Écusson au lion sur une croix fleuronnée. AR.

2050bis. — Une pièce semblable. AR.

2051. — Mêmes types, avec COMES.FLA., au droit, et ET.H'., au revers. AR. (Id. n° 36.)

2052. — Mêmes types que le n° 2051, avec HA. AR.

2053. — Même type, avec FL'. — Revers du n° 2051. AR.

2054. — Même type, avec FLAND'. — ℞ ✠ FIAT.PAX. IN.VIRTVTE.TVA.ET.HAB'. 1489. AR. (Id. n° 35.)

2055. **Simple briquet.** — Lion assis à g., tournant la tête à d., et tenant l'écusson de Flandre, légende du n° 2052. — ℞ Légende du n° 2052, ✠ Croix à triple bande, fleuronnée, ayant une fleur de lis au centre, et cantonnée de G.A.N.D. AR. (Id. n° 38.)

2056. — Mêmes types, avec COMES.FLAND. AR.

2057. — Mêmes types avec HAB'. AR.

2058. — Type du n° 2055, avec COMES.F. — ℞ Légende du n° 2051, et type du n° 2055. AR'.

2059. **Demi-briquet.** — Lion debout à g.; en exergue, une rose accostée de deux croisettes : légende ✠ PHS.DEI.GRA.DVX.CO.FLAN. — ℞ ✠ FIAT.PAX.IN.VIRTVTE.TVA. Croix fleuronnée, avec une fleur de lis au centre. AR. (Id. n° 38.)

2060. — Mêmes types, avec un trèfle en exergue. AR.

2061. — Types du n° 2059, avec CO.FLA. AR.

2062. — Types du n° 2059, avec DVX.ET.CO.F. AR.

2063. **Demi-gros** ou **pièce de douze mites.** — Lion debout à g., ✠ PHS.DEI.GRA.DVX.B.CO.F. — ℞ ✠ IN.DOMINO.CONFIDO. Croix portant au centre une fleur de lis. AR. (Id. n° 39.)

2064. — Écusson au lion dans une épicycloïde à quatre lobes, ✠ PHS.DEI.GRA.DVX.B'.CO'.FLA. — ℞ ✠ IN.D-OMIN-O.CON-FIDO. Croix fleurdelisée cantonnée de G.A.N.D. Billon. (Id. n° 42.)

2065. **Pièce de quatre mites.** — Écusson au lion, ✠ PHS.DEI.GRA.DVX.CO.FLAN. — ℞ ✠ IN-DNO-CON-FIDO. Croix coupant la légende et portant une fleur de lis au centre. Billon. (Id. n° 43.) 2 pièces.

2066. **Courte** ou **double-mite.** — Lion debout, ✠ PHS.DEI.GRA.DVX.CO.F. — ℞ Type et légende du n° 2063. Billon. (Id. n° 40.)

2066bis. — Une pièce semblable. Billon.

2067. — Écusson au lion, ✠ PHS.DEI.GRA.DVX.B'.CO'.FL'. — ℞ ✠ IN.DOMINO.CONFIDO. 1489. Croix portant une fleur de lis au centre. C. (Id. n° 44.)

2067bis. — Une pièce semblable. C.

2068. **Double gros** ou **patard.** — Armoiries à neuf quarts, occupant tout le champ, ✠ PHS.D.G.ARCHID.AVST.D.G.Z.CO.FLA. 1491. — ℞ FIAT.-PAX: I.-VIRTVT.-E.TVA: Croix fleuronnée et fleurdelisée, coupant la légende et supportant un écu au lion, cantonné de G.A.N.D. AR. (Id. n° 45).

2069. — Mêmes armoiries, avec AVST.B.Z.CO.FLA. 1491. — ℞ Légende coupée différemment, type du précédent, l'écu plus grand et les lettres des cantons placées différemment. AR. (Id. n° 46.)

2070. **Double patard de l'Ecluse.** — Lion assis à g. devant le château de l'Écluse, ✠ AB.INIMICIS. MEIS.LIBE'.ME.DE. 1492. — ℞) PHS.DEI.GR'.ARCHID'.AVST'.ET.CO'.FLAN. Écu à neuf quarts, posé sur une croix fleuronnée flamande, cantonnée de S.L.V.S. AR. (Id. n° 60.)

PHILIPPE LE BEAU. — Majorité.

2071. **Double briquet.** — Type du n° 1922. En exergue, une fleur de lis. ✠ PHS.ARCHID.AUST. BVRG.CO.FLAND. — ℞) ✠ SALVVM.FAC.POPVLVM. TVVM.DOMINE. Écusson à dix quarts sur une croix fleuronnée et fleurdelisée. AR. (Id. n° 5.)

2072. — Variété avec FLANDRI, la légende du droit commençant en outre par un lion. AR. (Id. n° 6.)

2073. — Variété du n° 2071 avec COM.FLANDR. AR.

2074. — Variété du même avec ✠ SALVV'.FAC.POPVLV'.TVV'.DOMINE. AR.

2075. — Types du n° 2071 avec CO.FLAD. AR.

2076. **Demi-briquet.** — Demi-lion à g. En exergue une fleur de lis. ✠ Légende du n° 2071. — ℞) ✠ BENEDIC.ANIMA.MEA.DOMINO. Croix à triple bande, fleuronnée et fleurdelisée, portant en cœur une fleur de lis. AR. (Id. n° 62.)

2077. **Gros.** — Armoiries à dix quarts occupant tout le champ. (L) PHS.ARCHID.AVST.BVRG.CO.FLA. — ℞) BENEDIC-ANIMA-MEA-DOMINO. Croix coupant la légende, portant en cœur une fleur de lis, et cantonnée d'un lion, d'une fleur de lis et de deux annelets. AR. (Id. n° 7.)

2078. **Demi-gros.** — Mêmes armoiries. (L.) ✠ PHS. ARCHID.AVST.BG.CO.FL. — ℞ MONE-TA.NO-VA. CO-FLAN. Croix coupant la légende, portant en cœur une fleur de lis, cantonnée de deux lions, une fleur de lis et un annelet. AR. (Id. n° 66.)

2079. Même pièce légèrement variée. AR.

2080. — Variété avec CO.F. AR.

2081. — Types et légendes du n° 2078, mais avec deux fleurs de lis et deux lions dans les cantons de la croix. AR. (Id. n° 63.)

2082. — Types du n° 2081 avec CO.F. AR.

2083. **Quart de gros.** — Mêmes armoiries. ✠ PHS'. ARCHID.AVS.BG.CO.F. — ℞ (F. de l.) IN.NO-MINE.DOMINI. Croix évidée au centre où se trouve une fleur de lis et cantonnée d'une fleur de lis, d'un lion et de deux annelets. AR. (Id. n° 68.)

2084. **Toison d'or.** — Deux lions en regard l'un de l'autre, soutenant le briquet de la Toison d'or. (F. de l.) DILIGITE:IVSTICIAM:QVI:IVDICATIS:TERRA. — ℞ PHS:AR-CHID:AVS-T:DVXBG-CO:FL. Écusson couronné à cinq quarts, posé sur une croix dont les extrémités coupent la légende. OR. (Id. n° 69.)

2085. **Florin au Saint-Philippe.** — Saint-Philippe debout, la tête légèrement tournée à g., et tenant une croix. 3. PHE.I'TERCE-D-E.PRO.NOBI-S. — ℞ (C.) PHS.ARCHID.AVST.DVX.BG.CO.FL. Croix fleuronnée et fleurdelisée, portant au centre l'écusson de Flandre, et cantonnée des quatre écussons portant les armoiries des autres quartiers de l'écu du n° 2084. OR. (Id. n° 70.)

2086. — Variété de la même pièce avec co.f. AR.

2087. — Saint Philippe debout, tenant une croix, le manteau relevé sur le bras gauche. Ses pieds ne dépassent pas le grènetis intérieur qui est accompagné du côté du champ, d'une série d'arcs de cercle, terminés par des trèfles à leurs points de rencontre. s.philippe.intercede.pro.nobis. — ℞ phs.a.-rc'.av-dv.bg-co.fl. Écu, couronné, à cinq quarts posé sur une croix dont chaque bras formé de deux rameaux verdoyants entrelacés, reçoit à leur point de croisement extrême une fleur de lis. OR. (Id. n° 71.)

2088. — Mêmes types que ceux du n° précédent avec co.f OR.

2089. — Types du n° 2087, avec une différence dans la coupure de la légende du revers, qui est ainsi : phs.a-rc.a-vs.dv-bg.c.f. OR.

2090. — Types du n° 2087, l'attitude du Saint-Philippe étant différente. OR. (Id. n° 72.)

2091. **Nouvelle Toison d'or.** — Écusson à cinq quarts couronnés entouré du collier de la Toison d'or et soutenu par deux lions ✛ phs:dei:gra:arch-id:avst.dv:bg;cof. — ℞ (F. de l.) diligite : ivsticiam: qvi : ivdicatis: terr'. Croix à triple bande fleuronnée et fleurdelisée, portant en cœur une fleur de lis. (Id. n° 79.)

2092. — Même type. ✛ phs.dei.gra.archi-avst:dvx bf':co.fl. — ℞ Type et légende du n° précédent. OR.

2093. **Nouveau florin au Saint-Philippe.** — Saint Philippe debout de face tenant une croix, et ayant devant lui un écusson à cinq quarts, couronné. s-phe.intcede-pro.nobis.— ℞ (F. de l.) phs.dei.gra.archid.avst.dvx:bg.c.f. Croix à triple bande fleuronnée et fleurdelisée, ayant en cœur une fleur de lis, et cantonnée de deux couronnes et de deux fleurs de lis. OR. (Id. n° 80.)

2094. — Même type. s-philipe.int'ce-de.pro.nob'. — ℞ Type et légende du précédent. OR. (Id. n° 81.)

2095. — Types du n° 2093 avec co.fl. OR.

2096. — Type du n° 2094. s-phe.i't'cede-pro.nobis. — ℞ Type et légende du n° 2093. OR. (Id. pl. n° 82.)

2097. — Type du n° 2094. s.philipe.int'-cede.pro.n-ob'. — ℞ Type et légende du n° 2093. OR.

2098. **Demi florin.** — Type du n° 2094. s.phe.i't'cede-pro.nobi-s. — ℞ (F. de l.) phs.dei.gra.arc.avs.dv.b.c.f'. Type du n° 2093. OR. (Id. n° 83.)

2099. — Mêmes types avec s.phe.i't'ced-e.pro.nobi-s, et une légère différence dans l'attitude du Saint-Philippe. OR.

2099bis. — Une pièce semblable. OR.

2100. **Toison d'argent.** — Écu à cinq quarts couronné, sur une croix dont les extrémités seules apparentes sont feuillues et fleurdelisées. phs.archid:avst:dvx:bg:co:fla. — ℞ (F. de l.) inicivm:sapiencie:timor:domini. Toison accompagnée de deux briquets et d'étincelles. AR. (Id. n° 73.)

2101. — Variété avec co:fl. AR.

2101 ^{bis}. — Une pièce semblable. AR.

2102. — Autre variété avec co.f. AR.

2103. **Nouvelle Toison d'argent.** — Écusson à cinq quarts couronné, et entouré du collier de la Toison d'or. phs.dei.gra.archi-avst.dvx. bg.co'.f. — ℞ inicivm-sapiecie-timor:-domini. Grande croix à triple bande, évidée au centre où se trouve une fleur de lis, coupant la légende, et dont les bras dans l'intérieur du grènetis se recourbent en fleurons. AR.

2104. — Variété avec co.fl. AR. (Id. n° 84.)

2105. — Même pièce avec une différence dans la coupure de la légende du revers. AR.

2106. **Double patard.** — Écusson à cinq quarts, couronné, dans une épicycloïde ✚ phs:dei:gra: archid:avst:dvx:bg:co:f. — ℞ (L.) omnis:spiritvs:lavdet:dominvm. Croix à triple bande, fleuronnée et fleurdelisée, évidée en cœur où se trouve une fleur de lis. AR. (Id. n° 74.)

2106 ^{bis}. — Une pièce semblable. AR.

2107. — Mêmes types que ceux du n° 2106, la légende du revers commençant par une fleur de lis, et se terminant par dominvm:domi. AR.

2108. — Types du n° 2107, la légende du revers se terminant par dominv. AR.

2109. — Types du n° 2107 avec dvx.b.c.f. au droit, et dominvm 1504 au revers.

2110. — Mêmes types, les légendes étant phs.dei. gra.archidv.avst.dvx.bvrg.co.f. au droit, et

OMNIS:SPIRITVS:LAVDET.DOMINV. 1505, au revers. AR.

2111. **Simple patard.** — Écusson à cinq quarts, couronné. PHS.ARCHID.AVST.DVX.BG.CO.FLA. — ℞) SIT.NO-MEN.D-NI.BENEDIC. Croix ancrée partageant la légende, portant une fleur de lis au centre, et posée sur un quatrelobe s'appuyant sur le grènetis intérieur. AR.

2112. — Même type. PHS.DEI.GRA.ARCHID.AVST.DVX. BG.CO.F. — ℞) SIT.NO-MEN.D-NI.BEN-EDICT. Types du n° 2111. AR. (Id. n° 75.)

2113. — Types du n° 2111, avec CO.F. AR. (Id. n° 76.)

2114. **Gros.** — Armoiries à cinq quarts remplissant le champ, (C.) PHS.DEI.GRA.ARCHID.AVST.D.B.CO.F. — ℞) SIT.NO-MEN.DO-MINI.B-ENE.DI. Croix coupant la légende, portant une fleur de lis au centre, et cantonnée de deux lions et de deux fleurs de lis. AR. (Id. n° 87.)

2115. **Quart de gros.** — Mêmes armoiries. PHS:DEI: GRA:ARCHIDV:AVS....C'.F. — ℞) SIT.N-OME'-DOM'N'-BENE. Croix partageant la légende, portant au centre une fleur de lis et cantonnée d'une fleur de lis et d'un lion. Billon. (Id. n° 88.)

2115bis. — Une pièce semblable. Billon.

2116. — Mêmes armoiries, PHS.DEI.GRA.ARCAIDV. ABC. — ℞) SIT.NO-MEN.D-OMINI-BENED. Type du n° 2115, les cantons étant différents. Billon.

2117. — Écusson à cinq quarts couronné, PHS.ARCHIDV.AVST.DV.BG.CO.F. — ℞) (F. de l.) SIT. NOMEN.DOMINI.BENEDI. Croix pattée, portant une fleur de lis au centre, et cantonnée de deux fleurs de lis et de deux lions. Billon. (Id. n° 89.)

2118. — Même pièce, les cantons étant différents. Billon.

2119. **Pièce de quatre mites.** — Écussons à cinq quarts couronné, PHS.DEI.GRA.ARCHIDV.AVST. D.B.CO.F. — ℞ SIT.NO-MEN.DO-MNI.B-NE.DI. Croix coupant la légende et portant une fleur de lis au centre. Billon. (Id. n° 91.)

2120. **Courte** ou **double mite.** — Écusson à cinq quarts remplissant le champ. (C.) PHS.ARCHIDV. AVST.DV.BG.DO.F. — ℞ (F. de l.) SIT.NOMEN. DOMINI.BENEDIT. Croix légèrement pattée et portant une fleur de lis au centre. C. (Id. n° 93.)

2121. — P couronné, (L.) PHS.ARCHID.AVST.B.G.CO. F. — ℞ (L.) IN.NOMINE.DOMINI.AMEN. C. (Id. n° 9.) 2 pièces variées.

2121 bis. — 2 pièces semblables. C.

PHILIPPE LE BEAU
et JEANNE DE CASTILLE.

2122. **Réal d'argent.** — Écu aux armoiries pleines de Philippe le Beau et de Jeanne de Castille, surmontées d'une couronne royale, PHS':Z:IOAN-NA:DEI:GRA':REX:Z:REGIA. — ℞ (F. de l.) CASTEL-LE:LEGOIS:Z:ARCHIDVC:AVST:Z: 1504:. Croix de Bourgogne, au centre un briquet auquel est suspendue la Toison d'or; à g., un écu de Léon; à dr., un écu de Grenade; en haut, un écu de Castille. AR. (Id. n° 94.)

2123. — Même pièce pour 1506. AR.

CHARLES-QUINT. — Minorité.

2124. **Toison d'or.** — Type du n° 2091, (F. de l.) MO.AVR.ARCHID.AVSTRIE.DVX.BVRG.C.F. — ℞ (F. de l.) SIT:NOMEN:DOMINI:BENE.DICTV. Type du n° 2091. OR.

2125. **Florin au Saint-André.** — Type du n° 2093. MO'.AVR'.A.CHID-AVTRIE.DVX.B-F. — ℞ Légende du n° 2124 et type du n° 2093. OR.

2126. — Types du n° 2125, avec DVX.B., et les légendes en caractères romains. OR.

2127. **Demi-Florin.** — Type du n° 2098. MO.AVR. ACH-D.AVTRIE.DV-B. — ℞ (F. de l.) SIT.NOMEN. DOMINI.BENE.DI. Type du n° 2098. OR.

2128. — Même type. MO.AVR.ACHID-AVTRIE.DV.B-F. — ℞ Type du précédent avec BENE.DICT. OR.

2129. — Types du n° 2128, avec BENE.DICTV. OR.

2130. **Double patard.** — Type du n° 2106. MO'. ARG.ARCHID'.AVTRIE.DVX.B'.C'.F. — ℞ (F. de l.) SIT.NOMEN.DOMINI.BENE.DICTV. Type du n° 2106. AR.

2131. — Même pièce, avec BENE.DICTVM. Les légendes en caractères romains. AR.

2132. **Gros.** — Armoiries à cinq quarts remplissant le champ. (C.) MO.ARS.ARCHIDV.AVTRIE.DVX.B'.C'.F. — ℞ SIT.NO-MEN.DO-MINI.B-ENE.DIT. Croix coupant la légende, portant une fleur de lis au centre et cantonnée de deux lions et de deux fleurs de lis. AR.

2133. **Gigot** ou **pièce de six mites.** — Type du n° 2132, (C.) MO.ARS.A.CHID.AVTRIE.DVX.B.F. — ℞ SIT.NO-MEN.DO.-MINI.B.-EDIC.TV. Croix coupant la légende, portant une fleur de lis au centre et cantonnée d'un lion et d'une fleur de lis. AR.

2133 bis. — Une pièce semblable. AR.

2134. — Écusson à cinq quarts, couronné. MO.ARS.ACHID.A.... — ℞ SIT.NOMEN.DOMINI.BENE.DICT. Croix portant une fleur de lis au centre, et cantonnée de deux lions et de deux fleurs de lis. AR.

2135. **Pièce de quatre mites.** — Type du n° 2134. MO.ARS.A.CHID.AVTRIE.DVX.B.F. — ℞ SIT.NO-MEN.DO-MINI.B-ENE.DIT. Croix du n° 2133. Billon.

2136. **Double mite.** — Armoiries à cinq quarts remplissant tout le champ. (C.) MO.ARS.A.CHID.AVTRIE.DVX.B.F. — ℞ Légende du n° 2135, et même croix cantonnée d'un lion et d'une fleur de lis. C. 2 pièces.

2136 bis. — Une pièce semblable. C.

2137. — Type du n° 2136, avec DVX.B. — ℞ SIT.NOMEN.DOMINI.BENED. Croix portant une fleur de lis au centre. C.

2137 bis. — Une pièce semblable. C.

CHARLES-QUINT. — Majorité.

2138. **Réal d'or.** — L'empereur cuirassé à mi-corps, couronne en tête, portant l'épée nue et le globe crucigère. (C.) KAROLVS.D : G.ROMANOR.IMP.Z. HISPAR.REX. — ℞ (F. de l.) DA.MICHI.VIRTVTE. CONTRA.HOSTES.TVOS. Écusson à seize quarts posé sur un aigle à deux têtes. OR.

2139. — Même piéce avec VIRTVTEM et une f. de l. avant la légende du droit. OR.

2140. **Demi-réal.** — Écusson couronné à l'aigle à deux têtes, posé sur une croix dont les extrémités fleuronnées traversent la légende, ✠ KAROLVS-D:G.ROM-IMP.Z.H-ISP.REX. — ℞ Type et légende du n° 2138, l'écusson couronné étant seul dans le champ. OR.

2141. **Florin Carolus.** — Type du n° 2138. (F. de l.) KAROLVS.D.G.ROM.IMP.Z.HISP.REX. — ℞ (F. de l.) DA.M.VIRTVTE.COTRA.HOSTES.TVOS. Type du n° 2138. OR.

2142. **Écu d'or.** — Écusson à cinq quarts, couronné, accosté de deux briquets avec étincelles et surmonté d'un soleil. CARO.D.G.RO.IMP.HISP.REX. DVX.BVRG.CO.FLA. — ℞ (F. de l.) DA.MIHI.VIRTVTE.CONTRA.HOSTES.TVOS. 1541. Croix à triple bande fleurdelisée, évidée au centre, cantonnée de deux aigles à deux têtes et de deux tours. OR.

2143. — Même pièce légèrement variée, avec CO.F., et la date 5z. OR.

2144 et 2145. **Carolus d'argent.** — Buste barbu cuirassé et couronné, de profil à dr. (F. de l.) CAROLVS.D.G.ROM.IMP.HISP.REX.DVX.BVRG.C.F. — ℞ DA.MIHI-VIRTVTE.-CO HOST-ES.TVOS. Écusson à cinq quarts couronné, posé sur une croix aux extrémités très-ornées et traversant la légende. AR. 2 pièces légèrement variées.

2146. — Même pièce avec CAROLV:D:G: etc. AR.

2147. — Buste barbu habillé et couronné de profil à dr. CAROLVS.D:G.ROM.IMP:HISP:REX. — ℞ (F. de l.) DA.MIHI.VIRTVTE:CON.HOSTES.TVOS. Écusson à cinq quarts sur une croix fleuronnée. AR.

2148. **Pièce de quatre patards** ou **vlieger.** — Aigle à deux têtes éployé et couronné, KAROLVS.D:G.ROM.IMP.Z.HISP.REX. 1539. — ℞ (F. de l.) DA.-MICH:VI-RTV:CO-TR.HOST-VOS. Écusson couronné à seize quarts, posé sur une croix de Bourgogne. AR.

2149. — Même pièce, la légende du revers coupée différemment. AR.

2150. — Idem pour 1540. AR.

2151. — Type du n° 2148, CAROLVS.D.G.ROM.IMP.HISP.REX.D.BVRG.43. — ℞ (F. de l.) DAM-IHI.VIR-TVTE.COTR-A.HOSTE-STVO. Type des n°s précédents. AR.

2152. **Pièce de trois patards** ou **réal d'argent** ou **double carolus.** — Écusson couronné, à l'aigle à deux têtes, KAROLVS.D.G.ROMANOR. IMP.Z.HISP.REX. — ℞ (F. de l.) DA.M.V-TVT. CO-TRA.HOS-TES.TVOS. Écusson couronné à seize quarts, posé sur une croix feuillue coupant la légende. AR.

2153. **Demi-réal** ou **simple carolus**. — Écusson couronné, à l'aigle à deux têtes, posé sur une croix coupant la légende, karolvs.-d.g.rom-imp'.z.h-isp'.rex. — ℞ Type et légende du n° 2140. AR.

2154. **Patard** ou **double-gros.**— Petit écusson couronné, à l'aigle à deux têtes, placé au centre d'une grande croix partageant la légende, karolvs-d.g.rom-imp.z.hi-spa.rex. — ℞ Type du n° 2140, l'écusson accosté de deux croix de Saint-André. AR.

2155. **Gros.** — Armoiries à cinq quarts remplissant le champ, (C.) carolvs.d.g.rom.imp.hisp.rex. d.b.co.f. — ℞ carolv-d.g.rom-imp.his-p.rex. d. Croix partageant la légende, au centre évidé portant une fleur de lis, et cantonnée de deux lions et de deux fleurs de lis. AR.

2155bis. — Une pièce semblable. AR.

2156. **Gigot** ou **pièce de six mites**. — Écusson couronné à cinq quarts, karolvs.rom.impera. — ℞ (F. de l.) da.m.virtute.co.hostes.tvos. Croix portant une fleur de lis au centre et cantonnée de deux fleurs de lis et de deux couronnes. Billon. 2 pièces.

2157. — Même pièce avec imperat. Billon.

2158. — Idem avec host'.tvos. Billon.

2158bis. — Une pièce semblable. Billon.

2159. **Double mite.** — k couronné, karolvs.d.g. rom.imp.hisp.— ℞ (F. de l.) da.m.virtute.co. host.tvos. Croix portant un lion au centre. C.

Mite (?). — Croix cantonnée de K.V.R.I. — ℞ Lion à g. C. 2 pièces.

2160. **Zesken** ou **negenmanneken.** — Tête couronnée de profil à dr. (F. de l.) CAROLVS.D.G. V.IMP.HISP.REX. 1543. — ℞ Lion à g. dans une bordure. C. 2 pièces, la seconde de 1544.

PHILIPPE II. — Première période.

(Avant la révolte des Pays-Bas.)

2161. **Double réal d'or.** — Buste couronné, de profil à dr. PHS.D.G.HISP.ANG.Z.REX.COMES.FLA. — ℞ DOMINVS.MIC.HI.ADIVTOR. (F. de l.) Écu couronné à treize quarts et entouré du collier de la Toison d'or. OR.

2162. — Même pièce légèrement variée. OR.

2163. **Réal.** — Buste habillé, de profil à dr., dessous une f. de l. penchée, DOMINVS.MICHI.ADIVTOR. — ℞ PHS.D.G.HISP.ANG.Z.REX.COS.FLA. Écusson couronné à treize quarts. OR.

2164. **Écu** ou **Philippus-daelder.** — Buste habillé, de profil à dr., PHS.D.G.HISP.ANG.Z.REX. COMES.FLAN., sous le buste : 1557. — ℞ DOMINVS etc. (F. de l.) Écusson couronné aux mêmes armoiries, sur une croix de Bourgogne et accosté de deux briquets avec étincelles. AR.

2165. — Même pièce pour 1558. AR.

2166. **Demi-stuiver.** — Croix cantonnée de deux P et deux lions. (F. de l.) PHS.D.G.HISP.ANG.Z.REX.

COES.FLA. — ℞ DOMINUS etc. Armoiries à treize quarts remplissant le champ. AR.

2167. **Double réal d'or.** — Types du n° 2161, avec COMES.FLAN. et sans ANG. OR.

2168. **Demi-réal.** — Types du n° 2163, sans ANG. OR.

2169. — Mêmes types, avec COMES.FL. OR.

2170. — Mêmes types, avec HISPANIARV.REX.CO.F. OR. 2 pièces légèrement variées.

2171. **Écu** ou **Philippus-daelder.** — Types du n° 2164, sans ANG. et pour 1567. AR.

2172. **Demi-daelder.** — Types du n° 2171, avec une f. de l. devant REX. AR.

2173. — Pièce semblable à la précédente pour 1562, la f. de l. suivant la date. AR.

2174. — Types du n° 2172 pour 1565. AR.

2175. **Cinquième d'écu.** — Types du n° 2172, avec MIHI, et pour 1568. AR.

2176. — Types du n° 2172, avec MIHI, et pour 1566. AR.

2177. — Pièce semblable pour 1567. AR.

2178. — Idem avec MIHI, pour 1571. AR.

2179. **Dixième d'écu.** — Type du n° 2173, sans la fleur de lis. 156Z. — ℞ DOMINVS:MICHI:ADIVTOR. Briquet couronné, placé au centre d'une croix de Bourgogne entourée d'étincelles; au-dessous, la Toison d'or. AR.

2180. — Mêmes types avec MIHI, et pour 1565 : la fleur de lis se trouvant à la fin de la légende du revers. AR.

2181. — Types du n° 2180 pour 1571. AR. 2 pièces légèrement variées.

2182. **Vingtième d'écu.** — Écusson à cinq quarts couronné, entouré du collier de la Toison d'or, PHS.D.G.HISP.Z. — REX.COMES.FLA. — ℞ DOMI-NVS etc. 15 (F. de l.) 71. Croix à triple bande fleuronnée, évidée au centre en quatre feuilles. AR.

2183. **Écu** ou **Philippus-daelder.** — Types du n° 2171, pour 157Z. AR.

2184. **Cinquième d'écu.** — Types du n° 2175, pour 157Z. AR.

2185. **Dixième d'écu.** — Types du n° 2181, avec COES.FLA., et 15 (F. de l.) 72. AR.

2186. **Écu** ou **Philippus-daelder.** — Buste du roi habillé à g. Légende du n° 2171, avec 15 (F. de l.) 76. — ℞ Type du n° 2171 avec MIHI. AR.

2187. **Cinquième d'écu.** — Types du n° 2175, la fleur de lis étant au milieu de la date comme suit : 15 (F. de l.) 76. AR.

2188. **Vingtième d'écu.** — Types du n° 2182, pour l'année 157Z. AR.

2189. — Types du n° 2182, pour l'année 1576. AR.

2190. **Quarantième d'écu.** — Croix évidée en quatrefeuilles au centre, et dont les extrémités sont surmontées de besants, de deux briquets et de deux croix de Bourgogne, ou deux x (F. de l.) PHS.D:G.HISP.Z.REX.CO.FLA. — ℞ DOMINVS.M-IHI.ADIVTOR. Écusson couronné à six quarts, entouré du collier de la Toison d'or. AR.

2190 bis. — Une pièce semblable. AR.

2191. — Écusson couronné, à six quarts, entouré du collier de la Toison d'or. PH.D.G.HIS.Z.REX. COM.FL. — ℞ DOMINVS, etc. 15 (F. de l.) 71. Croix à triple bande fleuronnée, ayant une petite croix au centre. AR.

2192. **Daelder de Bourgogne.** — Croix de Bourgogne, ayant au centre un briquet avec étincelles. Au-dessus, une couronne; à ses côtés, la date 15-67. (F. de l.) PHS.D:G.HISP.Z.REX. COMES.FLAN. — ℞ DOMINVS.MI-HI.ADIVTOR. Écu couronné, à six quarts, entouré du collier de la Toison d'or. AR.

2193. — La même pièce pour 1568. AR.

2194. **Demi-daelder.** — Types et légendes du n° 2192, pour 1567, moins la couronne au-dessus du briquet. AR.

2195. — Mêmes types pour 1570. AR.

2196. **Quart de daelder.** — Types du n° 2194, pour 1568. AR.

2197. **Negen manneken.** — Croix de Bourgogne portant au centre un briquet, accompagné d'étincelles. PHS.D.G.HISP.Z.REX.C.... — ℞ DNS. MIHI.ADIVTOR. Écu à six quarts, couronné. AR.

2198. **Liard.** — Buste habillé de profil à g. Derrière la tête, trois points. Au-dessous, une fleur de lis. PHS.D:G.HISP.Z.REX.COM.FLA. — ℞ Type et légende du précédent. C.

2199. — Buste habillé de profil à d., dessous, une fleur de lis. Même légende que le n° 2198. —

℞) DOMINVS.MI-HI.ADIVTOR. Écusson couronné, à six quarts, sur une croix dont on ne voit que trois extrémités. C.

LES ETATS DE FLANDRE RÉVOLTÉS.

2200. **Demi-écu d'or.** — Écusson à cinq quarts couronné, entouré du collier de la Toison d'or. PHS.D.G.HISP-REX.COM.FLA. — ℞) PACE.ET.IVSTITIA. 15 (f. de l.) 77. Croix formée de quatre rameaux feuillus, ayant au centre un quatre feuilles renfermant un point. OR.

2201. **Demi-écu d'argent.** — Le roi à mi-corps, couronné, portant un sceptre et tenant devant lui un écusson à cinq quarts. PHS:D:G.HISP.Z.REX:COMES:FLAN. — ℞) PACE.ET.IVSTITIA. 15 (f. de l.) 77. Croix formée par quatre P couronnés surmontant un H, au centre, S. Elle est accostée de 16-s. AR.

2202. — Mêmes types avec COMES:FLA. AR.

2203. — Mêmes types que le n° 2201. La valeur 16.s ne figurant plus dans le champ du revers. AR.

2204. **Quart d'écu.** — Types du n° 2201, avec COM:FLAN. Dans le champ, à côté de la croix, 8-s. AR.

2205. **Écu d'argent.** — Buste cuirassé et couronné du roi, de profil à g., portant le sceptre. Au-dessous, 15 (f. de l.) 78. Légende : PHS:D:G.HISP.Z.REX:COMES:FLA. — ℞) PACE.ET.IVSTITIA. Écusson à cinq quarts, couronné et entouré du collier de la Toison d'or. AR.

2206. **Demi-écu.** — Types du n° 2201 pour 1578. AR.

2207. **Quart d'écu.** — Types du n° 2204, avec COM: FLA. et pour 1578. AR.

2208. **Écu d'argent.** — Types du n° 2205 pour 1579. AR.

2209. **Sou.** — Écu à cinq quarts couronné, accosté de I-S. Lég. : PHS:D:G.HISP.Z.REX.COM.FLAN. — ℞ PACE.ET.IVSTITIA. 15 (f. de l.) 77. Croix semblable à celle du n° 2200. AR.

2210. — La même pièce en billon.

2211. **Pièce de 12 mites.** — Buste habillé à g. : dessous, une fleur de lis. PHS:D:G.HISP.Z.REX: CO.FLA. — ℞ PACE.ET.IVSTITIA. Écu à cinq quarts, couronné, entouré du collier de la Toison d'or. C.

2211 bis. — Une pièce semblable.

2212. **Pièce de six mites** ou **demi-liard.** — Écu à cinq quarts dans un cartouche couronné. PHS: D.G.HISP.Z.REX.COM.FL. — ℞ PACE.ET.IVSTITIA. Croix de Bourgogne portant au centre un briquet auquel est suspendu la Toison d'or : sur les côtés, des étincelles ; au-dessus, une couronne. C.

2213. **Gigot.** — Buste habillé et couronné à dr. PHS. D.G.HISP.Z.REX.COM.FL. — ℞ PACE etc. Écu à cinq quarts couronné. C.

Autre semblable avec CO.FL. C.

VILLE DE GAND.

2214. **Noble.** — Guerrier couronné dans un bateau, il tient une épée nue et un écu au lion : à sa droite, un lion sortant de la poupe tient une bannière fleurdelisée : entre les cordages, N-T. Légende : MO-AVREA.RESTAVR.METROPOL.GAND'.- FLAND. — ℞ (Lion) NISI.DNS.CVSTOD.CIVITA. FRVSTRA.VIGILANT.EAM. 81. Croix à triple bande feuillue et fleurdelisée, portant au centre une petite rose, et cantonnée de quatre léopards surmontés d'une couronne, le tout dans une épicycloïde, ayant des trèfles à l'extérieur des angles formés par les arcs de cercle. OR.

2215. **Demi-noble.** — Même type que le précédent. MON-.AVREA.METROPOL.GANDA.-FLAND. — ℞ (Lion.) NISI.DNS.CVSTOD.CIVIT.FRVSTRA. 81. Même type que le n° précédent. OR.

2216. **Pièces de 12 mites.** — Lion debout à g. XII.GHENT. 1581. — ℞ PACE.ET.IVSTITIA. Écusson à cinq quarts, couronné et entouré du collier de la Toison d'or. C.

— Types semblables, le mot GHENT, au-dessous du lion, et la date au-dessus. C.

2217. **Piéce de 6 mites.** — Lion debout à gauche. VI.GHENT. 1581. — ℞ PACE.ET.IVSTITIA. Écusson à cinq quarts dans un cartouche couronné. Cuivre.

2218. — Même type et même légende. — ℞ NISI. DNS.FRVSTRA. Écusson écartelé de France et de Flandre, couronné et accosté de deux F. C.

2219. — Même type. — ℞ NISI.DNS.FRVSTRA. Écusson couronné portant une bande de gauche à droite, sur laquelle est inscrit S.PQ.G. Il est accosté de deux G couronnés. C.

2220. **Noble.** — Types et légendes du n° 2214, avec VIGILANT. 1582. OR.

2221. — Types et légendes du n° 2214, avec VIGILATVR. 82. OR.

2222. **Demi-noble.** — Types et légendes du n° 2215, avec FRVSTRA. 82. OR.

2223. — Types et légendes du n° 2222, la bannière portée par le lion à droite du guerrier, étant au lion. OR.

2223bis. — Une pièce semblable. OR.

2224. — Types du n° 2222 avec METROPOL.GAND.-. FLAND. OR.

2224bis. — Une pièce semblable. OR.

2225. **Quart de noble.** — Type du n° 2214. MO.-AVREA.METROPOL.GAND.FLAND. — ℞ Revers du n° 2222, les léopards étant remplacés par des lions debout. OR.

2226. **Pièce de 12 mites.** — Lion debout à g. Au-dessous, entre ses pattes de derrière, 82. Légende : XII.GHENT.MYTEN. — ℞ NISI.DNS.FRVSTRA. Écusson écartelé, aux armes de France et de Flandre, couronné et entouré du collier de Saint-Michel. C. 2 pièces.

2227. **Pièce de 6 mites.** — Même type que le précédent. Légende : VI.GHENT.MYTEN. — ℞ Type du revers du n° 2226 sans le collier, l'écusson étant accosté de deux F. C.

2228.. **Pièce de 2 mites (?).** — Lion debout à g., II.GHENT. 1582 — ℞ Type et légende du n° précédent, l'écusson posé sur une croix fleurdelisée. C.

2229. **Noble.** — Types et légendes du n° 2214, mais il n'y a plus de lion à droite du guerrier, et la bannière porte un lion. Au revers, la date : 83. OR.

2229bis. — Une pièce semblable. OR.

2230. — Même pièce que le n° 2229, d'un coin différent, et d'un poids double. OR.

2231. **Demi-noble.** — Mêmes types et légendes que ceux du n° 2215, avec la la date : 83. OR.

2232. **Quart de noble.** — Types du n° 2225, avec 83. OR.

2233. **Escalin.** — Lion debout à gauche. (Lion) MON. ARG.CIVITATIS.GANDAV. 1583. — ℞ AVXIL.NOST. A-DOMINO. La pucelle de Gand, debout, la tête tournée à d., tenant une bannière au lion et un écusson aussi au lion. AR.

2234. **Sou.** — Croix fleurdelisée, évidée au centre en forme de losange où se trouve un écusson au lion. MON-ARG-CIVIT-GAND.. — ℞ AVXIL.NOST.A. DOMINO. Écusson au lion couronné, accosté de I-S. AR.

2235. **Pièce de 12 mites.** — Types du n° 2226 avec la date 83. C.

2236. — Type du n° 2226. — ℞ NISI.DNS.FRVSTRA. Écusson avec une bande transversale de g., à d., sur laquelle est inscrit s.p.q.g., et posé dans un cartouche couronné. C.

2237. **Pièce de 6 mites.** — Type du n° 2217, avec 1583. — ℞ Type du revers du n° 2219. C.

2238. — Pièce semblable à la précédente, mais sur un flaon plus petit et plus mince. C.

2239. **Escalin.** — Types du n° 2233, avec 1584. AR.

2240. **Pièce de 12 mites.** — Types du n° 2236, avec 83. C.

2241. **Pièce de 6 mites.** — Type du n° 2237, avec 1584. C. 3 pièces avariées par l'épaisseur du flaon.

2242. **Pièce de 4 mites.** — g couronné. GHENT. 1584. — ℞ NISI.DNS.FRVSTRA. Écusson au lion couronné et accosté de 4-M. C.

LE DUC D'ALENÇON.

2243. **Demi-écu.** — Buste habillé de profil à dr. (f. de l.) FRAN:F.FRAN:FRA:VNIC:REG:D:G.CO:FLA. — ℞ ✢ AETERNVM:MEDITANS:DECVS: 1582. Écusson couronné, écartelé de France et de Flandre, et accosté de deux F. AR.

2244. **Liard.** — Buste habillé de profil à dr. (f. de l.) FRAN.F.FRAN.D:G.COM.FLAN. — ℞ AETERNUM. MEDITANS.DECVS. Écusson couronné, écartelé de France et de Flandre. C.

2245. **Demi-liard.** — Croix à triple bande fleuronnée et fleurdelisée, évidée en quatre feuilles au centre, et cantonnée de deux fleurs de lis et de deux lions. (F. de l.) FRAN.F.FRAN.D:G. COM.FLAN. — ℞ Type et légende du revers du n° 2244. C.

VILLE DE BRUGES.

2246. **Lion d'or.** — Lion assis à g., dans un édicule gothique accosté de deux briquets avec étincelles. SIT.NOMEN.DOMINI.BENEDICT. — ℞ (F. de l.) MONETA.AVREA.COMITATVS.FLAN. Écusson au lion sur une croix fleuronnée. OR.

2247. **Demi-lion.** — Types du n° précédent, avec BENEDIC. OR.

2248. **Escalin.** — Lion debout à g. IN.TE.DOMINE. CONFIDO. 1583. — ℞ (F. de l.) MONETA.NOVA. ARG.COMIT.FLA. Écusson au lion, sur une croix fleuronnée. AR.

2249. — Mêmes types, avec 1584. AR.

2250. — Types du n° 2249, sans le grènetis intérieur du côté du revers. AR.

2251. **Sou.** — Écusson couronné, au lion de Flandre, accosté de deux B gothiques couronnés. (F. de l.) MONETA.NOVA.ARG.COMIT.FLA.— ℞ (F. de l.) IN.TE.DOMINE.CONFIDO. 1583. Croix à triple bande fleuronnée, évidée en quatre feuilles au centre, et cantonnée de deux lions, et de deux B gothiques couronnés. AR.

SIÉGE D'AUDENARDE.

2252. **Pièce de 10 s.** — Écu de Flandre : au-dessus, 10 s. Légende SPES.NRA.DEVS. 15-82. Au-dessus une contre-marque aux armes d'Audenarde. Étain, carré, uniface.

2252 bis. — Une pièce semblable. Étain.

2253. **Pièce de 5 s.** — Écu d'Audenarde : au-dessus, 5.s. Même légende que la précédente. Comme contre-marque, une lunette et au-dessus, une couronne. Étain, carré, uniface.

2253 bis. — Une pièce semblable. Étain.

2254. **Pièce de 2 sous et demi ou 5 gros.** — Lunette au milieu de laquelle est un A, et surmontée d'une couronne. Même légende que les précédents numéros. Un A en contre-marque. Étain, carrée, uniface.

2254 bis. — Une pièce semblable. Étain.

2255. **Pièce d'un sou.** — Croix fleurdelisée, au centre de laquelle est un lion. SPES-NRA-DEVS-1582. Étain, carrée, uniface.

2256. **Pièce d'un demi-sou.** — Écusson d'Audenarde. Au-dessus un A en contre-marque. Étain, carrée, uniface.

SIÉGE D'YPRES.

2257. **Pièce de 10 sous.** — Écusson au lion ; au-dessus : 83. Légende : + NIL.RESTAT.RELIQVI. En contre-marque ; x s. Étain, carrée, uniface.

2258. — Lion debout à g., accosté de x-s. Légende : NIL . RESTAT . RELIQVI . En contremarque : 83. Étain, carrée aux angles coupés, uniface. (Pièce plus petite et plus épaisse que la précédente.)

PHILIPPE II. — 2ᵉ période.

2259. **Écu d'or.** — Croix à triple bande, fleurdelisée, évidée au centre en forme de quatrefeuilles, et cantonnée de deux lions et de deux briquets. PHS.D:G.HISP.Z.REX.COM.FLA. 15 (F. de l.) 86. — ℞ DOMINVS.MIHI.ADIVTOR. Écusson à treize quarts, couronné et accosté de deux P. OR.

2260. **Écu ou Philippus-daelder.** — Buste habillé de profil à dr.: Au-dessous, 15 (F. de l.) 86. Légende : PHS:D:G.HISP.Z.REX:COM.FLAN. — — ℞ DOMINVS.MIHI.ADIVTOR. Écusson à douze quarts, couronné, placé sur une croix de Bourgogne et accosté de deux briquets avec étincelles, au-dessous, le bijou de la Toison d'or. AR.

2261. **Cinquième d'écu.** — Types du n° précédent, avec COM.FLA. AR.

2262. — Types du n° 2231 pour 1587 : l'écu est à treize quarts. AR.

2263. **Demi-daelder.** — Buste habillé de profil à g., PHS.D:G.HISP.Z.REX.CO.FL. Sous le buste, 15 (F. de l.) 89. — ℞ Type et légende du revers du n° 2230 avec l'écu à treize quarts. AR.

2264. **Cinquième d'écu.** — Types et légendes du du n° précédent. AR.

2265. **Dixième d'écu.** — Buste habillé et couronné de profil à g.: dessous, 8 (F. de l.) 5. Légende du n° 2233. — ℟ DOMINVS.MIHI.ADIVTOR. Écu à cinq quarts couronné. AR.

2266. **Vingtième d'écu.** — Écu à cinq quarts, couronné, et entouré du collier de la Toison d'or. PHS.D:G.HISP.Z-REX.COM.FL. — ℟ DOMINVS. MIHI.ADIVTOR. 15 (f. de l.) 90. Croix à triple bande feuillue et fleuronnée, évidée au centre en forme de quatre feuilles. AR.

2267. **Patard.** — Buste habillé et couronné de profil à dr.: dessous, une fleur de lis. PHS.D:G.HISP. Z.REX.COM.FLA. — ℟ DOMINVS. etc. Écusson à cinq quarts couronné. C.

2268. — Même pièce avec ADIVTO. C.

2269. **Liard (pièce de 12 mites.)** — Buste habillé de profil à dr. Dessous, une fleur de lis. Même légende que le n° 2267. — ℟ DOMINVS. etc. Écusson à cinq quarts, couronné, posé sur une croix. C. 2 pièces.

2270. — Buste habillé et couronné de profil à g.: dessous, 8 (f. de l.) 5. Légende : PHS.D:G.HISP. Z.REX.CO.FL. — ℟ Type et légende du revers du n° 1267. C.

Une autre pièce avec la date 86. C.

2271. — Même pièce avec la date 89. C.

2272. — Même pièce avec la date 90. et CO.FLA. C.

2273. — Même pièce que le n° 2270 avec la date 92 C.

2274. — Idem, idem, le 2 de la date ayant la forme d'un z. C.

2275. **Gigot** ou **pièce de 6 mites**. — Buste habillé de profil à g. : derrière la tête trois points placés verticalement. Dessous le buste la date partagée en deux par une fleur de lis. PHS.D:G. HISP.Z.REX.COM.FLA. — ℞ Type et légende du revers du n° 1267. — Deux pièces pour les années 85 et 86. C.

2276. — Mêmes types pour les mêmes années avec CO.FLA et une pièce pour l'année 86 avec CO.FL. C. 3 pièces.

2277. **Patard**. — Buste habillé et couronné de profil à dr. Dessous, la date partagée en deux par une fleur de lis. PHS.D:G.HISP.Z.REX.COM.FL. — ℞ DOMINVS, etc. Écusson à cinq quarts, couronné, posé sur une croix. C. 2 pièces pour les années 91 et 92.

2278. **Pièce de quatre mites**. — Briquet placé au centre d'une croix de Bourgogne, accompagné de quatre étincelles. (F. de l.) PHS.D:G. HISP.Z.REX.COM.FLA, OU COM.FL, OU CO.FLA. — ℞ DOMINVS . MIHI . ADIVT. Écusson de Flandre couronné accosté de 8-6. C. 3 pièces.

2278bis. — Une pièce semblable. C.

2279. — (?) Même type que le précédent. (F. de l.) PHS.D.... R.F.D. — ℞ Légende effacée. Écusson à cinq quarts couronné. C.

ALBERT et ISABELLE

2280. **Double souverain**. — Les archiducs assis de face sur un trône, dessous, en exergue : 1616 (F. de l.) ALBETVS.ET.ELISA.-BET.DEI.GRA-TIA.

ARCHIDVCES. — ℞ AVSTRIÆ.DVCES.BVR-GVNDIÆ. ET.COM.FLA.Z. Écu couronné à 17 quarts, entouré du collier de la Toison d'or. OR.

2281. **Albertin**. — Écu couronné à 17 quartiers, entouré du collier de la Toison d'or. ALBERTVS.ET. ELISABETH.D.G. — ℞ (F. de l.) ARCHID.AVST. DVCES.BVRG.Z.COM.FLAN. Croix de Bourgogne couronnée; au-dessous, la Toison d'or; dans le champ, 16-01. OR.

2282. **Demi-Albertin**. — Type et légende du n° 2281. — ℞ (F. de l.) ARCH.AVST.DVC.BVRG.COM. FLAN. Type du précédent, avec 16-02. OR.

2283. — Une pièce semblable, avec BVRG.Z.CO.FLA. OR.

2284. **Florin**. — Bustes affrontés et habillés. (F. de l.) AL-BERTVS.ET.ELISABET.DEI.GRATIA. — ℞ (F. de l.) ARCHID.AVST.DVCES.BVRG.COM.FLAN.Z. Écu couronné à 17 quarts, entouré du collier de la Toison d'or, et accosté de 15-99. AR.

2285. — Même pièce pour l'année 1600. AR.

2286. **Teston ou pièce de quatre réaux**. — Bustes habillés et accolés de profil à g. ALBERTVS.ET.ELISABET.DEI.GRATIA. — ℞ (F. de l.) ARCHID.AVST.DVCES.BVRG.ET.COM.FLAN. Écusscusson mi-partie d'Autriche et de Bourgogne, couronné, posé sur une croix de Bourgogne et accosté de 16-07. AR.

2287. **Patagon**. — Briquet couronné, placé sur une croix de Bourgogne et accosté de deux monogrammes couronnés, formés des lettres A et E; au-dessous, la Toison d'or, (f. de l.) ALBERTVS.

ET.ELISABET.DEI.GRATIA. — ℞ ARCHID.AVST. DVCES.BVRG.Z.CO.FLA. 16-20, écu couronné à 17 quarts et entouré du collier de la Toison d'or. AR.

2288. **Double patagon**. — Même pièce, avec BVRG. ET.CO.FL.Z. et sans la date, frappée sur un flan d'épaisseur double. AR.

2289. **Quart de patagon**. — Type du n° 2287. — ℞ ARCHI.DVC.AVST.DVC.BVRG.ET:COM.FLA.Z. type du n° 2287. AR.

2290. — Même pièce avec CO.FLA. AR.

2291. — Idem, avec CO.FL. AR.

2292. **Escalin au paon**. — Paon éployé et couronné, portant en cœur l'écu mi-partie d'Autriche et de Bourgogne, ALBERTVS.ET.ELISABET.DEI.GRA-TIA. — ℞ (F. de l.) AR-CHID.AVS-DVCES-BVRG.&. CO-FLA. Écu couronné à 17 quarts, placé sur une croix de Bourgogne et accosté de 16-20. AR.

2293. — Même pièce, avec BVRG.Z.CO.FL. et 1621. AR.

2294. — Idem, que le n° 2292, avec CO.FL.Z., sans date. AR.

2295. **Pièce de cinq gros** ou **huitième de florin**. — Écu couronné, à 17 quarts, entouré du collier de la Toison d'or et accosté de 16-00. ALBERTVS.ET.ELISABET.D.G. — ℞ (F. de l.) AR-CHI.D.AVST.DVCES.BVRG.Z.COM.FLAN. Croix fleuronnée, au centre évidé, et cantonnée de deux lions et de deux couronnes. AR.

2296. **Pièce de trois patards**. — Croix à triple bande feuillue et fleurdelisée, portant au centre un lion. ALBERTVS.ET.ELISABET.DEI.GRATIA. 16 (C.) 20. — ℞ ARCHID.AVST.DVCES.BVRG. Z.CO.FL. Écu couronné, à 17 quarts, dans une épicycloïde. AR.

2297. **Demi-réal.** — Écusson couronné, mi-partie d'Autriche et de Bourgogne, placé sur une croix de Bourgogne et accosté de 16-09. ALBERTVS.ET.ELISABET.D.G. — ℞ ARCH.AVST.DVC. BVRG.Z.CO.FL. Briquet couronné, accosté de deux cailloux avec étiucelles ; dessous, la Toison d'or. AR.

2298. **Quart de réal.** — Écu couronné, à 17 quarts, entouré du collier de la Toison d'or, légende du précédent. — ℞ (F. de l.) ARCHID.AVST. DVCES.BVRG.Z.COM.FLA. Briquet couronné, accosté de 16-03; au-dessous, la Toison d'or. AR.

2299. — Même pièce pour 1604. AR.

2300. **Sol.** — Croix ancrée placée sur une épicycloïde festonnée de tréfeuilles, au centre Æ. Légende: ALBERTVS.-ET.-ELISA-BET.D.G. — ℞ ARCHID. AVST.DVC.BVRG.CO.FL.Z. (F. de l.) Écu couronné à 17 quarts, accosté de 16-15. Billon.

2301. — Même pièce, avec CO.F.Z. (F. de l.) sans date. Billon.

2302. **Double denier.** — Æ couronné (F. de l.) ALBERTVS.ET.ELISABET.D.G. — ℞ (F. de l.) ARCH. AVST.DVC.BVRG.Z.COM.FL. Écu couronné, mi-partie d'Autriche et de Bourgogne, posé sur une croix de Saint-André, et accosté de 16-06. Cuivre

2303. — Même pièce pour 1616. C.

— Même pièce pour 1616, avec co.fla. C.

2304. **Denier.** — Types du n° 2302, pour 1607. C.

PHILIPPE IV

2305. **Double souverain.** — Buste couronné et cuirassé, de profil à dr. phil.iiii.d.g.hisp.et. indiar.rex. 16 (F. de l.) 44. — ℞ archid.avst. dvx.bvrg.co.flan.z. Écu couronné à 13 quarts, entouré du collier de la Toison d'or. OR.

2306. — Même pièce pour 1646, sur un flan d'un poids double. OR.

2307. **Souverain.** — Lion couronné, debout à g., armé d'un glaive et posant la griffe sur un globe, en exergue : 1651. Légende : (F. de l.) phil.iiii. d.g.hisp.et.indiar.rex. — ℞ archid.avst. dv-x.bvrg.co.flan.z^c. Écu couronné à 13 quarts et entouré du collier de la Toison d'or. OR.

2308. — Même pièce pour 1664. OR.

2309. **Couronne.** — Croix très-ornée. Légende des n^{os} précédents. 16 (F. de l.) 40. — ℞ archid. avst.dvx.bvrg.co.fl.z^c. Écu couronné à 13 quarts, accosté de deux briquets. OR.

2310. — Même pièce pour 1642. OR.

2311. **Ducaton.** — Buste cuirassé, avec la fraise, de profil à d. phil.iiii.d.g.hisp.et.indiar.rex. 16 (F. de l.) 33. — ℞ archid.avst.dvx.bvrg.et.co. fl.z^c. Deux lions tiennent une couronne au-dessus d'un écu à 13 quarts ; au-dessous, la Toison d'or. AR.

2312. — Même pièce pour 1634. AR.

2313. **Double ducaton.** — Mêmes types pour 1641, avec CO.FLAN. Pièce d'un poids double. AR.

2314. **Ducaton.** — Mêmes types pour 1665. AR.

2315. **Demi-ducaton.**— Types du n° 2313, pour 1632. AR.

2316. — Même pièce pour 1644. AR.

2317. **Patagon.** — Briquet couronné, placé sur une croix de Bourgogne; au-dessous, la Toison d'or, à côté : 16-42. (F. de l.) PHIL.IIII.D.G.HISP.ET. INDIAR.REX. — ℞ ARCHID.AVST.DVX.BVRG.CO. FLAN.Z^c. Écu couronné à 13 quarts, entouré du collier de la Toison d'or. AR.

2318. — Même pièce pour 1664. AR.

2319. **Demi-patagon.** — Types du n° 2317, pour 1646. AR.

2320. — Même pièce pour 1658. AR.

2321. **Quart de patagon.** — Type du n° 2317, avec la date : 16-24. — ℞ ARCHID.AVST.DVX-BVRG.ET. CO.FL.Z^c. Écu couronné à 13 quarts, entouré du collier de la Toison d'or. AR.

2321bis. — Une pièce semblable. AR.

2322. — Mêmes types, avec BVRG.CO.FLAN.Z^c, pour 1660. AR.

2323. **Escalin.** — Lion debout à g., armé d'un glaive et posant la griffe sur un écusson ovale, mi-partie d'Autriche et de Bourgogne, PHIL.IIII.D. G.HISP.ET.INDIAR.REX. (F. de l.) — ℞ AR-CHID. AVS-DVX-BVR.CO.FL-Z^c. Écu couronné à 13 quarts, posé sur une croix de Bourgogne, et accosté de 16-22. AR.

2324. — Même pièce pour 1623. AR.

2325. — Idem 1646. AR.

2326. **Sol.** — Croix terminée par des briquets ; au centre, une fleur de lis, PHS.IIII-D.G.REX-HIS.INDIA.Z^c. — ℞) ARCH.AVS.DVX.BVRG.CO.FLAN.Z^c. Écu couronné à 5 quarts, accosté de 16-44. AR.

2327. **Patard.** — Briquet couronné, placé au milieu de trois écus (Autriche, Bourgogne, Flandre). (F. de lis). PHIL.IIII.D.G.HISP.ET.INDIAR.REX. — ℞) ARCH.AVS.DVX.BVRG.CO.FLAN.Z^c. Écu couronné, à 3 quarts, accosté de 16-33. C.

2328. — Même pièce pour 1654. C.

2329. **Demi-patard.** — Briquet couronné, placé sur une croix de Bourgogne ; au-dessous, la Toison d'or ; dans le champ : 16-26. (F. de l.) PHIL. IIII.D.G.HISP.ET.INDIAR.REX. — ℞) ARCH.AVS. DVX.BVRG.ET.CO.FL.Z^c. Écu à 3 quarts dans un cartouche couronné. C.

CHARLES II.

2330. **Quadruple souverain.** — Buste habillé et couronné, de profil à dr.; dessous, une fleur de lis. CAROL.II.D.G.-HISP.ET.IND.REX. — ℞) ARCHID.AVST.DVX-BVRG.C.FLAND.Z^c. 17-00. Écu couronné à 13 quarts, entouré du collier de la Toison d'or. OR.

2331. **Souverain.** — Lion couronné, debout à g., armé du glaive, et posant une griffe sur un globe placé sur un piédestal, en exergue : 1668. (F. de l.) CAROL.II.D.G.HISP.ET.INDIAR.REX. — ℞ ARCHID.AVST.DVX. - BVRG.CO.FLAN.Z^c. Type du n° 2331. OR.

2332. — Même pièce pour 1669. OR.

2333. **Demi-souverain.** — Type du n° 2331. CAROL.II.D.G-HISP.-ET.IND.REX. (F. de l.) — ℞ Type et légende du n° 2330. OR.

2334. **Double ducaton.** — Buste enfantin, de profil à d., avec une large collerette et le collier de la Toison d'or ; dessous, 16 (F. de l.) 67. CAROL.II.D.G.HISP.ET..INDIAR.REX. — ℞ ARCHID.AVST.DVX.BVRG.CO.FLAN.Z^c. Type du n° 2311. AR.

2335. **Ducaton.** — Mêmes types pour 1668. AR.

2336. **Double ducaton.** — Mêmes types pour 1670. AR.

2337. **Ducaton.** — Types du n° 2334, pour 1687, la figure plus âgée et les cheveux très-longs. AR.

2338. **Double ducaton.** — Buste vieilli, avec les cheveux longs et le collier de la Toison d'or; dessous, une fleur de lis. CAROL.II.D.G.HISP.ET. INDIAR.REX. — ℞ ARCHID.AVST-DVX.BVRG-C. FLAND.Z^c. Écu couronné à 13 quarts, entouré du collier de la Toison d'or et soutenu par deux lions. AR.

2339. **Essai d'or du ducaton.** — Types du n° 2338. OR.

2340. **Demi-ducaton.** — Types du n° 2334, pour 1670. AR.

2341. **Essai d'or du demi-ducaton.** — Types du n° 2339, pour 1696. OR.

2342. **Patagon.** — Briquet couronné, posé sur une croix de Bourgogne; au-dessous, la Toison d'or; dans le champ, 16-72. (F. de l.) CAROL.II., etc. — ℞ Type du n° 2317. AR.

2343. **Demi-patagon.** — Briquet couronné, posé sur une croix de Bourgogne; au-dessous le bijou de la Toison d'or; à dr. et à g. deux C enlacés et couronnés, CAROL.II.D.G.HISP. (F. de l.) ET. INDIAR.REX. — ℞ ARCHID.AVST.DVX-BVRG.C. FLAND.Z^c. 16-99. Écu couronné, à 13 quarts, entouré du collier de la Toison d'or. AR.

2344. — Même pièce pour 1694, sur un flan d'épaisseur double. AR.

2345. **Quart de patagon.** — Types du n° 2342, pour 1687. AR.

2346. — Types du n° 2343, pour 1695. AR.

2347. **Escalin.** — Lion debout, à g., armé d'un glaive, la griffe posée sur un écusson ovale, aux armes d'Autriche et de Bourgogne, CAROLVS.II.D.G. HISPANIAR.ET.INDIAR.REX. (F. de l.) — ℞ ARCHID.AVST.-DVX-BVRG.C.FL.-AN.Z. Écu couronné, à 13 quarts, posé sur une croix de Bourgogne, et accosté de 16-98. AR.

2348. — Même pièce pour 1700. AR.

2349. **Demi-escalin.** — Briquet couronné, placé sur une croix de Bourgogne ; au-dessous, la Toison d'or; à côté, 16-98. Légende du n° 2347. — ℞) ARCHID.AVSTR.DVX.BVRG.C.FLAND.Z. Écu couronné à 5 quarts. AR.

2350. **Sol.** — Croix à quadruple bande, terminée par des briquets; au centre, un lis, CARO.II-D.G.REX-HIS.IN-DIA.Z. — ℞) ARCH.AVS.DVX.BVRG.CO.FLAN.Z^c. Écu couronné à 5 quarts, accosté de 16-79. AR.

2351. **Liard.** — Type du n° 2327. (F. de l.) CAROL.II. D.G.HISP.ET.INDIAR.REX. — ℞) Type du n° 2350 pour 1685. C.

2352. — Type du n° 2327. (F. de l.) CAROL.II.D.G. HISP.ET.INDIAR.REX. — ℞) ARCH.AVS.DVX.BVRG. C.FL. 16-92. Écu couronné à 13 quarts. C.

2353. — Types du n° 2352, avec INDIARVM au droit, et au revers C.FLAN.Z. 17-00. Écu échancré à 3 quarts et couronné. C.

2354. **Demi-liard.** — Briquet couronné, posé sur une croix de Bourgogne; au-dessous la Toison d'or. (F. de l.) CAR-OL.II.D.G.-HISP.ET.-INDIARVM-REX. — ℞) ARCHID.AVST.DVX.BVRG.CO.FLAN.Z. 17-00. Écu échancré à 3 quarts et couronné. C.

PHILIPPE V.

2355. **Patagon.** — Briquet couronné, placé sur une croix de Bourgogne, entre deux monogrammes couronnés, formés de P. V.; au-dessous, la Toison d'or. (F. de l.) PHILIPPVS.V.D.G.HISPANIA-RUM.ET.INDIARUM.REX. — ℞) BURGUND.DUX-C.

FLAND.z^c. 17-05. Écu couronné à 13 quarts, entouré des colliers du Saint-Esprit et de la Toison d'or. AR.

2356. **Demi-patagon**. — Types du précédent et pour la même année. AR.

2357. **Liard**. — Type du n° 2327. (L.) PHIL.V.D.G. HISPAN.ET.INDIARUM.REX. — ℞ DUX.DE.BURGUNDIÆ.ET.BRABAN.Z. Écu couronné, à 13 quarts ; accosté de 17-10. C.

CHARLES III.

2358. **Demi-patagon**. — Briquet couronné placé sur une croix de Bourgogne, accosté de deux monogrammes couronnés et formés de 3 c enlacés; au-dessous le bijou de la Toison. (F. de l.) CAROLUS.III.D.G.HISP.ET:INDIARUM.REX. — ℞ ARCHID.AUST.DUX-BURG.C.FLAND.z^c. 17-09. Écu couronné à 12 quarts, entouré du collier de la Toison d'or. AR.

CHARLES VI, Empereur.

2359. **Liard**. — Buste habillé de profil à g., avec la perruque. CAROLVS.VI.D.G.ROM.IMP.HISP.REX.; sous le buste, une fleur de lis. — ℞ ARCHID. AVST.DVX.BVRG.C:FLAND.z^c. 17-12. Monogramme couronné, composé de trois c entrelacés. C.

MAXIMILIEN, Emmanuel, de Bavière.

2360. **Liard**. — Buste habillé de profil à g., avec la perruque, sous le buste, un lion. MAX.EMAN.D. G.S.ROM.IMP.ELE. — ℞ DVX.BAVARI.BRABAN.Z. C.FLAND : Z. 17-12. Monogramme couronné, formé de deux E entrelacés. C.

2361. — Briquet couronné, accompagné de trois écussons au lion. (Lion) MAX.EMANVEL.D.G.S. R.I.ARC.EL.ET.VIC. — ℞ U.B.E...ET.G.DUX.COM. P.R.F.H.N. &. Écusson à quatorze quarts couronné, accosté de 17-12. C.

MARIE-THÉRÈSE D'Autriche

2362. **Double souverain**. — Buste jeune, couronné de profil à d. MAR.TH.D.G.R.JMP.G.HUNG. BOH.R. — ℞ ARCH.AUS.DUX-BURG.BRAB.C.FL. Écusson échancré mi-partie d'Autriche et de Bourgogne, dans un cartouche couronnné, et placé sur une croix de Bourgogne. Au-dessous, un petit lion et 1750. OR.

2363. **Souverain**. — Types du précédent, et aussi pour 1750. OR.

2364. — Mêmes types ; l'écusson du revers est rond, le cartouche, différent et accompagné de deux branches. 1752. OR.

2365. **Ducaton**. — Buste jeune de profil à d. Légende du n° 2362. — ℞ ARCH.AUS.DUX.BURG.

BRAB.C.FL. Écu à sept quarts, dans un cartouche, couronné et placé sur une croix de Bourgogne. Au-dessous, un lion et 1754. AR.

2366. **Demi-ducaton**. — Mêmes types. 1750. AR.

2367. **Quart de ducaton**. — Mêmes types. 1752. AR.

2368. **Huitième de ducaton**. — Mêmes types. 1753. AR.

2369. **Double escalin**. — Lion debout à g., armé d'un glaive, et la patte posée sur un écusson ovale aux armes de Bourgogne. En exergue un petit lion. MAR.TH.D.G.R.JMP.G.HUN.BOH.R.— ℞ ARCH.AUS.DUX-BURG.BRAB.C.FL. Écusson à 6 quarts, dans un cartouche, couronné, et placé sur une croix de Bourgogne. Au-dessous 1752. AR.

2370. **Escalin**. — Types du n° précédent. La forme du cartouche est différente. 1750. AR.

2371. — Autre pièce semblable. AR.

2372. — Même pièce pour 1753. AR.

2373. **Demi-escalin**. — Croix de Bourgogne. MAR. TH.D.G.R.JMP.G.HUN.BOH.R. 1751. — ℞ ARCH. AUS.DUX-BURG.BRAB.C.FL. Écu échancré aux armes d'Autriche et de Bourgogne, couronné et ceint de deux branches d'olivier et de palmier. Dessous, un lion. AR.

2374. **Double liard**. — Tête de profil à dr. M.T.D. G.R.JMP.G.H.B.REG.A.A.D.BURG.— ℞ AD-USUM-BELGII-AUSTR. 1749. en cinq lignes; dessous, un lion; le tout dans une couronne de lauriers. C.

2375. **Liard.** — Mêmes types que le n° précédent, mais sans la couronne de laurier au revers, 1750. C.

2376. — Même pièce dorée. C.

2377. — Tête à dr. coiffée différemment. MAR.TH.D. G.HUNG.BOH.R.A.A.AUS.D.BURG. — ℞ Même revers que le n° 2372, pour 1745. C.

JOSEPH II.

2378. **Ducaton.** — Tête laurée de profil à dr. IOSEPH. II.D.G.R.IMP.S.A.GER.HIER.HONG.BOH.REX. — ℞ ARCH.AUST.DUX.BURG.LOTH.BRAB.COM.FLAN. 17-83. La date, partagée en deux par une petite tête. Briquet placé sur une croix de Bourgogne : au-dessous, la Toison d'or : au-dessus et aux côtés, trois couronnes différentes. AR.

2379. **Demi-ducaton.** — Types du n° précédent, avec GER.HIE.HVN.BOH.REX., et pour 1789 : sous la tête, la lettre A. marque de l'atelier. AR.

2380. **Quart de ducaton.** — Mêmes types et légendes que le n° 2379, et pour l'année 1788, sous la tête la lettre H, marque de l'atelier. AR.

2381. **Sou.** — Tête laurée de profil à dr. IOSEPH.II. AVG.DVX.BVRG.BRAB.COM.FLAND. — ℞ VINCVLVM. FIDELITATIS.PVBLICAE.MDCCLXXXI, en quatre lignes dans une couronne formée d'une branche de laurier et d'une palme. C.

LÉOPOLD II.

2382. **Ducaton.** — Tête laurée de profil à dr. LÉO-POLD.II.D.G.R.I.S.A.GER.HIE.HVN.BOH.REX. — ℞ ARCH.AVST.DVX.BVRG.LOTH.BRAB.COM.FLAN. 1791. Types du n° 2378. AR.

2383. **Demi-ducaton.** — Mêmes types. AR.

2384. **Sou.** — Tête laurée de profil à dr. LEOPOLD.II. AVG.DVX.BVRG.BRAB.COM.FL. — ℞ BELGICAE. SALVS.AVGVSTO.DATA.FIDE.MDCCXCI, en cinq lignes dans une couronne formée d'une branche de laurier et d'une palme. C.

FRANÇOIS II.

2385. **Ducaton.** — Tête laurée de profil à dr. FRANCISC.II.D.G.R.I.S.A.GER.HIE.HVN.BOH.REX. — ℞ Type et légende du n° 2378, pour 1792. AR.

2386. — Mêmes types pour 1793. AR.

2387. **Quart de ducaton.** — Types du n° 2385 avec FRANC.II, et pour 1793. AR.

COMTÉ DE BATENBOURG.

2388. **Demi-daldre.** — Buste habillé de face, à mi-corps, avec le manteau HERMAN.THEODO.BRONC. BARO.BAT. — ℞ MONETA.NOVA.ARGENTEA.BAT.

1579. Écusson à neuf quarts, sommé de deux heaumes de trois quarts, avec lambrequins. AR.

2389. **Sol.** — Aigle à deux têtes ayant sur la poitrine un globe surmonté d'une croix. Au-dessus, une couronne impériale. MATH.I.D.G.ELEC.ROM.IMP. SEM.AVG. — ℞) MONETA.NOVA.ARG.BAT.IV.ST. Écusson couronné à dix quartiers. AR.

DUCHÉ DE BRABANT.

JEAN Ier.

2390. **Esterling au lion.** — Croix double cantonnée de W.A.L.T. Légende : ✠ I.D-EI.G-RAT-IA. — ℞) ✠ D-VX.BRA-BANTI-E. Écusson au lion. AR.

JEAN II.

2391. **Tiers de gros.** — Croix. ✠ 1C.... ABANTI. — ℞) ✠ MO.... GANDENSIS. Lion debout à g. C. (Pièce fausse du temps.)

JEAN III.

2392. **Chaise.** — Le duc assis dans une chaire gothique, tenant l'épée nue, et un écusson aux quatre lions. ✠ MONA : IOHIS : DEI-GRA-BRABAINCIE : DVC'. — ℞) ✠ XPC:VINCIT:XPC:REGNAT:XPC:INPERAT. Type du n° 1882. OR.

JEAN III
et WALERAND DE LUXEMBOURG.

2393. **Aignel.** — Agneau tournant la tête à dr. : derrière lui une croix avec un étendart dont le pied partage les mots IOH'-DVX. Légende : ✠ AGN:DEI.QVI.TOLL.PECA.MVDI.MISERERE.NOB'. — ℞ (L.) WALERADVS:DE:LVCEBOVC:COM:DE:LIN:EIO. Croix à triple bande fleuronnée et trèflée, portant une rose au centre, et cantonnée de quatre fleurs de lis. Elle est comprise dans un entourage formé de quatre arcs de cercle et de quatre angles, ceux-ci accompagnés, à l'extérieur, chacun de deux fleurs de lis. OR.

PHILIPPE LE BEAU.

2394. **Toison d'argent.** — Écusson couronné, à cinq quarts, posé sur une croix fleuronnée et fleurdelisée. PHS.DEI.GRA.ARCHID.AVSTE.DVX.BG'-B'. — ℞ (L.) INICIVM.SAPIENCIE.TIMOR.DOMINI. ANNO. 1498. La Toison suspendue à deux briquets entourés d'étincelles. AR.

CHARLES-QUINT.

2395. **Couronne d'or.** — Écusson couronné à cinq quarts, accosté de deux briquets avec étincelles. (Soleil.) CARO:D·G.RO:IMP:HISP:REX:DVX: BVRG:Z:BRA. — ℞ (F. de l.) DA.MIHI:VIRTVTE:CO-

TRA : HOSTES : TVOS : 1541. Croix fleurdelisée, au centre évidé, et cantonné de deux tours et de deux aigles à double tête. OR.

ALBERT et ISABELLE.

2396. **Couronne d'or**. — Croix formée de monogrammes couronnés, cantonnée de deux lions et de deux briquets. ALBERTVS.ET.ELISABETH:DEI. GRATIA. — ℞ ARCHID.AVST.DVCES.BVRG.BRAB. Z. Écusson couronné à dix-sept quarts accosté de deux briquets couronnés. OR.

2397. **Jeton**. — Bustes affrontés d'Albert et Isabelle. En exergue AVSPICIIS. Légende : ALB.ET.ELISAB.D.G.ARCH.AVS. — ℞ DVCES.BVRGVNDIÆ. BRABANTIÆ.Z^c. Couronne contenant MVNIFI-CEN-TIA-P.P-1509 en quatre lignes. OR.

PHILIPPE IIII.

2398. **Couronne d'or**. — Croix très-ornée. PHIL.IIII. D.G.HISP.ET.INDIAR.REX. 16 (tête) 32. — ℞ ARCHID.AVST.DVX.BVRG.BRAB.Z^c. Écusson couronné, à treize quarts, accosté de deux briquets couronnés. OR.

SEIGNEURIE DE BEAUMONT.

2399. **Gros au cavalier**. — Cavalier armé d'un glaive, courant au galop à dr. ✠ B.D'AVENIS.

DNS.B-ELIMOTIS. — ℟ Lég. int. ✠ SIGNVM.CRVCIS, les mots séparés par des étoiles. Lég. ext. ✠ IN.NOMINE:DOMINI:N̄RI:AME. Croix cantonnée de quatre croissants. AR.

SEIGNEURIE D'ELINCOURT.

2400. **Gros au cavalier.** — Cavalier au galop à g., tenant un pennon. ✠ GVIDO-COMES:STI-PAVLI.— ℟ Lég. int. ✠ SIGNVM.CRVCIS. Légende ext. ✠ MONETA:RECTA:DE:ELINCOVRT. Croix. AR.

VILLE DE DEVENTER.

2401. **Demi-rixdaldre**. — Aigle éployé de face : Au-dessous, un petit écusson. ✠ MONETA.NOVA-DE.DAVENTRIA. — ℟ ANNO.D-OMIN-MCCC-CXXIII. Écusson mi-partie, sur une croix fleuronnée, dont les extrémités formées par de petits écussons à l'aigle, partagent la légende. AR.

COMTÉ DE HAINAUT.

JEAN Ier.

2402. **Gros au cavalier.** — Cavalier au galop à g., tenant au pennon. ✠ IOHANN-ES.COMES-HAIN.— ℟ Lég. int. ✠ SIGNVM.CRVCIS. Lég. ext. ✠ MONETA.VALENCENENSIS. Croix. AR.

ALBERT DE BAVIÈRE.

2403. **Couronne d'or.** — Écusson couronné, écartelé aux armes de Bavière et de Hainaut. ✠ DVX: ALBERTVS:DEI:GRA':COMES:HANONIE. — ℞ ✠ XPC: VINCIT: etc. Croix feuillue et fleuronnée, évidée au centre où se trouve une quintefeuille, et contenue dans une épicycloïe à quatre lobes, ayant aux points de rencontre des arcs, des trèfles à l'intérieur, et des couronnes à l'extérieur. OR.

SEIGNEURIE DE 'S HEERENBERG.

2404. **Angelot.** — L'Archange Saint-Michel de face terrassant le dragon. DNS'.PROTEGE.VITE.MEE.A.Q°.TREPI. — ℞ MONETA.NOVA.AVREA.COM'.MONTEN. Vaisseau portant sur le flanc un écusson écartelé, surmonté des lettres W.B. OR.

COMTÉ DE HOLLANDE.

2405. **Gros tournois.** — Croix. Lég. int. ✠ IOH'ES: (aigle) COMES. Lég. ext. : NOMEN:DOMINI:NOSTRI.SIT.BENEDICTVM. — ℞ ✠ DORDRACENSIS. Châtel tournois. Bordure de douze trèfles, formés chacun de trois globules.

2406. **Gros au lion.** — Écusson au lion. ✠ IOHES.COMES.OLLADIE. — ℞ ✠ MONETA.DORDRA-CENSIS. Croix cantonnée de quatre aigles.

COMTÉ DE LUXEMBOURG.

2407. **Gros.** — Croix. Lég. int. : ✠ H : COMES : LVCEB'. Lég. ext. : ✠ MONETA : FCA : I : TEONIS : VILLA. — ℞ ✠ MONETA:FCA:I:TEONIS:VILLA. Aigle à deux têtes couronné, dans un entourage de quatre arcs de cercle réunis par des fleurons. AR. Piéfort.

SEIGNEURIE DE TOURNAI.

2408. **Couronne.** — Croix très ornée. PHIL.IIII.D.G. HISP.ET.INDIAR.REX. 16 (tour) 47. — ℞ ARCHID. AVST.DVX.BVRG.D.TOR.Z^c. Écusson couronné à treize quarts, accosté de deux briquets couronnés. OR.

2409. **Souverain.** — Lion couronné, à g., armé d'un glaive, et posant la patte sur un globe placé sur un piédestal. En exergue, 1657. Légende (Tour.) PHIL.IIII.D.G.HISP.ET.INDIAR.REX. — ℞ ARCHID.AVST.DVX.-.BVRG.DOM.TOR.Z^c. Écusson couronné à treize quarts, entouré du collier de la Toison d'or. OR.

JEAN DE WESEMAEL

2410. **Double mite.** — Écu à trois fleurs de lis au pied nourri. ✠ IOHAN.DE.WESEMA. — ℞ ✠ MONETA.DE.RVMME. Croix. Billon.

INDÉTERMINÉES

2411. **Petit denier.** — Buste de profil à d., devant la tête, deux caractères. Des annelets et des globules au lieu de légende. — ℞ Légende effacée. Croix cantonnée de quatre caractères en forme d'E. AR.

2412. — Trois bâtons, accostés de deux globules cerclés. Le bâton du milieu est plus grand que les autres. — ℞ Croix fleurdelisée. AR.

2413. — Buste d'évêque bénissant. Dans le champ, une croisette. — ℞ Croix losangée cantonnée de douze globules. AR.

2414. — Quatre roses contenues chacune dans un cercle. En guise de légende des globules, et des étoiles. — ℞ Croix cantonnée de quatre annelets centrés. Légende comme au droit. AR.

Autre un peu variée ; la croix est cantonnée de quatre roses, et l'on voit quelques caractères dans les légendes. AR.

2415. — Croix ancrée cantonnée de quatre globules, et traversant la légende A-O-....-E. — ℞ Légende à moitié détruite.... DOR....IES. Croix. AR. Pièce cassée, en mauvais état.

ROYAUME DE NAVARRE.

HENRI II D'ALBRET.

2416. **Teston.** — Buste lauré et habillé de profil à dr.,

HENRICVS.II.D.G.REX.NAVARRAE.D.B. — ℞ GRATIA.DEI.SVM.ID.QVOD.SVM. 1584. Croix fleuronnée cantonnée de quatre H couronnés. AR.

2417. **Liard**. — H couronné. ✚ HENRI.DEI.G.REX.NAVAR.D.B. — ℞ GRA.DEI.SVM.ID.QVOD.SVM. Croix. AR.

JEANNE D'ALBRET.

2418. **Teston**. — Buste de profil à dr. IOANNA.DEI.G.REG.NAVARRE.D.B. Sous le buste, un bœuf à g. accosté de P. — ℞ GRATIA.DEI.SVM.ID.QVOD.SVM. 1564. Écusson couronné, accosté de deux I couronnés. AR.

COMTÉ DU MANS.

2419. **Denier**. — Monogramme d'Herbert comte du Mans. ✚ COMES.CENOMANNIS. — ℞ ✚ SIGNVM.DEI.VIVI. Croix. AR.

COMTÉ DE PORCIEN.

2420. **Esterling**. — Tête de face, couronnée. ✚ GALCHS.COMES.PORC. — ℞ MON-ET.N-OVA-YVE. Croix coupant la légende, cantonnée de douze besants. AR.

MONNAIES MODERNES.

2420ª. **Norwége.** — Deux séries de dalers dont une complète. C.

2420ᵇ. **Belgique.** — Léopold Iᵉʳ. — 0ᶠ,20 ; 0ᶠ,10 ; 0,05 en nickel, en double exemplaire.

— Léopold II. — 5ᶠ,00 ; 2ᶠ,00 ; 1ᶠ,00 ; 0,50. AR.

2420ᶜ. **Belgique.** — Léopold Iᵉʳ. — Pièce de 5ᶠ00. AR.

2420ᵈ. **Suisse.** — Pièces de 5ᶠ,00 ; 2ᶠ,00 ; 1ᶠ,00 ; ¹/₂ franc ; 20 centimes, 10 centimes, 5 centimes, 2 centimes, 1 centime. En tout dix pièces. AR., nickel et cuivre.

2420ᵉ. **Mexique.** — Maximilien, empereur. — 5 francs, 2 pièces.

2420ᶠ. **États romains.** — 2 lire ; 1 lire ; 10 et 5 soldi ; ¹/₂ soldo. En tout 5 pièces.

2420ᵍ. **Hollande.** — Guillaume III. — 1 ɢ, 25 cent. et 3 autres pièces. En tout 5 pièces.

2420ʰ. **Italie.** — Victor-Emmanuel. — 0ᶠ,50.

JETONS ET MÉREAUX.

ARTOIS.

2421. **Philippe le Hardi.** — Écu écartelé, aux 1ᵉʳ et 4ᵉ d'une fleur de lis, aux 2ᵉ et 3ᵉ de Bourgogne ancien, surmonté d'une petite couronne et accosté de D-M.; ✠ PHIPE:DVC:D:BOVRGOVGNE. X. — ℞ CONTE.DE.FLANDRES.CONTE.DART:. Croix fleuronnée et fleurdelisée, au centre évidé en quatre feuilles, cantonnée d'un lion passant, d'un M, d'une couronne et d'un D. — C. jaune.

2422. **Philippe II, roi d'Espagne.** — Buste habillé de profil à dr.; ✠ PHLS.D.G.HISPA.REX. CO.ARTHESIAE. — ℞ ✠ CALCVLVS.ORD.ARTHESIAE. 1579. Écusson d'Artois couronné. C. (Deschamps de Pas, jetons d'Artois, pl. I, n° 1.)

2423. — Écusson d'Artois dans un cartouche. PHS. D:G.HISPAN.Z.REX.COM.ART. — ℞ GECT.DV.BVREAV.DES.FINAN. 1578. Armoiries pleines d'Espagne, entourées du collier de la Toison d'or et couronnées. C. (Id. pl. V, n° 34.)

2424. — Écusson d'Artois dans un cartouche différent du précédent;.... ROTEVITVR...ARTHESIA... — ℞ Même type que le précédent. C. (Id. pl. V, n° 33.)

2425. — Main sortant d'un nuage et saisie par une vipère sortant d'un fagot jeté sur le feu; QVIS. CONTRA.NOS.R.DE.MELEVN. — ℞ MARCQVIS.DE. ROVBAYS. Écu couronné de Robert de Melun. C. (Id. pl. VIII, n° 51.)

2426. — .PHLO.-RE.HISP.LV-SITA.POTIT-O.ALEX.PER-.PARME. 🐾 dans le champ en cinq lignes; légende : (quintefeuille) TORNACVM : SVB : EGIT. 1581. — ℞ (quintefeuille) VIVE.DIEV.ET.LE.ROY. DESPAINGNE. 84. Armoiries pleines d'Espagne occupant tout le champ. C. (Id. pl. IX, n° 59.)

2427. — Armoiries du cardinal de Granvelle, posées

sur une croix épiscopale et surmontées du chapeau. — ℞ Vaisseau battu par la tempête; au-dessous, DVRATE, en creux. C.

2428. — Mêmes armoiries. ✣ ANT.CARDINALIS.GRANVEL.... 1584. — ℞ Vaisseau battu par la tempête; au-dessus, DVRATE. C.

2429. Écusson d'Artois au-dessus de quelques épis brisés par le souffle de deux aquilons. STERILIS. TRISTES.REDDIT.AGER. Dans le champ, 1587.— ℞ SED.LAETVS.EGENOS. 1588. Écusson d'Artois entre le soleil et la lune, au-dessus de cinq épis vigoureux et bien remplis. C. (Id. pl. V, n° 29.)

2430. Le soleil sortant des nuages éclaire un champ dans lequel on voit deux épis. O.CLARIOR.E.NEBVLIS. 8 🐗 9. — ℞ ATTRITA.RECRESCO. Bellonne marchant à droite, au milieu d'un champ dont les tiges sont debout et en pleine floraison. C. (Id. pl. V, n° 30.)

2431. — Même type que le n° précédent. — ℞ Type du n° 2423. C. argenté. (Id. pl. V, n° 32.)

2432. — Même type que le n° 2430. — ℞ NIL.DESPERAN-DVM.AVSPICE.CHRISTO. 1.5.·.8.8. Le duc de Parme à genoux, dans un jardin, les yeux levés au ciel, où le Sauveur apparaît dans une gloire. C. (Id. pl. V, n° 31.)

2433. — Deux mains jointes tenant un cœur, le tout surmonté d'une couronne fermée. CVM.PIETATE. CONCORDIA. 1589. — Revers pareil au n° 2432.

2434. — Écusson aux armes de D. Sarazin, abbé de Saint-Vaast, surmonté de la mitre et de la crosse. R.D.D.I.SARACE-NVS.ABBAS.S.VED. — ℞ PIETAS.

ET.PATIENTIA. Deux figures debout dans un jardin, au-dessus, une gloire sortant des nuages. En exergue, 1589. C. jaune.

2435. — Une pièce semblable.

2436. — Main sortant d'un nuage et tenant le gouvernail d'un vaisseau, au flanc duquel est attaché l'écusson d'Artois. HINC.SECVRITAS. 1591. ⚜. — ℞ M.A.RYE.MAR.VARAMB.GV.ARTH. Écusson aux armes du marquis de Varambon, couronné et entouré du collier de la Toison d'or. C. (Id. pl. VIII, n° 52.)

2437. — Mêmes types avec G.ARTHE. C.

2438. — Types du n° 2436, avec un vaisseau plus court. C. (Id. pl. VIII, n° 53.)

2439. — Écusson aux armes du comte d'Egmont, couronné et entouré du collier de la Toison d'or. LAMORAL.P.D.GAVRE.CO : DEGMONT. — ℞ SABINE.PAL.DVCESSE.EN.BAVIERE. Écusson couronné, en losange, écartelé des armes des deux époux. C. (Id. pl. IX, n° 58.)

2440. — La Foi, l'Espérance et la Charité, debout, de face. DEO.REGI.ET.PATRIÆ. — ℞ CALCVL. STAT.ARTES. 1597. Écusson d'Artois timbré d'un heaume et d'une mitre, au milieu de la représentation de la ville d'Arras, occupant tout le champ. (Id. pl. I, n° 2.)

2441. — Même pièce. C.

2442. — Lion attaché à une colonne et dont un rat ronge le collier. ROSIS.LEONM.LORIS.MVS.LIBERAT. — ℞ LIBER.REVINCIRI.LEO.PERNEGAT. Un guerrier couronné présente une branche de laurier à un lion, en présence du pape. C. (¹)

2443. **Albert et Isabelle.** — Têtes affrontées d'Albert et Isabelle. ALB.ET.ELISAB.DG.ARCH.AVS. En exergue : AVSPICIIS. — ℞ DVCES.BVRGVN-DIÆ.ET.CO.ARTESIÆ.Z. Couronne au milieu de laquelle on lit: MVNIFI-CENTIA-PP- 1600, en quatre lignes. Cuivre argenté. (Id. pl. VI, n° 36.)

2444. **Louis XIII.** — Vaisseau battu par la tempête et résistant grâce à son ancre fixée aux insignes héraldiques du cardinal de Richelieu : MEDIIS.SIC.TVTA.PROCELLIS. — ℞ VINCET.DVM.PROTEGET.ARAS. En exergue, 1641. Épée en pal sur un autel. C. (Id. pl. VI, n° 38.)

2445. — Écu de France couronné et entouré des colliers des ordres du roi. NIL.NISI.CONSILIO. — ℞ PHŒ.NA.ET.TAVRVS.ACCESSIT.AD.ARAS. En exergue : 1641. Soleil éclairant un autel antique, sur lequel se consume un taureau. C. jaune. (Id. pl. VI, n° 39.)

2446. **Louis XIV.** — Buste lauré et habillé, de profil à dr.; au-dessous, un semé de fleurs de lis, avec un lambel à quatre pendants, chargés chacun de trois châteaux. L.14.F.E.N.MONARCHA.HISPA. VIC.COM.ARTESIÆ. — ℞ Même type que le droit du précédent. C. jaune. (Id. pl. VII, n° 46.)

2447. — Même tête. LVD.XIIII.D.G.FR.ET.NA.REX. COMES.ARTESIÆ. En exergue : PART.CASVELLES. — ℞ CANTANS.FVGAT. Coq mettant un lion en

(¹) Ce jeton ne paraît pas appartenir à l'Artois.

fuite par son chant ; au fond, représentation de la ville d'Arras; en exergue : 1655. C. (Id. pl. VII, n° 42.)

2448. — Même type. — ℞ MERITIS.TRIBVENDA.REFVNDO. En exergue : 1655. Trophée composé d'une épée en pal, au fourreau fleurdelisé, de deux bâtons de maréchal et de deux pennons également fleurdelisés. C. (Id. pl. VII, n° 43.)

2449. — Même type. — ℞ HÆC.SVNT.PRÆLVDIA.PACIS. En exergue, 1655. Choc de cavalerie devant une ville au-dessus de laquelle on lit : ARRAS. C. (Id. pl. VII, n° 40.)

2450. — Même pièce. C. jaune.

2451. — Même type. — ℞ NOS.CREAS.ET.RECREAS. Le soleil éclairant la mer, dans laquelle nagent deux poissons; à dr., un arbre ; à g., un rocher. C. (Id. pl. VII, n° 44.)

2452. — Écusson aux armes de France, couronné et entouré des colliers des ordres du roi. L.LONGVET.T^R.G^L.D.LEX^{RE}.D.GVERRES.ET.CAVA^{RIE}. — ℞ Type du n° 2449. C. (Id. pl. VII, n° 41.)

2453. — Même type que le n° 2447. — ℞ Même type que le n° 2446. C. jaune. (Id. pl. VII, n° 45.)

2454. — Type du n° 2445. — ℞ NERVVS.PACIS.BELLIQVE. En exergue, 1655. Un trophée d'armes et un olivier, au-dessus desquels une main sortant d'un nuage laisse tomber des monnaies. C. jaune. (Id. pl. VII, n° 47.)

2455. — Type du n° 2445. — ℞ LVMINE.SIGNAT.ITER. En exergue 1656. Astre rayonnant au milieu du champ. C. (Id. pl. VII, n° 48.)

2456. — Type du n° 2445. — ℞) LIBERATORI.DEBITAM. REPENDO. Femme tenant une branche de laurier, et présentant une couronne à Louis XIV, debout à g. ; dans le fond, un château. C. jaune. (Id. pl. VII, n° 50.)

2457. — Type du n° 2445. — ℞) COLLIGIT.VT.SPARGAT. Bassin circulaire d'où s'échappent cinq jets. En exergue : 1656. C. (Id. pl. VII, n° 49.)

2458. — Tête de Louis XIV, de profil à g., avec la perruque. REGI.PROAVO. En exergue : 1705.— ℞) COMITIA.ARTESIÆ. Écusson rond et couronné, aux armes d'Artois, surmonté des cimiers des trois ordres et soutenu par un lion et une levrette. C. (Id. pl. II, n° 7.)

2459. — Même pièce. C. jaune.

2460. **Louis XV.** — Buste jeune lauré et habillé, de profil à dr. LUDOVICUS.XV.D.G.FRAN.ET.NAV. REX. — Revers du n° 2458. C. (Id. pl. II, n° 8.)

2461. — Buste couronné, revêtu du manteau royal et du collier, de profil à dr. LUD.XV.REX.CHRISTIANISSIMVS. — Revers du précédent. C. jaune. (Id. pl. II, n° 9.)

2462. — Buste habillé, de profil à dr., avec CHRISTIANISS. Sous le buste, DUVIVIER.F. — Revers du précédent. C. jaune.

2463. — Même pièce avec quelques différences dans la chevelure. C. jaune. (Id. pl. II, n° 10.)

2464. — Buste plus âgé, lauré et habillé. Même légende que le précédent, sous le buste : DUVIVIER. — Revers du précédent. C. jaune. (Id. pl. II, n° 11.)

2465. — Tête de profil à dr., les cheveux noués sur la nuque. Légende du précédent; sous la tête, le monogramme du graveur.— Revers du précédent. C. jaune. (Id. pl. II, n° 12.)

2466. — Même pièce. AR.

2467. — Buste lauré et cuirassé ; dessous, D.V. Légende du précédent. — ℟ Même type, l'écusson placé dans un cartouche, accosté des deux supports couchés. AR. (Id. pl. III, n° 14.)

2468. — Même pièce en C. jaune.

2469. — Tête laurée de profil à dr.; dessous, M. Légende du précédent. — Revers du n° 2467. C. jaune. (Id. pl. III, n° 15.)

2470. **Louis XVI.** — Buste de profil à dr., habillé et les cheveux noués sur la nuque. LUD.XVI.REX. CHRISTIANISS. Sous le buste: N.GAT.F.— Revers du n° 2467. AR. (Id. pl. III, n° 16.)

2471. — Buste de profil à dr., avec l'habit et le grand cordon. Légende du précédent; sous le buste : N.GATTEAUX.— Revers du précédent. AR. (Id. pl. III, n° 17.)

2472. — Tête de profil à dr., les cheveux noués sur la nuque. Légende du précédent; sous la tête : DUVIV. — Revers du précédent légèrement modifié. AR. (Id. pl. III, n° 19.)

2473. — Buste de profil à g., habillé et les cheveux flottants. LUDOV:XVI.REX.CHRISTIANISS. Sous le buste : P.DROZ.F.— Revers du précédent. AR. (Id. pl. III, n° 20.)

2474. — Buste habillé, de profil à g., les cheveux

noués sur la nuque. LUDOVICUS.XVI.REX.CHRISTIANISS. Sous le buste : B.— Revers du précédent légèrement varié. C. octogone. (Id. pl. IV, n° 21.)

2475. **Charles, comte d'Artois.** — Buste habillé, de profil à g., les cheveux noués sur la nuque. CHARLE^s.PHILIPPE.COMTE.D'ARTOIS. Sous le buste : GATTEAUX.— ℞ Écusson de France, à la bordure componée de gueules, entouré de trois colliers d'ordres, sur un faisceau de drapeau et sommé d'une couronne fleurdelisée. MAISON.DE.MONS^{gr}. LE.COMTE.D'ARTOIS. AR. (Id. pl. IV, n° 22.)

2475bis. — Une pièce semblable. AR.

2476. — Même pièce en C. jaune. Frappe moderne.

2477. — Idem en C. rouge. Frappe moderne.

2478. — Jeton octogone, aux armoiries du comte d'Artois, comme au revers du n° 2475, avec deux branches de laurier sous l'écusson ; le tout dans une bordure d'oves. Dans le bas : LOR.F. — ℞ Couronne de laurier contenant cette inscription : JETTON.DE.MONSEIGNEUR.LE.COMTE.D'ARTOIS. 1775. C. Frappe moderne.

2479. — Type du précédent. — ℞ Légères différences dans la couronne et dans la bordure. 1773. C. Frappe moderne. (Id. pl. IV, n° 25.)

2480. — Type du n° 2475.— ℞ Buste habillé, de profil à g. de la comtesse d'Artois, avec une aigrette inclinée. M.THER.DE.SAVOYE.COM:TESSE. D'ARTOIS. Sous le buste : DUVIV. AR. (Id. pl. IV, n° 23.)

2481. — Même pièce en C. Frappe moderne.

2482. — Type du revers précédent. — ℞) Écusson de France, à la bordure componée, et de Savoie, sur un cartouche sommé d'une couronne fleurdelisée. MAISON . DE . MAD^e . LA .·COMTESSE . D'ARTOIS. C. Frappe moderne. (Id. pl. IV, n° 24.)

2483. — Même pièce. C. jaune. Frappe moderne.

2484. — Mêmes types légèrement variés pour la coiffure. C. Frappe moderne.

2485. — Même pièce. C. jaune. Frappe moderne.

2486. — Jeton octogone, portant deux écussons accolés, aux armes du comte d'Artois et de Marie-Thérèse de Savoie, sur un cartouche sommé d'une couronne fleurdelisée, et accompagné en bas d'une branche d'olivier et d'une palme. — ℞) Couronne de laurier contenant cette inscription : JETTON . DE . MADAME . LA . COMTESSE . D'ARTOIS. 1773. C. Frappe moderne. (Id. pl. IV, n° 26.)

2487. — Mêmes types, avec quelques différences du côté du droit. C. octogone. Frappe moderne. (Id. pl. IV, n° 27.)

2488 et 2489. — Deux clichés en plomb de sceaux du comté d'Artois.

2490. — 🐀🐀🐀🐀🐀 dans un entourage octogone. TIPHAINE . MER^D . AVX . RATS . 1710. — ℞) Chiffre composé de deux D et de deux L entrelacés, le tout dans une guirlande de lierre. C.

AIRE-SUR-LA-LYS.

2491. **Notre-Dame Pannetière.** — Plomb uniface, N.D.P. Au-dessous, ∾. Méreau.

2492. **Innocents.** — Trois personnages debout, de face. SIT:NOMEN:DNI:BENEDICTVM. — ℞ MONETA: EPISCOPI: INNOCENTV. Croix fleurdelisée. Pl. Méreau.

2493. **Ville.** — Tête de face accostée de s.i. — ℞ Aigle éployé, la tête à g. Cliché en étain.

2494. — Grand B entouré de 1609 et de quatre gros points. Cliché en étain.

ARRAS.

2495. **Ville.** — ⚜, au-dessus d'un x, plomb uniface. Méreau.

2496. — Écusson au lion debout, portant un lambel et ayant en chef un rat à g. Plomb uniface. Méreau.

2497. — Fleur de lis surmontée d'un lambel. — ℞ Crosse entourée d'un cercle de gros points en guise de légende. C. Méreau.

2498. — Écusson à six fleurs de lis. — ℞ Écusson à neuf râteaux. C. Méreau.

2499. — Écusson au lion debout, portant sur le flanc l'écusson d'Artois. GETZ.PO^R.LA.CHAMB.ESCHE-VINAIE. — ℞ EN.ESPOIR.IATENS. En exergue : 158Z, guerrier à dr., armé de la lance et du bouclier, entre deux dragons levant la tête. C. (Deschamps de Pas, jetons d'Artois, pl. VIII, n° 54.)

2500. — Même écusson, surmonté du mot AR-RAS. Légende du n° précédent avec ESCHEVINALE. C. (Id. pl. VIII, n° 55.)

2501. — Lion debout, portant au flanc l'écusson d'Artois, accosté de 15-84, au-dessus ARAS. Légende : GET.POVR.LA.CHAMBRE.ESCHEVIN. — Revers du n° 2426. C. (Id. pl. VIII, n° 56.)

2502. — Lion debout à g., portant au flanc l'écusson d'Artois. GET.POUR.LA.CHAMBRE. — ℞ ESCHEVINALLE.DARRAS. 85. Écusson d'Artois dans un cartouche. C. (Id. pl. VIII, n° 57.)

2503. **Chapitre.** — C̄AP. accosté de deux quintefeuilles. Légende : ✠ BEATE.MARIE.ATTRERATENSIS. — ℞ ✠ MERELLVS : MANDATI : PAVPERVM. Croix fleurdelisée. C.

2504. — Mêmes types, moitié de la pièce précédente, au revers, PAVPER. C. Méreau.

2505. — CAP. Légende : ✠ ECCLESIE.ATTREBATENS'. — ℞ IIII. dessous, une étoile ; le tout entouré de quatre rats courant à g. C. Méreau.

2506. — C̄AP. Légende : ✠ ECCLESIE.ATREBATENSIS. — Revers du précédent. C. méreau.

2507. — Même type. ECCLESIE.ATREBATEN. — ℞ III. dessous une molette d'éperon, le tout entouré de trois rats courant à g. C. 2 pièces. Méreaux.

— Pièce de la même division avec ATREBATENS. C. Méreau.

2508. — Type du précédent. — ℞ II. dessous une étoile, le tout entouré de deux rats courant à g. C. Méreau.

— Même type. ✠ ECCL'SIE.ATREBATE. — ℞ Type du précédent légèrement varié. C. Méreau.

2509. — Même type que le n° 2507. — ℞ I. accosté

d'une étoile. Légende : 🐾 et une branche de feuillage. C. 2 pièces. Méreaux.

2509. — Type du n° 2505. ✛ ECCLIE.ATREBATEN. — Revers de la pièce précédente, légèrement varié. C. Méreau.

2510. **Abbaye de Saint-Vaast.** — Cliché en étain du sceau de l'abbaye, sous le cardinal de Rohan.

BAPAUME

2511. **Louis XIII.** — Écussons accostés de France et de Navarre, entourés de deux colliers d'ordres et surmontés d'une couronne royale, LVDOVICVS.XIII.FRANCORVM.ET.NAV.REX. — ℞ MOENIA.RVPTA.QVAE.CITO. Représentation d'une ville fortifiée foudroyée par le feu du ciel; audessus, BAPPAVME. C. Jeton. (Ds. de P., supplément. pl. II, n° 6.)

BÉTHUNE

2512. **Confrérie de Saint-Éloi.** — Écusson portant un fer à cheval, accosté de C.T.V. — ℞ Marteau. 18-10. pl.

2513. — Même pièce de moindre dimension. Pl.

2514. — Marteau. — ℞ Croix. Pl.

2515. — Écusson portant un fer à cheval; au-dessus, CHARITÉ. — ℞ Marteau accosté de S.E., dessous : 1188. Pl.

2516. — Fer à cheval, un point au centre. — ℟ Marteau accosté de 16-96 ? Pl.

BOULOGNE

2517. **Église Notre-Dame.** — Écusson de France couronné, entouré du collier de Saint-Jacques. ✠ NOTRE-DAME.DE.BOVLONGNE. — ℟ La statue de N.-D. de Boulogne, entre deux anges et sur un bateau. Pl.

SAINT-POL

2518. **Chambre du comte.** — Écusson écartelé aux armes de France et de Saint-Pol. ✠ IETT: P:LA:CHABRE:DV:COTE:A:SAITPO. — ℟ IETES.LEVES. IVSTEMENT. Écusson du droit. C.

2519. **Marie de Bourbon.** — Écusson en losange partie de Longueville et de Luxembourg. (Couronne.) MARIA.DE.LVCEMBOVRGO.COMITISSA. — ℟ SANCTI.PAVLI....VINDOCINENSIS. Croix feuillue et fleuronnée, au centre évidé. C.

2520. **Léonor d'Orléans et Jacqueline de Rohan.** — Écusson couronné, aux armes de Longueville. LEONOR.DVC.DE.LONGVEVILLE. — ℟ IAQVELINE.DE.ROHAN.MARQ.DE.ROTH. Écusson en losange, écartelé de Longueville, de Rohan, etc. C.

2521. — Type du précédent, l'écusson entouré du collier de l'ordre de Saint-Michel. — ℟ ✠

SVB.SOLE.SVB.VMBRA.VIRENS. Cerf captif couché à g., dans un parc. C.

2522. **Henri d'Orléans-Longueville.** — Écusson couronné aux armes de Longueville, accompagné de deux branches de laurier. H. DORLEANS.DVC.D.LONGVEV^E.COM.SOWE.D.NEVFCHAS^L.ENSVIS^{SE}. — ℞ M.D.BOVRBON.D.LONGVEV^E. ET.TOVTE.VIe.COMTESS^E.D.S^T-PAVL. Écusson couronné, écartelé aux armes de Longueville et de Saint-Pol, et entouré d'un cordon. C. jaune.

2523. **François d'Estouville.** — Écusson couronné, écartelé aux armes de Longueville et de Saint-Pol, entouré du collier de l'ordre de Saint-Michel. F.DVC.DESTOVTTEVILLE.CO.DE.S^T-POL. — ℞ NON.EST.MORTALE.Q.OPTO. Licorne couchée à gauche dans une enceinte palissadée. C. jaune.

SAINT-OMER

2524. **Chapitre.** — Buste mitré d'évêque de face, accosté de S.O. — ℞ Double croix accostée de 9-Z. Plomb.

2525 et 2526. — Méreaux de la 1re émission, chiffres XII et I. C. 2 pièces.

2527 à 2529. — Méreaux de la 2me émission, chiffres XII, VI et II. C. 4 pièces.

2530 à 2532. — Méreaux sans dates, chiffres II, III, IV. C. 8 pièces.

2533 et 2534. — Méreaux de 1716, chiffré XII. C. 3 pièces.

2535. **Evêché.** — La fortune debout à g. VERTU.ET. FORTUNE. En exergue : 1723. Signé D.V. — ℞ Écusson ovale aux armes de Valbelle, placé dans un cartouche et couronné ; dessous, 1714. C. jaune.

2536. — Même type, sans date. — ℞ Cartouche différent. C. jaune.

2537. — Même type, avec 1719. — Revers du précédent. C. jaune.

2538. — Type du n° 2535. — ℞ Deux écussons accolés aux armes de Valbelle, dans un cartouche couronné. C. jaune. 2 pièces.

2539. — Même type que le n° 2535. — ℞ JOSEPH. ALPHONS.DE.VALBELLE.EPISCOP.ODOMARENSIS. 1730. Écusson aux armes de Valbelle, dans un cartouche couronné et portant une mitre et une crosse, le tout surmonté du chapeau. C. jaune.

2540 et 2541. **Église Saint-Jean.** — Saint-Jean debout de face, tenant une croix; à g. un agneau, à sa dr. un arbre. ✠ SAINCT.IEHAN. 1619. — ℞ Représentation de l'église Saint-Jean, entourée d'une bordure de grosses perles. Pl. 2 pièces.

2542. — Agneau à g., tournant la tête à dr., tenant une croix de la patte dr. antérieure. — ℞ Double croix accostée de 16-81. Pl.

2543. **Église Sainte-Marguerite.** — Sainte-Marguerite à mi-corps à g., portant une palme. SAINTE.MARGUERITE. — ℞ Double croix accostée de 16-32, dans une bordure perlée. Pl.

2544. **Abbaye de Saint-Bertin.** — Écusson aux armoiries de l'abbaye, surmonté d'une crosse.

— ℞ Même type, avec des différences assez notables dans la forme de l'écusson. Plomb. Carré.

2545. **Antoine de Berghes.**—Écusson à ses armoiries, posé sur une crosse. GRACIAS.DEO. Le reste de la légende est formé par des fleurons. — ℞ SOLVM.DEVM.SEQVOR (fleuron). Écusson aux armoiries de l'abbaye, posé sur une crosse. C.

2546. — Même type que le précédent, deux croisettes accostant la crosse au-dessus de l'écusson. — ℞ Même type avec 1509. C.

2547. **Gérard d'Haméricourt.** — Saint-Bertin debout de face dans un bateau et tenant une crosse de la main g. ....DEVM.SOLVM. 1570.— ℞ Écusson échancré aux armes de l'abbaye, posé sur une crosse et accompagné de quatre globules. Pl.

2548. — Saint-Bertin nimbé, debout de face dans un bateau, tenant la crosse. SOLVM : DEVM : SEQVOR : — ℞ Écusson aux armoiries de l'abbaye, dans un cartouche très-contourné, accosté de 15-73. C.

2549. **Vaast de Grenet.** — Écusson aux armoiries de l'abbé, posé sur une crosse. DEI.GRATIA. NISVS::15-8Z.— ℞ SANCTVM.SOLVM.DEVM.SEQVOR. Écusson aux armes de l'abbaye, posé sur une crosse. AR.

2550. — Même pièce. C.

2551. **Franche fête.** — Saint-Michel debout de face, terrassant un dragon.— ℞ Double croix. Cliché en plomb.

2552. **Ville.** — Agneau pascal à g., tenant une croix verticale. ✠ HVRT.BIEN.MOVTON. — ℞ ✠ DE-SAI-NTO-MER. Croix fleurdelisée, au centre évidé contenant une fleur de lis, cantonnée de quatre lions debout. C.

2553. — Écusson triangulaire, au lion debout, dans un champ semé de billettes. — ℞ Croix formée de quatre ornements en forme de cœur. C.

2554. **Corporation des cordonniers.** — Saint-Barthélémy couronné, de face, tenant un grand couteau et un livre, il est entouré d'une gloire. S^T.BARTHELEMY-ST.OMER.1715. — ℞ DE.GVERNON-VAL.MAYEUR.EST.GRAND.MAITRE. Écusson rond aux armoiries de Guernonval, dans un cartouche couronné. C. jaune.

2555. **Corporation des marchands.** — Saint-Nicolas debout de face, bénissant de la main dr. et tenant la crosse de la main g., à ses pieds, à dr., cuve contenant trois enfants. — ℞ Lisse avec R.FREMAVLT., gravé en creux. C. jaune.

2556. **Fêtes historiques.** — Écusson aux armes de la ville de Saint-Omer, 1840. CLITON. 1127. C. uniface. 2 pièces.

2557. — Même écusson, FÊTE.HISTORIQUE.DE.S^T-OMER. 1840. — ℞ GUILLAUME DE NORMANDIE, Cte DE FLANDRE. 1127. Guerrier debout à dr. la tête heaumée, tenant une épée nue et un bouclier gironné, dessous : D.SACLEUX.F. Étain.

2558. — Même écusson, 2e FÊTE HIS^{que} 1841. Sous l'écusson : CLITON. 1127. C. uniface. 2 pièces.

2559 et 2560. — Écusson carré aux armoiries de la

ville de Saint-Omer, accosté de 18-46. FÊTE HISTORIQUE DE Sᵗ-OMER. — ℞ Type du n° 2557. GVILLELMVS.COM'.MCXXVII. Sous le guerrier, une quintefeuille. Étain. 4 pièces.

2561. — Même type, FÊTE HISTORIQUE DE SAINT-OMER. Sous l'écusson : 1865. — ℞ Guerrier debout à g. tenant une épée et un bouclier. GVILLELMVS. COMº.MCXXVII. C. blanchi. 2 pièces avec anneau.

2562. — Écusson aux armoiries de la ville de Saint-Omer, surmonté d'une couronne murale. FÊTE HISTORIQUE DE SAINT-OMER. En exergue : 1865. — ℞ Guerrier à cheval, au galop à dr., portant un pennon et un bouclier. ✛ GVILLELMVS COMES FLANDRIE. C. blanchi.

2563. **Saint-Adrien ?** — Personnage debout, de face, les bras étendus. — ℞ IHS surmonté d'une croix. — .S.ADRIE-MA en trois lignes dans le champ. Pl.

THÉROUANNE.

2564. **Évêché.** — Écusson à trois mitres, posé sur une crosse. AVE:MARIA:GRACIA:PLE. — ℞ Croix à triple bande fleurdelisée, cantonnée de quatre I. Légende : IAN-IAN-IAN-IAN. C.

2565. — Même type. — ℞ ✛ AVE.MARIA.GRACIA.PLENA. Croix feuillue et fleuronnée, au centre évidé. C.

2566. **Chapitre.** — C̄AP. liés ✛ ECCLESIE.MORINEN. — ℞ ✛ CAP.... ECCLIE . MOR. Dans le champ, le chiffre I ou Iʳ. C. 3 pièces.

2567. — Vierge assise tenant l'enfant Jésus sur les genoux. SANCTA.MARIA. — ℟ Légende du précédent; dans le champ, IV. C. 2 pièces.

2568. — Tête de face mitrée de Saint-Maxime, S. MAX.CAPLM.ECCLE.MOR. — ℟ Le chiffre IV ou II ou I, la légende est remplacé par une épicycloïde et la date 1.5.3.4. C. 3 pièces.

2569. — Tête mîtrée de profil à gauche, de Saint-Maxime. Légende du précédent. — ℟ Le chiffre I ou II, la légende remplacée par une épicycloïde. C. 3 pièces.

2570. **Bourse du Lucquet.** — Écusson aux armoiries anciennes de l'église de Thérouanne. ✚ SIMON.LVCQVET en caractères cursifs. — ℟ BVRSA.LVCQVET.ECCLE.MOR.; dans le champ, le chiffre I ou II. C. 3 pièces.

2571 à 2579. **Plombs.** — Dix méreaux de plomb de Thérouanne.

2580. **Empreinte aux armoiries** de la ville d'Arras. C. Uniface.

MAISON DE CROY

2581. — Écusson couronné et écartelé, entouré du collier de la Toison d'or. (F. de l.) OV.QVE.SOIT. CROY. 1541. — ℟ Écusson en losange, couronné et parti, cantonné de P.A.P.A., PENSER. FAVLT.CROY. C. 2 pièces.

2582. — Même type. JY.PARVIENDRAI.CROY. 1562. — ℞ RAISON.IE.VEVLT.HAI...... Écusson en losange couronné mi-partie aux armes du droit et à trois lions debout, posés deux et un. Cuivre.

2583. — Même type avec CROI et 1567. — ℞ NESCIT.LABI.VIRTVS. Triangle curviligne : des lignes partant des sommets se réunissent au centre. Cuivre.

2584. — Écusson couronné aux armoiries de Lalaing, entouré du collier de la Toison d'or. E.D.LALAING.M.D.RENTI.B.D.MO.&c. — ℞ AN.D.CROY.M.D.RENTI.D.DE.CH. Écusson en losange couronné mi-parti aux armes de Lalaing et de Croy, accosté de 15-86. C.

2585. — Écusson couronné aux armoiries de Croy. ✝ P.DE.CROY.C.LE.SOLRE. — ℞ BONA.VICINA.MALIS. 159Z. Vaisseau entre deux rochers. C.

2586. — Écusson couronné aux armoiries de Croy, entouré du collier de la Toison d'or. SOVFFRIR.VAINCRE.CROY. — ℞ DOVBTER.EN.FAVLT.RENESSE. Écusson couronné et parti. C.

2587. — Écusson couronné et parti. ANNE.DE.LORRAIN....ARSCHOT.P.DORENGES. — ℞ DA.PACE.DNE.IN.DIEB.NRIS. Croix de Jérusalem, cantonnée de quatre croisettes. C.

2588. — Buste habillé de profil à droite. PHLE.SYRE.DE.CROY.DVC.DARSCHOT. — ℞ ✝ LENNE.DE.BLOYS.DVCHESSE.DARSCHOT. Écusson ovale mi-partie, dans un cartouche couronné et accosté de 15-95. C.

2589. — Même type. — ℞ PRINCE.DE.CHIMAY.ET.DE. PORCEAN.Z. Écusson couronné aux armoiries de Croy, entouré du collier de la Toison d'or. Cuivre.

2590. — Type du n° 2583. PHILIPE.DE.CROY.DVC. DARSCHOT. — ℞ DVLCIA.MIXTA.MALIS. Main sortant d'un nuage et tenant une ruche entourée d'abeilles. C.

2591. — Buste habillé de profil à dr. CHARLES.SIRE. DE.CROY.DVC.DARSCOT. — ℞ ✚ JECT.DE.LA. CHAMBRE.D.COMPTE.DV.DVC. Hibou de face attaqué par quatre petits oiseaux; dessous, sur une banderolle: SEVL. C.

FLANDRE

2592. **Gui de Dampierre.** — Écusson au lion de Flandre. ✚ MESSIRE.NICOLES.DESTREES. — ℞ G.CO-MES.FLA-DRIE-MARC. Croix coupant la légende cantonnée des lettres C.H.I.O. C.

2593. **François d'Alençon.** — Cavalier au galop à droite, tenant l'épée haute, le caparaçon du cheval étant fleurdelisé. En exergue. FLAND. Légende : (L.) FRANCISCVS.F.FR.D:G.DVX.BRAB-CO.FLANDR. — ℞ CONCOR-DIA.RES.-PARVAE.-CRESCVT. Écusson couronné, écartelé de France et de Flandre, accosté de N.T.8.2., et placé sur une croix dont les extrémités, coupant la légende, sont formées par quatre petits écussons ovales aux armes des quatre membres de Flandre. AR.

2594. **Charles II.** — Buste habillé, de profil à dr. (F. de l.) CAROL.II.D.G.HIS.ET.INDI.REX.CO-FLA.Z^c. — ℞ Ecusson au lion, échancré, soutenu par un lion et un chien (?) C.

2595. — Buste vieux avec les cheveux longs et le collier de la Toison d'or, de profil à dr., (F. de l.) CAROLVS.II.D.G.HISPANIAR.ET.INDIARVM.REX. — Revers semblable au précédent, un peu varié. C.

2596. **Marie-Thérèse.** — Buste habillé de profil à d., la coiffure retombant en arrière. MAR:TH:D: G:IMP:R:COM:FLA: — ℞ Ecusson au lion, échancré, dans un cartouche. AR.

2597. **Joseph II.** — Buste lauré et habillé de profil à d. JOSEPHVS.II.AVG.COM.FLANDRIAE. — ℞ Ecusson au lion, suspendu par un nœud accompagné de guirlandes. AR.

FLANDRE WALLONNE

2598. **Louis XV.** — Tête laurée de profil à dr., au-dessous : B.DUVIVIER. Légende : LUD.XV.REX. CHRISTIANISS. — ℞ COMITIA.FLANDRIÆ.WALLO-NENSIS. Ecusson armorié, échancré, dans un cartouche, posé sur une console très-ornementée avec accompagnement de guirlandes. Au-dessous, 1773. Cuivre jaune. Octogone. (Frappe moderne.)

2599. **Louis XVI.** — Buste habillé de profil à dr., les cheveux noués sur la nuque. Au-dessous DUVIV. Légende : LUDOVIC.XVI.REX.CHRISTIANISS. — ℞

COMITIA.FLANDRIÆ.WALLONENSIS. Écusson échancré, dans un cartouche. C. jaune. Octogone. (Frappe moderne.)

ALOST.

2600. **Ville ?** — Personnage couronné, assis, tenant une épée et une croix. Dans l'intérieur du grènetis, des deux côtés du personnage, IVSTE-ET . PIE. Légende : ✠ ✠ INSIGNE . COMITATVS . ALOSTANI ✠ — ℞ (Tête.) IVSTITIA . ET . PIETAS . IVNCTIS . DEFENDITVR . ARMIS. Écusson ovale, mi-partie, d'une épée en pal accostée de deux petits écussons au lion, et d'une croix sur des degrés, accostée aussi de deux petits écussons au lion. Cet écusson est surmonté d'une couronne de comte, et entouré de cinq petits écussons réunis par des rubans. AR.

ANCHIN.

2601. **Abbaye.** — Écusson aux armoiries de l'abbaye d'Anchin, surmonté d'une mitre et d'une crosse. CHAMBRE . DES-COPTES . D'ACHIN. — ℞ ✠ VINCE . TE-IPSVM . 1612. Écusson portant un chevron et trois étoiles à six rais, posées, deux et une ; il est surmonté d'une mitre et d'une crosse. C.

ANVERS.

2602. **Napoléon I**er.— Buste lauré et habillé de profil à dr. NOPOLÉON . EMP . ET . ROI. — ℞ CHAMBRE.

DE . COMMERCE . D'ANVERS. Fleuve couché. En exergue, DROZ.F. et une main au-dessous de laquelle est MDCCCIX. AR.

Bergues.

2603. **Philippe IV.** — Écusson à treize quarts, couronné, accompagné du collier de la Toison d'or, le tout entouré de deux branches de laurier. — ℞ Écusson aux armoiries du territoire de Bergues dans un cartouche ; au-dessus, 16 (f. de l.) 45. Le tout dans une couronne de laurier. AR.

2604. — Écusson au lion, entouré de trois fleurons en accolade. (F. de l.) BERGHE.WINOCX. — ℞ (F. de l.) CASSELRIE. Écusson portant une fasce, et un franc quartier au lion. Il est aussi accosté de trois fleurons en accolade. AR.

2605 et 2606. **Louis XIV.** — Tête à dr. avec de longs cheveux. LUDOVICUS . MAGNUS . REX. — ℞ VRBS. ET.TERRITORIVM.BERGENSE.S.W. Écusson contourné aux armes du territoire de Bergues-Saint-Winoc. C. jaune. 2 exemplaires.

2607 et 2608. — La même pièce en cuivre rouge. 2 exemplaires.

2609. — Écusson portant une bande chargée de trois merlettes et accompagnée de deux lions debout. Il est surmonté d'un heaume de face avec lambrequins, et a pour supports deux lions, M^R.D.LEBOISTEL.DE.CHANTIGNONVILLE.CON^{ER}.DV. ROY.INTENDANT.DE.FLAN. — ℞ COM^{RE}.DE.SA. MA^{TÉ}.AV.RENOVVELLEM^T.DE.LA.LOY.DE.BERG.S.W.

1679. Écusson contourné aux armoiries du territoire de Bergues. AR.

CASSEL

2610. **Église Saint-Pierre**. — Saint Pierre assis de face tenant les clefs et un livre; à sa gauche un bâton fleurdelisé. + SIGILLVM.ECELIE.STI. PETRI.CASLETEN.AD.CAV. Cliché en étain.

COURTRAI

2611. **Louis XIV**. — Buste cuirassé de profil à dr., cheveux longs et moustache. LVD.XIIII.D.G.FR. ET.NAV.REX. — ℞) TERRITORIVM.CORTRACENSE. 16 (Main) 60. Écusson aux armes de la Chatellenie de Courtrai, accompagné de trois fleurons en forme d'accolade. AR.

2612. **Charles VI, Empereur.** — Buste lauré et habillé, à dr. CAROLUS.VI.ROM.IMP.COMES.FLAND. — ℞) CASTELLANIA.CORTRACENA. Écusson aux mêmes armes que le précédent, dans un cartouche surmonté d'une couronne murale. AR.

2613 et 2614. **Marie-Thérèse d'Autriche.** — Buste habillé de profil à dr. MAR.THER.D.G. HUNG.BOH.REG.AR.AU.COM.FLAND. — ℞) Même type que le n° précédent, le cartouche étant un peu différent. AR. deux pièces.

CYSOING

2615. **Abbaye.** — Écusson portant trois serres posées deux et une, surmonté d'une mître et d'une crosse. Sur un ruban, au-dessous : PEDETENTIM. Légende : GETS.DE.LABBAYE.DE.CYSOING. 1661. — ℞ (Rose) S.EVERARDVS.FVNDATOR.CYSONI. Écusson couronné portant l'escarboucle. Au-dessous, sur un ruban. VNANIMITER. C.

DUNKERQUE

2616. **Louis XIV.** — Tête jeune de profil à dr., cheveux longs. LVD.XIIII.D.G.FR.ET.NAV.REX. — ℞ CIVITAS.DVNKERKANA. Écusson aux armes de Dunkerque porté par un guerrier à queue de poisson. C.

2617. — Même tête. LOVIS.XIV.ROY.DE.FR.ET.DE.NAV. — ℞ CALCVLI.CIVITATIS.ET.TERRITORII.DVNKERKANI. Type du n° précédent ; l'écusson accosté de 16-84. AR.

2618. — Tête à dr. avec la perruque. LVDOVICVS.MAGNVS.REX. — ℞ Type et légende du n° précédent avec 16-86. AR.

2619. — Pièce semblable en cuivre rouge.

2620. — Pièce semblable en cuivre jaune.

2621. — Types et légendes du n° 2618 avec 16-87. Cuivre rouge.

2622. — Même pièce en cuivre jaune.

FURNES.

2623. **Ville?** — Écusson au lion, accompagné de trois fleurons en forme d'accolade, le tout dans une couronne de laurier.— ℞ VEVRNE-VEVRNE. Écusson aux armes du territoire de Furnes, surmonté d'une couronne de comte. C.

2624. **Albert et Isabelle.** — Bustes affrontés d'Albert et Isabelle. Au-dessus, une couronne. En exergue, 1618. Légende : ALBERT.ETELIS.D.G. ARCHI.AVST.COM.FLAN. — ℞ CALCVLI.VRBIS.ET. TERRITORI.FNRNENSIS. Écusson aux armoiries du territoire de Furnes. C.

2625. **Philippe IV.** — Buste habillé de profil à dr. (F. de l.) PHIL.IIII.D.G.HISP.ET.INDIAR.REX. — ℞ Légende et type du précédent. Au-dessus de l'écusson, 16-42. C.

FRANC DE BRUGES.

2626. **Charles II.** — Buste jeune, habillé, de profil à dr. (F. de l.) CAROL.II.D.G.HIS.ET.INDI.REX. CO.FLA.Z^c. — ℞ S.P.Q.F. En exergue, 1670. Écusson portant une bande soutenue par un homme et une femme sauvages. Au-dessus, une plante de chardon. C.

2627. **Marie-Thérèse.** — Buste voilé de profil à dr. MAR.TH.D.G.IMP.R.COM.FL. — ℞ Mêmes types que ci-dessus, seulement la femme est assise sur un rocher. En exergue : S.P.Q.F. AR.

2628. — Buste de profil à dr., avec une coiffure tombant sur les épaules. Même légende que le n° précédent. — ℞ S.P.Q.F. Type analogue à celui du n° 2627. AR.

GAND.

2629. **Charles II.** — Buste habillé et couronné à dr. Au-dessous, tête d'ange avec H.F. Légende : CAROL.II.D.G.HISP.ET.INDIAR.REX. — ℞ GANDA. -.GANDA. Écusson au lion, couronné. Au-dessous, 16 (tête) 88. AR.

YPRES.

2630. **Louis XIV.** — Tête laurée, avec de longs cheveux, à dr. LVD.XIIII.D.G.FR.ET.NAV.REX. — ℞ Lion à g. portant le fût d'une colonne, et posant la patte sur un écusson échancré d'Ypres ; le tout entouré de deux branches de laurier. En exergue 1678. Cuivre jaune.

2631. — Même type que le précédent. — ℞ CALCVLI * TERRITORY * IPRENSIS. En exergue : 1680. Grand écusson échancré partagé en quatre quartiers par une croix. Dans les deux quartiers supérieurs, deux petits écussons ; celui de gauche, au lion ; celui de droite, d'Ypres. C. rouge.

2632 — Type du revers du n° 2630. — ℞ Type du revers du n° 2631. C. jaune.

2633. — La même pièce en C. rouge.

2634. — Tête de profil à dr., avec la perruque. LU-DOVICUS.MAGNUS.REX. — ℞) Type du n° 2630 avec 1699. C. jaune.

2635. — Même pièce en C. rouge.

2636. — Type du revers du n° 2634. — ℞) Type du n° 2631 avec 1700. C. jaune.

2637. — Type du n° 2634. — ℞) Type du n° 2636. C. jaune.

2638. — La même pièce en C. rouge.

2639. **Charles VI, empereur.** — Buste lauré et habillé à dr. CAROLUS.VI.IMP.FLANDRIÆ.COMES. — ℞) CALCULI.TERRITORY.IPRENSIS. En exergue, 1720. Type du n° 2631. AR.

2640. **Marie-Thérèse, d'Autriche.** — Buste habillé à dr., avec un voile retombant sur les épaules. MAR:TH:D:G:JMP:R:COM:FLAND: — ℞) TERRITORIUM.JPRENSE. Lion à g. tenant un cartouche contenant un écusson ovale aux armoiries du n° 2631. AR.

2641. — Buste habillé à dr., avec coiffure retombant sur les épaules. MAR:TH:D:G:JMP:R:COM:FLA: — ℞) Type du précédent légèrement modifié. C. rouge.

2642. **Joseph II.** — Tête laurée de profil à dr. JOSEPHVS.II.AVG.COM.FLAND. — ℞) TERRITORIUM. IPRENSE. Lion tenant un écusson ovale aux armoiries du territoire d'Ypres. AR.

2643. — Buste habillé et lauré de profil à dr. Même légende que le n° précédent. — ℞) Lion portant une colonne, et tenant un cartouche où se trouve un écusson ovale aux armes d'Ypres. En exergue, S.P.Q.I. AR.

LILLE.

2644. **Plomb de marque.** — LILLE, en gothique cursive, traversé par une barre ; au-dessus, un lion passant ; dessous, une fleur de lis.— ℞ AV liés, entre deux points ; au-dessous, I entre deux fleurs de lis. Plomb.

2645. **Albert et Isabelle.**—Quatre écusson en croix, autour d'un écusson à la fleur de lis, posé sur une croix et une lance en sautoir. ORDINES. PROVINCIÆ.INSVLANÆ. — ℞ IN.DOMO.DOMINI.AMBVLAVIMVS.CVM.CONSENSV.ANNO.1612, en huit lignes dans une couronne. AR.

2646. — La même pièce avec 1616. C.

2647. **Philippe IV.**— Buste habillé et couronné, avec la fraise, de profil à dr., accosté de 16-26. Légende : PHS.IIII.D:G.HISP.REX.DNS.PROV.INS.Z. — ℞ (L.) SIT.NOMEN.DNI.BENEDICTVM. Quatre écussons placés en croix autour d'un écusson central à la fleur de lis. C.

2648. — Même buste, mais sans la fraise. 16-34. Même légende. — ℞ (L) DA.PACEM.DOMINE.IN. DIEBVS.NOSTRIS. Même type que le n° précédent. C.

2649. — Buste cuirassé de profil à dr. ✠ SERVANDO. REGI.FIDEM.— ℞ LEONEM.CONCVLCAVIT. Lion passant sous une fleur de lis. Dans le champ, LILLA.I-N.FLANDRIA. C.

2650. **Louis XIV.** — Bustes accolés de Louis XIV et de Marie-Thérèse. NUMERAT.CVM.DOTE.TRIVM-

PHOS. 1667. — ℞ ESTATˢ. DES. VILLE. ET. CHATEL-
LENIE. DE. LILLE. Grande fleur de lis chargée des
quatre écussons formant la croix dans les nᵒˢ
2645 et suivants. C.

TOURNAI.

2651. **Ville.** — Écusson couronné aux armes de Tournai. SENATUS. TORNACENSIS.— ℞ VIGILANTIÆ dans
une couronne formée d'une branche de chêne
et d'une branche de laurier. AR.

WATTEN.

2652. **Ville.** — Ancre au-dessus de flots, accostée de
WA-TEN. — ℞ Même type que le droit, l'ancre
accostée de 16-00. Pl.

2653. **Prévôté ou abbaye de Watten.** — Écusson portant une quintefeuille, placé sur une
crosse. Légende illisible. — ℞ Légende indéchiffrable. Écusson écartelé, aux 1ᵉʳ et 4ᵉ, d'un
croissant; aux 2ᵉ et 3ᵉ, d'une quintefeuille. Pl.

ZÉLANDE.

2654. — Deux personnages à mi-corps, affrontés: au-
dessus, une couronne. FORTITVDO. ET. LAVS. NOS-
TRA. DOMINVS.— ℞ (Quintefeuille) STATERA. IVSTA.
ET. EQVA. SINT. PONDERA. Balance ayant un écus-
son de Zélande au point de suspension du fléau.
Elle est accostée de 15-55. AR.

2655. — Personnage couronné, tenant un sceptre, à cheval à g. sur un hippocampe voyageant en pleine mer. IN.MARI.VIA.TVA.ET.SEMITAE.TVAE. IN.AQVIS.MVL. — ℞ DOMINE.SALVA.NOS.PERIMVS. 1562. Barque sur des flots agités. Elle contient trois personnages ; celui à la poupe dort, les deux autres se précipitent pour l'éveiller. Au-dessus, un écusson de Zélande. AR.

JETONS ET MÉREAUX DIVERS.

2656. **Philippe II. — Salins.** — Buste habillé à dr. PHS.D.G.REX.ANGLI.HIPA.DVX.ET.COM.BVRGUM. — ℞ GECTZ.POUR.LA.SAVLNERIE.DE.SALI. Écusson couronné à douze quarts, accosté de 15-77. C.

2657. **Philippe II. — Hainaut.** — Écusson couronné, à quatre lions, accosté de 15-75. Légende : PHS.D:G.HISP.REX.HANNONIÆ.COMES. — ℞ PHS.COMES.DE.LALAING.HANNO.PRÆFECTUS. Écusson couronné aux armes de la maison de Lalaing. C.

2658. **Charles II.** — Buste jeune, habillé, avec le col rabattu et le collier de la Toison d'or (f. de l.) CAROL.II.D.G.HIS.ET.INDI.REX.CO.FA.Z. — ℞ OSTENDE.NOBIS.DNE.MISERICORDI. Écusson portant un chevron accompagné de trois clefs en pal, deux en chef et une en pointe. Au-dessus, 1670. AR.

2659. **Fondation de Croix.** — Écusson à la croix de Savoie, portant en cœur un écusson à trois fleurs de lis. POVR.LA.FONDATION.LOVIS.DE. CROIX. — ℞ VIVANT.ESCVIER.S.DE.GOVRGVEMET

2º. Dans le champ, 12.PATAR. en deux lignes. C. 2 pièces.

2660. **Fondation du Chambge.** — Évêque mitré debout, portant un édifice et une crosse, accosté de N-O.P. — ℞) POVR.VN-MIEULX-DU.CHAMB-GE. 1742. Écusson ovale portant un chevron et trois merlettes, deux en chef, une en pointe. Pl. en losange.

2661. **Juges de Rouen.** — Tête laurée à dr. avec les cheveux longs. LVDOVICVS.MAGNUS.ÆQUI. ARBITER. — ℞) EX.ÆQVO.ET.BONO. En exergue : LES.PRIEOR.ET.IUGES.CONSVLS.DE.ROVEN.1712. La justice assise à g. AR.

2662. **Faculté de médecine.** — Tête de profil à dr. M.GVY.PATIN.DOYEN. 1652. En exergue : FELIX. QVI.POTVIT. — ℞) VRBI.ET.ORBI.SALVS. En exergue : FACVL.MEDIC.PARIS. 1648. Trois cigognes à g. Au-dessus, un soleil. AR.

2663. **Artillerie.** — Écusson couronné portant un croissant d'hermines, placé sur deux bâtons de maréchal, en sautoir, et entouré des colliers de Saint-Michel et du Saint-Esprit. ARTILLE-RIE-DE-FRANCE —.1643.— ℞) DVM.PORTA.NEGATVR. CLAVIS. Tour entourée de huit petits écussons ; au-dessus, deux canons en sautoir, auquel est suspendu l'écusson du droit. AR.

2664. **Marguilliers de Saint-Gervais, à Paris.** — Buste habillé et lauré à dr. LUD.XV.REX. CHRISTIANISS. — ℞) AMBO.NOS.VITA.MARTHIRIO. ET.LAVREA.DOCENT. En exergue : LES.MAR-GVILLIERS.DE.Sᵗ-GERVAIS.1715. Saint-Gervais et Saint-Protais debout de face, regardant à g. AR.

2665. **Monnaie de Paris.**— Tête laurée à dr. Même légende que le précédent.— ℞ ET.LEGE.ET.PONDERE. En exergue : MONNOYE. 1721. Presse à monnayer. AR.

2666. **Merciers, drapiers de Dieppe.** — Type du n° 2664. — ℞ Femme casquée tenant une lance et donnant la main à une autre femme qui tient une balance. En exergue : REUNION. DES.MERCIERS.DRAPIERS DE.DIEPPE.EN.1728. AR.

2667. **Marine.** — Buste habillé et cuirassé à dr., les cheveux noués sur la nuque. Légende du n° 2664.— ℞ FERRO.ET.PERNICIBUS.ALIS. En exergue : MARINE. 1758. Les deux fils de Phinée poursuivant les Harpies. AR.

2668. — Tête laurée à dr. Légende du n° 2664. — ℞ CIVICO.FŒDERE.PRODERIT. En exergue : ÆDIL. DEPPÆ.COMIT. 1762. Écusson portant un vaisseau à sec de voiles flottant sur la mer, sur un fond mi-partie d'azur et de gueules. Cet écusson est soutenu par deux sirènes, et surmonté d'une tête d'ange. AR.

2669. **Manufacture d'Elbœuf.** — Tête laurée à dr. LUDOVICUS.XV.ARTIUM.PROTECTOR. — ℞ TALI.FULCIMINE.CRESCET. En exergue : MANUFACTURE D'ELBEUF. Croix à double traverse, dont le montant et les bras sont entrelacés d'une branche d'arbre. AR.

2670. **Académie des sciences.** — Tête ceinte d'un ruban à dr. Légende du n° 2664. — ℞ INVENIT.ET.PERFECIT. En exergue : REGIA.SCIENTIARUM ACADEMIA. Minerve assise à gauche, au milieu des instruments de diverses siences. AR.

2671. **Ville de Paris.** — Écusson portant une fasce d'or chargée d'un lévrier passant à g., et sur un fond d'azur. Il est posé sur un cartouche couronné soutenu par deux lévriers. III.PREV^E. DE.M^{RE}.J.B.FR.DE.LA.MICHODIERE. En exergue : M.DCC.LXXVII. — ℞ VILLE DE PARIS. Écusson aux armes de Paris dans un cartouche. AR.

2672. **Juges de Paris (?)** — Buste habillé à g. LVDOV.XVI.REX.CHRISTIANISS. — ℞ INSUPER. ALAS.ADDIDIMUS. En exergue : LES.JUGE.ET.CON-SULS. 1750. La Justice ailée, marchant à droite. AR.

2673. **Chapitre de Saint-Paul de Nivelle.** — Buste nimbé de face, accosté de deux fleurs de lis : Au-dessous, V.B. — ℞ III dans une épicycloïde tréflée. C.

2674. — P. Légende : SANCTI:ˑ:PAVLI:ˑ:NIVELLAN........ — ℞ ✢ MERELLVS (Fleuron) VICARIORVM. Dans le champ, G. (?) C.

2675. **Saint-Vulfran d'Abbeville.** — Croix à double traverse. — ℞ VI et fleurons. C.

2676. — Croix à double traverse accosté de s-w. — ℞ III. C.

2677. — Croix à double traverse, accostée de s-w. — ℞ III et fleurons. C.

2678. — Croix à double traverse. — ℞ III réunis par un ruban. C.

2679. — Type semblable au n° 2677. — ℞ M̄ĀT̄. Au-dessous, fleuron. C.

2680. — V̄ES au-dessous, fleuron. — ℞ MES et fleurons. C.

2681. **Indéterminées**. — Croix de Saint-André cantonnée de quatre globules et accostée de S-S. — ℞ 1633 au-dessus ; et au-dessous, des globules. Pl.

2682. — Licorne au galop à dr. — ℞ M-1771-10S, en trois lignes. Pl.

2683. — Saint-Jean-Baptiste tenant un écusson à la croix de Savoie. — ℞ Écusson échancré à la croix de Savoie, accosté de 9-4. Pl.

2684. — P. — ℞ IIII. Pl.

2685. — Crosse accostée d'une étoile à six rais. — ℞ 3.F. en écriture gothique. PL.

2686. — Saint-Martin à cheval à g., coupant son manteau pour en donner la moitié à un pauvre derrière lui. — ℞ Croix pattée. Pl.

2687. — Sᵀ-VA-N (Fleur de lis.) D. 1752 en trois lignes. — ℞ IN-NOMINE-DOMINI-NB.ID. en quatre lignes. C.

2688. — Pentagramme dans une épicycloïde avec ornements. — Croix cantonnée de quatre cercles. Pl.

2689. — Dessin imitant le monogramme IHS, surmonté d'une croix. — ℞ Croix à double bande fleurdelisée. Pl.

2690. — 7 jetons variés de la monnaie de Flandre. C.

2691. — 18 jetons de la Chambre des Comptes de Lille, et un jeton de ladite Chambre transférée à Gand, sous le duc d'Alençon. C.

2692. — 36 jetons du moyen âge, variés. C.

2693. — 32 jetons du moyen âge, variés. C.

2694. — 30 jetons du moyen âge, variés. C.

2695. — 11 méreaux et jettoirs. C.

2696. — 3 jetons de Philippe de Clèves. C.

2697. — 9 jetons de particuliers. C.

2698. — 8 jetons de France, de Louis XIII, Louis XIV, etc. C.

2699. — 25 jetons relatifs aux évènements des Pays-Bas. C.

2700. — 10 jetons du bureau des finances de Flandre. C.

MÉDAILLES RELIGIEUSES ET DE PÉLÉRINAGE.

ARTOIS.

2701. **Saint-Isidore.** — Saint-Isidore debout de face faisant jaillir une fontaine avec son bâton. s. ISIDOR.PROT.ART.AGRAR. — ℞ B.V.M.DE.QVINT. COR.TIB. 1755. Vierge assise. C.

2702. — Saint-Isidore debout; à ses côtés deux têtes; celle de gauche, de face, est d'une sainte; celle de droite, de profil, est de Saint-Pierre. Au-dessus, s.ISIDO. En exergue : S.T.S.P. — ℞ S. IGN.-S.F.X. Saint-Ignace de Loyola et Saint-François-Xavier : entre eux et au sommet de la médaille, le monogramme du Christ. Pl. ronde.

AIRE-SUR-LA-LYS.

2703. **Saint-Jean-Baptiste.** — Tête de Saint-Jean, entourée de rayons, sur un plat. LA DECOLLATION DE S. JEAN BAPTISTE D'AIRE. AR. Ronde.

2704. **Notre-Dame Pannetière.** — Femme debout de face, les pieds sur un croissant, la tête entourée d'une couronne de douze étoile. Au-dessous, AIRE, 1844. Légende : N. D PANNETIÈRE PRIEZ POUR NOUS. — ℞ Ste ALIANA, PRIEZ POUR NOUS. Ste Eliana debout de face. Au-dessous, AIRE, 1844. AR.

AMETTES.

2705. **Le Bienheureux Benoit Labre.** — Le saint debout de face. BIENHEUREUX B. J LABRE, NÉ A AMETTES, DIOCÈSE D'ARRAS. — ℞ Ste MARIE DU MONT, A ROME. La Vierge sous un édicule, accostée de deux saintes : à ses pieds, un évêque et un capucin, nimbés, à genoux. AR. Grand module.

2706. — La même médaille, mais moins grande. AR.

2707. — Types des précédents, sauf les légendes qui sont au droit : BEATO BENEDETTO GIUSEPPE LABRE ; et au revers : PELEGRINAGGIO DEL BEATO B. G. LABRE A S. MARIA DE MONTI A ROMA DOVE RIPOSA IL SUO CORPO. AR.

2708. — Même représentation du bienheureux, qu'aux n°s précédents. BEATO BENEDETTO GIUSEPPE LABRE. — ℞ PELLEGRINAGGIO DEL BEATO BENEDETTO GIUSEPPE LABRE A N. D. DE BOULOGNE. Représentation de N.-D. de Boulogne dans son bateau. AR.

2709. — Le saint de profil à gauche, plus qu'à mi-corps. BENOIT JOSEPH LABRE. — ℞ BEN^t JOSEPH LABRE NÉ A AMETTES LE 26 MARS 1748 MORT EN ODEUR DE SAINTETÉ A ROME LE 16 AVRIL 1783, en neuf lignes dans le champ. AR.

2710. — La même médaille beaucoup plus petite. Argent.

2711. — Le bienheureux marchant à g., avec un bâton : BIEN^x BENOIST JOSEPH LABRE P. P. N. — ℞ JÉSUS MODÈLE DE RÉSIGNATION. Figure de Jésus flagellé. AR.

ARRAS

2712. **Calvaire d'Arras.** — Représentation du calvaire élevé sur la porte de cité. CALVAIRE DARRAS. — ℞ Représentation de la scène de Saint-Hubert ; au-dessous, S. HUBERT. P.P. N. Plomb.

2713. — Mêmes types avec C. DARAS du côté du droit et S. H au revers. Pl.

2714. — Type du n° 2712. — ℞ Evêque accosté de deux personnages, devant un corps étendu dans une bière ouverte. Pl.

2715. — Type du n° 2712, mieux dessiné. — ℞ N. DAME DE BON SECOURS. Vierge revêtue d'un manteau, ainsi que l'enfant Jésus qu'elle tient sur le bras gauche. AR.

2716. — Type du n° 2715. — ℞ SAINTE CHANDELLE. La Vierge dans une auréole, tient un cierge. A ses pieds, un évêque et deux personnages à genoux. Pl.

2717 — Christ en croix. CALVAIRE DARRAS. — ℞ SAINT HUBERT PRIEZ POUR NOUS. Scène de Saint-Hubert. Pl.

2718. — Calvaire au pied duquel sont trois personnages à genoux et un, couché. CALVAIRE DE LA CATHÉDRALE D'ARRAS. — ℞ O MARIE CONÇUE SANS PÉCHÉ, etc. Type de l'Immaculée conception. AR. Deux pièces.

2719. — Calvaire, les extrémités de la croix sont fleurdelisées. A ses pieds deux personnages à genoux. LA.CROIX.MIRACULEUSE.D'ARRAS. En exergue : 1738. — ℞ CROIX.DE.MISSION. Croix semblable à celle du droit, sur des degrés. A son pied, un prêtre en surplis et en étole. C. assez grande.

2720. **Notre-Dame des ardents (?)** — Vierge habillée avec un manteau, tenant l'enfant Jésus sur le bras gauche. — ℞ Type du n° 2712. Pl. Deux pièces.

2721. **Église du Saint-Sacrement.** — Représentation de l'église. L'ÉGLISE DES BÉNÉDICTINES DU SAINT-SACREMENT D'ARRAS. En exergue : 5 AOUT 1846. — ℞ LOUÉ ET ADORÉ SOIT LE TRÈS-SAINT-SACREMENT. Ostensoir rayonnant. C. Grand module. 2 pièces.

2722. — La même médaille moins grande. C. et AR.

BÉTHUNE.

2723. **Ville.** — Personnage debout de face, tenant un faucon (?) sur le poing. A sa droite, un croissant en creux. — ℞ B.B barrés. C. Coulée.

2724. **Saint-Éloy.** — Évêque de face à mi-corps, indiquant de la main droite des rayons qui se trouvent dans le haut de la pièce, et tenant la crosse. s^t éloi défenseur de béthune. — ℞ défendez-nous encore de la peste, en quatre lignes dans le champ. 3 pièces, dont une en AR. et les deux autres, en C.

BOULOGNE.

2725. **Notre-Dame de Boulogne.** — Représentation de Notre-Dame de Boulogne sur son bateau; au-dessus une étoile rayonnante. urbis et orbis honos, maris stella, sis bona. En exergue : n.-d. de boulogne-sur-mer. — ℞ refugium peccatorum, ora pro nobis. Cœur enflammé et rayonnant, percé d'une épée. Au-dessous, m. AR.

HÉNIN-LIÉTARD.

2726. **Saint-Roch.** — Le saint à genoux à g., avec son chien près de lui. s. roch, priez pour

NOUS. — ℟ DÉVOTION A St ROCH, en trois lignes. Au-dessous, HÉNIN-LIÉTARD, 1849. AR.

2727. — Représentation différente de Saint-Roch. Même légende. — ℟ Ste HUBERTE, ORA PRO NOBIS. Saint-Hubert à genoux à g., devant le cerf de la légende, auprès duquel plane une tête d'ange. C.

2728. — Type analogue. S. ROCH, PRÉSERVEZ-NOUS DE LA PESTE. — ℟ S. HUBERT, PRIEZ NOUS. Même type que le précédent. C.

2729. — Saint-Roch à genoux à g., son chien à ses pieds. St ROCH, PRIEZ POUR NOUS. — ℟ ✠ DIEU DE BONTÉ PRÉSERVEZ-NOUS DU CHOLÉRA, en cinq lignes dans le champ. C.

2730 — Saint-Roch debout, un ange lui touche la cuisse. S. ROCH. — ℟ S. ADILE, ORA PRO NOBIS. Sainte Abesse portant un calice et la crosse. AR. Octogone.

2731. — Grand médaillon peint, ayant d'un côté Saint-Roch et son chien sur un fond d'architecture, et de l'autre, une représentation de la Vierge les pieds sur le croissant, et foulant le dragon, la tête ceinte d'une couronne de douze étoiles, entourée d'anges et de fleurs, avec la légende : LA PURIS. CONCEPCION.

L'ÉPINOIS.

2732. **Saint-Druon.** — Le saint en costume de berger avec la houlette ; des moutons à ses pieds. S. DRVON. — ℟ S. MARTIN. Saint-Martin à cheval donnant la moitié de son manteau à un pauvre. C.

LENS.

2733. **Saint-Vulgan.** — Religieux franciscain debout avec un bâton et un chapelet. Un ange est à droite de sa tête. s.vvlg-an. C. uniface. Octogone.

2734. — Buste couronné sur un piédestal, accosté de deux anges à genoux. saint-vvlgan. — ℞ notre. dame-de.grace. Représentation de la Vierge de Cambrai. Pl. 2 exemplaires.

MAMETZ.

2735. **Notre-Dame de Brucheine.** — La Vierge tenant l'enfant Jésus dans ses bras. nostre.-dame.de. — ℞ brvch-eine.a-mames. en trois lignes. Au-dessous écusson rond armorié. Pl.

MERCK-SAINT-LIÉVIN.

2736. **Saint-Liévin.** — Buste d'évêque mitré de profil à g., ayant une tenaille, et une croix archiépiscopale. s-lievin. — ℞ bon.diev.flagel. Représentation de Jésus flagellé. C. Octogone.

2737. — Même type : la légende commençant à dr. — ℞ n.dame-gronin. Vierge debout tenant un sceptre. C. Octogone, plus petite que la précédente.

2738. — Évêque mîtré debout de face, ayant une tenaille et une crosse. S-LIEVIN.— ℞ S.VAST.P.N. Évêque mîtré tenant une crosse de la main droite. Pl.

2739. — Saint-Liévin debout avec la tenaille et la croix archiépiscopale. — ℞ S.LIEVIN, en trois lignes. Pl. Circulaire.

2740. — Type analogue au précédent. SAINT-LIEVIN. — ℞ S. ROSAIRE. Saint-Dominique recevant le rosaire de la Sainte-Vierge qui lui apparaît au milieu d'une gloire. Étain.

2741. — Type analogue au n° 2739. St LIÉVIN, PRIEZ POUR NOUS.— ℞ Le Christ descendu de la croix. C. blanchi.

OIGNIES.

2742. **Église d'Oignies.** — Saint debout tenant un couteau. St BARTHÉLÉMY, PRIEZ POUR NOUS. — ℞ A Mme DE CLERCQ, LA PAROISSE D'OIGNIES RECONNAISSANTE. Église d'oignies. En exergue : 24 SEPTEMBRE 1861. AR. et C. 2 pièces.

RUISSEAUVILLE.

2743. **Notre-Dame de Foi.** — Vierge debout tenant l'enfant Jésus dans ses bras. N.DAME.DE.FOY. — ℞ A.LABBAIE.DE.RVISSEAVILLE. 1620, en six lignes dans le champ. C.

ISBERGUE.

2744. **Sainte-Isbergue.** — Sainte couronnée, à mi-corps, tenant une anguille et un livre. s.-itisbergve. — ℞ s-wivine. Sainte Abbesse, aussi à mi-corps, tenant une crosse et un livre. C.

SAINT-OMER.

2745. **Confrérie de Jésus flagellé.** — Figure du Christ dans l'*Ecce homo*. savveur-flagelle. — ℞ Même type et même légende. AR.

2746. **Notre-Dame des Miracles.** — Statue restaurée de Notre-Dame des Miracles. notre-dame des miracles, protégez-nous. — ℞ saint-omer, priez pour nous. Évêque assis bénissant de la main droite et tenant la crosse. AR.

2747. — Même médaille de plus petit module. AR.

BOHAIN.

2748. **Notre-Dame.** — Vierge habillée, entre deux chandeliers. n.d-bohain. — ℞ ste.veron. Voile portant la sainte face tenu par une femme. AR. Octogone.

2749. — Même type que le précédent. — ℞ Sainte face. C

BREBIÈRES.

2750. **Notre-Dame.**—Vierge habillée, couronnée, tenant un sceptre, et l'enfant Jésus, également habillé et couronné. NOTRE DAME DE BREBIÈRES, PRIEZ POUR NOUS.— ℞ ÉGLISE D'ALBERT. Agneau pascal. AR.

2751. — La même Vierge sous une arcade soutenue par deux colonnes. Même légende.— ℞ O MARIE CONÇUE SANS PÉCHÉ, etc. Immaculée conception. AR.

2752. — Type du n° 2750 avec N. D. DE. BREBIÈRES, etc.— ℞ Type du n° 2751. C.

CAMBRAI.

2753. **Notre-Dame de Grâce.**— Représentation du tableau attribué à Saint-Luc.— ℞ S-ROCHE-ORA. PRO. NOBIS. 1669. Saint-Roch accompagné de son chien et de l'ange. AR. Octogone.

2754. — Même représentation, mais sans les caractères dans le champ. — ℞ CAMERA-OBSESSVM-OPE.TVA-VIRGO-LIBERATVM.ANNO-1649. en sept lignes gravées en creux. AR. Octogone.

2755. — Type du n° 2753. — ℞ Ville avec ses clochers. Au-dessous : CAMBRAY. Sur un ruban se déroulant au-dessus de la ville : CONDEO.VRBEM.LIBERANTI. AR. Octogone.

LIESSE.

2756. **Notre-Dame.**— Représentation de Notre-Dame de Liesse accostée de deux lampes. Au-dessous, N.D.L. — ℞ Sainte face. Pl.

2757. — Même type, moins grossier, mais sans lettres au-dessous. — ℞ Voile portant la sainte face. AR.

2758. — Type semblable. La Vierge est posée sur une console supportée par une tête d'ange. — ℞ Saint Hubert, en chasseur à genoux entre le cerf et son cheval. Au-dessus, SH. Pl. circulaire.

2759. — Type semblable, beaucoup plus soigné. — ℞ Sainte face. AR.

MAROLLES

2760. **Saint-Humbert.** — Buste d'évêque mitré, à g.; devant lui, une crosse et une tête de cerf ST-HUMBERT. En exergue: MAROL. — ℞ S.P. BENOIT. Saint Benoit, à mi-corps, à d., en prière devant un crucifix posé sur une table. C. 2 pièces.

MONTAIGU

2761. **Notre-Dame.** — Vierge habillée, posée sur un cul de lampe contre un arbre. S^{TA}-MARIA-MONTA-CVT. — ℞ S.PHI.NER-CON.OR.FVN. Buste nimbé à dr., de Saint-Philippe. AR. doré. Grande médaille.

2762. — Même type et même légende. — ℟ Bustes de Saint-Joseph et du Christ de face. AR.

2763. — Même type un peu varié. MARIA-MONTAG. — ℟ Christ en croix entre deux personnages. AR. très-petit.

2764. — Même type. N.D.D.V-MONTAIG. — ℟ Représentation de la scène de Saint-Hubert. C.

TONGRES

2765. **Saint-Hubert.** — Buste d'évêque mîtré de profil à g., bénissant et tenant une crosse. S. HUBER-P.P.N. C. uniface.

INDÉTERMINÉES

2766. **Sainte-Aldrovande.** — Sainte abbesse debout, tenant la crosse et présentant un objet indéterminé à un ange (?); au-dessus de sa tête, une colombe. S.ALDROVAN-DIS-ORA.PRO.NOBIS. — ℟ S.PETRVS. Saint-Pierre debout, de face, tenant une clef. AR. Octogone.

2767. **Notre-Dame de bon secours.** — Vierge habillée, couronnée, tenant un sceptre, NOSTRE DA'-BON SECOURS. — ℟ S'BRIGITTE. Sainte à mi-corps, en costume de religieuse, à sa g., un crucifix au-dessus duquel on voit une colombe se dirigeant vers elle. AR. Octogone.

2768. — Vierge habillée accostée de b-s. — ℞ La sainte famille. C. Octogone.

2769. **Sainte Reine.** — Sainte de profil à g., une chaîne part de sa ceinture ; à ses pieds, une épée et un livre. Un ange pose une couronne sur sa tête. En haut, un Saint-Esprit avec un phylactère sur lequel on lit VENES-REINE. Légende : SAINCTE-REINE. — ℞ Représentation d'un édifice religieux avec clocher. En exergue : CHAPELLE. AR.

2770. —. La sainte de face, couronnée et tenant une palme et une épée ; à sa droite une chapelle STE-REYNE. — ℞ Assemblage d'édifices où dominent deux tours; d'où s'échappent des flammes. En exergue : THONON (?) AR.

2771. **Saint-Curins et Saint-Marcoul.** — Buste de saint sur un piédouche. SAINCT.-.CVRINS. — ℞ S.-M-COVL. Personnage mitré, en costume sacerdotale, debout de face, tenant la crosse. A sa gauche un petit personnage à genoux. Étain.

2772. **Saint-Nicolas.** — Saint-Nicolas de face tenant la crosse ; à ses pieds à g., la cuve avec les trois enfants. SAINT-NICOLAS. — ℞ NOTRE-DAME. Vierge habillée. Dans le champ une branche de lis. C.

2773. **Sainte-Thérèse.** — Buste de religieuse en prières les yeux levés vers un Saint-Esprit volant à g. B.VIR.-THERESIA.S. — ℞ Personnage en costume épiscopal, mitré, tenant une crosse et une clef, debout sur un dragon, et accosté de S-V. AR.

2774. **Saint-Gilain.** — Buste d'évêque mitré à g.,

tenant une croix. s-gilain.— ℟ Croix de Saint-Benoit. Étain.

2775. **Notre-Dame du Chêne.** — Vierge sur le tronc d'un chêne. notre.dame-dv.cheine. C. uniface.

2776. **Saint-Lambert.**— Buste d'évêque mitré à g., tenant un bâton et une crosse. s-lanber. — ℟ liber-covr. Vierge tenant l'enfant Jésus et un sceptre, posée sur un piédouche. A ses pieds à g., deux moutons (?), à droite un pélerin à genoux. C. Octogone.

2777. **Inconnu.** — Personnage debout de face tenant une palme. — ℟ Évêque de face avec la crosse. Pl.

2778. — n...av en monogramme. — ℟ 1574 dans un cartouche. Pl. Carrée.

— Trèfle au-dessus d'un v. — ℟ Deux clefs en sautoir. Pl.

2779. — Écusson couronné, au lion, ayant deux cignes pour support. — ℟ salvt.de.saint.pierre. 1733, en quatre lignes dans le champ. C.

MÉDAILLES

ARTOIS et PAS-DE-CALAIS

2780. **Couronnement de Louis XV.** — Le roi assis sur un trône, tenant le sceptre et la main de justice. Il est sous un pavillon fleurdelisé. En exergue : sacro francorum chrismate unctus remis xxv octobris m.dcc.xxii. Légende : ludovicus xv rex christianissimus. — ℟ am-

PLIFICET DEUS NOMEN REGIS. Écusson ovale, au lion portant au flanc l'écusson d'Artois, soutenu par deux lions, et timbré d'un heaume de face avec lambrequins. En exergue: S. P.Q.ATREBATENSIS.M.DCC.XXII. B. blanchi.

2781. **Jeton de M. de Caumartin.** — Écusson fascé de.... et azur à onze pièces, dans un cartouche accompagné d'ornements et couronné Le nom du graveur: LORTHIOR.F, au bas de la pièce. — ℞ ANT.LOU.FR.LEFEVRE.DE.CAUMARTIN M^e DES REQ^{tes} IN^t DES TROIS ÉVÊCH. EN 1754 DE FLANDRE ET ARTOIS EN 1756, en sept lignes dans le champ. C. Octogone.

2782. **Naissance du comte d'Artois.** — Tête de Louis XV, de profil à dr., les cheveux ceints d'un ruban noué sur la nuque. LUD.XV.REX-CHRISTIANISS. — ℞ NOVA SPES DOMUS AUGUSTÆ. Tête du dauphin de profil à dr. Au-dessous, celle de ses quatre enfants, également à d. En exergue : COMES.ATREBAT.NAT.IX.OCTOB.MDCCLVII. B.

2783. — Buste lauré à dr. LUD.XV.REX-CHRISTIANISSIMUS. — ℞ ARTESIA IN ANTIQUUM DECUS RESTITUTA. La France couronnée, présentant un enfant à une femme représentant le comté d'Artois, caractérisé par l'écu aux armes de la province que cette femme tient de la main gauche. En exergue : COMITE.DATO.M.DCC.LVII. AR.

2784. — La même pièce. AR.

2785. — La même pièce. Br.

2786. — Médaille semblable, mais avec la tête du n° 2782. Br.

2787. **Mariage du comte d'Artois.** — Tête laurée de profil à dr. au-dessous, B.DUVIVIER. F. Légende du n° 2782. — ℞ SPES.ALTERA. Le comte d'Artois et Marie-Thérèse de Savoie, debout se donnant la main devant un autel allumé au-dessus duquel plane le génie de l'hymen portant une torche. En exergue : M.THER.REG. SARD.FILIA.CAR.PHI.COMITI.ARTES.NUPTA.MDCC LXXIII.

2788. **Fédération du Nord, de la Somme et du Pas-de-Calais.** — Trois guerriers costumés à l'antique se donnant la main au-dessus d'un autel. En exergue : JE LE JURE. Légende : LA NATION, LA LOI, LE ROI. — ℞ CONFÉDÉRATION DES DÉPARTEMENTS DU NORD, DU PAS-DE-CALAIS ET DE LA SOMME, A LILLE, LE 6 JUIN 1790. en sept lignes dans le champ. Au-dessus, une épée surmontée d'un bonnet, et accompagnée de deux branches de laurier ; au-dessous une fleur de lis. C. doré.

2789. **Rentrée du comte d'Artois à Paris.** — Buste à g. du comte d'Artois en uniforme de général. CHARLES PHILIPPE DE F^{ce} MONSIEUR Cte D'ARTOIS. — ℞ RIEN N'EST CHANGÉ EN FRANCE, IL N'Y A QU'UN FRANÇAIS DE PLUS, en cinq lignes dans le champ. Au-dessous, en caractères plus petits : LE 12 AVRIL 1814, S. A. R. MONSIEUR, FRÈRE DU ROI, LIEUTENANT G^{al} DU ROYAUME, FAIT SON ENTRÉE A PARIS. Br.

2790. **Voyage dans le département du Nord.** — Tête laurée à dr. CHARLES X, ROI DE FRANCE ET DE NAV. — ℞ Quadrige antique à g., sur lequel est Charles X en costume royal, recevant les clefs que viennent lui apporter des femmes tourrelées. En exergue : VOYAGE DU ROI DANS LES DÉPARTEMENTS DU NORD. MDCCCXXVII. Br.

ARRAS.

2791. **Emblème d'arquebusier (?)** — Plaque en cuivre fondu, découpée, munie de quatre trous destinés à la fixer. Elle porte au centre un écusson ovale où sont figurés une poudrière et une boîte à balles (?) Au-dessus, ARRAS ; au-dessous, 1680.

2792. **Délivrance d'Arras.** — Tête jeune de profil à dr., avec les cheveux longs. LUDOVICUS.XIIII. REX.CHRISTIANISS. Au-dessous de la tête : S. MAVGER.F. — ℞ PERRVPTO.HISPAN.VALLO.CASTRIS.DIREPTIS. Trophée composé de cuirasses, boucliers, drapeaux, couronné par deux victoires. En exergue : ATREBATVM.LIBERATVM.M.DC.LIIII. AR.

2793. — Même tête et même légende. — ℞ PERRUPTO.HISPANORUM.VALLO.CASTRIS.DIREPTIS. Victoire marchant à g. portant une couronne murale et une couronne de laurier. En exergue : ATREBATUM.LIBERATUM.XXV.AUGUSTI.M.DC.LIV. Br.

2794. — Buste jeune de profil à dr., avec les cheveux longs, la cuirasse et l'écharpe. LUDOVICUS.XIIII.REX.CHRISTIANISSIMUS.— ℞ Légende du n° 2792, et type du même n° légèrement varié. Au-dessous de l'exergue : MOLART.F, Br. Grande médaille de 70 millimètres.

2795. **Robespierre.** — Figure à mi-corps de profil à g. de Robespierre en costume de représentant, avec épaulettes, écharpe au bras, et une longue queue. ROBESPIERRE JEUNE REPRÉSENTANT DU PEUPLE. Cliché en étain, uniface, ovale.

2796. — Faisceau avec une hache surmonté du bonnet, et accosté de R. F. Légende : HONNEUR AUX DÉFEN-SEURS DE LA PATRIE. Au-dessous du faisceau, ROBESPIERRE JEUNE AU CAMP DEVANT TOULON. Cliché en étain uniface, ovale, qui semble être le revers du précédent.

2797. **Loge maçonnique.** — SOUS∴CHAP∴PRIMATIAL ET MÉTROP∴A LO∴D'ARRAS. Emblêmes de la franc-maçonnerie comprenant le triangle avec le nom de Jéhovah au milieu d'un soleil, un aigle éployé, une croix aux pieds de laquelle est le pélican, un livre ouvert, la truelle et le marteau en sautoir, une ruche, une tête de mort avec le poignard. En haut : 5745. Étain, ovale.

2798. — LA CONSTANCE, MÈRE L'□ DES MAITRES A∴ & E∴ A L'O∴ D'ARRAS. Mêmes emblêmes que les précédents, dans un ordre différent, de plus au centre, un œil de face au milieu d'une gloire. Au-dessous, 5687. Au bas de la pièce, le compas et le niveau. Étain, ovale, plus grand que le n° 2797.

2799. **Mission d'Arras.** — Croix entrelacée d'une couronne d'épine. Au-dessus, DE RAUZAN SUP.G. DES MISS. DE FRANCE, en deux lignes. A droite et à gauche de la croix, les noms des missionnaires ; d'un côté : FERAIL, LEVASSEUR, LAMOTTE, CREVEUIL, D'ESQUIBES ; de l'autre : PARAUDIER, THARIN, MERCIER, CHIBEAUX. — ℟ D. O. M. —

MISSION D'ARRAS — SOUS L'ÉPISCOPAT DE Mʳ DE LA TOUR. — 13 MARS 1825. — AUX MISSIONNAIRES LES FIDÈLES DE LA VILLE D'ARRAS RECONNAISSANS, en neuf lignes dans le champ ; chaque membre de phrase séparé par un trait. Br.

2800. **Voyage de Charles X.** — Tête de profil à g. CAROLVS.X.REX.FRANCIAE. — ℞ ATREBATE FIDELIS REGE SUO PRÆSENTE FELIX XVI ET XVII SEPT. MDCCCXXVII, en cinq lignes dans une couronne de chêne et de laurier. AR.

2801. — La même pièce. Br.

2802. **Journées de juin 1848.** — Tête de femme de profil à g. avec le bonnet phrygien. RÉPUBLIQUE FRANÇAISE. — ℞ GARDE NATIONALE D'ARRAS. Dans le champ : JOURNÉES DE JUIN 1848, en trois lignes. Br.

AIRE-SUR-LA-LYS

2803. **Prise d'Aire.** — Tête de profil à d., avec la perruque. LUDOVICUS MAGNUS REX CHRISTIANISSIMUS. — ℞ TRANSEUNTIS EXERCITUS EXPEDITIO. Victoire tenant une flèche et allant à g., enlevant sa couronne murale à une femme couchée. Dans le fond, représentation de la ville d'Aire. En exergue : ARIA.CAPTA.M.DC.LXXVI. Br.

2804. **Morillon, prévôt d'Aire.** — Buste de Morillon, le bonnet sur la tête, de profil à dr., MAXIMILIANVS MORILLON PRÆPOSITVS ARIEN. — ℞ Deux personnages se rencontrent et se serrent dans les bras l'un de l'autre, au milieu d'une campagne où l'on voit des troupeaux de diverses espèces. Dans le fond à g., une ville ; à d., des tentes. En exergue : VNVM EST NECESSARIVM AR. doré. médaille de 53 millimètres.

DIVERSES VILLES RÉUNIES

2805. **Ardres délivrée, Saint-Venant et Mardick pris.** — Tête jeune de profil à dr., avec de longs cheveux LUDOVICUS XIIII REX CHRISTIANISS. — ℞ FINES DEFENSI ET PROPAGATI. La France casquée debout de face tenant en l'air une épée et un bouclier à trois fleurs de lis. En exergue : ARDA OBSIDIONE LIBERATA, ET FANO SANCTI VENANTI AC MARDICO CAPTIS M.DC.LVII. Br.

2806. — Même tête : LUDOVICUS XIIII REX CHRISTIANISSIMUS. — ℞ FINES DEFENSI ET AMPLIATI. Même type que le précédent n°. En exergue : MARDICO ET FANO S. VENANTII CAPT. ARDEA OBS. LIB. M.DC.LVII. Br.

2807. **Prise d'Aire, Béthune et Saint-Venant.** — Buste de femme, habillée, de profil à g., une couronne de lauriers dans la coiffure. ANNA AVGVSTA. — ℞ BETVNIA.FANO.S^{TI}-VENANTII.ET.ARIA.CAPTIS. Trophée d'armes et de drapeaux sur un autel. En exergue : INSPECTANT.GALL.CENT.MILL.M.DCC.X. AR.

2808. — Bustes affrontés du prince Eugène et de Marlborough, cuirassés, et avec la perruque EVGENIVS.FRANC.DVX.SABAVD. . IOHANNES.DVX.

D.MARLB.S.R.I.P. — ℞ MUNIMENTA.OCCVPATA. Cinq cartouches dont les quatre derniers sont surmontés d'une couronne murale. Dans le cartouche supérieur, est représentée une bataille, et dans les autres, on voit figurées quatre villes caractérisées par leurs noms : DOVAY, BÉTHVNE, S.VENANT, ARIEN. En exergue : MDCCX. Sur la tranche, on lit : ARMORVM.FOEDERATORVM.FRVCTVS, AR.

2809. — Table recouverte d'un tapis fleurdelisé sur lequel est un cahier de musique ouvert, cachant à moitié un soleil, et une main de justice : au-dessus ces mots : DVRA.VIS.CIS-CITRA. Légende : VICTORIAS CARBONE NOTAT DECEM, DECEM ANNORVM DISCORDIA ; — HINC SOL CA LA MI TAS. En exergue : S.GERTRVD.SVRD.XXV.IVL.SEPES.BETHVN. DIRVPT.XXX.AVG.S.VENANT.MIGRAT.XXX.SEPT. — ℞ REMEARE.RENVNCIARE.RENVMERARE-SOCIORVM SEPI INCANTANTIVM. Représentation de la ville d'Aire, entourée de palissades que renversent un lion armé d'un glaive, un aigle et une licorne. Au-dessus, une page de musique où sont des notes, ladite page surmontée du mot : ARIA. En exergue : CAPTA.IX.NOVEMB.CIƆIƆCCX. Sur la tranche on lit : EX.CASTELLIS.HESPERIAE. TOT.MILIA.NVMVM.HAEC.AVRES.PATULAS.SOCIORVM.DENVO.REDDENT. (Fleuron.) AR.

2810. **Prise de Calais, Ardres et Hulst.** — Buste de profil à dr. Au-dessous : CONR.BLOC.F. Légende : ALBERTVS.D.G.S.R.E.CAR.ARC.TOL.ARCHID.AVS. — ℞ VENI.VIDI.VICIT-.DEVS.-1696. Plans de trois villes caractérisées par leurs noms : CALES, ARDERS, HVLST. AR. doré.

BÉTHUNE.

2811. **Le duc de Berry, à Béthune.** — Buste de profil à g., du duc de Berry, en costume de général. CH. FERDINAND DUC DE BERRY. — ℞ SOLDATS ! NE TIREZ PAS, NOUS SOMMES TOUS FRANÇAIS, en quatre lignes dans le champ. Dessous, BÉTHUNE, 24 MARS 1815. Br.

2812. **Journées de juin 1848.** — Trophée composé de drapeaux et d'un faisceau surmonté d'une main. RÉPUBLIQUE FRANÇAISE. En exergue : 1848. — ℞ GARDE NATIONALE DE BÉTHUNE. — 23.24.25.26 JUIN. Dans le champ : HONNEUR ET COURAGE dans une couronne de chêne et de laurier. Br.

LILLERS.

2813. **Journées de juin 1848.** — Mêmes types que le n° précédent, mais le nom de la ville est LILLERS. Br.

HESDIN.

2814. **Reprise d'Hesdin.** — Buste lauré et cuirassé de profil à dr. HENRICVS.II.GALLIARVM.REX.INVICTISS.P.P. — ℞ RESTITVTA.REP.SENENSI.LIBERATIS.OBSID.MEDIOMAT.PARMA.MIRAND.SANDAMI.ET.RECEPTO.HEDINIO.ORBIS.CONSENSV. 1552, en neuf lignes dans une couronne de laurier. Br.

2815. — Même tête et même légende.— ℞ OB RES IN ITAL.GERM.ET GAL.FORTITER AC FOELIC.GESTAS. (Couronne de laurier.) La victoire et l'abondance dans un char traîné par quatre chevaux au galop à dr., précédées de la renommée sonnant avec une trompette aux armes de France. En exergue : EX VOTO PVB. 1552. Br.

2816. **L'abbé Prévost d'Exiles**. — Buste de l'abbé de profil à dr. A. F. PREVOST D'EXILES. — ℞ NÉ A HESDIN EN M.DC.XCVII. MORT EN M.DCC.LXIII. Au-dessous : GALERIE MÉTALLIQUE DES GRANDS HOMMES FRANÇAIS, 1850. Br.

LA BASSÉE.

2817. **Église de La Bassée.**— Église ruinée : au-dessous, écusson aux armes de la ville. ÉGLISE DE LA BASSÉE INCENDIÉE LE 6 MAI 1855.— YSERT MAIRE. — ℞ ÉGLISE DE LA BASSÉE RESTAURÉE EN 1857. — BESSON PRÉFET DU NORD. Élévation de la façade de l'église. Plâtre bronzé.

LENS.

2818. **Bataille de Lens**. — Buste jeune, lauré et cuirassé, de profil à dr. LUDOVICUS.XIV.REX. CHRISTIANISSIMUS. — ℞ LEGIONVM.HISPAN.RELIQVIAE.DELETAE. Bellone casquée, tenant une lance et un bouclier aux armes de France, met le pied sur un ennemi gisant au milieu d'un trophée composé d'armes et de drapeaux. En exergue : ˙AD˙LENTIVM ˙ ˙ M˙DC˙XLVIII˙. Au-dessous ˙MOLART˙F˙. Br. Médaille da 69 mill.

2819. **Paix de Munster.**— Tête jeune avec de longs cheveux, à dr. LUDOVICUS XIIII REX CHRISTIANISS. — ℞ LIBERTAS GERMANIAE. Femme couronnée debout regardant à g., tenant d'une main une balance dans les plateaux de laquelle sont des couronnes, et de l'autre main, une branche d'olivier. Elle est placée auprès d'un autel, sur la face duquel on voit un caducée et une corne d'abondance. En exergue : PAX. MONASTER.M. DC.XLVIII. Br.

SAINT-OMER.

2820. **Bataille de Cassel.**— Buste de profil à dr., avec la cuirasse et la perruque. LVDOVICVS. MAGNVS.REX.CHRISTIANISSIMVS. — ℞ PRAEBENTE. COPIAS.ET.FORTVNAM.SVAM.REGE. Le roi en costume militaire antique, tenant un gouvernail, mettant une couronne sur la tête d'un guerrier casqué qui lui présente une palme. En exergue : VICTORIA.AD.CASTELLVM.MORINORVM. 1677. Br. Les sujets et les lettres ont été dorés, tandis que le fond de la pièce a reçu un vernis. Médaille de 73 millim.

2821. — Tête à dr. avec la perruque. Même légende qu'au n° précédent. — ℞ VICTORIA.AD.CASTELLUM. MORINORUM. Sujet semblable au précédent, mais les personnages placés dans un ordre invers. En exergue : M.DC.LXXVII. Br.

2822. **Reddition de Saint-Omer.** — Buste jeune,

lauré, cuirassé et drapé de profil à dr. LUDOVI-CUS.XIIII.REX.CHRISTIANISSIMUS.— ℞ EXERCITV. E.CASSELLENSI.PRAELIO.REDEVNTE. La ville de Saint-Omer, caractérisée par son écusson, à genoux, présente des clefs au roi à cheval à g., conduit par la victoire portant une couronne, et suivi de plusieurs cavaliers. En exergue : AVDO-MAROPOLIS.DEDITA. 1677. Br. Diamètre : 69 millim.

2823. — Tête et légende du n° 2821. — ℞ VICTORIÆ CASTELLENSIS PRÆMIUM. La ville de Saint-Omer prosternée à g., aux pieds d'une victoire portant une palme et levant en l'air un trophée. En exergue : FANUM S. AUDOMARI CAPT. M.DC. LXXVII. Br.

2824. **Voyage de Charles X.** — Tête nue de profil à dr. CHARLES X ROI DE FRANCE ET DE NAV. — ℞ CHARLES X AU CAMP DE St OMER. 9-16 SEPT. 1827, en cinq lignes dans une couronne de laurier et de chêne. AR.

2825. — La même médaille en Br.

2826. **L'abbé Suger.** — Buste voilé de profil à g. L'ABBÉ SUGER.— ℞ NÉ A SAINT OMER EN M.LXXXII. MORT EN M.C.LII., en cinq lignes dans le champ. Au-dessous : GALERIE HISTORIQUE DES GRANDS HOMMES FRANÇAIS, 1820. Br.

2827. **Loge maçonnique.** — Autel portant sur sa face un trophée de divers emblêmes de la franc-maçonnerie, équerre, truelle, triangle, etc. Sur la frise NOVEM.IN.UNO. Sur la plinthe, CONCOR-DIÆ .·. Au-dessus est un cœur enflammé, sur lequel est gravé IX. Il y a derrière l'autel deux drapeaux, et à côté, une massue et une chouette. En haut de la pièce est une étoile rayonnante. Le champ est rempli de rameaux auxquels est entrelacé un ruban où on lit : L ∴ DE L'HEUREUSE RÉUNION ∴ O ∴ DE S^T OMER. Étain, ovale uniface.

2828 et 2829. **Journées de juin 1848.** — Identiques au n° 2802, sauf la substitution du nom de S^T OMER à celui d'ARRAS. Le nom des titulaires est gravé dans le champ du revers. Br. 2 pièces.

PERSONNAGES
APPARTENANT A L'ARTOIS.

2830. **Ant. Perrenot, évêque d'Arras.** — Buste de trois quarts à g., la tête étant tournée de profil. ANTONIVS.PERRENOTVS.EPISC.ATREBATENSIS. — ℞ Ulysse et ses compagnons dans un vaisseau voguant à g., à proximité d'un rocher placé à dr. où se trouvent trois sirènes jouant des instruments. Dans un cartouche oblong au-dessous : DVRATE. Pl. Diamètre : 80 mill.

2831. — Buste de profil à g., de Perrenot tenant une crosse, et revêtu du rocher et du camail. ANTON.PERRENOT.EPI.ATREBATEN. — ℞ CAETERIS. AEQVE.AC.SIBI (les mots séparés par des rosaces). Paysage rempli d'animaux sauvages, éclairé par le soleil placé dans le haut de la pièce. Br. Médaille de 92 mill.

2832. — Buste de profil à dr., revêtu d'une large

robe. ANTONI.PERRENOT.EPI.ATREBAT. — ℞ DV-
RATE. Vaisseau battu par la tempête, avec les
mâts brisés, et des matelots tombant à la mer.
A droite, Neptune sur un char traîné par deux
chevaux marins, lève son trident. Dans le haut,
un arc-en-ciel. AR. Diamètre : 57 millimètres.

2833. — Même buste que le précédent, plus de profil. ANTONII.PERRENOT-EPISC.ATREBATEN. — ℞
DVRATE. Le monstre Scylla au milieu de la mer
levant une rame pour frapper un personnage à
la nage dont on aperçoit la tête. D'autres individus sont saisis par les chiens qui font partie du
monstre. Dans le coin à dr., un rocher derrière lequel est un vaisseau, dont un matelot
cargue les voiles. AR. Diamètre : 57 millimètres.

2834. — Même médaille en bronze.

2835. **Philippe de Croy.** — Buste de trois quarts
perdu, la tête de profil à dr., avec la cuirasse,
la fraise et le ruban de la Toison d'or. Sous le
bras, la date 1567. Légende : PHILIPPE DE CROY
DVC DARSCHOT PRINCE DE CHIMAY. — ℞ (Quatrefeuille) PORCEAN-CONTE DE BEAVMONT Z SENNINGHEM. Main sortant d'un nuage à dr., tenant une ruche entourée d'abeilles, et accompagnée d'un ruban, où est gravé DVLCIA MIXTA MALIS. AR. Diam. 62 mill.

2836. — Buste analogue à celui du n° précédent.
Au-dessous du bras est gravé ÆT. 69. Légende :
PHLE.SIRE.DE.CROY.DVC.DARSCHOT.PRINC. — ℞
DE.PORCEAN - CONTE.DE.BEAVMONT - SENINGHEM.
Type semblable au précédent, légèrement varié,
la légende sur le ruban est en relief au lieu

d'être en creux. Au-dessus de la main un écusson couronné aux armes des Croy, entouré du collier de la Toison d'or, et la date 15-95. AR. doré. Diam : 35 mill.

2837. — Buste de profil à dr., avec la cuirasse et le col rabattu. PHILIP:DE.CROY.CO.DE.SOLRE.MARQ. DE REN. — ℞ BONA.VICINA.MALIS.1596. Vaisseau naviguant entre deux rochers. AR. Diamètre : 35 millimètres.

2838. **Charles Philippe de Croy.** — Buste de profil à dr. avec la cuirasse et la fraise. CHARLES PHLES DE CROY MARQVIS DE HAVRE. — ℞ SANS FIN CROY. 1601. Écusson couronné aux armes des Croy, entouré du collier de la Toison d'or. AR. Diam. : 43 mill.

2839. **Jean de Châtillon.** — Cliché en plomb du scel équestre de Jean de Châtillon, comte de Saint-Pol.

2840. — Dix-sept pièces de plaisir, coulées en 1848, portant les noms et âge des députés du Pas-de-Calais à la Constituante, et le nombre de voix qu'ils avaient obtenues. Ces pièces ont été inventées par feu Quandalle. Étain bronzé.

ESPAGNE, FLANDRE, ALLEMAGNE, ANGLETERRE, etc.

2841. **Philippe II, roi d'Espagne.** — Philippe II, à mi-corps, de trois quarts perdu à dr. et revêtu d'une cuirasse. PHILIPPVS.REX.PRINC.HISP. ÆT.S.AN.XXVIII. — ℞ IAM.ILLVSTRABIT.ORBEM.

Phœbus dans un char traîné par quatre chevaux galoppant à dr., s'élance de derrière un rocher pour parcourir le monde. Br. Diam. : 68 mill.

2842. Buste cuirassé de profil à g. PHILIPPUS.HISPANIAR.ET.NOVI.ORBIS.OCCIDVI.REX. — ℞ ANNA. AVSTRIACA.PHILYPPI.CATHOL. Buste de femme de profil à dr. AR. Diam. : 40 mill.

2843. **Joseph II.** — Buste lauré et habillé de profil à dr., avec les cheveux longs. JOSEPH.II.AVG.DVX. BVRG.BRAB.COM.FLAND. — ℞ VINCVLVM.FIDELITATIS.PVBLICAE. En exergue : MDCCLXXXI. L'empereur debout sous un dais à dr., reçoit le serment que la Flandre à genoux vient lui prêter sur un autel qui se trouve entre eux. OR.

2844. — Tête laurée à dr. Même légende que le n° précédent. — ℞ Même type et même légende que le n° précédent, seulement le dais qui couvrait l'empereur n'existe plus. AR.

2845. **Ant. Perrenot, archevêque de Malines.** — Buste de profil à dr., avec le bonnet. ANT. PERRENOT.S.R.E.PBRI.CARD.ARCHIEPI.MECHL.— ℞ Type du n° 2832. Br.

2846. **Ant. Perrenot, cardinal de Granvelle.** — Buste de profil à g. ANT.S.R.E.PBR.CARD. GRANVELLANVS.— ℞ DVRATE. Vaisseau battu par la tempête que soulèvent des vents soufflant en poupe et en proue. AR. Diam. : 41 mill.

2847. **Jean-Richardot.** — Buste habillé de profil à dr., avec le manteau d'hermine et la fraise. Sous le buste : IO.MOR.F. Légende : IO.RICHARDOTVS.SECRE.CONSI.PRÆSES. — ℞ Un bibou sur une branche au milieu d'un bois. En exergue : INSISTAM. AR. Diam.: 40 mill.

2848. **Ch. Van den Bosche, évêque de Gand.**
— Buste de profil à dr., la tête couverte de la calotte, et avec le collet rabattu. ILL^{mus}:AC.RMVS. DNS.CAROLVS.VAN.BOSCH.EPVS.GANDAV. — ℞ DNVS.TERRIT : S: BAVONIS.COMES.D'EVERGHEM.Z. Écusson couronné à la croix de Savoie, accompagnée de deux fleurs de lis en chef, et de deux quintefeuilles en pointe. et surmonté du chapeau épiscopal. Au-dessous de l'écusson, sur un ruban : CRVCIER NE CRVCIER. AR. Diam. : 47 mill.

2849. **Viglius, prévôt de Saint-Baron.** — Buste de profil à dr. avec le bonnet et un manteau de fourrures. Sous le bras est gravé : ÆT.LXII. Légende : VIGLIVS.PRÆP.S.BAV.PRÆS.SECR.CON. R.MA.ET.CANO.ORD.AV.VEL. — ℞ VITA.MORTALIVM.VIGILIA. Écusson écartelé d'un lion et d'une gerbe, surmonté d'une mitre et posé sur une crosse. AR. Diam.: 52 mill.

2850. — Buste de profil à dr., sans le bonnet. Sous le bras est gravé: ÆT.LXV. Légende : VIGLIVS. ZVICHEMVS.ABAYTA.I.V.D. — Même type et même légende que le n° précédent, l'écusson étant dans un cartouche. AR. Diam. : 38 mill·

2851. **Ortelius.** — Buste habillé de profil à dr., avec la Fraise et le manteau de fourrure. Sous le bras est inscrit en creux : 1478. Légende : ABRAHAMVS.ORTELIVS.ANTVERP. — ℞ ΜÒΡΙΑ ΠΑΡΑ ΤÒ ΘΕÒ (en caractères grecs.) Serpent s'élevant du milieu d'un amas de livres et dont la tête traverse un globe crucifère. AR. Diam.: 34 mill.

2852. **Les halles d'Ypres et l'église Saint-Martin.** — Élévation en perspective du bâtiment des halles. En exergue: LES HALLES D'YPRES (Coin de Wiener.) — ℟ EGLISE SAINT-MARTIN A YPRES. Élévation en perspective de l'église Saint-Martin. En exergue: CONSTRUITE 1083, REBATIE 1221-1270, LA TOUR 1434, LA RESTAURATION GÉNÉR^{le} COMMENCÉE 1845. Br.

2853. **Renier Chalon.** — Tête de profil à dr. Au-dessous signature du graveur LEOPOLD WIENER. — ℟ LA SOCIÉTÉ ROYALE DE NUMISMATIQUE DE BELGIQUE. ˙ 25 ANNIVERSAIRE 1841-1866 ˙; et dans le champ: A SON PRÉSIDENT RENIER CHALON. Puis les noms des membres effectifs de la société et des correspondants régionaux. Br.

2854. **Médaille de corporation.** — Un gland, accompagné de deux boules et de deux autres objets oblongs. DENZ.WALDVS.VANDEPERRE.OVERDEKEN.HENDERICK.VANENS.DEKEN. — ℟ CORNELIS.AVPOEST.OVT.DEKEN.DINGNIS.ERASMVS.IANNIS.MELVSEN.BELEED. Divers objets paraissant appartenir à l'industrie des passementiers. En haut, le chiffre 17 gravé; dans le bas, la date 16-67. C.

2855. — Femme assise tenant une corne d'abondance et un écusson contourné, sur lequel on voit un objet indéterminé. Elle est placée sur une plateforme soutenue par des dauphins entre lesquels est le chiffre 149 gravé en creux. A ses côtés, des sacs et des tonneaux; dans le fond des navires. DAT.WELVAART.EN.SEGEN'.SVRYCA.EN. NILDE, et dans un cartouche, ANNO. — ℞ BYAL. DE.LEDEN.VAN.TVETTE.WARY.GILDE, et dans un cartouche, 1608. Différents objets, balance, chandelles, tonneaux, sac, etc., le fléau de la balance surmonté d'une couronne. C.

2856. — Mortier avec deux pilons accosté de deux vases de forme différente ; au-dessus, une espèce de canette avec son couvercle ; au-dessous, 1700. Légende : (rose) OMAR.VAN.VISVLIET.GAR^L. DESERY.MIGH^D.PILKE.IOH.D'OUTREYN.BEL^S. — ℞ (tour) D.H^E.ALEX^R.DE.MUNCK.O^R.DEK^N.AB^R.VAN-DER.MEER.DEK^N.D.H^R.P^R.VA^N.ROSMAA^L.O^U.D^N. Balance surmontée d'une pile de formages et d'un pain de sucre (?) Entre les plateaux un sac rempli de grains, et au-dessous de celui-ci sur une tablette carrée : n° 150 gravé. C.

2857. — Écusson contourné contenant une bouteille couronnée, à large panse à col allongé et à deux anses ; il est accosté de 17-38. Légende : DE.HEER.DANIEL.DU.BON.OVERDEEKEN.—℞ HER-MANVS.BOX.LEENDERT.QUAL.DEE'KENS. Jambe couronnée chaussée d'un soulier, accostée d'une alène et de deux autres outils de cordonnier. Dans le champ : NO 12, ce dernier chiffre poinçonné en creux. C.

2858. **Médaille religieuse.**— Adam et Eve au pied de l'arbre de la science du bien et du mal, autour duquel le serpent est enroulé. A gauche, la création de la femme. A droite, l'expulsion du paradis terrestre. Dans le champ : MVLIER. DE-DIT.MIHI.ET.COMEDI.-GE.Z. en deux lignes. — ℞ Scène du Calvaire avec divers personnages. Dans le champ : MIS - ERERE. NO - BIS. DOMINE ; cette légende séparée en quatre parties par les trois croix. AR. doré. Diam. : 55 mill.

2859. **Médaille de la folie.** — La folie couronnée, assise sur un trône au milieu des nuages, et levant sa marotte. RIDERE-REGNARE. EST. — ℞ LUNA DUCE. AUSPICE. MOMO. Écusson de la folie dans un cartouche soutenu par deux singes habillés, et accompagné de diverses emblêmes. Br.

2860. **C. Maximes Camilles, évêque de... (?)** Buste en costume ecclésiastique, de profil à g., avec la barette. C. MAXIMVS. CAMILL. S. R. E. P. — ℞ ASTRA. TENET. Le signe du lion, au-dessus du Tibre avec ses attributs, placé auprès d'une table chargée de livres et d'instruments. En exergue : ANT. DE. CAVALERIIS. D. D. 1678. Br.

2861. **Isabelle, femme de Ferdinand de Gonzague.** — Buste de trois quarts, la tête tournée à dr., coiffée d'un voile retombant en arrière. ISABELLA. CAPVA. PRINC. MALFICT. FERDIN. GONZ. VXOR. Br. Uniface. Diam. : 70 mill.

2862. **Souvenir de Crimée.** — Un soldat anglais et un soldat français se tenant réunis devant un faisceau de drapeaux et d'armes. THE HOLY ALLIANCE. — LA SAINTE ALLIANCE. En exergue : 1855. — ℞ LA FRANCE ET L'ANGLETERRE UNIS POUR SECOURIR LES OPPRIMÉS ET POUR VENGER L'EUROPE INSULTÉ, en six lignes dans une couronne de laurier. Métal blanc.

2863. **Exposition de Londres en 1851.** — Bustes accolés de la Reine Victoria, et du prince Albert. — ℞ Élévation en perspective du bâtiment de l'exposition. En exergue : les divers renseignements snr sa construction. Métal blanc.

2864. — Tête à g., de la Reine Victoria. — ℞ Bâtiment de l'exposition, avec les renseignements analogues au n° précédent, mais beaucoup plus abrégés. C. Petite médaille.

2865. **Le duc de Wellington.** — Buste du duc de profil à g., en habit de général. ARTHUR DUKE OF WELLINGTON. — ℞ BRITANNIA MOURNS HER HERO NOW AT REST. L'Angleterre pleure auprès d'un monument sur lequel est écrit WELLINGTON BORN MAY.I.1769.DIED SEP^R.14.1852 ; de l'autre côté, une victoire à genoux tend une couronne. Aux pieds du monument est le lion britannique couché. En exergue : WATERLOO JUNE 18.1816. Métal blanc.

FRANCE

Toutes les médailles ci-après sont en bronze, à l'exception d'un petit nombre indiquées en argent.

HENRI IV.

2866. **Henri IV et Marie de Médicis.** — Bustes accolés de profil à dr., d'Henri IV avec la cuirasse et de Marie de Médicis. Sous le bras du roi, est gravée la date 1603. Légende : HENRI. IIII.R.CHRIST.MARIA.AVGVSTA. — ℞ PROPAGO.IMPERII. Guerrier armé d'une lance, donnant la main à une femme revêtue d'une cuirasse et ayant le casque et le bouclier. Entre eux, un enfant accosté d'un dauphin, pose un casque sur sa tête. Dans le haut, un aigle apporte une couronne. En exergue : 1603. Diam. : 63 mill.

2867. **Brulart de Sillery.** — Buste de profil à dr. avec le manteau de fourrures, et le col rabattu. NI.BRVLART.A.SILLERY.FRANC.ET.NAVAR.CANCEL. — ℞ LABOR.ACTVS.IN.ORBEM. Phœbus assis dans son char, traîné par quatre chevaux, parcourt le zodiaque. Diam. : 70 mill.

LOUIS XIII.

2868. **Sacre du roi.** — Buste du roi couronné, en

costume du sacre, de profil à dr. LVDO.XIII.D. G.FR.ET.NA.REX.CHRISTIANISSIMVS.— ℞ ✠ FRANCIS.DATA.MVNERA.COELI.17.OCTOBRIS ✠ 1610. Main sortant d'un nuage tenant une ampoule par le col. AR. Diam. : 42 mill.

2869. — Buste de profil à dr., avec la cuirasse, l'écharpe et la fraise. LVDOVIC.XIII.D.G.FRANCOR. ET.NAVARÆ.REX. — ℞ VT.GENTES.TOLLAT.QVE. PREMAT.QVE. La justice assise à dr., tenant une épée et une balance. Au-dessus, le signe de la balance. En exergue : 1621. Diam. : 61 mill.

2870. **Le prince de Condé.** — Son buste à dr. avec la cuirasse, l'écharpe, et le col brodé rabattu. H.BORBON.CONDÆUS.PRIM.REGIÆ.FRANC.DOMVS. PRINCEPS. — ℞ CAR.MARIA.MOMMORANTIA.PRINCIP.CONDÆI.VXOR. Buste richement habillé de la princesse à dr. Sous le bras est gravée la date 1611. Diam. : 58 mill.

LOUIS XVI.

2871. **Sacre du roi.**— Buste couronné de profil à dr. avec le manteau d'hermine et le collier. LUDOVICUS.XVI.REX.CHRISTIANISS. — ℞ DEO.CONSECRATORI. Le roi, en manteau, à genoux au pied d'un autel, au-dessus duquel est la religion sortant des nuages qui verse sur le front du roi l'huile sainte, et tient de l'autre main un calice surmonté de la sainte hostie. En exergue : VNCTIO. REGIA.REMIS.XI.JUN.MDCCLXXV. AR.

2872. — La même pièce un peu variée, mais d'un module plus petit. AR.

2873. **Jonction du Rhône à la Seine.** — Buste habillé de profil à dr., avec le manteau fleurdelisé, les cheveux noués sur la nuque. LUD.XVI. REX.CHRISTIANISS. — ℞ ALTERA.UTRIUSQUE.MARIS.JUNCTIO. Quatre fleuves ou rivières portant sur leurs urnes, leurs noms inscrits : ARAR, ICAVNA, RHODANVS, SEQVANA. Les deux premiers, représentés par des femmes, se donnent la main. En exergue : FOSSA.AB.ARARI.AD.ICAVNAM.DUCTA.MDCCLXXXV. AR.

2874. **Paix entre la France et l'Angleterre.** — Buste de profil à dr., cheveux longs. LUD.XVI. REX.CHRISTIANISS. — ℞ PAX.FRANCIAM.INTER.ET. ANGLIAM. Femme debout tenant une branche d'olivier et une corne d'abondance. En exergue : VERSALIIS.MDCCLXXXIII. AR.

2875. **Jonction de la Somme à l'Escaut.** — Buste habillé de profil à dr., avec le grand cordon, cheveux noués sur la nuque. LOVIS.XVI. ROI.DE.FRANCE.ET.DE.NAVARRE. — ℞ JONCTION. SOUSTERREINE.DE.L'ESCAVT.A.LA.SOMME. L'Escaut couché sur un rocher creusé en dessous de lui, et par l'ouverture duquel s'échappent des eaux, et un génie portant les attributs du commerce s'élançant vers la Somme placée au bas à dr. En exergue : LA.PROVINCE.DE.PICARDIE.MDCCLXXXV.

2876. **Rentrée de Necker.** — Buste habillé de trois quarts à g., avec le chapeau à plumes. LVD.XVI. GALL.REX.ET.LIB.RESTITVTOR. — ℞ PATRIÆ.PATRES.CONSCRIP.LIBERTATIS.VINDICES. La France assise au pied d'une colonne, surmontée d'une couronne entourée de rayons, tend la main à un personnage venant de droite et montant les degrés. Elle est appuyée sur un écusson rond aux trois fleurs de lis, et tient dans sa droite les emblèmes des trois ordres. Sur le ruban qui entoure la colonne, on lit : SAL.PVBL.VNIC. LEX. En exergue : NECKERO.INCOMPARABILI.RES-TITVTO.MDCCLXXXIX. AR.

2877. **Abandon des priviléges.** — Buste habillé à dr., avec le manteau et les cheveux noués sur la nuque. LOUIS XVI RESTAURATION DE LA LI-BERTÉ FRANÇAISE. — ℞ ABANDON DE TOUS LES PRIVILÉGES. Salle de réunion de l'assemblée où l'on voit les députés du clergé et de la noblesse étendant la main vers un autel sur le devant duquel on lit: A LA PATRIE. En exergue: ASSEMBLÉE NATIONALE IV AOUT MDCCLXXXIX.

2878. **Mort de Louis XVI.** — Tête de profil à d. LUDOVICUS XVI GALLIÆ REX SECURI CIVIUM PER-CUSSUS. — ℞ HEU NIMIS SERO MANANT. La France assise à dr., sur un billot contre lequel est une hache. En exergue : D.XXI.IAN.MDCCX-CIII. AR.

BONAPARTE, 1ᵉʳ consul.

A partir de cette époque, les médailles sont si connues, que, presque toujours, nous n'indiquerons que les revers, supprimant quelquefois les légendes et abrégeant les descriptions.

2879. **Paix de l'an VI.** — Buste à dr., de Bonaparte en habit de général. BONAPARTE GÉNᵃˡ EN CHEF DE L'ARMÉE FRANÇˢᶜ EN ITALIE. En exergue : OFFERT A L'INSTITUT NATION. PAR B. DUVIVIER A PARIS. — ℞ LES SCIENCES ET LES ARTS RECONNAISSANTS. Le général à cheval marchant à g., précédés de Bellonne et de la Prudence, et suivi par la victoire qui tient une couronne, et l'Apollon du Belvédère. En exergue : PAIX SIGNÉE L'AN 6 RÉP. FR. AR.

2880. — La même pièce en bronze.

2881. **Pose de la première pierre de la colonne départementale.** — Bustes accolés des trois consuls. — ℞ Inscription constatant la pose de la première pierre de la colonne élevée par le département de la Seine, le 25 Messidor an huit.

2882. — Autre différente pour le même objet ; il n'y a plus au droit que le buste de Bonaparte.

2883. **Bataille de Marengo.** — Tête de Bonaparte, 1er consul, au milieu d'un trophée et au-dessus d'un tableau représentant la bataille de Marengo. Étain bronzé, uniface.

2884. **Le roi d'Étrurie.** — Trophée composé d'un livre ouvert sur lequel on lit CODE TOSCAN, d'une épée, de balances, d'un caducée, reposant sur un faisceau. Légende : AU ROI D'ÉTRURIE. Au-dessous, 10 JUIN 1801. — ℞ A MARIE LOUISE JOSÉPHINE. Génie debout à dr., tenant une rose. En exergue : 21. PRAIRIAL.AN 9. AR.

2885. **Médaille dédiée aux arts.** — Tête nue de Bonaparte à dr. Au-dessous : JEUFFROY FECIT, 1803. DENON DIR. G. D. MUSÉE C. D'ARTS.— ℞ AUX ARTS LA VICTOIRE. La Vénus de Médicis. Au-dessous : L'AN IV DU CONSULAT DE BONAPARTE.

2886. **Rupture du traité d'Amiens.** — Dogue à g. déchirant un papier. LE TRAITÉ D'AMIENS ROMPU PAR L'ANGLETERRE EN MAI DE L'AN 1803. En exergue : DENON DIREXIT JEUFFROY FECIT. — — ℞) L'HANOVRE OCCUPÉ PAR L'ARMÉE FRANÇAISE EN JUIN DE L'AN 1803. Victoire sur un cheval au galop à dr. En exergue : FRAPPÉE AVEC L'ARGENT DES MINES D'HANOVRE L'AN 4 DE BONAPARTE.

NAPOLÉON Ier, Empereur.

2887. **Proclamation de l'empire.** — Napoléon élevé sur le pavoi par un soldat et un autre personnage ; avec la légende LE SÉNAT ET LE PEUPLE.AN XIII. AR.

2888. — La même pièce en bronze.

2889. — Quatre petites pièces aux mêmes types. AR.

2890. — Têtes accolées de profil à dr. de Napoléon et Joséphine. NAPOLÉON-JOSÉPHINE. — ℞) FIXA PERENNIS IN ALTO SEDES. Aigle dans son aire tenant une couronne de laurier. En exergue : FÊTES DU COURONNEMENT DONNÉES A L'HOTEL DE VILLE AN XIII. AR.

2891. **Distribution des drapeaux.** — L'empereur remettant les drapeaux à l'armée représentée par trois soldats.

2892. **Passage du Simplon.** — Le Simplon personnifié par un géant assis au milieu des montagnes. En exergue : SIMPLON.

2893. **École des mines du Mont-Blanc.** — Géant

assis de face sur un rocher dans le flanc duquel on apperçoit une galerie de mine ouverte, avec des travailleurs.

2894. **Institution de la Légion d'honneur.** — Grande croix de la Légion d'honneur entourée de la légende GALLIA RENOVATA AUSPICE NAPOLEONE.

2895. — Tête laurée de l'empereur à g. NAPOLÉON EMPEREUR DE FRANÇAIS. — ℞ INSTIT^ON DE LA LÉGION D'HONNEUR 19 MAI 1802. Couronne de chêne et de laurier, contenant les mots : HONNEUR ET PATRIE, et à laquelle est suspendue une croix. (Moyen module, probablement un jeton.)

2896. **Capitulation d'Ulm.** — Napoléon dans un bige à dr., couronné par la victoire. En exergue : XVII OCTOB. MDCCCV. CAPITULATION D'ULM DE MEMMINGEN LX MILLE PRISONNIERS.

2897. **Érection de la colonne Vendôme.** — Vue de la place Vendôme et de la colonne de la grande armée. En exergue : CAMPAGNE DE MDCCCV.

2898. **La Ligurie réunie à la France.** — L'Empereur recevant une femme revêtue d'une longue robe. A sa droite, un aigle.

2899. **Couronnement de Napoléon 1er, comme roi d'Italie.** — La couronne d'Agilulfe portant à sa partie inférieure AGILVLFVS.GRATIA. DEI.GLORIOSVS.REX. En exergue : COURONNÉ.A MILAN. LE. XXIII. MAI. M·DCCCV.

2900. **Levée du camp de Boulogne.** — Aigle devant un trône contre lequel s'appuie la main de justice. Au-dessus, un foudre. En exergue : LEVÉE DU CAMP DE BOULOGNE LE XXIV AOUT MDCCCV. PASSAGE DU RHIN LE XXV SEPTEMBRE MDCCCV.

2901. **Allocution à l'armée.** — L'empereur à cheval à dr., sur un pont, harangue son armée; une Victoire lui apporte une couronne et une palme. 12 Octobre 1805.

2902. **Prise de Vienne.** — L'empereur avec les attributs d'Hercule. A ses pieds sont prosternées deux femmes tourrelées. En exergue : PRISE DE VIENNE ET DE PRESBOURG MDCCCV.

2903. — Tête de Napoléon casquée à g., NAPOLÉO.I. GALL.IMP.ITAL.REX.GERMANICVS.RVTHENICVS. — ℞ VINDOBONA.CAPTA.ANNO.MCCMV. — ℞ Femme assise à dr., dans l'attitude de la tristesse, devant un trophée où l'on remarque un bouclier à l'aigle à deux têtes. En exergue : MEDIOLANI. AR.

2904. **Bataille d'Inspruck.** — L'empereur debout à g., en costume militaire antique tenant une victoire et un aigle. Dans le champ : LES AUTRICHIENS VAINCUS — LES DRAPEAUX FRANÇAIS REPRIS. En exergue : INSPRUCK LE XVI BRUMAIRE AU XIV.MDCCCV.

2905. **Bataille d'Austerlitz.** — Foudre ailé. BATAILLE D'AUSTERLITZ. 11 DÉC. MDCCCV XI FRIM. AN. XIV.

2906. — Tête de Napoléon laurée à dr., BATAILLE D'AUSTERLITZ. — ℞ Têtes affrontées et laurées de

37

l'empereur de Russie et de l'empereur d'Autriche, indiqués par leurs noms. ALEXANDRE I — FRANÇOIS II.

2907. **Entrevue de Napoléon etdeFrançois II**. — L'empereur debout à g., tend la main à un personnage revêtu d'une longue robe, debout, dans l'attitude d'un suppliant. En exergue : ENTREVUE DE L'EMPEREUR NAPOLÉON ET DE L'EMPEREUR FRANÇOIS II, A URCHITZ LE IV DÉCEMBRE MCCCV.

2908. **Confédération du Rhin.** — Un grand nombre de guerriers posent leur main droite sur un faisceau surmonté d'un aigle. En exergue : CONFÉDÉRATION DU RHIN MDCCCVI.

2909. **Passage du Rhin.** — L'empereur à cheval à d., accompagné de soldats, passe un fleuve sur un pont de bateaux. L'EMPEREUR PASSE LE RHIN A MAYENCE. En exergue : 1 OCTOBRE MDCCCVI.

2910. **Bataille d'Iéna.** — L'empereur au galop à dr. lance la foudre sur des soldats terrassés. Un aigle le précède. BORVSSI-DIDICERE-NVPER. En exergue : EXERCITV AD IENAM DELETO XIV OCTOB. MDCCCVI. AR.

2911. — La même pièce en bronze.

2912. — Tête à dr. ceinte d'un bandeau et d'une couronne de laurier. Au-dessous : MEDIOLANI MDCCCVI. Légende : NAPOLEO GALL. IMP. ITAL. REX GERM. RVTH. BORVSSICVS. — ℞ SAXONIA LIBERATA BORVSSIS DELETIS. En exergue : IENAE. Jupiter assis sur un aigle et lançant la foudre.

2913. **Entrée à Berlin.** — Vue d'une des portes de Berlin. PORTE DE BRANDEBOURG. En exergue :

L'EMPEREUR ENTRE A BERLIN LE XXVII OCTOBRE MDCCCVI.

2914. **Conquête de la Dalmatie.** — Temple octogone entouré d'une colonnade. TEMPLE DE JUPITER A SPALATRO. En exergue : LA DALMATIE CONQUISE EN MDCCCVI, PAR LA PAIX DE PRESBOURG.

2915. **Conquête de l'Istrie.** — Temple tétrastyle sur la frise duquel on lit : ROMAE ET CAESARI AUGUSTO. Légende : TEMPLE D'AUGUSTE A POLA. En exergue : L'ISTRIE CONQUISE, AN MDCCCVI.

2916. **Conquête de Naples.** — Taureau à tête humaine couronné par la victoire. En exergue : CONQUÊTE DE NAPLES MDCCCVI.

2917. **Occupation d'Hambourg.** — Femme tourrelée tenant un gouvernail et une corne d'abondance, assise, de face, sur une galère. OCCUPATION D'HAMBOURG. En exergue : MDCCCVI.

2918. **Capitulation de Spandau, etc.** — Quatre femmes tourrelées, dont une à genoux, laissant tomber des clefs et regardant en l'air, l'empereur assis sur un aigle. En exergue : CAPITULATION DE SPANDAU STETTIN MAGDEBOURG ET CUSTRIN. MDCCCVI.

2919. **Occupation de l'Allemagne.** — Têtes accolées de Napoléon et de Charlemagne. NAPOLÉON EMP. — CHARLEMAGNE EMP. Au-dessous : AN MDCCCVI. — ℞ VITIKIND.R.S.— FRÉDERIC.AUG. R.S. Têtes accolées de Witikind et de Frédéric Auguste. Au-dessous : AN MDCCCVI.

2920. **Arc de triomphe du Carrousel.** — En exergue : AUX ARMÉES MDCCCVI.

2921. **Partage des royaumes.** — Une table chargée de couronnes et de sceptres : à droite, le trône impérial. Au-dessus, l'aigle éployé tenant un foudre. En exergue : SOUVERAINETÉS DONNÉES MDCCCVI.

2922. **Mariage du Grand-Duc de Bade.** — Une jeune femme et un jeune homme, en costume antique, se tenant la main. Au-dessus, N entouré de rayons. STÉPHANIE.NAPOLÉON. — C.F. LOUIS DE BADE. En exergue : ALLIANCE MDCCCVII.

2923. **Conquête de la Silésie.** — Victoire assise à g., près d'une colonne ceinte de sept couronnes murales où sont inscrits les noms de diverses villes, GRATZ, KOSEL, NEISSE, SCHWE, BRIEG, BRESLAW, GLOGAW. A ses pieds, une autre couronne sur laquelle est écrit : SILBERBERG. Derrière elle une autre femme tenant une branche d'olivier retient la main de la victoire. En exergue : CONQUÊTE DE LA SILÉSIE MDCCCVII.

2924. **Les libertés de Dantzick rétablies.** — L'empereur debout à g., remettant une couronne murale sur la tête d'une femme agenouillée devant lui. En exergue : LIBERTAS.DANTISCO.RESTITVTA.MDCCCVII.

2925. **Bataille d'Eylau.** — L'empereur nu, tenant une épée et une victoire, assis à dr., sur un trophée. Légende : VICTORIÆ . MANENTI . En exergue : BATAILLE DE PREUSS EYLAU VIII FÉVRIER MDCCCVII.

2926. **Royaume de Westphalie.** — Napoléon, nu, arrêtant un cheval sauvage lancé au galop à dr. Légende : INJECIT.TANDEM.FRENA.VAGANTI. En exergue : ÉRECTION DU ROYAUME DE WESTPHALIE MDCCCVII.

2927. **Royaume de Wurtemberg.** — Deux amours occupés à tresser une guirlande de roses. En exergue : J.NAPOLÉON.C.DE.WURTEMBERG MDCCCVII.

2928. **Victoires au-delà de la Vistule.** — La Vistule couchée appuyée sur son urne, et contre des rochers derrière lesquels une enseigne est dressée. En exergue : SIGNIS.VLTRA.VISTVLAM. CONSTITVTIS.MDCCCVII.

2929. **Bataille de Friedland.** — Guerrier debout, de face, au milieu d'un champ de bataille couvert de morts, remettant son épée dans le fourreau. En exergue : BATAILLE DE FRIEDLAND XIV JUIN MDCCCVII.

2930. — Victoire debout à dr., écrivant sur un bouclier placé sur un piédestal, ces mots : XIV JUIN-MARINGO-FRIEDLAND. A droite dans le champ, une branche d'olivier.

2931. **Rétablissement de l'empire d'Allemagne.** — Un trône gothique sur lequel est la couronne impériale. A gauche, une épée ; à droite un sceptre. Lég : PRISCA.DECORA.RESTITUTA. En exergue : OTHO.III.BOLESLAO.A.MI. NEAPOLIO.FREDERICO.AUG.A.MDCCCVII.

2932. **Campagnes de 1806 et 1807.** — Groupe de trois femmes tourrelées portant des clefs, et caractérisées par les noms. BERLIN, VARSOVIE, KŒNIGSBERG. En exergue : CAMPAGNES DE MDCCCVI ET MDCCCVII.

2933. — Aigle éployé sur un foudre et couronné par la victoire. En exergue : N entouré de rayons, et, auprès de la signature du graveur 1807.

2934. **Route de Nice à Rome.**— Femme assise à g. sur une route tracée sur le bord de la mer et dans le flanc d'une montagne. Elle s'appuie sur une roue. En exergue : ROUTE DE NICE A ROME MDCCCVIII.

2935. **L'Etrurie réunie à la France.**— L'empereur debout à g., en costume antique, recevant des mains d'une femme, placée devant lui, une couronne de laurier, un globe et divers attributs. En exergue : RÉUNION DE L'ÉTRURIE A LA FRANCE MDCCCVIII.

2936. **Visite de Napoléon à Toulouse.**— L'empereur debout à g., recevant une femme tourrelée debout à dr., à laquelle il montre un plan de fortifications placé sur une table. Légende : PRAESENTIA DONISQUE TOLOSA FELIX. En exergue : XXV.JULII.MDCCCVIII.

2937. **Bataille de Sommo Sierra.**— L'empereur dans un char traîné par deux chevaux galoppant à dr., lance la foudre contre une furie, qui s'appuie sur une colonne brisée. En exergue : BATAILLE DE SOMMO SIERRA. L'INQUISITION DÉTRUITE MDCCCVIII.

2938. **Entrée à Madrid.**— Porte de ville. PORTE DE ALCALA. En exergue : ENTRÉE DES FRANÇAIS A MADRID LE IV DÉCEMBRE MDCCCVIII.

2939. **Campagne de 1809.** — Le temple de Janus dont la porte est brisée. Sur l'attique on lit : TEMPLVM JANI. En·exergue : TRAITÉ DE PRES-

BOURG ROMPU PAR L'AUTRICHE IX AVRIL MDCCCIX. — ℞ ABENSBERG .ECKMUHL. L'empereur entre deux trophées. En exergue : BATAILLES DES XX ET XXII AVRIL MDCCCIX. XL M. PRISONNIERS.

2940. — Le Danube irrité essayant de briser un pont de bateaux sur lequel sont une pièce de canon et deux aigles. DANVVIVS PONTEM INDIGNATVS. En exergue : PROELIVM AD ESLINGAM. XXII MAII MDCCCIX. — ℞ ITERVM IBIDEM. L'armée traverse un pont. En exergue : TRAIECTVS V IVLII MDCCCIX.

2941. — Hercule enlevant la victoire des mains d'un homme terrassé. En exergue : BATAILLE DE WAGRAM VI JUILLET MDCCCIX.

2942. — Tête nue de profil à g. EUGÈNE NAPOLÉON VICE ROI D'ITALIE. — ℞ ANNIVERSAIRE DE MARENGO ET DE FRIEDLAND. Victoire assise à g. entre deux trophées et tenant une couronne ; sur l'un des trophées est écrit : 14 JUIN 1800, et sur l'autre : 14 JUIN 1807. En exergue : BATAILLE DE RAAB XIV JUIN MDCCCIX.

2943. — Fleuve couché à g.; derrière, une enseigne. En exergue : LES AIGLES FRANÇAISES AU DELA DU RAAB MDCCCIX.

2944. — Même type un peu varié. Dans le champ à g. deux personnages se donnant la main ; entre eux une enseigne. Au-dessous : PANNONIAE. A droite : SIGNIS TRANS ARABONEM CONSTITVTIS. En exergue : ARABONA AD FLEXVM CAPTA MDCCCIX.

2945. — Tête nue de profil à g. ; derrière un foudre; NAPOLEO GALLOR. IMP. ITAL. REX PROTECT. FOEDERAT. RHEN. — ℞ AGGRESSVS MAGNVM RESCINDERE CŒLVM. Les Titans ensevelis sous des montagnes. En exergue : AVSTRIACIS FLVMINE DEIECTIS MDCCCIX.

2946. — Tête de profil à dr. ceinte du diadème lombard. NAPOLEO MAGNVS GAL. IMP. IT. REX P. F. AVG. INVICTVS. — ℞ HOSTIBVS VBIQVE FVSIS CÆSIS CAPTIS. Victoire à dr. tenant un foudre et une palme. En exergue : MDCCCIX.

2947. — Vache à dr. allaitant un veau. Au-dessus, une massue. En exergue : CONQUÊTE DE L'ILLYRIE MDCCCIX.

2948. — Femme tourrelée debout à dr. tenant un caducée, et posant le pied sur une proue de navire. En exergue : ANVERS ATTAQUÉ PAR LES ANGLAIS MDCCCIX. — ℞ JUPITER STATOR. Statue de Jupiter assise de face. En exergue : NAPOLÉON A SCHOENBRUNN MDCCCIX.

2949. — PORTE Sᵀ MARTIN. Élévation de la porte Saint-Martin à Paris. En exergue : L'EMPEREUR PART DE PARIS LE XIII AVRIL MDCCCIX. — ℞ PORTE DE CARINTHIE. Élévation de la porte de Carinthie à Vienne. En exergue : L'EMPEREUR ENTRE A VIENNE LE XIII MAI MDCCCIX.

2950. **Paix de Vienne.** — L'empereur debout de face tient une branche d'olivier au-dessus d'un autel, et met le feu à des affûts et à un amas d'armes, au moyen d'une torche. En exergue : PAIX DE VIENNE MDCCCIX.

2951. **L'Ourcq conduit à Paris.** — Femme tourrelée assise, tenant une corne d'abondance. A gauche l'Ourcq verse son urne; à dr., la Seine agenouillée répand son eau. En exergue : VRCA ARISIOS DEDVCTA IV AVGVSTI MDCCCIXP.

2952. **Union des deux capitales.** — Bustes accolés de Rome et de Paris ; le premier, coiffé d'un casque avec la louve pour cimier, le second, coiffé d'une galère, voiles déployées. Sous le buste de Paris, MDCCCIX.

2953. — Autre, sur laqnelle la coiffure du buste de Paris est un casque antique sur le timbre duquel est représentée la galère avec ses voiles déployées.

2954. — Le Tibre couché à g., au pied d'une éminence sur le sommet de laquelle est un temple. Au-desus, un aigle volant à g., tenant un foudre : En exergue : AQVILA.REDVX.MDCCCIX.

2955. — Médaille semblable, mais avec la légende de la tête du droit, en latin.

2956. — Médaille formée par le revers n° 2951 et le revers n° 2953.

2957. **Orphelines de la Légion d'honneur.** — Jeune fille assise à dr. près d'un mausolée ; une corbeille à ouvrage est à ses pieds. En exergue : ORPHELINES DE LA LÉGION D'HONNEUR MDCCCX.

2958. **Mariage de l'empereur et de Marie-Louise.** — Têtes accolées de profil à dr., de Napoléon et Marie-Louise. — ℞ NAPOLÉON EMP. ET ROI M.-LOUISE D'AUTRICHE. Napoléon et Marie-Louise se donnant la main près d'un autel allumé. En exergue : 1810. AR. Très-petite médaille.

2959. — Même médaille avec la tête seule de l'empereur. AR.

2960. — Tête laurée, d'un type étrange, de profil à

dr. NAPOLÉON 1ᵉʳ EMP. ET ROI. — ℞ Amour marchant à g., portant un foudre. MDCCCX. Très-petite médaille en bronze.

2961. **Naissance du roi de Rome**. — Têtes accolées de profil à dr., de Napoléon et de Marie-Louise. — ℞ NAPOLÉON Fˢ. Jʰ. Cˢ. ROI DE ROME Femme debout de face tenant un enfant dans ses bras, et accostée à gauche., d'un aigle, à droite, d'une louve. En exergue : NÉ LE XX MARS MDCCCXI.

2962. — Tête nue à g., du roi de Rome. Au-dessous, XX MARS DCCCXI. Légende : NAPOLÉON FRANÇOIS JOSEPH CHARLES ROI DE ROME. — ℞ NAISSANCE DU ROI DE ROME. Femme debout tenant un enfant dans ses bras. En exergue : MDCCCXI.

2963. — Têtes accolées à dr., de l'empereur et de l'impératrice. — ℞ NAPOLÉON F. J. C. ROI DE ROME Tête à g., du roi de Rome : XX MARS MDCCCXI. — Très-petite médaille en bronze.

2964. — Type du revers du précédent, sans la date. — ℞ VINGT MARS 1811. Louve à dr., allaitant un enfant. — Très-petite médaille en bronze.

2965. — L'empereur debout à g., élevant le roi de Rome dans ses bras. Derrière lui, un trône, devant, la cuve baptismale, et les accessoires ayant servi au baptême. En exergue : BAPTÊME DU ROI DE ROME MDCCCXI. — ℞ A L'EMPEREUR LES BONNES VILLES DE L'EMPIRE. Cette inscription est entourée de quarante-neuf couronnes murales, portant chacune le nom d'une ville. — Très-grande médaille en bronze.

2966. **École des Beaux-Arts à Rome.** — Tête casquée de Minerve à g., dans une couronne de laurier entourée des attributs des beaux-arts, peinture, sculpture, gravure, musique, architecture. Légende : ÉCOLE FRANÇAISE DES BEAUX-ARTS A ROME RÉTABLIE ET AUGMENTÉE PAR NAPOLÉON EN 1803. — ℞ L'empereur en grand costume du couronnement tenant une couronne et un sceptre, assis à g. En exergue : E.GATTEAUX. ROME. 1812. — Grande médaille en bronze.

2967. **Campagne de 1812.** — L'empereur en costume de général arrachant leurs armes à un hussard et à un cosaque. En exergue : PRISE DE WILNA XXVIII JUIN MDCCCXII.

2968. — Fleuve assis à g. le bras appuyé sur son urne. Derrière lui une enseigne. En exergue : L'AIGLE FRANÇAISE SUR LE BORYSTHÈNE MDCCCXII.

2969. — Fleuve se levant et s'enfuyant à l'aspect d'une enseigne vers laquelle il tourne la tête. En exergue : L'AIGLE FRANÇAISE SUR LE VOLGA MDCCCXII.

2970. — Hussard à cheval à dr., mettant en fuite un soldat russe : un autre soldat est étendu mort à ses pieds. En exergue : BATAILLE DE LA MOSKOWA VII SEPTEMBRE MDCCCXII.

2971. — ENTRÉE A MOSCOU. Vu de Moscou et du Kremlin. En exergue : XIV SEPTEMBRE MDCCCXII.

2972. — Un autre exemplaire de la même pièce.

2973. — Guerrier s'enfuyant à d. poursuivi par Eole pressant une outre d'où s'échappe un vent violent. Il est au milieu d'une campagne où l'on apperçoit un canon démonté, un cheval tué, et un caisson abandonné. En exergue : RETRAITE DE L'ARMÉE, NOVEMBRE MDCCCXII.

2974. **Canal de Mons à Condé.** — Femme portant une corne d'abondance, assise à dr. dans une barque dont elle tient le gouvernail ; à dr., un clocher. Légende : CANAL DE MONS A CONDÉ. En exergue : LE COMMERCE DU DÉPARTEMENT DE JEMMAPE MDCCCXIII. AR.

2975. — La même médaille en bronze.

2976. **Campagne de 1813.** — CONFIANCE — FORCE. Amas de montagnes au sommet duquel est un trône surmonté d'un aigle éployé. En exergue : EN TROIS MOIS LA FRANCE ET L'ITALIE ARMENT DOUZE CENT MILLE HOMMES POUR LA DÉFENSE DE L'EMPIRE MDCCCXIII. AR.

2977. — La même médaille en bronze.

2978. — Buste à dr. de Napoléon en costume de général ; au-dessus, une couronne d'olivier. — ℞ Deux cavaliers à dr., dont un cosaque, prennent la fuite ; dans le fond, une armée. En exergue : BATAILLE DE LUTZEN II MAI MDCCCXIII.

2979. — INFANTERIE FRANÇAISE — BATAILLE DE WURTCHEN. Trophée composé de fusils et de drapeaux surmonté d'une Victoire posée sur un socle ayant N inscrit sur sa face. En exergue : XXI MAI MDCCCXIII. AR.

2980. — La même médaille en bronze.

2981. **Campagne de France.** — Buste à dr. de Napoléon en costume de général. Légende :

DÉFENSE DE L'EMPIRE. Sous le buste : L'EMPEREUR PART DE PARIS LE XXV JANVIER MDCCCXIV. — ℞ MARIE LOUISE IMP. REINE ET RÉGENTE. Buste à g. de l'impératrice ; au-dessous : XXIII JANVIER MDCCCXIV.

2982. — L'empereur en costume militaire antique fait ses adieux au roi de Rome que tient la ville de Paris, accompagnée d'une autre femme couronnée. En exergue : DÉPART DE L'EMPEREUR, JANVIER MDCCCXIV.

2983. — Aigle à g. sur un foudre ; au-dessus, une étoile. A g. le signe des poissons, à dr. une Victoire. FÉVRIER — MDCCCXIV.

2984. — L'empereur dans un char traîné par deux chevaux ailés à g., lance la foudre. Dans le fond un pont sur lequel sont des combattants. En exergue : BATAILLE DE MONTEREAU FÉVRIER. MDCCCXIV.

2985. — La même médaille, le côté de la tête étant différent.

2986. — Hercule étreignant et terrassant trois hommes. En exergue : BATAILLE DE CHAMPAUBERT X JANVIER MDCCCXIV.

2987. — Cosaque poursuivant deux femmes dont la plus âgée porte le corps inanimé d'une jeune fille. En exergue : MALHEURS DE LA GUERRE. MARS MDCCCXIV.

2988. — La fortune vue de dos, sur un navire dont elle tient la voile. Au-dessus de la poupe, roue brisée. En exergue : FORTUNE ADVERSE, MARS MDCCCXIV.

2989. — Groupe de quatre soldats faisant brûler leurs armes. En exergue : AVRIL MDCCCXIV.

2990. **Abdication de Napoléon.** — Une furie indique à l'empereur le papier sur lequel sa main tenant une plume, est appuyée. En exergue : L'EMPEREUR NAPOLÉON ABDIQUE XI AVRIL MDCCCXIV

2991. **Adieux de Fontainebleau.** — Napoléon presse contre sa poitrine les plis d'un drapeau dont la hampe est tenue par un soldat qui cache sa figure dans sa main en signe de douleur. En exergue : AVRIL MDCCCXIV.

2992. **Pièce satirique anglaise.** — Personnage avec un grand chapeau assis à rebours sur un âne, et conduit par le diable qui lui a passé la corde au cou. Légende : INSEPARABLE FRIEND. En exergue : TO ELBA.— ℞ WE CONQUOUR TO SET FREE. Dans le champ : EMP. OF RUSSIA K. OF PRUSSIA MARQUIS WELLINGTON PRINCE SCHWARTZENBERG, en huit lignes. Au-dessous : MARCH. 31. 1814. Billion. Espèce de jeton, petite dimension.

2993. **Les cent jours.** — Têtes accolées à dr., de Napoléon, Marie-Louise et du roi de Rome. — ℞ Napoléon en costume de général accueilli par un paysan et un soldat qui lui présente les armes. En exergue : RETOUR DE L'EMPEREUR, MARS MDCCXV.

2994. — Aigle couronné portant au bec la croix de la Légion d'honneur, planant au-dessus de la mer : dans le fond, une île. En exergue : XXVI. FÉVRIER. MDCCCXV. — ℞ Même type que le précédet. AR.

— 423 —

2995. — La même médaille en Bronze.

2996. — L'empereur en costume antique, tenant un sceptre tend la main droite au-dessus d'un autel sur lequel est un livre avec ces mots : CONSTITUT-FRANÇAISE. De l'autre côté de l'autel, deux personnages, un soldat et un citoyen ont aussi la main étendne. En exergue : MDCCCXV.

2997. — Galerie soutenue par des colonnes. Derrière, le dôme des Tuileries. En exergue : CONSTITUTION.D.1815.

2998. **Monument élevé à Fénelon.** — Buste de profil à dr., en camail avec la croix épiscopale et la calotte. FRANCISCUS.ARCH.-DVX.CAMERACENSIS. — ℞ URBI.VENERANDUS-ET.ORBI. Monument funéraire de Fénelon, sur la base duquel est écrit : MONUMENT ÉRIGÉ A FÉNELON DANS LA CATHÉDRALE DE CAMBRAI. Au-dessous du monument, 1825. Br.

2999. **Journées de Juillet 1830.** — Tête de femme à g., les cheveux épars et couronnée de laurier : derrière, un faisceau avec la hache. Au-dessus, étoile rayonnante. LIBERTÉ NATIONALE RECONQUISE PAR LE PEUPLE, 27.28.29. IUILLET 1830. — ℞ TRIOMPHE DE LA VÉRITÉ SUR LE JÉSUITISME. Tables où est inscrit : RÈGNE DES LOIS, balance et miroir en trophée, entre deux branches de laurier. Br.

3000. **Révolution de 1848.** — Pièce satyrique. — Hanneton coiffé du tricorne, ayant de grosses bottes à éperons, et tenant dans les deux pattes antérieures une couronne et un sceptre. — ℞ ARRÊTEZ DONC C'T'HANNETON, en trois lignes, dans une couronne de chêne. Cuivre doré.

3001 — Cinq pièces différentes, relatives aux événements. C.

3002. — Quatre pièces différentres, relatives aux événements. C.

3003. — Un paquet de pièces de peu d'importance non cataloguées, parmi lesquelles se trouve une gauloise en argent du midi de la France et deux morceaux de piastre espagnole, ayant pu servir de monnaie obsidionale.

LIVRES

NUMISMATIQUE

1. Traité élémentaire de numismatique générale par J. Lefebvre. Abbeville 1860. un vol. pet. in-8 br.

2. Numismatique ancienne, par J. B. A. A. Barthelemy. Paris, Roret. un vol. in-18 et un atlas in-8 en large br. — Numismatique moderne, par J. B. A. A. Barthelemy. Paris, Roret. un vol. in-18 et un atlas in-8 en large d. rel. bas. viol. — Ens. 2 vol. et 2 atlas.

3. Manuel de numismatique ancienne, par M. Hennin. Paris 1830. 2 t. en un v. in-8 d. rel. d. et c. v. violet. *Ex. portant l'ex-libris de M. Louis de Givenchy.*

4. Gérard Jacob K. Traité élémentaire de numismatique ancienne, grecque et romaine. Paris 1825. pl. 2 vol. — Dissertation sur les médailles attribuées au fils de l'empereur Posthume, par M. Prosper Dupré. Paris, Renouard, 1825. — Ens. un v. in-8 d. rel. m. br.

5. Traité des monoyes, par M. de Bettange. Avignon 1760. 2 vol. in-12 rel. v. marb.

6. Essai sur les monnoies anciennes et modernes, par M. Rochon. Paris 1792. pl. — Apperçu présenté au comité des monnaies, par *le même.* — Compte-rendu... sur la monnoie coulée et moulée, par *le même.* Paris 1791. — Dictionnaire spécial et classique des monnoies, par Girod. — Ens. un vol. in-8 d. rel. bas.

7. Histoire romaine, éclaircie par les médailles, par Jean Louis Schulz. Paris 1783. pl. un vol. in-8 rel. bas.

8. De la rareté et du prix des médailles romaines, par T. E. Mionnet. Paris 1827. fig. 2 v. in-8 rel. bas. rac.

9. Etudes numismatiques et archéologiques, par Joachim Lelewel. Type gaulois ou celtique. Bruxelles 1841. fig. un vol. in-8 et un atlas in-4 rel. m. bl. gauff. fil. tr. dor.

10. Numismatique gallo-belge par Alexandre Hermand. Bruxelles 1864. pl. un vol. in-8 br.

11. Essai sur la numismatique mérovingienne, par le vicomte de Ponton d'Amécourt. Paris 1864. un vol. in-8 br.

12. Numismatique mérovingienne. Étude sur les monnoyers... par Anatole de Barthélémy. Paris 1865. pl. broch. in-8.

13. Catalogue des légendes des monnaies mérovingiennes, par Guillemot. — Note sur un tiers-de-sol mérovingien, par le v[te] de Ponton d'Amécourt. — Description d'une monnaie gauloise, par M. C. Robert. pl. — Monnaie de Bourbourg, par *le même.* — Ens. 4 broch. in-8.

14. Numismatique du moyen-âge, par Joachim Lelewel. Paris 1835. 3 parties en un vol. in-8 et un atlas in-4 en large d. rel. m. f.

15. Réapparitions du type gaulois dans le coin du moyen-âge, par Joachim Lelewel. Bruxelles 1841. pl. broch. in-8.

16. Traité historique des monnaies de France, par M. le Blanc. Paris 1690. pl. un v. in-4 rel. v. br.

17. Adrien de Longpérier : — Notice sur cent deniers de Pépin, de Carloman et de Charlemagne. Paris 1858. pl. — Dissertation sur quelques monnaies épiscopales de Strasbourg et de Constance. Paris 1857. pl. — Note sur la forme de la lettre e... — De l's barré de Henri IV. pl. — Ens. un vol. in-8 d. rel. toile. *Ex. portant l'ex-libris de M. Th. de Jonghe.*

18. Docteur Rigollot : — Mémoire sur une monnaie du XIIe siècle, pl. — Essai sur une monnaie d'or, frappée sous les Mérovingiens, pl. — Notice sur une feuille de diptyque d'ivoire représentant le baptême de Clovis. pl. — Notice sur le docteur Rigollot. — Obsèques du docteur Rigollot, par M. A. Gabriel Rembault. — Ens. 5 broch. in-8.

19. Considérations historiques et artisques sur les monnaies de France, pas Benjamin Fillon. Fontenay-Vendée 1850. pl. un vol. — Lettres sur quelques monnaies françaises inédites, par *le même*. Fontenay-Vendée 1853. pl. un vol. Ens. 2 vol. in-8 br.

20. Histoire numismatique de la révolution française, depuis l'ouverture des États-Généraux jusqu'à

l'établissement du gouvernement consulaire, par M. Hennin. Paris 1826. Texte et planches. un v. gr. in-4 d. rel. m. br. d. à n. gauf. *Ex. non rog.*

21. Renier Chalon : — Quelques médailles satiriques de la révolution des patriotes. pl. — Poids monétiformes du midi de la France. Un quarteron de Mirepoix. — *Idem.* Un demi-quarteron de Gaillac, — Un jeton de Nicolas du Chatelet, — Collection Jean Rousseau, — Monnaies féodales de France. — Ens. 6 broch. in-8.

22. Première monnaie obsidionale. 1477. par Adolphe Dewismes. fig. broch. in-8. *3 exempl.* — Catalogue des monnaies obsidionales et de nécessité, par P. Mailliet. 7 premiers fasc. in-8. — Ens. 10 broch.

23. Tobiesen Duby. Recueil général des pièces obsidionales et de nécessité. Paris 1786. texte et pl. un vol. — Monnoies des prélats et barons de France. Paris, imprimerie royale, 1790. 2 v. de texte, un v. de planches. — Ens. 4 v. gr. in-4 d. rel. bas. d. à n.

24. Notice des monnaies françaises composant la collection de M. Rousseau, par Ad. de Longpérier. Paris 1848. pl. — Catalogue des monnaies françaises de la collection de M. Rignault, par Delombardy. Paris 1848. — Baudulfus. Monétaire à Autun, par M. J. Lelewel. fig. — Denier d'Hervé, évêque de Beauvais, par Ad. de Longpérier. fig. — Restitution de quelques monnaies à Charlemagne, par M. L. Decoster. Bruxelles 1852. pl. — Des monnaies de Charlemagne, par M. E. Cartier. Blois 1853 pl. — Renseignements pour

servir à la numismatique de la seconde race, par L. de Coster. Bruxelles 1853. pl. — Nouvelles considérations sur des monnaies restituées à Charlemagne, par *le même*. Bruxelles 1855. pl. — Explications faisant suite... par *le même*. Bruxelles 1857. pl. — Comment se nommait Aix-la-Chapelle avant Pépin le Bref? par *le même*. fig. — Tiers de sol mérovingiens, par R. Chalon. Bruxelles 1858. pl. — Une monnaie mérovingienne frappée à Anvers, par Prosper Cuypers. Bruxelles 1853. fig. — Considérations à propos de quelques deniers inédits de Pépin le Bref et de Charlemagne, par de Coster. Bruxelles 1859. pl. — Observations en réponse à la publication d'un denier d'Orléans, par *le même*. fig. — Monnaie inédite de Charlemagne par *le même*. fig. — Monnaies mérovingiennes de la collection de feu M. Renault. pl. — Ens. un vol. in-8 d. rel. bas. viol.

25. Histoire monétaire de la province d'Artois, par Alex. Hermand. Saint-Omer 1843. pl. un vol. in-8 br.

26. Alex. Hermand : — Revendication au nom de Robert II d'Artois, des deniers qui lui sont contestés. fig. — Encore quelques mots sur les deniers Robert. — Ens. 2 broch. in-8.

27. **Catalogue** raisonné des monnaies du comté d'Artois faisant partie du cabinet monétaire d'Adolphe Dewismes à Saint-Omer. Saint-Omer, Fleury-Lemaire 1866. fig., et pl. sur papier teinté ; un vol. in-8 d. rel. d. à n. et c. ch. br. tête dorée.

« Ce catalogue contient la description des monnaies gauloises frappées dans l'Atrébatie et la Morinie. Un denier de Comius, roi des Atrébates, commence la série si longue et si variée des monnaies de l'Artois. L'époque mérovingienne est représentée par les rares tiers de sol d'or de Boulogne-sur-Mer, de Saint-Omer et de Térouanne. Les rois carlovingiens y figurent depuis Pépin le Bref jusqu'à Hugues Capet inclusivement. Puis les monnaies des comtes de Flandre, celles des villes d'Aire, de Saint-Omer et de Saint-Venant ; celles encore de Philippe-Auguste et de Louis VIII. Viennent ensuite les monnaies des comtes d'Artois et les pièces féodales des seigneurs de Béthune, des comtes de Fauquembergue et de Saint-Pol.

» Dans la seconde partie, M. Dewismes a compris les monnaies frappées à Arras par les rois d'Espagne Philippe II et Philippe IV, comme souverains de l'Artois. Il nous fait aussi connaître celles que les rois de France, Louis XIII et Louis XIV, firent frapper dans la capitale de l'Artois et qui, chose étonnante, avaient complètement échappées aux investigations de ses devanciers. Il termine son attachante publication par la description des monnaies obsidionales ou de nécessité des villes d'Aire, de Saint-Omer et de Saint-Venant.

» D'intéressantes remarques historiques et numismatiques accompagnent la description des pièces que contient ce catalogue. Quand nous disons Catalogue, comme l'auteur, nous employons un terme impropre, que la modestie seule de M. Dewismes lui a fait préférer. Son livre n'est pas un simple catalogue, mais un véritable Traité de monnaies de l'Artois que nous devons tous avoir sur nos tablettes. Disons aussi que pour le luxe du texte et la perfection remarquable des planches, le volume de M. Dewismes ne laisse rien à désirer. C'est un livre de bibliothèque ; toute personne s'occupant de l'histoire de nos provinces, toute Société archéologique doit se procurer un pareil ouvrage.

» M. Dewismes a entrepris ce travail à la sollicitation de ses amis, et il faut l'en louer. Personne ne s'est adonné à la formation d'une série spéciale avec plus d'ardeur, de soins et de patience : recherches, voyages, sacrifices, rien n'a jamais rebuté le zélé numismate dès qu'il s'agissait de découvrir ou d'acquérir quelque rareté de sa chère province d'Artois. — *Annuaire de la Société française de numismatique et d'archéologie. 1867.*

28. Idem. d. rel. d. à n. et c. ch. r. tête dorée.

29. Idem. d. rel. d. à n. et coins. ch. v. du Levant. tête dorée.

30. Idem. 19 exempl. br.; un autre. en ff. — *Ens. 20 vol. qui pourront être vendus par unité.*

31. L. Deschamps de Pas : — Quelques méreaux et plombs de marque relatifs à l'Artois. pl. — Essai historique sur les monnaies des comtes de Ponthieu... pl. — Note sur quelques poids monétaires. pl. — Contrefaçon des monnaies de Charles VI par Jean-sans-peur. — Quelques médailles relatives à l'histoire des Pays-Bas. pl — Ens. 5 broch. in-8.

32. Documents relatifs à l'atelier monétaire d'Arras sous la domination des rois d'Espagne, par M. Jules Rouyer. Bruxelles 1859. broch. in-8.

33. L. Dancoisne : — Rapport sur la découverte de 184 coins de l'atelier monétaire d'Arras. pl. — Notice sur quelques monnaies inédites de la Flandre... pl. *Tiré à 25 ex.* — A-t-il existé des monnaies de verre chez les Gaulois. — Ens. 4 broch. in-8.

34. Notice sur les jetons d'Artois, par L. Deschamps de Pas. Bruxelles 1863. pl. broch. in-8. *27 exemplaires, qui pourront être vendus par unité.*
    Supplément aux jetons d'Artois. pl. broch. in-8. *6 exemplaires.*

35. Restitution d'un denier d'Arras à Hugues Capet, par le ch. Bigant. fig. — Monnaies frappées par Robert de Béthune. Notice par Jonnaert pl. — Numismatique boulonnaise. Sur les deniers de Mathieu, comte de Boulogne par C. Marmin. pl. — Petite notice sur les monnaies des comtes de Ponthieu, par J. Lefebvre. — Ens. 4 broch. in-8.

36. Essai sur la numismatique de l'abbaye de Saint-Vaast, par L. Dancoisne. Arras 1869. pl. in-4 br.

37. Recherches sur les monnaies, médailles et jetons dont la ville de Saint-Omer a été l'objet, par Alex. Hermand. Saint-Omer. pl. un v. in-8 d. rel. bas. v.

38. Dissertation sur la monnaie communale de Saint-Omer par M. Jules Rouyer. Blois 1844. fig. broch. in-8.

39. Alex. Hermand : — Quelques monnaies frappées à Saint-Omer, pl. — Grand denier de la ville de Saint-Omer. — Notice biographique sur Alexandre Hermand, par M. L. Deschamps de Pas. — Ens. 3 broch. in-8.

40. Observations archéologiques, à propos de quelques monnaies inédites de Saint-Omer, par C. A. Serrure. Gand 1856. pl. broch. in-8. *11 ex.*

41. Un cabinet d'amateur (M. Dewismes), à Saint-Omer. Numismatique et Archéologie. Communication de M. Henri de Laplane. Saint-Omer 1864. broch. in-8. *60 ex.* — *Cette notice peut s'adjoindre utilement au présent Catalogue.*

42. Quelques observations sur les monnaies d'Arras et de Saint-Omer, par Adolphe Dewismes. Bruxelles 1862. pl. broch. in-8. *62 exemplaires.*

43. Numismatique béthunoise, par L. Dancoisne. Arras 1859. pl. un vol. in-8 br.

44. Observations sur les monnaies de Boulogne au nom d'Eustache, par A. F. Dufaitelle. — Un cachet de la famille de Rambures par *te même*. — Numismatique boulonnaise. Sur les deniers de Mathieu, comte de Boulogne, 1159 à 1173, par C. Marmin. — Recherches historiques sur les

armoiries de Boulogne, par *le même*. — Notice historique sur quelques médailles de Notre Dame de Boulogne, par Jules Rouyer. — Ens. 5 broch. in-8.

45. Les monnaies de Canut et de Sifroid... fondateurs du comté de Guines, par C. A. Serrure. Paris 1858. — Quelques mots sur la trouvaille de Guerdale, par de Coster. — Notice sur les monnaies des comtes de Limburg-sur-la-Lenne, par C. A. Serrure. — Numismatique boulonnaise. Sur les deniers de Mathieu, comte de Boulogne, par C. Marmin. — Recherches historiques sur les armoiries de Boulogne, par *le même*. — Ens. 5 broch. in-8.

46. Mémoire sur les monnaies des comtes de Saint-Pol par le dr Rigollot. Blois 1850. pl. broch. in-8.

47. R. Chalon : — Jeton du comté de Saint-Pol. pl. 4 *ex*. — Monnaies de Falais. — Un gros tournois de Jean de Cunre. — Ens. 6 broch. in-8.

48. Alex. Hermand : — Monnaies du comté de St-Pol. — Attribution d'un mouton d'or à Jean III duc de Brabant. — Attribution du gros à Philippe le Hardi. — Lettre à M. R. Chalon. — Quelques mots sur la réponse de M. Piot. — Notice sur quelques méreaux de l'église métropolitaine de Sens. pl.— Notice sur les monnaies de Tournai. pl.— Ens. 7 broch. in-8.

49. Notice sur une découverte de monnaies picardes du XIe siècle, par F. Mallet et le d. Rigollot. Amiens. Paris 1841. pl.— Mémoires sur de nouvelles découvertes... par le d. Rigollot. Amiens 1846. pl.— Ens. un vol. in-8 d. rel. v. violet.

50. L. Deschamps de Pas : — Instruction de Philippe le Bon sur la fabrication de monnaies à Amiens et à Saint-Quentin. 5 *ex*. Quelques médailles relatives à l'histoire des Pays-Bas. pl. 2 *ex*. — Ens. 7 broch. in-8.

51. Essai sur les monnoies chartaines, par M. E. Cartier. pl. — Monnaie de Charles VIII, frappée à Marseille, par F. Mallet. fig. — Pièces rares ou inédites de la collection de M. J. Charvet. 2 pl. —Notice sur des monnaies et bijoux antiques, par J. Charvet. pl. — Monnaies trouvées à Glisy (Somme). Rapport par M. Barot.— Ens. 5 broch. in-8.

52. Ed. Van Hende : — Numismatique lilloise, note sur quelques jetons de la chambre des comptes. pl.— Supplément à la numismatique lilloise. pl. — De quelques monnaies frappées à Lille. pl.— Note sur la découverte d'un méreau et de deux louis d'or. pl. — Un plomb des innocents et deux jetons inédits. pl. — Une décoration des philalèthes. pl.— Ens. 6 broch. in-8.

53. *Idem* : Numismatique lilloise. pl.— Un plomb des innocents. pl.— Une décoration... pl.— Aquilius Sabinus et Mirabeau. pl. — Ens. 4 broch. in-8.

54. Monnaies, médailles et jetons de Douai, par L. Dancoisne et A. Delanoy. Douai 1836. pl. un vol. in-8 d. rel. bas. v.

55. Recherches sur les monnaies des comtes de Flandre, depuis les temps les plus reculés... par M. Victor Gaillard. Gand 1852. pl. un v. gr. in-4 d. rel. m. rouge.

56. Essai sur l'histoire monétaire des comtes de Flan-

dre de la maison de Bourgogne et description de leurs monnaies d'or et d'argent, par M. L. Deschamps de Pas. Paris 1863. pl. in-8 br. *7 exemplaires, qui pourront être vendus par unité, au gré des amateurs.* — Deschamps de Pas. Supplément à l'essai sur l'histoire monétaire des comtes de Flandre de la maison de Bourgogne. Paris 1866. pl. broch. in-8. *15 exemplaires.*

57. Recherches sur les monnaies des comtes de Hainaut, par Rénier Chalon. Bruxelles 1848. pl. Suppléments. Ens. un vol. in-4 br.

58. C. P. Serrure : — Notice sur les monnaies d'or de l'ancien duché de Gueldre. pl. — Rapport. — Monnaie ou médaille de la ville de Deventer. — Ens. 3 broch. in-8.

59. De l'imitation des sceaux des communes sur les monnaies des provinces méridionales des Pays-Bas et du pays de Liège, par G. J. C. Piot. pl. — Recherches sur les corporations de métiers de la ville de Maëstricht, et sur leurs méreaux, par A. Perreau. pl. — Ens. 2 broch. in-8.

60. *Idem.* De l'imitation... — Trouvaille de monnaies du XIe siècle, par L. Decoster. pl. — Ens. 2 broch. in-8.

61. Notice sur le cabinet monétaire de S. A. le prince de Ligne, par C. P. Serrure. Gand 1847. pl. — Monnaie de Bourbourg, par C. Robert. Lille 1850. fig. — Sur une monnaie d'or attribuée à Robert de Béthune, par E. Jonnaert. Bruges 1848. pl. — Monnaies frappées par Robert de Béthune, par *le même.* Bruges 1850. pl. — Notice sur cinq monnaies anonymes frappées à Bruges.... par *le même.* Bruges 1849. pl. —

Quelques monnaies frappées à Saint-Omer, par M. Al. Hermand (Saint-Omer 1850). pl. — Observations à propos de quelques monnaies inédites de Saint-Omer, par C. A. Serrure. Gand 1856. pl. — Notice sur des monnaies frappées à Termonde, par Clemens Wytsman. Gand 1860. pl. — Ens. un vol. in-8 d. rel. d. à n. et c. m. rouge.

62. Notice sur les anciennes monnaies des comtes de Flandre, ducs de Brabant,... par F. Den Duyts. Gand 1847. pl. — Extrait d'une lettre... par M. C. Robert. fig.— Restitution d'une monnaie à Florent de Culembourg, par L. Decoster. fig. — Deux monnaies inédites du comté de Namur, par *le même*. fig. — Notice sur cinq monnaies anonymes frappées à Bruges... par E. Jonnaert. pl. — Sur une monnaie d'or attribuée à Robert de Béthune, par *le même*. pl. — Monnaies frappées par Robert de Béthune, par *le même*. pl. — Monnaies belges trouvées en Irlande, par Renier Chalon. Bruxelles 1856. pl. — Imitation d'une monnaie de Hainaut, par Arnold de Stein. fig. - Monnaies de métal... par Renier Chalon. Bruxelles 1855.— Observations sur les monnaies de Haynaut,... par L. Deschamps. Blois 1840. pl. — Nouvelle classification des monnaies de Jeanne, duchesse de Brabant, par R. Chalon. Bruxelles 1858. — Histoire politique et numismatique du comté de Réthel, par V. Gaillard. Gand 1851. pl. — Monnaie de Bourbourg, par C. Robert. fig.— Quelques observations sur les méreaux d'Arras et de Saint-Omer, par Adolphe Dewismes. Bruxelles 1862. pl. — Jeanne de Wesemaele et Jeanne de Merwede, par R Cha-

lon. Bruxelles 1855. pl. — Quelques monnaies seigneuriales inédites, par *le même*. Bruxelles 1857. pl.— Monnaies de Navarre... par *le même*. Bruxelles 1856. fig.— Un esterlin de Henri III... par *le même*. fig. — Une monnaie de Blankenberg, par *le même* fig. — Observations archéologiques à propos de quelques monnaies inédites de Saint-Omer, par C. A. Serrure. Gand 1856. pl.— Ens. un vol. in-8 d. rel. m. rouge.

63. Ch. Cocheteux : — De la monnaie de Tournai de 1498 à 1578. — Monnaies frappées à Tournai sous. Philippe II. — Du marquis de Surville et des monnaies obsidionales frappées à Tournai en 1709. — Une monnaie attribuée à Perkin Warbeck.— Ens. 4 broch. in-8.

64. Notice snr un dépôt de monnaies découvert à Grane-Halleux, province de Luxembourg, en 1846, par G. J. C. Piot. Bruxelles 1847. pl. un vol. in-4 d. rel. bas. bl.

65. Dépôt de monnaies trouvé à Noordhorn (Province de Groningue), par Hooft van Iddekinge. pl. — Notice sur la trouvaille de Barneveld ; par J. F. G. Meyer. Bruxelles 1872. — Quelques monnaies seigneuriales inédites par Prosper Cuypers. Bruxelles 1852. pl.— Monnaies du roi Edouard III, frappées au type français, par Feuardent. Paris 1859. pl. — Ens. 4 broch. in-8.

66. Monnaies des évêques de Tournai par J. Lelewel. Bruxelles 1846. pl. — Recherches sur les comtes de Looz et sur leurs monnaies, par A. Perreau. Bruxelles 1845. pl. — Numismatique bruxelloise. Jetons frappés par les receveurs et les intendants du rivage, par Ed. Vanden Broeck.

— Recherches sur les monnoies frappées dans les provinces des Pays-Bas, par M. Gérard. Gand 1838. — Et une autre broch. — Ens. 5 broch. in-8.

67. Histoire numismatique de l'évêché et principauté de Liége, par M. le comte de Renesse-Breidach. Bruxelles 1831. pl. — Essai sur l'histoire monétaire du pays de Liége par Ferd. Hénaux. Liége 1843. — Recherches sur l'histoire monétaire de l'ancien pays de Liége par J. Petit. Bruxelles 1847. pl. — Ens. un vol. in-8 d. rel. bas. bl.

68. Renier Chalon : — Quelques monnaies seigneuriales, pl. — Valeur intrinsèque du florin de Brabant. — Le baron de Blanche et sa monnaie de Schonau. — Un jeton tournaisien. — Quelques jetons des receveurs de Bruxelles, pl. — Une médaille montoise. — Pièces à retrouver. — Monnaies, méreaux et jetons rares ou inédits, Cinquième article, pl. — Collection Jean Rousseau. — Sceau du magistrat de Saint-Pierre à Maëstricht. — Don Juan Pérès. — La croix de Saint-Ulrich d'Augsbourg, pl. — La plaque des représentants (belges), — et une autre broch. — Ens. 14 broch. in-8.

69. Renier Chalon : — Anciens jetons et méreaux, pl. — Deux jetons inédits. — Un aureus inédit de Lælianus. — La médaille de Francisco de Enzinas. — Anne Charlotte de Lorraine, abbesse de Sainte-Waudru à Mons, pl. — Plaque sépulcrale de Jacob Cavalli, pl. — Une décoration algérienne. pl. — Ens. 7 broch. in-8.

70. C. A. Serrure : — Notice sur les monnaies des

comtes de Limburg-sur-la-Lenne. — Les monnaies de Canut et de Sifroid... fondateurs du comté de Guînes. — Notice sur Engelbert II, comte de Nassau. — Notice sur la complainte composée par Thibaut II, comte de Bar. — Ens. 4 broch. in-8.

71. Notices sur les monnaies d'or de l'ancien duché de Gueldre, par C. P. Serrure. Bruxelles 1847. pl. broch. in-8.

72. Notice des monnaies frappées à Termonde, par Clemens Wytsman. Gand. 1860. pl. — Sceaux communaux et administratifs de la ville de Termonde par *le même*. Termonde 1864. pl. — Ens. 2 broch. in-8.

73. Deniers de Notre-Dame à Termonde 1863. par Klemens Wytsman. Termonde 1863. pl. broch. in-8. *2 exempl.*

74. Notice sur les monnoies frappées à Rummen, par C. P. Serrure. Gand 1839. pl. broch. in-8.

75. Ordonnance et instrvction povr les changevrs. En Anvers, chez Hierosme Verdussen, 1633. fig. pet. in-fol. d. rel. v. marb. d. à n. *Ex. portant l'ex-libris de M. Th. de Jonghe, dont les armes sont reproduites au dos du volume.*

76. Ordonnantie des coninghs op het generael reglement van fijne munte. T'Antwerpen 1652. fig. — *Idem.* Anvers 1627. fig. — Caerte oft liiste ...t'Anwerpen 1627. fig.—Ens. un vol. pet. in-4. rel. v. br.

77. Mémoire sur trois poins intéressans de l'histoire monétaire des Pays-Bas, par M. l'abbé Ghes-

quière. Bruxelles 1786. pl. un vol. in-8 d. rel. m. f.

78. Observations sur le type du moyen-âge de la monnaie des Pays-Bas, par Joachim Lelewel. Bruxelles 1835. pl. broch. in-8.

79. Curiosités numismatiques. Monnaies, médailles et jetons rares ou inédits par R. Chalon. 4e, 5e, 6e, 8e, 9e et 16e articles. pl. 6 broch. in-8.

80. Monnaies inconnves des évêques des innocens, des fous ;... par M. M. J. Rigollot. Paris 1837. front. & pl. un vol. in-8. d. rel. d. à n. et c. v. gris.

81. Histoire du jeton au moyen-âge, par Jules Rouyer et Eugène Hucher. Première partie. Paris 1858. pl. un vol. in-8 br.

82. Annuaire de la société française de numismatique et d'archéologie. Paris 1866-1868. c. et pl. 3 vol. in-8 br.

83. Revue de la numismatique belge. Tirlemont, s. d. -Bruxelles 1863. 19 v. in-8 d. rel. bas. v. — 6 v. des années suivantes en livraisons. Table 1842-1865. un v. — *Idem*, 1857-1868. Bruxelles 1872. un v. — Ens. 27 v.

84. Réflexions sur les opinions monétaires de la Revue de la numismatique belge, par Al. Hermand. Bruxelles 1850. broch. in-8.

85. Catalogue des poinçons, coins et médailles du Musée monétaire. Paris 1833. un vol. in-8 d. rel. bas.

86. Description de la très intéressante collection de médailles, recueillies par M. J. J. Becker. Amsterdam, s. d. un vol. in-8 cart. *2 exempl.*

87. *Mélanges*. 12 broch. in-8 dont plusieurs avec pl.

88. Catalogue périodique de médailles et monnaies... Paris chez H. Hoffman, 15 avril 1862, n° 1, au 1er juin 1865, n° 35. en livraisons in-8. *manq. le n° 31*.

89. *Catalogues de ventes françaises.* — Collection Jean Rousseau. Monnaies féodales françaises décrites par Benjamin Fillon. Paris 1860. pl.— *3 exempl., dont deux, avec les prix*.

90. *Idem :* Catalogue des monnaies nationales de France, collection de M. J. Rousseau, en vente à l'amiable. Paris 1861. un vol. in-8 br.

91. *Idem :* Description des médailles et jetons composant la collection de M. Petetin. Paris 1859. pl. *4 exempl*. — Vente de la collection. 1860 pl. — Ens. 5 broch. in-8.

92. *Idem :* Collection Dassy de Meaux. Paris 1869. pl. *2 exempl*. 2 vol. in-8 br.

93. *Idem :* Catalogue des médailles romaines composant la collection de feu M. le marquis de Moustier. Paris. 1872 pl. un vol. in-8 br.

94. *Idem :* Catalogues : des livres, manuscrits, autographes..., — d'objets d'art, gravures, tableaux... de M. Bigant. — Prix de vente. Douai Vᵉ Adam, 1860. — Ens. 5 broch. in-8.

95. *Idem : Idem*, moins les prix de vente. 3 broch. in-8. *en double ex*.

96. *Idem :* Catalogues 1843 à 1859.— Collections de MM. Desains.— Le Barbier-Arnoux,—Catalogue rédigé par le bibliophile Jacob, — Commarmond, Gé-

rin... — catalogue rédigé par M. F. Fougères, — le comte de J... 2 exempl.— Faure,— catalogue par M. F. Fougères, — le chevalier Van H..., 2 exempl. — F. Poey d'Avant (1853), 2 exempl. — Norblin, 3 exempl. — Victor Lainé, — Poey d'Avant (1856), — Serrure, — Gouaux, 3 exempl. — Mestre, 2 exempl. — D..., — le comte de Palin. — Ens. 26 vol. et broch. in-8. — Plusieurs catalogues sont accompagnés de pl. et des prix de vente.

97. *Idem :* 1860 à 1872: Collections de MM. Bigant, — Octave Fontaine, — Layé, — catalogue de monnaies royales françaises, — Gosselin, pl. *2 exempl.* — médailles de la Gaule, — Prosper Dupré, — Gréau, pl. — Fr. Schreiber, — comte de l'Espine, — monnaies françaises, pl. *2 exempl.* — Maystre, — F. Soleil, — Madame veuve Soehnée, — Cabinet artistique et archéologique de MM. Delignieres de Bomy et de Saint-Amand. *2 exempl.* — Ens. 18 vol. et br.

98. *Catalogues de ventes belges :* — Catalogues 1852 à 1859. Collections de MM. Edmond Jonnaert. *2 exempl.* — l'abbé Fréchon, — médailles et monnaies, — Pierre Wautelée, — monnaies de Flandre, etc. *2 ex.* — Eug. Regnault, *2 ex.*, — médailles et jetons, *2 ex.* — Van der Noorda, — Ch. Van den Berghen, — médailles gauloise..., etc. — Goddons à Louvain. *3 ex.* — monnaies, médailles, jetons, etc. Ens. 21 vol. et br. in-8. *Plusieurs catalogues sont accompagnés des prix de vente.*

99. *Idem :* 1860 à 1869. Collections de MM. de Clercque Wissocq de Sousberghe, — de Crane d'Heisselaer, — médailles et monnaies... *2 ex.* — de Jonghe,

pl. — de Renesse-Breidbach, 1863, 1864, 1865.
— Van Bockel, — monnaies, médailles et jetons,
— Guioth et Davreux, — monnaies, médailles,
etc. — P. J. Goetghebner, *2 ex.* — Edouard et
Henri Callion, — médailles romaines, etc. — un
amateur bruxellois, *2 ex.* — un amateur distingué, *2 ex.* — *idem, 4 ex.* — feue Mme ... *2 ex.*
— Jean de Meyer. *2 ex.* — Ens. 28 vol. et br.
Plusieurs catalogues sont accompagnés des prix de vente.

100. *Idem:* 1870 à 1873. Collections, par un amateur distingué, *2 ex.* — monnaies de Flandre, médailles et antiquités, *6 ex.* — le baron Michiels van Verduynen. pl. — L. V., de Luxembourg, — jetons de Flandre, *2 ex.* — monnaies, médailles, jetons et essais monétaires, *3 ex.* — médailles... etc. — médailles romaines, — jetons, monnaies et médailles, *2 ex.* — médailles, jetons, obsidionales, — médailles... etc. — médailles et jetons. — Ens. 23 vol. et br.

101. Catalogues G. Théod. Bom, à Amsterdam : Cabinet de M. Ferd. Jos. Geelhand. 1863. *2 ex.*
— de M. A. Lulius, M. le d. Scheep,... 1866.
— de M. J. Baart de la Faille. 1869-1870. pl.
2 br. — de M. P. O. Van der Chijs. 1870. — de MM. W. Jamieson, G. L. Feijens... 1870. — de M. T. D. Engel. 1871. — de M. F. de Haan. 1873. — de MM. L. C. Luzac, baron d'Isendoorn... 1873. — Ens. 10 vol. in-8 br.

SCIENCES ET ARTS

102. Recherches sur l'histoire de la peinture sur émai dans les temps anciens et modernes et spécialement en France, par L. Dussieux. Paris 1841. un vol. pet. in-8 br.

103. Émailleurs et émaillerie de Limoges, par Maurice Ardant. Isle 1855. fig. un vol. in-12 d. rel. bas. rouge. *Ex. rel. sur carton.*

104. Les émaux d'Allemagne et les émaux limousins, par MM. de Quast et de Verneilh. Paris 1860. broch. in-8.

105. La sainte Vierge et l'enfant Jésus, grav. par Sadeler. Larg. 0,241 m. haut. 319 m. En bas : ALBERTVS DVRER ALMANVS INVENTOR S. C. M^{tis} SCVLPTOR ÆGID : SADELER SCVLPSIT.

106. Cathédrales : — d'Amiens, 2 pl. — de Chartres une pl. — de Laon, une pl. — de Rheims, une pl. — Arc de Triomphe de l'étoile. une pl. — Ens. 5 lith. in-pl.

107. *Carton contenant un certain nombre de gravures anciennes: lithographies, cartes, plans, etc.; entre autres :* Plan de la ville d'Arras assiégé l'an 1640. — *Ce lot pourra être divisé au gré des amateurs.*

108. *Un lot considérable de cartes : adresses, menus, mariages, fêtes, etc.— Ce lot pourra être divisé au gré des amateurs.*

109. Esquisse historique sur l'ivoirerie, par L. N. Barbier. Paris 1857. broch. in-12. — Notes d'un compilateur sur les sculpteurs et les sculptures en ivoire, par Ph. de Chennevières. Amiens s. d. broch. in-8.

110. Guide de l'amateur de faïences et porcelaines par M. Aug. Demmin. Paris, Renouard, 1861. un vol. in-12. br.

BELLES-LETTRES

111. Abrégé du dictionnaire de l'Académie française, par M. P. Lorain. Paris, Didot, 1836. un vol. in-8 d. rel. bas. viol.

112. L'illiade et l'odyssée d'Homère, traduites du grec par le prince Le Brun. Paris, Lefèvre, 1836. 2 t. en un v. in-8 d. rel. d. à n. et c. ch. br. *Exempl. auquel on a joint la fig. du Bouclier d'Achille et les grav. de B. Picard en belles épreuves, mais recollées.*

113. Anacréon, Sapho, Bion et Moschus, traduction nouvelle en prose, suivie de la veillée des Fêtes de Venus, et d'un choix de Pièces de différents auteurs par MM. C. (Jul. Jacq. Moutonnet de Clairfons.) A Paphos et se trouve à Paris, chez le Boucher, 1773. front. vign. et c.-de-l. d'Ei-

sen en superbes épreuves. un v. in-8 rel. m. f. gauf. fil. tr. dor.
Superbe exemplaire avec tit. rouge.

114. Traductions des odes d'Horace et poésies par Gustave Fleury. Saint-Omer 1869. un vol. in-8 br.

115. La Napoléïde, poëme en six chants par M. M. de G. Paris 1806. un vol. pet. in-8 d. rel. bas.

116. Douze journées de la révolution poëmes par Barthélemy. Paris 1839. fig. un vol. in-8 br.

117. Fables de Lafontaine. Nouvelle édition, revue.... par C. A. Walckenaer. Paris, Lefèvre, 1827. portr. 2 vol. in-8 br.

118. Contes et nouvelles en vers par M. de La Fontaine s. l. 1777. fig. avant la lettre en belles épreuves et vign. 2 vol. in-8. d. rel. m. br.

119. Jérusalem délivrée... enrichie de la vie du Tasse. Paris, Bossange et Masson, 1814. fig. de Le Barbier. 2 vol. in-8 rel. v. rac. dent. tr. dor.

120. Œuvres dramatiques de J. Racine. Paris, Lefèvre, 1837. portr. et fig. d'après Desenne, Girodet, Gérard... un vol. in-8 d. rel. d. à n. et c. m. bl.

121. Œuvres de Crébillon. Édition publiée par M. Parrelle. Paris, Lefèvre, 1828. portr. de de La Tour, Marillier et Ingouf; fig. de Marillier en bonnes épreuves mais recollées. 2 vol. in-8 d. rel. d. à n. et c. ch. bl. — *Bel exemplaire.*

122. Œuvres de J. F. Ducis. Paris, Nepveu, 1819. portr. et fig. 3 vol. in-8 d. rel. d. à n. et c. m. f. — *Bel exemplaire.*

123. Histoire de Gil Blas de Santillane, par Le Sage.

Paris, Lefèvre, 1836. un vol. in-8 d. rel. d. et c. ch. bl.

Exemplaire contenant 37 des 100 figures de Bornet, Charpentier et Duplessi-Bertaux, gravées pour l'édition de 1795. Ces figures sont en très-belles épreuves.

124. L'éloge de l'ivresse. A Bacchopolis. Paris. An VI. front. un vol. in-12 d. rel. bas.

125, L'éloge de la folie, par Erasme, et traduit par M. Gueudeville, avec les notes de Gérard Listre et les belles figures de Holbein. Amsterdam 1728. un vol. pet. in-8 d. rel. bas. viol.

Bel exemplaire dont le frontispice est malheureusement réemmargé.

126. Œuvres choisies de Volney. Paris, Lebigre, 1836. portr. et fig. un vol. in-8 d. rel. bas. viol.

HISTOIRE

127. Introduction à la géographie, par le sieur Sanson, d'Abbeville. Amsterdam, chez Jean Covens et Corneille Mortier. s. d. Frontispice : Atlas françois à l'usage de Monseigneur le Duc de Bourgogne. Atlas in-fol. max rel. v. marb. *T. I.*
— *Bel exempl.*

128. Histoire universelle par le comte de Ségur. 5ᵉ édition ornée de 30 gravures, de 20 portraits et de 20 cartes. Paris, Furne, 1836. 12 v. in-8 br. et un atlas in-4.

129. Voyage du jeune Anacharsis en Grèce par l'abbé Barthelemy. Paris, Dupont 1826. fig. 7 v. in-8 et un atlas in-4 en large d. rel. m. f.

130. Histoire de la république romaine, dans le cours du VIIᵉ siècle ; par Salluste. Dijon 1777. fig. et c. 3 vol. gr. in-4 rel. v. rac. fil.

131. Nouvel abrégé chronologique de l'histoire des empereurs. Paris, David, 1753-1754. 2 vol. pet. in-8 rel. v. marb.

132. Précis de l'histoire du moyen-âge et de l'histoire moderne, par M. Perrard. Paris 1833. — L'Angleterre vue à Londres et dans ses provinces. — Ens. 2 vol. in-8 rel.

133. Histoire des gaulois, par M. le comte de Ségur. Paris, Eymery, 1824. un vol. in-8 br.

134. Figures de l'histoire de France, dessinées par M. Moreau le jeune, et gravées sous sa direction. Paris, Renouard, *s. d.* un v. in-4 d. rel. m. bl. *Fig. en bonnes épreuves.* — *Bel. ex.*

135. Les monarques français par ordre chronologique. une f. in-pl. chromolith.

136. Amours et galanteries des rois de France, par Saint-Edme. Paris 1830. 2 vol. in-8 d. rel. bas. viol.

137. Mémoire sur la bataille de Bouvines en 1214, par Lebon. Paris 1835. in-8 br. — Mémoire sur les forestiers de Flandre, par *le même.* broch. in-8.

138. Histoire de Napoléon, par M. de Norvins. Paris, Dupont, 1827. portr. vign. c. et plans. 4 v. in-8 d. rel. bas. rouge d. à n. non rog.

139. Archives historiques et ecclésiastiques de la Picardie et de l'Artois, par P. Roger. Amiens 1842-1843. Vign. et c. de l. 2 vol. in-8 br.

140. Histoire d'Artois par Dom Devienne. s. l. 1784-1787. 5 parties en 3 vol. in-8 d. rel. d. à n. et c. v. f. *Très-bel exemplaire.*

141. Histoire générale de la province d'Artois, par M. Hennebert. Lille 1786 - Saint-Omer 1789. fig. *et un frontispice ajouté.* 3 vol. in-8 d. rel. d. à n. et c. v. f. — *Très-bel exemplaire.*

142. Notice de l'état ancien et moderne de la province et comté d'Artois, par M. (Bultel) Paris 1748. un vol. in-12 d. rel. m. f.

143. Les abbés de Saint-Bertin par M. Henri de Laplane. Saint-Omer 1854-1856. fig. 2 v. in-8 br.

144. Mémoires de la Société des Antiquaires de la Morinie. Saint-Omer, 1834, et années suivantes. fig. T. I à X. 10 vol. in-8 et atlas in-4 en large d. rel. bas. bl. — *Le tome I de cette collection est complétement épuisé.*

145. *Idem.* T. II et III. 2 v. in-8 br.

146. *Idem.* Bulletin : 2 vol. in-8 d. rel. bas. viol. et 8 livraisons. Nos 41 à 56.

147. L'Éclaireur du Pas-de-Calais, 3 janvier 1871 au 29 juin 1872. Nos 1 à 152. en ff.

148. Mémoires pour servir à l'histoire de la province

d'Artois, par M. Harduin. Arras 1763. un vol. in-12 d. rel. bas. viol.

149. Essai historique et monographique sur l'ancienne cathédrale d'Arras, par M. Aug. Terninck. Plancy s. d. pl. in-4 d. rel. bas. bl.

150. Relation du voyage et de l'ambassade de Jean Sarrazin abbé de Saint-Vaast et archevêque de Cambray, en Espagne et en Portugal. Extrait d'un manuscrit... par Louis de Baecker. Bruges 1851. un vol. in-8 br.

151. Guide descriptif et statistique dans l'arrondissement de Saint-Omer par Vuatiné et J. Derheims. St-Omer 1846. front. un vol. in-12 d. rel. bas. v.

152. Histoire de la ville de Saint-Omer, par Jean Derheims. Saint-Omer 1843. front. un v. in-8 d. rel. bas.

153. Histoire locale. La paroisse Saint-Martin hors les murs, ancien faubourg de Saint-Omer, par E. Leconte. broch. in-8.

154. Siége de Saint-Omer en 1638, par L. Deschamps de Pas. Saint-Omer 1858. pl. broch. in-8.

155. Les processions à Saint-Omer avant 1770, par le bibliophile artésien. Saint-Omer 1864. — La chanson de Gilles Dindin, par *le même*. Saint-Omer 1871. — Les enfants de Saint-Omer à la défense de Paris 1870-1871. Saint-Omer 1871. *Ex. sur pap. bleu.* — Ens. 3 broch.

156. Variétés historiques sur la ville de Saint-Ome, par H. Piers. Saint-Omer 1832. un vol in-8 d. rel. bas. — Anecdotes anglaises sur la ville de Saint-Omer, par H. Piers. Aire 1846. broch. in-8.

157. Histoire des flamands du Haut-Pont et de Lyzel, par H. Piers. Saint-Omer 1836. un vol. in-8 br.

158. Petites histoires des communes de l'arrondissement de Saint-Omer, par H. Piers. Lille 1840. broch. in-8.

159. *Idem :* du canton d'Audruicq, par H. Piers. Aire 1843. — Calais et Saint-Omer, par H. Piers. Aire 1843. — Ens. 2 broch in-8.

160. *Idem*, *Idem*. — Ens. 2 broch. in-8.

161. Notre-Dame des Miracles à Saint-Omer, par L. Deschamps de Pas. Paris 1859. pl. broch. in-4.

162. Tour et église Saint-Denis à Saint-Omer, par MM. C. de Linas et Deschamps de Pas. (Arras.) pl. broch. in-4.

163. Les églises des jésuites à Saint-Omer et à Aire-sur-la-Lys, par M. L. Deschamps de Pas. (Arras.) pl. broch. in-4.

164. Orfèvrerie du moyen-âge. Le pied de croix de Saint-Bertin, par L. Deschamps de Pas. Paris 1858. pl. broch. in-4.

165. Orfèvrerie du XIIIe siècle. La croix de Clairmarais par L. Deschamps de Pas. Paris 1855. pl. broch. in-4.

166. De Laplane : — Les mayeurs de Saint-Omer, — Arques près de Saint-Omer, — Un mot sur les ruines de Saint-Bertin, — Rapport *sur* le projet d'isolement de la cathédrale. — Ens. 4 broch. in-8.

167. Alex. Hermand : — Dissertation sur les monnaies

de la ville de Saint-Omer, les armoiries de l'abbaye de Saint-Bertin et celles du Chapitre. broch. in-8.

168. Époques de construction des diverses parties de l'église Notre-Dame à Saint-Omer, par M. Alexandre Hermand. Saint-Omer 1859. broch. in-8.

169. *Idem.*

170. Essai sur l'art des constructions à Saint-Omer à la fin du 15ᵉ et au commencement du 16ᵉ siècle, par M. L. Deschamps de Pas. Saint-Omer 1853. pl. br. in-8.

171. Alex. Hermand : — Essai sur la mosaïque de Sᵗ-Bertin. Saint-Omer 1834. fig. — Notice... sur les dalles sculptées... de Notre-Dame, ancienne cathédrale de Saint-Omer. — Rapport... *etc.* — Notice historique sur le château de Rihoult ancienne résidence des comtes de Flandre.— Ens. 4 broch. in-8.

172. Biographie de la ville de Saint-Omer, par H. Piers. Saint-Omer 1835. port. un vol. in-8 d. rel. m. f.

173. Éloge de Louis Alexandre César Taffin de Givenchy. Saint-Omer 1859. portr. — Notice historique sur Gillaume de Normandie, par L. de Givenchy. — Fête historique de 1865. — *Idem* 1868. — Ens. 4 broch. in-8.

174. Notre-Dame pannetière. Notice historique airienne par M. Jules Rouyer. Douai 1844. broch. in-8.

175. Histoire de la ville de Thérouanne. par H. Piers. Saint-Omer 1833. un vol. in-8 br.

176. Notice historique sur Merck-Saint-Liévin, par l'abbé Robert. s. l. 1842. broch. in-8. *Tâch. à l'angle interne sup. de la marge.*

177. Renty en Artois, son vieux château et ses seigneurs par Henri de Laplane. Saint-Omer 1858. c: et pl. un vol. in-8 br.

178. *Idem.*

179. Étude historique sur l'existence d'un siége épiscopal dans la ville de Boulogne, avant le VIIe siècle, par l'abbé D. Haigneré. Boulogne-sur-mer 1856. broch. in-8.

180. Histoire de Saint-Pol par G. E. Sauvage. Arras 1834. un vol. in-8 d. rel. bas. rouge.

181. Abrégé chronologique de l'histoire de Flandre, par A. J. Panckoucke. Dunkerque, Boubers, 1762. un vol. pet. in-8 rel. v. marb.

182. Histoires des comtes de Flandre, par Edward Le Glay. Bruxelles 1843. 2 vol. in-8 br.

183. Notice sur les archives du département du Nord, par le docteur Le Glay. Lille 1839. broch. in-8.

184. Topographie historique, physique... de Cassel, par de Smyttère. Paris 1828. c. et fig. un vol. in-8 br.

185. Histoire de la ville de Bergues St-Winoc. par H. Piers. Saint-Omer 1833. un vol. in-8 br.

186. Recherches historiques sur la ville de Bergues, par Louis Debaecker. Bergues 1849. front. — Un cabinet d'amateur (M. Ad. Dewismes), par M. Henri de Laplane. Saint-Omer 1864. — Ens. un vol. in-8 d. rel. bas. br.

187. Histoire générale des Pais-Bas. Bruxelles, Foppens, 1743. front. c. et fig. 4 vol. pet. in-8 rel. v. br.

188. HIstoire du soulèvement des Pays-Bas sous Philippe II, par le marquis de Chateaugiron. Paris, Sautelet, 1827. 2 v. in-8 br.

189. Théâtre de la guerre dans les Pays-Bas, depuis 1701 jusqu'à 1812, dressé sous la direction de M. le l^t. général Pelet. 1837 f. in-pl.

190. Les archives d'Anvers et l'inventaire de ce dépôt, par Ch. Nys. Anvers 1852. broch. in-8.

191. Notice sur la cheminée de la grande salle d'assemblée du magistrat du franc de Bruges, par F. de Hondt. Gand 1840. pl. — Deuxième notice. 1846. — Ens. 2 broch. in-8.

192. Notice sur un tombeau trouvé à Harlebeke. Bruges pl. — Tombeaux découverts à Harlebeke. Opinion de M. Didron. Bruges 1846. — Ens. 2 broch. in-8.

193. Histoire de la souveraineté de 'S Heerenberg, par C. A. Serrure. La Haye-Paris 1860. fig. et pl. un v. gr. in-4 br.

194. Société de sphragistique de Paris. Paris 1851-1852. tome I, à 1855 tome IV. fig. 4 v. in-8 d. rel. bas. v. — *Bel exemplaire.*

195. Les sceavx des comtes de Flandre et inscriptions des chartres par evx pvbliées par Olivier de Wree. Brvge 1641. pl. un v. pet. in-fol. rel. bas.

196. Sceavx des comtes d'Artois, par L. Deschamps de Pas. Paris 1857. pl. broch. in-4.

197. Histoire sigillaire de la ville de Saint-Omer, par

A. Hermand et L. Deschamps de Pas. Paris 1844. pl. sur pap. teinté. un vol. in-4 br.

198. Description d'un sceau d'or de Louis XII, par Millin. pl. (1808). — Recueil de documents et de mémoires... sceaux du moyen âge. — *Idem*, boutons et fibules de l'antiquité.—Ens. 3 broch. in-8.

199. Sceau de François de Bourbon, comte de Saint-Paul. 1525. f. in-4. dess. et col. à la main. — Représentation des estats dv noble pays et comté de Flandres. Armoieries sur une f. in-pl. collée sur toile.

200. Nouveau dictionnaire des origines, inventions et découvertes, par MM. Noël et Carpentier. Paris, Janet, 1827. 2 vol. in-8 d. rel. bas. *Ex. portant l'ex-libris de M. Louis de Givenchy.*

201. Catalogue des objets d'art et de haute curiosité composant la célèbre collection du prince Soltykoff. Paris 1861. un vol. in-8 br.

202. Collection de feu M. Louis Fould. Paris 1860. un vol. in-8 br.

203. Vente de la galerie Pourtalès. Catalogue des objets d'art. Paris 1865. un vol. in-8 br.

204. Catalogue illustré de la collection des objets d'art qui composent le cabinet de M. Antoine Jos. Essingh. Cologne 1865. un vol. in-8 br.

205. Catalogues divers : Objets d'art, Chartes, Armures, Tableaux par Léon Bailly, etc. 15 broch. in-8.

206. Biographie universelle et portative des contemporains... depuis 1788 jusqu'à nos jours. Paris 1836. 5 v. in-8 d. rel. bas. v.

207. Notice sur Engelbert II, comte de Nassau, par C. A. Serrure. Gand 1862. broch. in-8.

208. Le dernier duc de Bouillon (1815), par Renier Chalon. Bruxelles 1860. broch. in-8.

209. Fabrice de la Bassecourt, par Rénier Chalon. Bruxelles 1857. broch. in-8 pap. vélin, *tirée à 50 exemplaires.*

210. La clef du blason. Ouvrage élémentaire avec figures d'après la méthode du P. Ménestrier, par D. Quesneville. Paris 1857. broch. in-8.

211. Catalogues de livres : F. Heussner, 1859, n° 19, n° 20 ; M. de Givenchy, Saint-Omer 1860 ; M. Joseph Paelinck, 1860 ; M. J. B. Th. de Jonghe, janvier 1861 ; F. Heussner, février 1861 ; M. P. Visschers, novembre 1861 ; doubles de la bibliothèque royale (belge), décembre 1861 ; M. Léopold Van Alstem, 1863 ; à Anvers 1864 ; M. Ch. A. Van Coetsem, 1866 ; à Anvers 1868 ; M. Boubert, Saint-Omer, 1870 ; MM. Delignières de Bommy et de Saint-Amand, Abbeville 1872 ; chartes, gravures, à Gand, octobre 1872 ; à Gand, 23 octobre 1872 ; M. C. P. Serrure, novembre 1872 ; M. Ramonet à Saint-Omer, décembre 1872. — Ens. 18 catalogues in-8 br.

212. Un lot de brochures diverses et gravures en ff. pour l'histoire de la Révolution française. Quelques épreuves sont sur papier de Chine. — Grand Album historique du cortége organisé... Bruges 1853. pl. — etc. Manuscrits : Recherches sur l'abbé Suger, etc. *Ce lot pourra être divisé au gré des amateurs.*

Le médaillier en palissandre, avec colonnes torses, soubassement et soixante cartons également en palissandre, sera vendu à la fin de la vacation du mercredi 24 mars.

Une bibliothèque en bois peint et vitrée, sera vendue à la fin de la sixième vacation, le vendredi 26 mars.

TABLE

DES AUTEURS D'OUVRAGES DE NUMISMATIQUE

Annuaire de la Société française de numismatique, n° 82.

Barthélémy, J. B. A. A., 2.
Barthélémy, Anatole de, 12.
Barot, 51.
Becker, J. J. *Collection*, 86.
Bettange, de, 5.
Bigant, le ch., 35.

Cartier, E., 24, 51.
Catalogues, 85, 88 à 101.
Chalon, Rénier, 21, 24, 47, 57, 62, 68, 69, 79.
Charvet, J., 51.
Cocheteux, Ch., 63.
Cuypers, Prosper, 24, 65.

Dancoisne, L., 33, 43, 54.
Decoster, L., 24, 45, 60, 62.
de Laplane, Henri, 41.
Delombardy, 24.
Den Duyts, F., 62.
Deschamps de Pas, L., 31, 34, 50, 56, 62.
Dewismes, Adolphe, 22, 27, 28, 29, 30, 42, 62.

Dufaitelle, A. F., 44.
Dupré, Prosper, 4.

Feuardent, 65.
Fillon, Benjamin,

Gaillard, Victor, 55; 62.
Gérard, 66.
Ghesquière, l'abbé, 77.
Girod, 6.
Guillemot, 13.

Hénaux, Ferd., 67.
Hennin, 3, 20.
Hermand, Alexandre, 10, 25, 26, 37, 39, 48, 61, 84.
Hooft van Iddekinge, 65.
Hucher, Eugène, 81.

Jonnaert, 35, 61, 62.

Kolb, Gérard Jacob, 4.

Le Blanc, 16.
Lefebvre, J., 1, 35.
Lelewel, Joachim, 9, 14, 15, 24, 66, 78.
Longpérier, Adrien de, 17, 24.

Mailliet, P. 22.
Mallet, F., 49, 51.
Marmin, C., 35, 44, 45.
Mélanges, 87.
Meyer, J. F. G., 65.
Mionnet, T. E., 8.

Ordonnance, 75, 76.

Perreau, A., 59, 66.
Petit, J., 67.

Piot, G. J. C., 59, 64.
Ponton d'Amécourt, le vicomte, 11, 13.

Renesse-Breidach, le comte de, 67.
Revue de la numismatique belge, 83.
Rigollot, doct., 18, 46, 49, 80.
Robert, C., 13, 61, 62.
Rochon, 6.
Rouyer, Jules, 32, 38, 44, 81.

Schulz, Jean Louis, 7.
Serrure, C. A., 40, 45, 61, 62, 70.
Serrure, C. P., 58, 61, 71, 74.

Tobiesen-Duby, 23.

Vanden Broeck, 66.
Van Hende, Ed., 52, 53.

Wystman, Clemens, 61, 72, 73.

TABLE

	PAGES
Conditions de la vente.	III
Ordre de la vente.	V
Ordre et disposition des vacations, pour les monnaies et médailles.	VII
Note sur le cabinet d'Adolphe Dewismes.	XIII
Emaux.	1-19
Ivoires.	10
Curiosités diverses.	16
» miniatures et tableaux.	19
» gravures.	22-444
» bahut.	22
» médaillier.	457

Monnaies et Médailles :

Monnaies romaines : Consulaires.	28
» Impériales.	35
Bas-empire : Monnaies dites byzantines.	84
Empire de Trébizonde.	98
Monnaies françaises : mérovingiennes.	99
» carolingiennes.	101
» capétiennes.	106
» révolution.	141
» république.	144
» Bonaparte, 1er consul.	148
» Napoléon, empereur.	149
» royaume d'Italie.	152
» républiques étrangères.	153

		PAGES
Monnaies françaises :	famille de l'empereur Napoléon.................	154
»	Louis XVIII..............	157
»	Charles X................	158
»	Henri V.................	159
»	Louis-Philippe...........	»
»	révolution de 1848........	160
»	Napoléon III.............	163
»	république de 1870.......	165
»	assignats................	166
Monnaies provinciales :	Monnaies des peuples du nord de la Gaule.........	168
»	Artois et Picardie, monnaies mérovingiennes..........	176
»	Artois et Picardie, monnaies carolingiennes...........	»
»	Artois et Picardie, villes....	179
»	» comtes d'Artois et monnaies royales......	188
»	seigneurie de Calais........	210
»	comté de Boulogne........	212
»	Quentovic................	213
»	comté de Ponthieu.........	215
»	Flandre..................	217
»	seigneuries diverses........	322
Monnaies modernes.........................		331
Jetons et méreaux..........................		»
Médailles religieuses et de pélerinage...........		368
Médailles.................................		381
Livres : numismatique....................		317
» sciences et arts................		444
» belles-lettres.................		445
» histoire.....................		447
Table des auteurs d'ouvrages de numismatique...		459

www.ingramcontent.com/pod-product-compliance
Lightning Source LLC
Chambersburg PA
CBHW052233220526
45471CB00001B/23